住房城乡建设部土建类学科专业"十三五"规划教材

高 等 学 校 工 程 管 理 专 业 系 列 教 材

工程项目风险管理

刘俊颖　主编

中国建筑工业出版社

图书在版编目（CIP）数据

工程项目风险管理／刘俊颖主编. — 北京：中国
建筑工业出版社，2021.11（2024.6重印）
住房城乡建设部土建类学科专业"十三五"规划教材
高等学校工程管理专业系列教材
ISBN 978-7-112-26592-3

Ⅰ.①工… Ⅱ.①刘… Ⅲ.①工程项目管理-风险管
理-高等学校-教材 Ⅳ.①F284

中国版本图书馆CIP数据核字（2021）第188872号

国际工程市场不确定性加剧，工程项目复杂多样、采购模式差异对工程项目风险管理提出新挑战。本书为住房城乡建设部土建类学科专业"十三五"规划教材，共由两部分组成。第一部分为第1章～第3章，总述工程项目风险管理理论基础、发展现状、未来趋势与挑战，并对国内外风险管理标准进行介绍；围绕工程项目风险管理流程与方法展开，并对风险定量分析方法进行重点阐述；介绍对比目前业界风险管理实践中常用的风险管理软件。第二部分为第4章～第8章，分别立足于工程咨询项目、投资项目、EPC总承包项目以及工程融资项目，辅以丰富的案例，针对性的分析各个项目类型面临的风险、应采取的风险管理全过程办法以及在实践中如何应用，并阐述保险管理相关问题。本书可作为"工程项目风险管理"课程教材，能够适应多个层次的教学需要，可作为本科生和研究生的学习和参考用书。

为更好地支持相应课程的教学，我们向采用本书作为教材的教师提供教学课件，有需要者可与出版社联系，邮箱：jckj@cabp.com.cn，电话：(010) 58337285，建工书院：http://edu.cabplink.com.

责任编辑：张　晶　王　跃　牟琳琳
文字编辑：冯之倩
责任校对：姜小莲

住房城乡建设部土建类学科专业"十三五"规划教材
高等学校工程管理专业系列教材
工程项目风险管理
刘俊颖　主编
*
中国建筑工业出版社出版、发行（北京海淀三里河路9号）
各地新华书店、建筑书店经销
北京红光制版公司制版
建工社（河北）印刷有限公司印刷
*
开本：787毫米×1092毫米　1/16　印张：19　字数：477千字
2021年11月第一版　2024年6月第二次印刷
定价：**49.00**元（赠教师课件）
ISBN 978-7-112-26592-3
（38134）

序　言

全国高等学校工程管理和工程造价学科专业指导委员会（以下简称专指委），是受教育部委托，由住房和城乡建设部组建和管理的专家组织，其主要工作职责是在教育部、住房和城乡建设部、高等学校土建学科教学指导委员会的领导下，负责高等学校工程管理和工程造价类学科专业的建设与发展、人才培养、教育教学、课程与教材建设等方面的研究、指导、咨询和服务工作。在住房和城乡建设部的领导下，专指委根据不同时期建设领域人才培养的目标要求，组织和富有成效地实施了工程管理和工程造价类学科专业的教材建设工作。经过多年的努力，建设完成了一批既满足高等院校工程管理和工程造价专业教育教学标准和人才培养目标要求，又有效反映相关专业领域理论研究和实践发展最新成果的优秀教材。

根据住房和城乡建设部人事司《关于申报高等教育、职业教育土建类学科专业"十三五"规划教材的通知》（建人专函〔2016〕3号），专指委于2016年1月起在全国高等学校范围内进行了工程管理和工程造价专业普通高等教育"十三五"规划教材的选题申报工作，并按照高等学校土建学科教学指导委员会制定的《土建类专业"十三五"规划教材评审标准及办法》以及"科学、合理、公开、公正"的原则，组织相关专业专家对申报选题教材进行了严谨细致地审查、评选和推荐。这些教材选题涵盖了工程管理和工程造价专业主要的专业基础课和核心课程。2016年12月，住房和城乡建设部发布《关于印发高等教育 职业教育土建类学科专业"十三五"规划教材选题的通知》（建人函〔2016〕293号），审批通过了25种（含48册）教材入选"住房城乡建设部土建类学科专业'十三五'规划教材"。

这批入选规划教材的主要特点是创新性、实践性和应用性强，内容新颖，密切结合建设领域发展实际，符合当代大学生学习习惯。教材的内容、结构和编排满足高等学校工程管理和工程造价专业相关课程的教学要求。我们希望这批教材的出版，有助于进一步提高国内高等学校工程管理和工程造价本科专业的教育教学质量和人才培养成效，促进工程管理和工程造价本科专业的教育教学改革与创新。

高等学校工程管理和工程造价学科专业指导委员会

前　言

现代风险管理最早起源于德国，自 20 世纪 30 年代起，风险管理在美国逐渐得到系统化发展。中国于 20 世纪 80 年代后期开始引入现代风险管理思想，经过多年的探索与实践，风险管理已经发展成为一个相对独立的重要研究领域。2006 年 6 月，国务院国有资产监督管理委员会发布《中央企业全面风险管理指引》，这是中国第一个全面风险管理指导性文件，开启了中国风险管理新篇章。

当今世界的不确定性日益凸显——大国博弈背景下，地缘政治局势升温，市场竞争越发激烈；新型冠状病毒肺炎疫情背景下，全球产业链遭遇重创。工程项目本身具有项目投资大、建设周期长、场地固定、结果不可逆等特点，在这个充满风险的大环境中，工程企业难以独善其身。工程项目风险越来越呈现出复杂化、多样化的趋势，工程项目风险管理的重要性越发显现，这也对工程企业风险管理能力提出更高要求。为了更好地完成工程项目，降低项目失败的可能性，树立良好的企业形象，工程企业需要建立对风险的正确认知，以积极的态度面对风险，结合项目实际情况系统地识别风险，采用多种方法分析风险，提出合理的风险应对措施，并对风险的动态变化实施监控与反馈。

当前，在业界层面，工程企业的项目风险管理水平参差不齐，大部分企业仍只关注风险定性评估，相比于欧美企业相对成熟的风险管理体系，部分中国工程企业意识和方法技术的落后使得其在国际工程市场竞争中处于劣势。在高校层面，目前高校内开设的风险管理课程所依据教材大多讲授基本定义、基本流程和风险定性评估方法，缺乏对学生风险量化管理能力以及风险管理前沿思想的培养。为了改善这一局面，提高中国工程企业的风险管理能力，增强中国工程企业的竞争优势，亟需从高校端培养工程项目风险管理方面的人才。

为深入推进"住房城乡建设部土建类学科专业'十三五'规划教材"建设，培养兼具坚实理论基础、卓越应用能力和掌握风险量化技术的高水平风险管理人才，本书克服传统教材存在的问题并进行创新，将理论研究与企业实践结合，融合风险管理领域专家经验，引进心理学、国际商务等领域的相关理论和技术，并融入美国项目管理协会（PMI）、美国造价工程师协会（AACEi）等行业协会科学的风险管理方法和技术，通过对企业实践案例的大量调研，系统分析风险量化管理相关理论的实际应用，力求归纳出适合中国工程企业风险管理的最佳经验。

在内容方面，本书共分为 8 章：第 1 章由刘俊颖编写，总述工程项目风险管理理论基础、发展现状及趋势，并对多种风险管理标准进行详细介绍；第 2 章由刘俊颖编写，介绍工程项目风险管理流程与方法，对风险定量分析方法进行重点阐述；第 3 章由张莉、金峰共同编写，详细介绍目前业界风险管理实践中的常用软件；第 4 章与第 7 章由胡定成编写，第 5 章由金峰编写，第 6 章由刘剑编写，并分别围绕工程咨询项目、投资项目、EPC总承包项目以及工程融资项目，辅以丰富的案例，有针对性地分析各项目应采取的风险管理办法以及在实践中的应用；第 8 章由杨珊编写，聚焦保险管理，介绍工程项目涉及的保险种类、投保选择以及保险索赔等问题。蒋兴、孙威对本章成稿亦有贡献。

本书作为"工程项目风险管理"课程教材，前置课程可以包括高等数学、概率论与数理统计等数学课程；管理学、工程项目管理等管理课程；工程方面的力学、施工专业基础课程等。本书适应多个层次的教学需要，可作为本科生和研究生的学习和参考用书。

本书汇集了从事工程项目风险管理实践的各方智慧，他们来自天津大学、中石化炼化工程集团、AECOM、第一会达（北京）数据技术有限公司、东吴人寿保险股份有限公司、达信（中国）保险经纪有限公司、中国出口信用保险公司等机构。

本书受到天津大学研究生创新人才培养项目（YCX19069）资助。感谢中国进出口信用保险公司王福俭、中建美国有限公司张育彬、太平洋财产保险股份有限公司方周等在本书编写过程中提供的支持与帮助，感谢中国建筑工业出版社张晶编审、冯之倩编辑在本书成稿后的编辑和校对工作中给予的大力支持。此外，天津大学工程管理系的王雨晴、冯莉、唐宗帅等同学对本书最终定稿亦有贡献。

由于各方面的局限，本书难免存在错误和遗漏，真诚欢迎广大读者批评指正。

主编 刘俊颖
liujunying@tju.edu.cn

目　　录

第1章　工程项目风险管理概论

工程项目是一种特殊的项目，具有项目利益相关者❶多、资金密集、建设周期长等特点。项目风险管理覆盖了工程项目的全寿命周期。在业界，工程项目类型逐渐多样化、项目利益相关者复杂化、工程企业国际化等都增加了风险的不确定性与管理难度。越来越多的风险管理标准与指南如 ISO31000、PMBOK 等文件的出台，旨在帮助从业者更好地认识和管理风险。在学界，工程项目风险管理的理论研究也在不断推陈出新，从特定条件、风险机理等多视角出发，以适应新的发展情境。

1.1　工程项目风险概述

本节旨在厘清工程项目风险的基本概念、特征与分类，以更好地认识和理解工程项目风险，为后续风险管理理论和实践的章节做铺垫。

1.1.1　工程项目风险管理术语

为了更加深入、全面的理解工程项目风险基本含义与概念，首先需要了解工程项目风险的一些基本术语。

1. 风险

国际标准化组织（International Standardization Organization，ISO）出版的《风险管理原则与实施指南》（也称为 ISO31000）中对于风险的定义为：不确定性对于目标的影响。并从以下几方面予以注释：①影响是与预期的偏差，可以是积极和/或消极的；②目标可以表现在不同的方面（如成本、进度和声誉等），也可以体现在不同的层次（如战略、组织范围、产品或流程等）；③风险通常以潜在的事件和后果，或它们的组合来描述；④风险往往以事件后果和发生概率的组合来表达；⑤不确定性指缺乏与事件和其后果或可能性的理解或了解片面的一种状态。

按照美国项目管理协会（Project Management Institute，PMI）的定义，项目是为完成某一独特的产品或服务所做的一次性努力。项目风险是一种不确定事件或状况，一旦发生，会对至少一个项目目标（范围、进度、成本和质量）产生积极或消极的影响。

2. 概率和影响

概率与影响是风险的两个核心属性，概率—影响（Possibility-Impact，P-I）模型是在风险分析与评估中应用最为普遍的模型之一。

概率又称可能性，指某一事件发生的可能程度。通常，概率是一个在 0~1 之间（含 0，1）的数值。要成为风险，一个潜在事件的发生概率应在 0~1 之间（不含 0，1）。概率为 0，意味着潜在事件不发生，即不是风险；概率为 1，意味着潜在事件一定会发生，

---

❶ 项目利益相关者，也称项目干系人，指参与项目、或其利益会受到项目执行或完成情况影响的个人或组织。

使之成为必须解决的问题。

影响，即风险产生的后果，指对风险管理目标的影响，如成本、进度、QHSE（Quality—质量、Health—健康、Safety—安全和 Environment—环境）、声誉等。风险的影响可以是积极的，也可以是消极的。

世界经济论坛发布的《2021 年全球风险报告》指出，2021 年发生概率前五位的风险依次为：极端天气事件（如洪灾、暴风雨等）、气候变化的缓解与调整措施失败、人为环境损害及灾难、传染病、重大生物多样性损失及生态系统崩溃；影响力前五位的风险依次为：传染病、气候变化的缓解与调整措施失败、大规模杀伤性武器、重大生物多样性损失及生态系统崩溃、自然资源危机。

3. 风险与机会

目前，对于风险存在两种认识。其中一种是狭义的认识，将风险看作为可能带来损失的威胁；另外一种是广义的认识，即风险不仅包括可能带来损失的威胁，也包括可能带来盈利的机会。

上述风险的广义认识考虑了风险所具有的两面性，风险带来的影响可能是积极的，也可能是消极的。风险管理既应该努力增大获益的机会，同时也应该尽量降低失败的风险。毕竟，企业可以通过将风险转化为机会来盈利。

4. 风险源、风险事件与风险后果

风险源是指能够引起各种可能风险出现的未预期情况或变化，如地质灾害、汇率波动等，可归为技术、外部、组织、环境或项目管理等类别；风险事件是指影响目标的不确定情况的直接原因和条件，如物价上涨等；风险后果是指风险一旦发生对项目目标产生的影响。风险源、风险事件与风险后果的关系是风险源触发风险事件，风险事件造成风险后果。

1.1.2　工程项目风险的特征

掌握工程项目风险特征有助于更好地认识与管理风险，归纳来说，工程项目风险具有以下四个特征。

1. 风险的关联性

风险的关联性（Interdependency）是指项目中某一风险的发生可能增加其他风险发生的概率或产生的影响，进而最终影响项目的目标。比如，经济波动导致材料短缺，材料短缺导致材料价格上升，并最终导致项目成本增加。同时，也可以看出项目风险之间存在相互影响关系，因此，在风险管理过程中要考虑项目风险之间的相互关联性。

2. 风险的可预测性

风险的可预测性（Predictability）是指基于特定风险规律对风险发生的概率或产生的影响进行评估。虽然项目风险随机发生并具有多样性，但风险也存在一定的规律，使得应用现代的技术手段能够对其进行评估，并同时利用评估的结果为管理者的决策提供服务。因此，风险的可预测性为实施风险管理提供了基础，而随着风险管理研究的不断深入，风险的可预测性也将得到进一步提升。

3. 风险的可控制性

风险的可控制性（Controllability）是指通过实施有效的风险应对措施对风险的影响进行控制，可以通过采取风险应对措施之前和之后的风险影响的区别来衡量（Cagno 等，

2007）。尽管风险一旦发生可能会产生严重的后果，但是应用科学的方法能够对风险进行有效的识别应对，减轻其产生的影响，从而降低风险给项目带来的损失。因此，评价并选择适当的风险应对与控制措施是将风险的消极影响降到最低的有效方法。

4. 风险的可管理性

风险的可管理性（Manageability）是指相比其他风险，这些风险比其他风险在采取应对措施后降低的可能性更大（Aven 等，2007）。可管理性较高的风险也许最初风险较高，但经过有效的风险管理降低该风险和获得理想结果的机会更大。因此，在进行风险管理时应考虑风险的可管理性水平，并做出最终判断。

虽然上文指出的概率—后果（P-I）模型在风险分析中被广泛的应用，但 Taroun（2014）等学者也提出该模型对于风险的分析过于简单，因此将风险的可预测性、可管理性、可控制性和相互关联性等也作为风险的维度，在风险分析过程中予以考虑。

1.1.3 工程项目风险分类

工程项目风险种类众多，需对其进行合理分类以有针对性地管理风险。常见的分类标准包括以下五种。

1. 按照利益相关者进行分类

按照项目风险所属的利益相关者划分，可以分为业主风险、设计方风险、咨询方风险、承包商风险、分包商/供应商风险、政府风险、融资方风险等。

2. 按照风险影响的项目目标进行分类

按照项目风险所造成的结果，或者说按照风险对于项目目标所具有的影响进行划分，项目风险可以划分为成本风险、工期风险、QHSE 风险、声誉风险等。

（1）成本风险：指该风险的发生会导致项目成本的超支。

（2）工期风险：指该风险的发生会造成项目工期的延误。

（3）QHSE 风险：指该风险的发生会引起项目的 QHSE 综合评估不符合标准。

（4）声誉风险：指该风险的发生会给企业声誉带来负面影响。

3. 按照项目全生命周期进行分类

从项目全生命周期的视角划分，项目风险可以分为投资决策阶段风险、招标投标阶段风险、实施阶段风险、运营阶段风险和退出阶段风险等。

4. 按照项目风险来源进行分类

按照产生的原因划分，项目风险可以分为政治风险、经济风险、社会风险、法律风险、市场风险、技术风险等。

（1）政治风险：指因国家政局变化、国家间关系恶化、政权更迭、战争和动乱等原因引起社会动荡而造成财产损害以及人员伤亡的风险。

（2）经济风险：指因市场预测失误、贸易条件变化、汇率变动、通货膨胀等经济原因而引起的风险。

（3）社会风险：指因文化传统、宗教信仰和风俗习惯、价值观等方面的差异而引起的风险。

（4）法律风险：指因法律变动或法律框架不完善等因素而引起的风险。

（5）市场风险：指因以人工、材料和机械设备等为代表的资源价格波动和资源不可获得性而引起的风险。

（6）技术风险：指因方案选择、技术标准选择、计算模型选择和技术参数确定等方面出现偏差而引起的风险。此外，技术风险还表现在新技术使用过程中，因经验不足、技术员工培训不足等原因造成的风险。

5. 按照项目风险可否通过购买保险而转移进行分类

按照风险可否通过购买保险而转移，项目风险可分为可保风险和非可保风险两类。

（1）可保风险：与责任、人身伤害及设备、材料和设施的损坏或损失有关的项目风险。承包商应为这些可保项目风险购买必要的保险以转移风险。

（2）非可保风险：可分为项目外部风险和内部风险两类。外部风险指承包商无法控制或难以控制的项目外部风险，如利益相关者的反对等；内部风险指承包商对其有一定控制或影响的项目内部风险，如运营风险、财务风险以及战略风险等。

1.2　工程项目风险管理发展与现状

1.2.1　全球风险管理的起源与发展

早期的风险管理可追溯到第一次世界大战时期的德国，它主要指企业为控制偶然损失而在组织层面做出的努力，它是对企业内部管理功能的扩展（王家远和邹小伟，2017）。系统的风险管理理论则起源于美国，1931 年美国风险管理协会开始提倡风险管理，并组织学术会议、研讨班等多种形式的研讨活动对风险管理予以探讨与研究（余建星，2009），但在当时，风险管理的内容和范围仍十分狭窄。

现代风险管理主要是从保险的实践中发展起来的。1950 年，Mowbray 等（1950）学者合著的《保险学》一书中对"风险管理"的概念予以阐述。1960 年，美国保险管理协会（American Society of Insurance Management，ASIM）纽约分社与亚普沙那大学合作，首次开设风险管理课程。1961 年，美国印第安纳大学主持成立了 ASIM 的"风险及保险学课程"特别委员会，从此为该学科的发展指明了方向。随着风险管理者职责的相应扩展，学者们关注这种职责的扩展并对此进行更为系统地定义与研究。1982 年，美国保险管理协会（ASIM）更名为风险与保险管理协会（Risk and Insurance Management Society，RIMS），这标志着风险管理从起初的用保险的方式转移风险转变为真正应用系统、科学的风险管理方法处置风险。

随着人们对于风险管理重要性认识的上升，风险管理的教育与研究逐渐普及。RIMS和美国风险与保险协会（America Risk and Insurance Society，ARIS）等都是世界上重要的风险管理机构。20 世纪 70 年代开始，美国大多数高校的工商管理学院以及保险系都开设了风险管理课程，宾夕法尼亚大学的保险学院还举办风险管理资格考试，通过者即可获得 ARM（Associate in Risk Management）证书，此证书具有相当高的权威，在业界受到广泛的认可。与此同时，风险管理也向着国际化的趋势发展，在 1983 年美国 RIMS 年会上，世界各国专家与学者共同讨论并通过"101 风险管理准则"，该准则作为国际风险管理的一般准则，主要包括风险识别与衡量、风险控制、国际风险管理和保险单安排条款等内容。

随着风险管理实践与教学层面的持续深入，风险管理逐步由行业协会、研究机构推动转变为国家层面出台标准与法规。1995 年，澳大利亚和新西兰联合制定的 AS/NZS-

4360，标志着世界上第一个国家层面风险管理标准的诞生。2002 年，美国国会通过《萨班斯法案》（Sarbanes-Oxley），法案要求美国的所有上市企业必须建立完善的内控体系。在其影响下，世界各国也相继出台类似的规定，要求强化企业治理与内部控制，加大信息的披露，强化企业的全面风险管理。

1.2.2 我国风险管理的起源与发展

中国古代虽然没有"风险"一词的概念，但从一些史料记载中可以发现，古代中国人已经具备一定的风险意识，即把目标和未来的不确定性联系起来的意识。早在三千多年前的商朝时期，占卜作为当时预测未来的一种方法被商王室所采用。殷墟甲骨文中的内容（即卜辞）由叙辞、命辞、占辞与验辞组成，悉数记录了占卜时间、占卜人、卜兆（占卜时甲骨上预示的吉凶方面的信息），卜官根据卜兆得出占卜结果以及该结果是否准确。这表明商朝的问卜之人和卜官对未来可能发生的事件的发生可能性应该已经有了一定的认识，卜官应该注意到了其占辞的准确频率。而后周易出现，周易中的六十四卦囊括了未来所有的可能，类似于一个预测未来的算法❶。占卜和周易都表明我国古人能够认识到未来事件的不确定性与多样性。

中国古代也已进行了体系化的风险管理思考。如《道德经》中的"兵者不祥之器，不得已而用之"表明需要警惕战争给老百姓带来的巨大灾祸，即战争的风险；《孟子·告子下》中的"生于忧患，死于安乐"表达了应警惕安逸享乐带来的身死国亡风险；《孙子兵法·九变篇》中的"无恃其不来，恃吾有以待也"表达了不要侥幸指望敌人不来攻，而要依靠自己有着使敌人不敢攻的强大实力，即"有备无患"的风险意识等。

我国现代风险管理研究与实践起步较晚。1980 年，"风险"一词由周士富在《企业管理决策分析方法》中首次提出，而风险管理的相关知识进入中国始于 20 世纪 80 年代后期。90 年代初，一些外商参与的项目中开始应用风险管理，随后一些外国的风险管理顾问公司开始进入中国。当时的一些大型项目，如三峡工程项目、大亚湾核电站工程项目等都曾应用风险管理理论。

目前，风险管理的实践及理论在我国都得到了较快的发展。2006 年 6 月，国务院国有资产监督管理委员会发布《中央企业全面风险管理指引》，这是中国的第一个全面风险管理指导性文件，这也标志着中国开始走上风险管理的中心舞台，并开启风险管理的新篇章。随后，我国陆续出台众多风险管理文件，如 2009 年国家质量监督检验检疫总局和国家标准化管理委员会发布《风险管理原则与实施指南》GB/T 24353—2009，2013 年国务院国有资产监督管理委员会出台《关于加强中央企业国际化经营中法律风险防范的指导意见》，2018 年国家发展改革委等部门联合印发《企业境外经营合规管理指引》等。

1.2.3 风险管理的当代争论

当代的风险管理仍是一个不断发展与完善的学科，在该学科领域中各种观点竞相争鸣。表 1-1 阐述了风险管理中七个最重要的论点，该表定义了许多可以建立风险管理方式的极端立场（马丁·鲁斯摩尔等著，刘俊颖译，2011）。大部分的风险管理人员徘徊于这些极端立场之间，人们的信仰决定了他所处的立场，而信仰通常又是由经历、教育和文化等所决定的。

---

❶ 整理自吕多加：古代中国文化中的风险意识。

风险管理的七大重要论点　　　　　　　　　　　　　　　　表 1-1

学说	说明	相对学说	说明
先发制人	预防比事后处理好，有可能运用早先系统故障的因果知识来更好地指导未来的风险管理决策	反应	复杂的系统故障是无法预测的，并且不可能创造一个毫无危机的组织；过多的强调预防会产生不可战胜的感觉，使事情变得更糟
责备	针对意外问题的责备会极大地激发关键决策者谨慎行事	赦免	解决不可预料的问题的无归咎方法能够避免冲突、反责和信息的失真，从而有助于风险管理行为
定量化	量化推动理解，一个合理的风险管理系统必须建立在对风险进行系统测量的基础上	定性化	对风险管理中本身不可量化的因素应该赋予适当的权重
可靠知识	我们能够很好地理解组织因素是如何影响风险的，即风险管理的传统工程（因果）方法在组织中是可靠的	不可靠知识	对影响风险的因素和如何在人类系统中处理它们的问题上，现行理解在很大程度上还存在着局限
独立自主	安全必须明确地取代其他目标	互相依赖	在好的管理下，安全目标和其他目标并存
限制	参与讨论者限于专家时，讨论最有效	磋商	更广泛的讨论更好地检验假设和避免错误
结构和产品	通过改变物理结构能够有效地将风险减到最小，风险管理应强调提供与产品规格相关的准确的目标描述和控制系统	人和流程	通过改变个人的行为能够更好地处理风险，风险管理应强调确定流程而不是物理标准

来源：《项目中的风险管理》（马丁·鲁斯摩尔等著，刘俊颖译，2011）

表 1-1 中的学说栏代表当今风险管理惯例中的正统学说。它强调的是预防而不是事后处理、预测、量化和对精确的输出结果的详细说明。它假定所有组织都能够设定明确而又可以量度的目标，并且能将它们转化为标准的运作程序。相对学说栏则持有相反的观点，认为在许多行业领域，项目利益相关者的多样性和周边环境的不确定性使得管理者难以建立标准化的组织目标和决策方法，因而难以据此做出可靠的预测，因此组织的适应力比预防更加有效，对预防的过分强调可能降低管理的效率和效果。

1.3　工程项目风险管理标准与规范

风险管理标准提供风险管理原则，为风险管理实践提供重要指导。目前，国内外存在风险管理的诸多标准、指南与规范，下文首先介绍风险管理的普适性标准《ISO：风险管理原则与实施指南》《AACEi：风险管理推荐规程》《AIRMIC/ALARM/IRM：风险管理标准》《风险管理原则与实施指南》GB/T 24353—2009 以及《风险管理术语》GB/T 23694—2013；其次介绍两部企业风险管理标准《COSO：企业风险管理框架》和《中央企业全面风险管理指引》；随后介绍两部项目风险管理标准，分别为《PMI：项目风险管理实践标准》和《项目风险管理应用指南》GB/T 20032—2005；最后就项目不同细分领域分别介绍《大中型水电工程建设风险管理规范》GB/T 50927—2013、《城市轨道交通地下工程建设风险管理规范》GB/T 50652—2011、《大型工程技术风险控制要点》《建设项目环境风险评价技术导则》以及航天项目标准《航天项目风险管理》GB/T 32299—2015，以期为工程项目风险管理提供更多思路。

1.3.1 《ISO：风险管理原则与实施指南》

ISO 31000 是由国际标准化组织（ISO）所发布的风险管理国际标准，全称为《风险管理原则与实施指南》（Risk Management-Principles and Guidelines）。该标准的目的是为各类型、不同规模的组织管理风险提供原则及指导纲要。ISO 31000 标准的第一版（也称为 ISO 31000：2009）于 2009 年发布，其第二版（也称为 ISO 31000：2018）于 2018 年发布，下文主要介绍 2018 版。

ISO 31000：2018 开篇对指南的适用范围和风险管理相关术语进行定义，之后对风险管理原则、风险管理框架和风险管理过程进行了详细的介绍，其风险管理原则、框架和流程的模型如图 1-1 所示。相比 2009 版，2018 版 ISO 31000 标准的改进包括以下几个方面：①采用三轮圆形表示风险管理的原则、框架和流程，更加突出原则、框架和流程三部分之间的相互作用关系，表述上更加清晰、形象；②强化领导者在风险管理中的角色与责任；③对风险管理的迭代性质予以强化，提出每一个流程环节中新的实践、分析都可以对流程的要素、行动等予以修正。

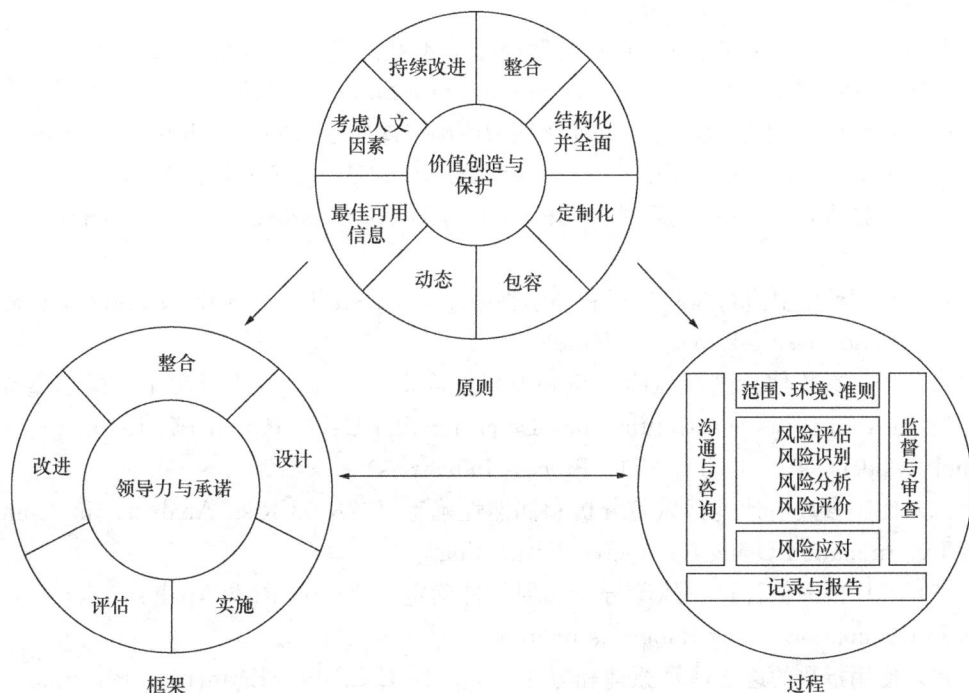

图 1-1 风险管理原则、框架和流程模型
来源：风险管理原则与实施指南（ISO）

1.3.2 《AACEi：风险管理推荐规程》

AACEi 的全称是 The American Association of Cost Engineers International（美国造价工程师协会），其成立于 1956 年，最初的名字为 AACE，是全球成立最早的工程造价管理专业协会之一，成立初衷是推广全面成本管理的理念与实践。

　　AACEi关于风险管理的推荐规程是由决策和风险管理委员会进行讨论和编制的成果，旨在提供从业人士可以依赖和推荐使用的风险管理方针。规程内容涉及风险储备估算、风险分析、风险储备确定、风险处理以及风险分担。此规程中含有较多风险量化模型，如概率法、区间估计、参数估计等，这也体现出美国学派与英国学派在风险管理领域的研究差异和不同的分析侧重点。该规程包含以下内容：

　　（1）制订项目风险管理计划（72R-12 Developing A Project Risk Management Plan）。

　　（2）风险应对（63R-11 Risk Treatment）。

　　（3）风险评估：识别和定性分析（62R-11 Risk Assessment: Identification and Qualitative Analysis）。

　　（4）选择用于成本和进度风险模拟模型的概率分布函数（66R-11 Selecting Probability Distribution Functions for Use in Cost and Schedule Risk Simulation Models）。

　　（5）计划变更管理原则——在EPC总承包项目中的应用（70R-12 Principles of Schedule Contingency Management——as Applied in Engineering, Procurement, and Construction）。

　　（6）CPM进度风险建模和分析：特殊考虑（64R-11 CPM Schedule Risk Modeling and Analysis: Special Considerations）。

　　（7）利用蒙特卡罗方法对CPM模型进行成本和进度风险分析（57R-09 Integrated Cost and Schedule Risk Analysis Using Monte Carlo Simulation of a CPM Model）。

　　（8）综合成本和进度风险分析和使用期望值确定偶然性（65R-11 Integrated Cost and Schedule Risk Analysis and Contingency Determination Using Expected Value）。

　　（9）权变估计——一般原则（40R-08 Contingency Estimating——General Principles）。

　　（10）使用期望值进行风险分析和偶然性确定（44R-08 Risk Analysis and Contingency Determination Using Expected Value）。

　　（11）使用参数估计进行风险分析和偶然性确定——以应用于过程工业的模型为例（43R-08 Risk Analysis and Contingency Determination Using Parametric Estimating——Example Models as Applied for The Process Industries）。

　　（12）使用参数估计进行风险分析和偶然性确定（42R-08 Risk Analysis and Contingency Determination Using Parametric Estimating）。

　　（13）使用范围估计进行风险分析和偶然性确定（41R-08 Risk Analysis and Contingency Determination Using Range Estimating）。

　　（14）使用指数的逐步估算原理和方法（58R-10 Escalation Estimating Principles and Methods Using Indices）。

　　（15）使用指数和蒙特卡罗进行逐步估计（68R-11 Escalation Estimating Using Indices and Monte Carlo）。

　　（16）合同风险分配——在EPC总承包项目中的应用（67R-11 Contract Risk Allocation——as Applied in Engineering, Procurement, and Construction）。

　　（17）决策树在决策中的应用（85R-14 Use of Decision Trees in Decision Making）。

　　（18）决策和风险管理的必要技能和知识（71R-12 Required Skills and Knowledge of

Decision and Risk Management）。

1.3.3 《AIRMIC/ALARM/IRM：风险管理标准》

英国《AIRMIC/ALARM/IRM：风险管理标准》发布于 2002 年，由英国三个风险管理组织——保险和风险经理协会（The Association of Insurance and Risk Managers，AIRMIC）、公共部门风险管理论坛（The National Forum for Risk Management，ALARM）以及风险管理协会（The Institute of Risk Management，IRM）联合提出。该标准旨在促进风险管理学科，包括在风险管理的内容、应如何进行风险管理以及风险管理的目的等方面达成一致意见。标准认为风险管理是组织战略管理的核心部分，是一个持续发展的过程，贯穿于组织的战略和战略的实施，它需要通过有效的政策和由最高级管理层领导的方案来融入组织文化。良好的风险管理的重点是识别并处理风险，从而为组织活动最大可能地增加可持续价值。该标准主要包括以下五个步骤：①确定组织战略目标；②风险评估；③风险报告；④风险应对；⑤风险监控和审查。具体内容如图 1-2 所示。

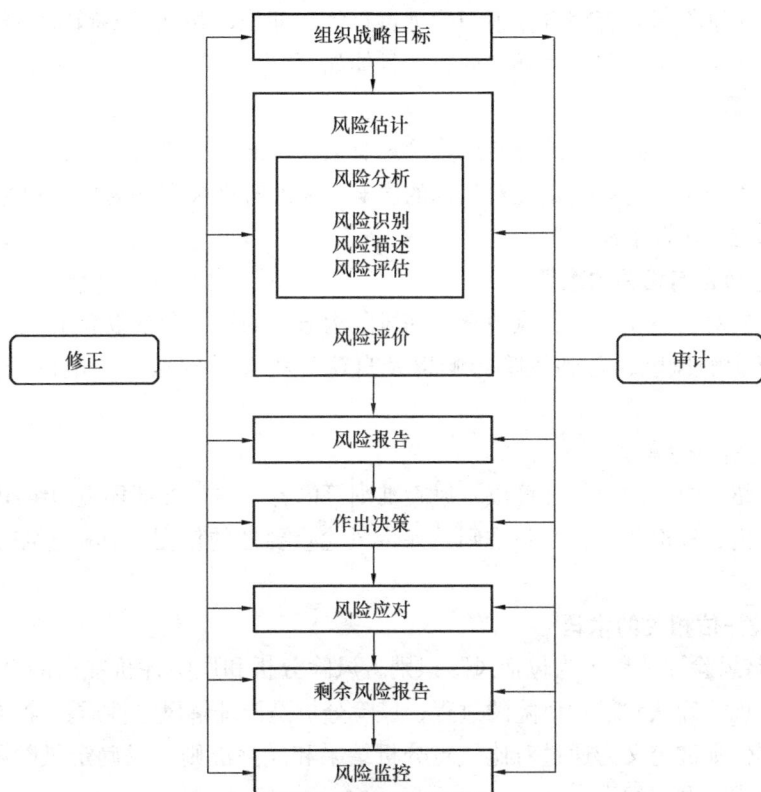

图 1-2　AIRMIC/ALARM/IRM 风险管理过程
来源：AIRMIC/ALARM/IRM 风险管理标准

1.3.4 《风险管理原则与实施指南》GB/T 24353—2009

《风险管理原则与实施指南》GB/T 24353—2009（以下简称《指南》）是由中华人民共和国国家质量监督检验检疫总局与中国国家标准化管理委员会于 2009 年 9 月联合发布，为我国风险管理系列标准中的指导性标准。该标准提供了风险管理的原则和通用的实施指南，有助于在任何范围和具体环境中组织实施风险管理，管理者可以对照此标准对现有的风险管理实践进行检查。

该标准从风险管理的原则、风险管理过程和风险管理的实施三个方面进行介绍。风险管理的原则主要包括：控制损失，创造价值；融入组织管理过程；支持决策过程；应用系统的、结构化的方法；以信息为基础；环境依赖；广泛参与、充分沟通；持续改进。风险管理的过程依次为：明确环境信息，包括内外部信息和确定风险准则；风险评估；风险应对；监督和检查；沟通和记录。风险管理的实施部分给出了风险管理实施体系，包括风险管理方针、风险管理工作程序、风险管理相关组织结构、风险管理资源配置以及建立沟通和报告机制。

1.3.5 《风险管理术语》GB/T 23694—2013

《风险管理术语》GB/T 23694—2013（以下简称《术语》）是由中华人民共和国国家质量监督检验检疫总局与中国国家标准化管理委员会于 2013 年 12 月联合发布，它是一部国家标准，该标准为 ISO Guide 73：2009《风险管理术语》的翻译版，并对其做了部分编辑性调整。该标准将风险管理看作组织管理过程的一部分，并且试图涵盖风险的消极和积极两个方面。该标准可归纳为六部分内容，具体如下。

1. 基本术语

基本术语包括与风险有关的和与风险管理有关的术语，主要对风险、风险管理予以定义。其中，风险被定义为不确定性对目标的影响，风险管理被定义为指导和控制某一组织与风险相关问题的协调活动。

2. 与沟通和咨询相关的术语

此部分主要对利益相关者、风险感知和风险沟通咨询等概念予以介绍。其中，利益相关者是指可以影响风险、受到风险影响以及自认为将会受到风险影响的个人、团队与组织。

3. 与环境相关的术语

该部分介绍了组织内外部环境以及风险准则等内容。内、外部环境即组织追求其目标实现时所处的内、外部状况；风险准则是评价风险重要性的依据，其确定需依据组织内、外部环境。

4. 与风险评估相关的术语

《术语》将风险评估界定为包括风险识别、风险分析和风险评价在内的全部过程。风险识别是指发现、确认和描述风险的过程；风险分析是指理解风险性质、确定风险等级的过程；风险评价则被定义为通过对比风险分析结果和风险准则，以确定风险和/或其大小是否可以接受或容忍的过程。

5. 与风险应对相关的术语

《术语》在此部分对风险应对与控制进行定义并介绍风险应对措施的常见类型。风险应对是指处理风险的过程，而控制是处理风险的措施。《术语》指出常见的负面后果的风险应对措施有时指风险缓解、风险消除、风险预防和风险降低等。此外，还介绍了恢复力的概念，即组织对复杂环境变化的适应能力。

6. 与监督与测量相关的术语

此部分包括监督、评审、风险报告、风险登记、风险概况、风险管理审核等内容。

1.3.6 《COSO：企业风险管理框架》

《COSO：企业风险管理框架》是由美国反虚假财务报告委员会下属的发起人委员会（COSO）所发布的风险管理指南。该指南的编制目的是为支持企业建立以及评判企业风险管理过程提供原则、术语及实务性的操作指南。COSO 于 2004 年发布《企业风险管理——整合框架》（第一版）（Enterprise Risk Management——Integrated Framework），并于 2017 年发布 COSO《企业风险管理框架》（第二版）（Enterprise Risk Management——Integrating with Strategy and Performance）。下文主要介绍 2017 版。

《企业风险管理框架》2017 版主要介绍本指南的应用环境、框架内容以及相关术语。其框架五要素以及对应的二十项内容如图 1-3 所示。由于企业风险管理的不断发展以及风险的复杂性已发生变化，相较 2004 版，2017 版指出企业战略和绩效与企业风险管理之间联系的重要性，强调了企业风险管理在创造、保持和实现价值方面的作用，并首次探讨文化对企业风险管理实践影响的重要性。

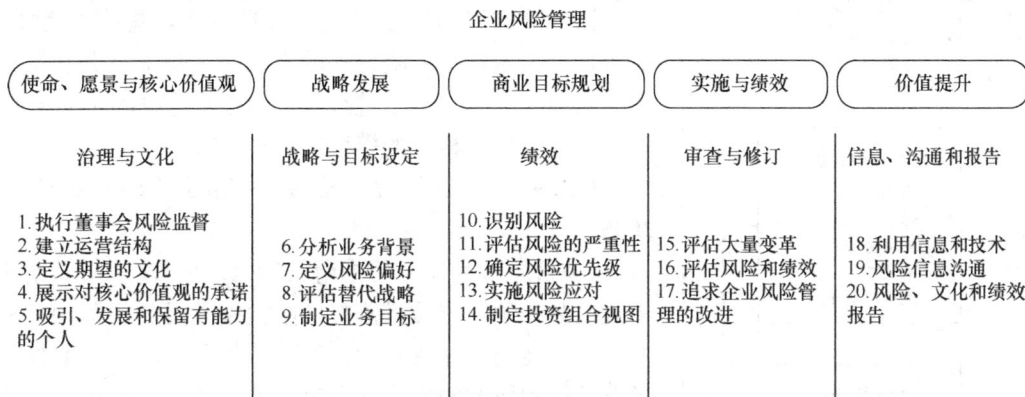

企业风险管理

使命、愿景与核心价值观	战略发展	商业目标规划	实施与绩效	价值提升
治理与文化	战略与目标设定	绩效	审查与修订	信息、沟通和报告
1.执行董事会风险监督 2.建立运营结构 3.定义期望的文化 4.展示对核心价值观的承诺 5.吸引、发展和保留有能力的个人	6.分析业务背景 7.定义风险偏好 8.评估替代战略 9.制定业务目标	10.识别风险 11.评估风险的严重性 12.确定风险优先级 13.实施风险应对 14.制定投资组合视图	15.评估大量变革 16.评估风险和绩效 17.追求企业风险管理的改进	18.利用信息和技术 19.风险信息沟通 20.风险、文化和绩效报告

图 1-3 企业风险管理框架五要素及二十项内容

来源：企业风险管理框架（COSO）

1.3.7 《中央企业全面风险管理指引》

为全面落实科学发展观，进一步加强和完善国有资产监管工作，深化国有企业改革，加强风险管理，促进企业持续、稳定、健康发展，根据《企业国有资产监督管理暂行条例》（国务院令第 378 号）关于"国有及国有控股企业应当加强内部监督和风险控制"的要求，国务院国有资产监督管理委员会于 2006 年 6 月 6 日出台了《中央企业全面风险管理指引》（以下简称《指引》）。

除与其他风险管理指南与规范相类似，对风险管理初始信息、风险评估、风险管理策略、风险管理解决方案和风险管理的监督与改进予以介绍外，《指引》还对风险管理组织体系、风险管理信息系统以及风险管理文化予以描述。

《指引》指出，组织应建立健全风险管理组织体系，包括规范的法人结构、风险管理职能部门、内部审计部门和法律事务部门以及其他有关职能部门、业务单位组织领导机构及职责。

《指引》指出，企业应将信息技术应用于风险管理的各项工作，建立涵盖风险管理基本流程与内部控制系统各环节的风险管理信息系统，并应用该信息系统进行各种风险计量以及定量与定性分析，以确保风险管理信息系统在各业务职能、业务部门之间实现集成与共享。

《指引》指出，企业应着力构建具有风险意识的企业文化，将风险管理文化建设融入企业文化建设全过程，并在企业内部各层间营造风险管理文化氛围。

1.3.8 《PMI：项目风险管理实践标准》

《PMI：项目风险管理实践标准》（Practice Standard for Project Risk Management）由美国项目管理协会（PMI）于2009年出版，该标准的编制目的是为项目管理实践者和其他利益相关者提供一个全球适用的定义项目风险管理各方面的标准。

该标准首先对项目风险管理进行定义，指出项目风险管理是"与进行风险管理规划、识别、分析、应对以及项目监控相关的过程"，阐明项目风险管理在项目管理中的作用，同时指出项目风险管理的关键成功因素，并对项目风险管理中项目经理的职责进行界定。

该标准详细阐述项目风险管理流程，具体如图1-4所示，这些流程与风险管理的定义一一对应，并在附录中详细介绍了项目风险管理各个流程适用的工具和技术，同时给出了相应的模板以供实践需要。

1.3.9 《项目风险管理应用指南》GB/T 20032—2005

《项目风险管理应用指南》GB/T 20032—2005 由中华人民共和国国家质量监督检验检疫总局与中国国家标准化管理委员会于2005年9月联合发布，该标准提供了以系统和协调的方式管理风险的过程，并就风险管理应用于项目提供指导。该指南主要包括术语和定义、项目风险管理概述、组织、项目风险管理过程等内容。

1. 术语和定义

此部分对项目风险管理涉及的主要术语进行定义，包括产品、项目、过程、项目风险、风险管理和风险处理等。其中，项目被定义为由一组有起止日期的、相互协调的受控活动组成的独特过程，该过程要达到符合时间、成本和资源等约束条件在内的规定所要求的目标。

2. 项目风险管理概述

该部分介绍了风险管理的作用及过程框架，强调应对项目的每个阶段都进行风险管理，并应建立结构化的风险管理过程，即"风险识别—风险评定—风险处理—风险评审与监视—项目风险后评估"的整体框架。

3. 组织

该部分介绍了组织应为项目风险管理提供的条件及进行的工作内容，包括确立风险管理的项目经理负责制，保证风险管理所需的资源和沟通，如编写风险报告

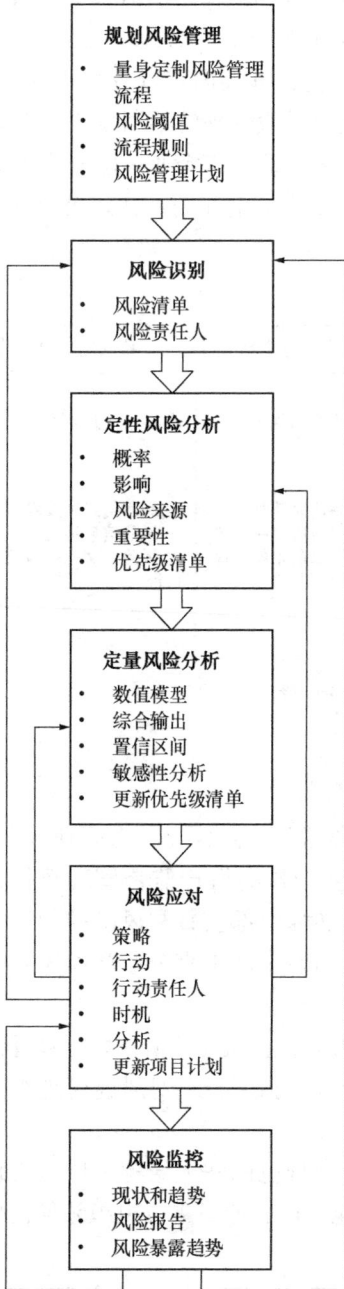

规划风险管理
- 量身定制风险管理流程
- 风险阈值
- 流程规则
- 风险管理计划

风险识别
- 风险清单
- 风险责任人

定性风险分析
- 概率
- 影响
- 风险来源
- 重要性
- 优先级清单

定量风险分析
- 数值模型
- 综合输出
- 置信区间
- 敏感性分析
- 更新优先级清单

风险应对
- 策略
- 行动
- 行动责任人
- 时机
- 分析
- 更新项目计划

风险监控
- 现状和趋势
- 风险报告
- 风险暴露趋势

图1-4　项目风险管理流程图
来源：项目风险管理实践标准(PMI)

并召开会议进行讨论与决策，编制项目风险管理计划和风险记录单等文件。

4. 项目风险管理过程

该部分主要是对风险管理框架各阶段的目的、方法及具体内容进行介绍，并指出风险管理的持续性，以及总结项目风险管理经验的重要性。

1.3.10 《大中型水电工程建设风险管理规范》GB/T 50927—2013

《大中型水电工程建设风险管理规范》GB/T 50927—2013 由中华人民共和国住房和城乡建设部和中华人民共和国国家质量监督检验检疫总局于 2013 年联合发布，2014 年 6 月 1 日施行。该规范的编制目的是规范大中型水电工程规划、设计、施工期（含试运行）的风险管理工作，有效规避或控制工程建设及试运行风险，减少各类风险事故的发生，最大限度地降低因风险事故造成的人身伤亡和各种损失，适用于大中型水电工程的新建、改建、扩建和除险加固项目的风险管理。

该规范首先明确了风险管理的基本规定，并根据项目的不同阶段将风险管理划分为流域水电规划与设计阶段风险管理、土建施工阶段风险管理、金属结构及机电设备安装工程阶段风险管理和试运行阶段风险管理，对每个阶段的风险识别、分析和控制给予指导与说明，最后解释阐明风险控制专项措施和风险管理评价应包含的内容。规范附录还给出了大中型水电工程应急预案分类。

1.3.11 《城市轨道交通地下工程建设风险管理规范》GB/T 50652—2011

《城市轨道交通地下工程建设风险管理规范》GB/T 50652—2011 由中华人民共和国住房和城乡建设部和中华人民共和国国家质量监督检验检疫总局于 2011 年联合发布，2012 年 1 月 1 日施行。该规范的编制目的是加强我国城市轨道交通地下工程建设风险管理，规范建设风险管理的实施技术与执行标准，适用于城市轨道交通新建、改建与扩建的地下工程建设风险管理。

该规范先是阐明风险管理基本规定和工程建设风险等级标准，接着根据城市轨道交通项目特点，分别阐述规划阶段风险管理、可行性研究阶段风险管理、勘查与设计阶段风险管理、招标投标与合同签订阶段风险管理以及施工阶段风险管理。最后，附录给出了风险辨识表、风险清单表、风险分析方法表、风险记录表和重大风险处置记录表，以更好地指导业界开展风险管理实践。

1.3.12 《大型工程技术风险控制要点》

《大型工程技术风险控制要点》由中华人民共和国住房和城乡建设部于 2018 年组织编制，该要点的编制目的是指导我国大型工程建设技术风险的控制，有效减少风险事故的发生，降低工程经济损失、人员伤亡和环境影响，保障工程建设和城市运行安全，适用于城市建设过程中的大型工程建设项目，主要指超高层建筑、大型公共建筑和城市轨道交通工程。

该要点首先对风险管理的基本规定和风险控制方法进行介绍，对建设单位、勘察单位、设计单位、施工单位以及监理单位的风险控制职责进行规定。其次，根据大型工程建设项目的不同阶段，将风险管理分为勘查阶段风险管理、设计阶段风险管理以及施工阶段风险管理，其中针对不同大型工程项目类型，如大跨度结构、超高层结构、地铁隧道等都做了风险控制的详细说明。

1.3.13　《建设项目环境风险评价技术导则》

《建设项目环境风险评价技术导则》由国家环保总局（现为中华人民共和国生态环境部）于 2004 年发布，本规范的制定目的是将建设项目环境风险评价纳入环境影响评价管理范畴，从而有利于项目建设全过程风险管理，并提高环境风险评价工作及审查工作的质量和效率，使其达到法制化、规范化和标准化的要求，适用于涉及有毒有害和易燃易爆物质的生产、使用、贮运等的新建、改建、扩建和技术改造项目（不包括核建设项目）的环境风险评价。

该规范指出环境风险评价的目的和重点以及风险评价的范围等，接着介绍了风险识别、源项分析、后果计算、风险计算和评价以及风险管理等内容，详细给出了不同模式有害物质扩散、风险值与风险危害等的计算方法，规范了风险防范措施和应急预案的内容，有利于相关建设项目进行环境风险管理。

1.3.14　《航天项目风险管理》GB/T 32299—2015

《航天项目风险管理》GB/T 32299—2015 由中华人民共和国国家质量监督检验检疫总局与中国国家标准化管理委员会于 2015 年 12 月 31 日联合发布，2016 年 7 月 1 日正式施行。本标准规定了航天项目风险管理总则、过程、实施和文档要求，适用于航天项目全生命周期的风险管理。

该标准首先介绍了风险管理的基本原则，随后对风险管理过程进行了详细介绍，指出风险管理包括风险管理实施要求的确定、风险识别与评估、风险决策与应对以及风险监控、风险信息沟通和接受等五个步骤的循环过程，并对每个步骤的具体工作内容进行了详细的规定。最后，介绍了风险管理实施、风险管理文档和风险管理要求的具体内容。

以上 14 部标准分别从不同出发点进行编制，其内容也有不同侧重，具体的汇总对比如表 1-2 所示。

风险管理标准汇总对比表　　　　　　　　　　　　　　　表 1-2

序号	标准名称	编制国家/机构	编制目的	适用范围	核心内容
1	ISO 31000 标准	国际标准化组织（ISO）	为各类型组织管理风险提供原则及指导纲要	各类型、不同规模组织的风险管理	风险管理原则、风险管理框架和风险管理流程
2	《风险管理推荐规程》	美国造价工程师协会（AACEi）	提供从业人士可以依赖和推荐使用的风险管理方针	项目风险管理，主要是成本和进度风险	风险管理术语、流程与实践，侧重于风险量化方法
3	《风险管理标准》	英国风险管理协会（IRM）、保险和风险经理协会（AIRMIC）以及公共部门风险管理论坛（ALARM）	促进风险管理学科的内容达成一致意见	各类型、不同规模组织的风险管理	风险管理的内容与步骤
4	《风险管理原则与实施指南》	国家质量监督检验检疫总局与中国国家标准化管理委员会	我国风险管理系列标准中的指导性标准，提供了风险管理的原则和通用的实施指南	各类型、不同规模组织的风险管理	风险管理的原则、风险管理过程和风险管理的实施

序号	标准名称	编制国家/机构	编制目的	适用范围	核心内容
5	《风险管理术语》	国家质量监督检验检疫总局与国家标准化管理委员会	介绍风险管理相关术语	各类型、不同规模组织的风险管理	风险管理基本术语、与沟通和咨询、环境、风险评估、风险应对有关的术语
6	《企业风险管理框架》	美国反虚假财务报告委员会下属的发起人委员会（COSO）	为支持企业建立以及评判企业风险管理过程提供原则、术语及实务性的操作指南	企业风险管理	风险管理框架五要素以及对应的二十项内容
7	《中央企业全面风险管理指引》	国务院国有资产监督管理委员会	进一步加强和完善国有资产监管工作，加强风险管理	中央企业风险管理	风险管理流程、风险管理组织体系、风险管理信息系统以及风险管理文化
8	《项目风险管理实践标准》	美国项目管理协会（PMI）	为项目管理实践者和利益相关者提供一个全球适用的定义项目风险管理各方面的标准	项目风险管理	项目风险管理定义、项目风险管理流程、项目风险管理关键成功因素
9	《项目风险管理应用指南》	国家质量监督检验检疫总局与国家标准化管理委员会	提供以系统和协调的方式管理风险的过程，并就风险管理应用于项目提供指南	项目风险管理	项目风险管理术语、概述、组织与流程
10	《大中型水电工程建设风险管理规范》	国家质量监督检验检疫总局与国家标准化管理委员会	规范大中型水电工程的规划、设计、施工期（含试运行）的风险管理工作	大中型水电工程项目风险管理	大中型水电工程项目分阶段风险管理、风险控制专项措施
11	《城市轨道交通地下工程建设风险管理规范》	住房和城乡建设部和国家质量监督检验检疫总局	加强我国城市轨道交通地下工程建设风险管理	城市轨道交通地下工程建设风险管理	城市轨道交通地下工程建设项目分阶段风险管理
12	《大型工程技术风险控制要点》	住房和城乡建设部	指导我国大型工程建设技术风险的控制	城市建设过程中的大型工程建设项目	不同单位的风险控制职责、大型工程建设项目分阶段风险管理
13	《建设项目环境风险评价技术导则》	国家环保总局	将建设项目环境风险评价纳入环境影响评价管理范畴，有利于项目建设全过程风险管理	涉及有毒有害和易燃易爆物质的项目（不包括核建设项目）的环境风险评价	环境风险识别、源项分析、后果计算、风险计算和评价以及风险管理
14	《航天项目风险管理》	国家质量监督检验检疫总局与国家标准化管理委员会	规范我国航天项目风险管理	航天项目全生命周期的风险管理	航天项目风险管理总则、过程、实施和文档要求

1.4 工程项目风险管理理论研究进展

风险管理是工程管理研究领域中最为活跃的研究方向之一（Taroun，2014）。随着工程行业实施标准的要求越来越高、市场竞争不断加剧以及工程项目复杂性不断提高，越来越多的风险管理问题逐渐得到关注。近年来，国内外高水平期刊上发表了许多工程项目风险管理的研究成果，工程项目风险管理的理论研究快速发展。通过对这些研究成果进行系统梳理、了解前沿动态，可以把握工程项目风险管理研究的发展趋势。

1.4.1 数据来源与研究方法

1. 数据来源

以 Scopus 为数据源，来源期刊选取 Chau 提出的 5 种国际工程顶级期刊进行工程项目风险管理相关文献的检索，包括 Journal of Construction Engineering and Management（JCEM）、International Journal of Project Management（IJPM）、Construction Management and Economics（CME）、Engineering Construction and Architectural Management（ECAM）、Journal of Management in Engineering（JME）（Chau，1997）。选取主题/摘要/关键词（Title/Abstract/Keyword）：risk management、risk identification、risk assessment、risk measurement、risk evaluation、risk control、risk allocation、risk response 共 8 个关键词，文章类型选取 Article 和 Review，文献语言选择英文，时间限定在 2000~2020 年，共检索得到 1031 篇文献。根据内容剔除与工程项目风险管理不相关和相关性很小的文献，最终筛选得到目标文献 373 篇。

2. 研究方法

本节采用定量分析和定性分析结合的研究方法。定量分析通过运用美国德雷塞尔大学陈超美教授开发的 CiteSpace 信息可视化文献计量工具，以文献计量方法进行统计分析，并对工程项目风险管理领域 2000~2020 年出现的高频关键词及突显词分析。定性分析主要对重要文献进行内容梳理以分析本研究领域研究热点，包括风险管理研究对象、风险类型、风险管理方法及风险路径与相互作用机理等方面。通过结合突显词分析工程项目风险管理领域研究未来趋势。

1.4.2 工程项目风险管理文献计量分析

1. 文献数量时间分布图

从工程项目风险管理的发文量（图 1-5）来看，年发文量总体呈增长趋势，可见工程项目风险管理领域受到越来越多的学者们的重视和关注。2002~2008 年是该方向研究的"快速增长期"，2011 年达到峰值 28 篇，2013 年以后发文量逐渐进入"平缓期"。

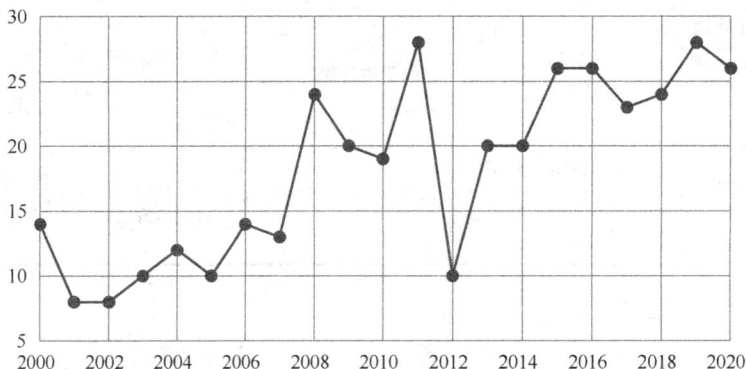

图 1-5　2000~2020 年工程项目风险管理文献数量

2. 各期刊的载文量及引用次数

本次从五种期刊筛选出的 373 篇文献，其中 JCEM 以 154 篇载文量位居榜首，其发文量明显高于其他 4 种期刊，其次为 CME。从表 1-3 可以得出：CME 被引频次最高。

目标期刊所包括的工程项目风险管理文献 表 1-3

期刊	论文数量	总被引用次数
JCEM	154	3622
CME	67	4244
IJPM	56	1795
JME	49	990
ECAM	47	659

3. 主要发文国家/地区分布

某一学科的发展通常具有一定的地域性，一个国家或区域的学者通过交流或信息共享可以有效带动该国或地区该学科的发展。通过文献计量分析，工程项目风险管理领域排名前 10 的结果统计如表 1-4 所示。从数据统计结果来看，在发文量统计所涉及的 10 个国家中发文量最多的是美国，约占文章总量的 23%。由此表明，美国在工程项目风险管理研究领域处于领先地位。澳大利亚和中国大陆发文量相当，均约占文章总量的 18%，在该领域研究亦位居前列。此外，英国、新加坡、加拿大、韩国和中国香港等国家或地区的相关研究也较为活跃。在企业风险管理出现初期，美国学者对于风险管理的必要性已经有了认识。相对来说，发展中国家整体风险意识较淡薄，对于风险管理的认识不够深入、不够重视。从国家研究力量来看，目前工程项目风险管理的研究主要集中于发达国家，发展中国家的相关研究成果相对匮乏。

主要发文国家/地区分布 表 1-4

国家/地区	数量	国家/地区	数量
美国	99	新加坡	30
澳大利亚	76	加拿大	24
中国大陆	75	韩国	23
英国	47	印度	13
中国香港	32	土耳其	12

4. 高被引文献分析

文献的被引用频次是其学术价值很好的体现方式。文献被引用频次越高，创造性与影响力越强，作者在该领域的权威和威望就越高。在此，统计了 2000～2020 年工程项目风险管理领域被引用频次超过 200 次的文献（表 1-5）。文献中有 11 篇文章发表在 IJPM，另外 1 篇发表在 CME。根据 12 篇高频被引文献的研究内容，我们可以初步概括出新世纪以来工程项目风险管理研究显示出的 3 个经典研究方向分别是项目风险评估、项目风险识别和项目风险分担。

2000～2020 年工程项目风险管理领域被引用超过 200 次的文献 表 1-5

作者	发表年份	文献名称	引用次数	期刊
Bing L，et al	2004	The allocation of risk in PPP/PFI construction projects in the UK	458	IJPM

作者	发表年份	文献名称	引用次数	期刊
Grimsey and Lewis	2002	Evaluating the risks of public private partnerships for infrastructure projects	431	IJPM
Zou P. X. W, et al	2007	Understanding the key risks in construction projects in China	395	IJPM
Zeng, et al	2007	Application of a fuzzy based decision making methodology to construction project risk assessment	343	IJPM
Baloi and Price	2003	Modelling global risk factors affecting construction cost performance	319	IJPM
Nieto and Ruz	2011	A fuzzy approach to construction project risk assessment	238	IJPM
Ng and Loosemore	2007	Risk allocation in the private provision of public infrastructure	236	IJPM
Tah and Carr	2000	A proposal for construction project risk assessment using fuzzy logic	230	CME
Ke, et al	2010	Preferred risk allocation in China's public-private partnership (PPP) projects	225	IJPM
EI-Sayegh	2008	Risk assessment and allocation in the UAE construction industry	220	IJPM
Miller and Lessard	2001	Understanding and managing risks in large engineering projects	216	IJPM
Dikmen, et al	2007	Using fuzzy risk assessment to rate cost overrun risk in international construction projects	211	IJPM

1.4.3 工程项目风险管理研究内容分析

通过对 2000 年后至 2020 年的高频关键词分析，可以发现目前及未来一段时间内学术界的前沿关注和特征。表 1-6 呈现了 2000～2020 年工程项目风险管理研究方向的主要高频关键词，包括"风险管理""风险评估""项目管理""风险分析""决策""调查""风险感知""PPP 项目""成本"等。

高频关键词　　　　　　　　　　　　表 1-6

序号	关键词	频次	平均年份	序号	关键词	频次	平均年份
1	风险管理	254	2000	12	设计/理论/方法	34	2009
2	风险评估	252	2000	13	中国	32	2004
3	项目管理	205	2000	14	职业风险	27	2008
4	风险分析	95	2001	15	问卷调查	27	2008
5	决策	70	2001	16	合同	25	2001
6	调查	59	2008	17	投资	25	2000
7	风险感知	58	2006	18	风险分担	23	2008
8	PPP 项目	42	2006	19	事故预防	23	2004
9	工程管理	41	2003	20	风险因素	22	2006
10	成本	40	2000	21	不确定性分析	20	2008
11	承包商	40	2000	22	公共风险	21	2010

序号	关键词	频次	平均年份	序号	关键词	频次	平均年份
23	基础设施工程	19	2000	32	设计	13	2002
24	安全工程	16	2008	33	互联网协议	12	2008
25	欧亚	16	2004	34	蒙特卡罗方法	12	2001
26	金融	15	2000	35	国际工程项目	11	2008
27	因素分析	15	2004	36	利益相关者	11	2008
28	数学模型	15	2000	37	生命周期	11	2004
29	成本效益分析	15	2001	38	决策支持系统	10	2000
30	计算机模拟	15	2000	39	人工智能	8	2008
31	健康风险	13	2009	40	行为研究	5	2013

1. 研究对象

首先从研究对象看，结合表1-6分析，工程项目风险管理研究主要集中在特定交易模式下的工程项目、国际工程项目、特定区域的工程项目和重大/复杂项目。

（1）特定交易模式下的工程项目

项目交易模式与风险管理息息相关，特定交易模式下的工程项目风险管理逐渐成为研究热点，在所选的383篇目标文献中，有82篇文献涉及项目交易形式，如图1-6所示。一方面，不同的项目交易模式会对项目风险管理产生影响（Farnsworth等，2015）；另一方面也可以通过基于风险的建模方法辅助选择项目交易模式（Tran和Molenaar，2015）。尤其近年来，公私关系合作（public-private-partnership，PPP）方式成为学者们的研究热点，从2000~2020年，5种顶级期刊发表的与工程项目风险管理相关的文献中，PPP项目作为关键词的频次为42。由于PPP项目通常都是投资规模大、建设周期长、涉及面广和社会公众影响大的公共工程项目，且公私双方合作存在明显的利益冲突，因此，设计合理的风险分配和风险分担机制至关重要（叶晓甦和徐春梅，2013）。关于PPP项目的风险管理研究主要集中在风险识别、评估以及风险分担等方面（Ke和Wang，2010；Hwang等，2013）。当今工程项目采购模式逐渐由碎片化向集成化发展，在这种背景下，EPC（Engineering，Procurement and Construction，设计、采购、施工一体化）、DB（Design

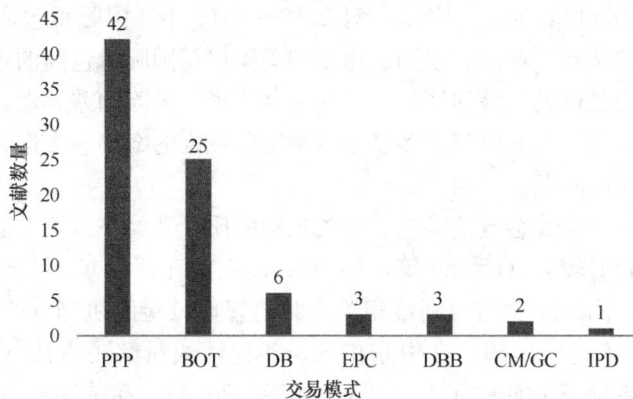

图1-6 不同交易模式的文献数量

and Build，设计、施工一体化）与 IPD（Integrated Project Delivery，集成项目交付）项目逐渐增多。目前关于 EPC、DB 项目的风险管理研究主要集中在探究关键影响因素对于总承包商风险管理及项目绩效的影响（Wang 等，2016；Liu 等，2017），关于 IPD 项目的风险管理研究则更加关注成本/造价风险的控制与分担（张连营和栾燕，2010；El-ghaish 和 Abrishami，2020）。由于不同交易模式下的工程项目管理方式存在差异，其风险管理的侧重点也有所不同。

（2）国际工程项目

与国际工程市场不确定性攀升相对，风险能否有效转移、控制是全球国际承包商面临的挑战。中国工程企业为实现从"走出去"到"走上去"的高质量发展，需要提升对不同区域市场、不同采购模式、极端事件带来的国际化风险认知和应对手段。2019 年商务部等 19 部门发布的《关于促进对外承包工程高质量发展的指导意见》也着重强化风险防范，构建服务对外承包工程发展的综合性风险防控体系和突发事件应急处置机制。同时要完善境外企业和对外投资联络服务平台，及时分析、研判和预警境外政治、经济、社会、安全、舆论等领域重大风险。

由于国际工程市场的不确定性和不可预测性（Majocchi&Strange，2012；Müllner，2016），国际化风险的研究在学界中引起了很大的关注。从风险类型看，许多研究关注特定类型的风险，如政治风险（Bekaert 等，2014）、国家风险（Brown 等，2015）等。现有国际化风险研究内容主要分为国际化对风险的影响、风险对国际化决策和国际化战略的影响及公司在跨国交易时如何评估和应对风险（Jonas Eduardsen 等，2020）。Miller（1992）的整合性国际风险模型和 Brouthers（1995，1996）对上述模型的验证奠定了国际化风险识别的基础。Jiménez（2011）专注于政治风险对跨国化范围影响的研究。在 Miller（1992）国际风险感知模型的基础上，Brouthers（2002）在其进一步研究中设计了对国际风险的测评方法，进而建立风险预警模型。Clarke&Liesch（2017）研究了企业如何管理与国际化相关的风险，提出了一个扩展的乌普萨拉国际化过程（IP）模型解释企业为什么选择观望策略。在未来的研究中，我们还可以探究在什么条件或情景下国际化风险会增加或降低，以及风险评估的决定性因素和企业之间的差异（Jonas Eduardsen 等，2020）。

（3）特定区域的工程项目

根据美国《工程新闻记录》（ENR）对 2018～2019 年度国际承包商 250 强收入的区域性市场分布进行的统计，亚洲、澳洲、中东和美国仍是国际承包商的重要市场，而上述大部分市场也被认为是极具风险的区域。各地区（国家）风险的差异性，使得这类风险研究具有重要的现实意义。现有研究大多基于某特定区域内的案例和数据，往往能够较好地反映和解决具体的实际问题。

在亚洲市场，中亚在社会政治稳定、相关机构的质量和经济政策方面表现较差，对中国承包商来说风险相对较高（Chang 等，2018）；而在南亚，巴基斯坦建筑业尚未形成系统的风险管理体系，同时缺少项目利益相关者共同管理风险的机制（Choudhry 和 Iqbal，2013），阻碍了风险管理的实施。在中东市场，替代性纠纷解决方法（ADR）很少被使用，因为利益相关者缺乏对此的了解（Awwad 等，2016）。在美国市场，PPP 项目更加注重公共部门和私营部门的风险分担（Nguyen 等，2018）。此外，也有研究对不同区域项目的风险进行对比研究，比如，通过案例研究方法对中国与澳大利亚绿色建筑项目的风险进行对比研究。Yang 等（2016）指出上述两个市场中的绿色建筑项目具有不同的关键风险与利益相关者，进而指出造成差异出现的原因，并为国际承包商提供了风险管理建议。

（4）重大/复杂项目

重大项目一般都具有投资额大（超过 10 亿美元）、工期和使用周期长，并且能对社会产生多重影响的特点（Flyvbjerg 等，2003）。重大项目具有很高的不确定性，且往往是独一无二的（Li 等，2018）。而复杂项目主要是指在技术、管理和组织上具有比传统项目更加复杂的特质的项目（Williams，2005）。目前，工程项目的发展以大型化、复杂化和国际化为特征，学者们逐渐意识到这些项目上出现的新型风险或者传统风险因素在这些项目上表现出新的特征。政府主导的重大项目需要重视对其社会风险的管理（Liu 等，2016），使用社会网络分析方法可模拟出重大项目的社会风险网络，并识别出关键的社会稳定风险（向鹏成和武雪子，2018）。传统风险因素在这些项目上表现出新的特征，如在融资模式复杂或参与方增多的情况下，对政治风险、建造风险、市场和收益风险、金融和法律等风险的分担方式很可能出现多方共同承担某风险的情况。项目复杂性以及由此而引发的风险与项目目标之间具有相互依赖性（Qazi 等，2016），运用贝叶斯网络方法可识别出复杂项目群进度风险的关键敏感因素与关键致因链（何清华等，2016）。复杂工程项目由于其高度复杂性与动态性面临着交互相关的突发风险（Naderpajouh 和 Hastak，2014），De Marco 等（2015）提出了一种系统动态应急管理模型来模拟不同项目条件下的决策场景，以进行风险应急管理。重大复杂项目已经逐步成为项目管理中重要的一部分，具有资金投入大、工程结构复杂、建设周期长等特点，这使其所面临的不确定性风险因素相对一般项目更多、更大。重大复杂建设项目的风险管理与防范更应该得到高度关注。

2. 风险类型

工程项目具有利益相关者参与多、资金密集性、动态环境、生产时间长以及暴露于外部环境和天气条件下等特点（Taroun，2014）。这些特征使得不论项目的规模、性质、复杂性和位置如何，项目处于哪个阶段，风险和不确定性在每个项目中都是固有的（Siraj 等，2019）。在整个项目生命周期中若不能充分应对潜在风险和不确定性，可能会对项目目标产生不利影响。根据风险来源或性质对风险进行分类是工程项目风险识别中使用最广泛的方法（Ebrahimnejad 等，2010）。因此，在时间、成本、质量、安全性和环境可持续性方面，风险管理应作为项目管理不可或缺的一部分（Zou 等，2007）。

根据 2000～2020 年对不同风险类别的研究频次统计（图 1-7），超过 10 次的高频关键词分别为成本风险、职业风险、合同风险、投资风险、安全风险、公共风险、金融风险、设计风险和健康风险。综合分析可以发现，工程项目风险管理的研究主要集中于项目质量、成本、进度风险、安全风险、金融风险、职业健康风险、合同风险、政治风险和设计风险等。

许多学者围绕工期、成本等项目管理目标进行研究。项目成本风险主要是由于施工错误导致工程延误和中断及不合理的项目进度而导致的项目成本增加（Shrestha 等，2017年）。Zhao 等（2016）构建了基于模糊综合评价方法的风险评估模型，运用该模型对新加坡绿色建筑的风险予以评估，发现不准确的成本估计是最关键的风险因素。合同风险源于

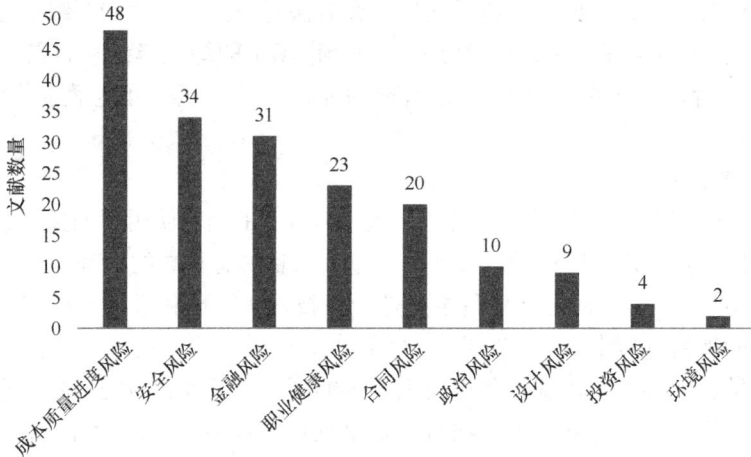

图 1-7　不同风险类型的文献数量

合同定制不当、责任分配不当，合同中的冲突、索赔管理不充分，争议解决、第三方责任、法律制度的不成熟以及复杂的法律环境，所涉及的风险主要是合同中的矛盾和模糊、项目范围的变化及解决合同纠纷和诉讼的延误。在设计风险中，最为普遍的情况是设计错误和设计变更，其次是设计图纸和规范中细节模糊和说明不充分，设计前研究和数据不足（El-Sayegh 等，2015）。金融风险类别包括与通货膨胀、汇率波动、价格变化、税率和经济政策有关的风险，融资结构、金融市场风险以及项目融资方面的挑战（Iyer 等，2010；Shrestha 等，2017）。

职业健康、安全风险、公共风险等风险类型也是当前学者的关注重点。过去 20 年，对于工程安全风险的研究主要集中在风险识别和评估等方面。现场管理与安全管理密切相关，工程项目现场的扰动将对危害识别、安全风险感知和安全绩效产生不利影响（Namian 等，2018）。对此，Zhang 等（2019）提出一个地铁建设实时安全风险评估模型，使用实时施工数据在特定时间对安全风险因素和接近程度进行排名，以进行实时安全风险识别。Wang 等（2018）通过对历史风险信息进行数据挖掘，辅助现场危害识别和管理。监控和控制影响事故发生的安全管理因素和事故前兆至关重要（Pereira 等，2017）。在安全风险预防方面，Hallowell 等（2010）提出基于风险的安全与健康分析模型，其可用于评估特殊作业的风险、选择高效安全方案和量化安全方案实施后的残留风险。该学者还提出一种基于风险的框架，其可以用来评估一系列高效的损伤预防策略的增量投资收益，为安全风险缓解和安全投资策略研究做贡献。Rajendran 等（2009）发现能源与环境设计先锋（LEED）认证的项目比传统建筑项目的安全和健康风险更高。Zhang 等（2020）对绿色建筑施工部门的职业健康安全进行了深入的调查，考虑了全面风险管理框架的所有必要步骤，识别关键风险，并提出适当的治理措施。

大型复杂工程项目由于规模大、工期紧、技术难度大等特点，通常会面临重大的动态安全风险（Li 等，2018）。传统的风险管理主要依赖于业主或承包商的现场安全监测系统，然而对于不同工段要进行全面安全实时监测的效率很低。随着当前安全管理中新兴技术（云计算、BIM、大数据等）的迅速发展，学者们也开始考虑将这些新兴技术纳入现有的安全管理体系中。从上述研究可以看出，随着建筑业环境的变革，相关研究也在不断推陈出新，寻找新的研究情境。例如，目前在实践中一些企业已经把声誉作为项目风险管理的目标之一，而现在已有研究通过引入声誉理论来设计项目的动态激励机制（Li 等，2020）。

3. 风险管理研究方法

工程项目风险分析起源于 20 世纪 50 年代，是为解决工期不确定性而开发的项目评估与评审技术（Edwards 等，1998）。最初的研究中，学者们大多是用数学模型和概率统计的方法来评估项目的单维目标，如进度、成本等。工程风险在传统上被认为是成本或工期估计的方差。传统的工程项目风险管理方法严重依赖实践经验和专家判断，如专家调查法、德尔菲法、流程图法等，在面对复杂多变的工程项目风险时往往缺乏有效的分析。经过多年的理论发展，工程项目风险管理研究方法借鉴并融合了多个学科的方法，形成了新的分析方法，包括神经网络、案例推理、模糊分析、实物期权等方法。

成本、进度、质量、安全等传统风险始终是工程项目需要面对的关键风险，随着定量研究的不断深入与多种科技手段的广泛应用，在成本方面，Tran 和 Molenaar（2015）提出了一种基于风险的建模方法，以评估和量化由于不同项目交付方法而导致的项目成本中的潜在差异；Liu 等（2017）提出了一种定量风险评估模型来降低工程项目财务风险。贝叶斯网络框架（Khodakarami 等，2014）、修正的模糊群决策方法（Islam 等，2018）等也广泛应用在成本风险评估中。在进度方面，风险管理方法主要包括系统动力学模型（Wang 等，2016）、蒙特卡罗模拟（Choudhry 等，2014）等。在安全方面，Nguyen 等（2016）提出基于贝叶斯网络的方法来诊断高空作业的事故风险。同时，越来越多的新型科技手段开始用于实时监测安全风险，如 Luo 等（2016）提出了基于施工人员和设备的实时位置数据的危险暴露评估定量模型。

总体而言，随着工程项目的复杂性和施工风险的增加，在风险管理研究方法中也逐渐考虑了更加复杂的因素，比如风险因素之间的相互关系及与项目周围环境之间的相互作用。从已有的研究发现，风险管理方法从以往的模糊集理论和层次分析法等方法逐步转变为更为复杂的决策支持系统等分析方法。这些决策支持系统可以更加全面地分析，包括项目风险识别、风险评估等（Fang 等，2017）。

4. 风险路径与相互作用机理研究

风险路径与机理领域研究主要集中在以下几个方面：风险因素关联性、工程项目风险管理个体行为及利益相关者的风险管理。

（1）风险因素关联性的研究

过去通常假设被定义的风险因素之间不具有较强的相关关系，风险识别主要依靠模糊评价等方法，而不考虑导致风险因素的原因之间的相互关系，因此也就难以理解风险在客体上的传递和变异，也无法得知某种致因因素对风险损失影响力的大小。目前已有学者在这方面做出十分有益的探索，包括利用系统动力学方法研究动态风险交互对基础设施项目中进度延迟的影响（Wang 和 Yuan，2016）；构建风险因素相互作用模型，利用结构方程模型方法识别影响项目成本风险的路径（Eybpoosh 等，2011）等。在国际工程方面，Liu 等（2016）使用实证研究的方法证明国际工程项目中的风险存在相互关联性，并识别出20 条显著的风险路径，以及发现所在国政府相关风险、承包商缺乏经验等影响项目目标的关键风险源；Zhao 等（2018）通过实证研究方法分析了我国实施建筑信息模型过程中涉及的 16 个风险，并发现了由风险路径组成的 13 个风险链条。

把风险因素视作相互关联的网络节点的研究方法更符合项目实际情况。上述学者对项目风险之间影响关系的验证与分析一方面为进一步测度与量化项目风险的影响程度等相关的理论研究提供了基础，另一方面也有助于实践中的决策者更好地认识项目中风险的性质，从而改进风险识别和分析工作。

（2）工程项目风险管理个体行为的研究

传统的风险管理研究往往忽视决策主体对风险的主观感受，均假设决策主体综合考虑客观风险事件发生的概率以及其发生后的影响。但随着对于风险管理研究的不断深入，我们逐渐发现人作为非理性个体在其中的作用是一个需要重视的问题。因为风险心理学发现个人并不总是将预期价值作为风险判断的基础来理智地采取行动（马丁·鲁斯摩尔等，刘俊颖译，2011）。人的决策行为不仅受有限理性和有限认知的约束，更受到自身主观因素的影响，个人特有的教育、工作和生活经历很可能使之对某些风险过度重视，而又忽略其他风险。从关键词分析来看，风险感知是近期研究的热点，人的思维和行为方式、心理特点和偏好对项目管理和产出有较大的影响力。业主、承包商等各方的个体特征，如风险感知、风险态度对风险管理决策有显著影响（陈勇强和顾伟，2012）。

承包商主动的风险控制行为有助于提升项目增值绩效（Liu 等，2018），当前一个研究热点是项目参与方的风险态度（Risk Attitude）和风险偏好（Risk Preference），及其在风险管理流程中对决策的影响。项目经理自身特征会对其风险感知（Acar 等，2011）和风险倾向有显著影响（Wang 等，2016），而其风险偏好对风险决策非常重要。影响风险偏好的因素包括四类：项目经验、企业特征、心理因素和市场环境（Wang 和 Yuan，2011）。投标方追求风险或回避风险的态度决定其在海外市场上的投标战略（Yan 等，2018），Chen 等（2015）通过统计分析方法证实风险感知与风险倾向对工程项目中是否做出投标的决策具有显著影响，而 Liu 等（2018）通过实验的方法揭示出风险偏好对工程投标报价决策具有显著的影响。

（3）利益相关者的风险管理研究

对于利益相关者与工程项目风险管理关系的研究是最近的一种趋势。对于大型公益性项目而言，项目利益相关者包括几乎所有的政府监管部门以及周围公众，这些不直接参与建设过程的利益相关方也有权利分享信息，同时也能够影响项目决策和项目目标的实现。项目利益相关者可能会对项目进展产生不利影响，如来自公众的反对（Shi 等，2015；Cuppen 等，2016）已成为工程项目，尤其是国际工程项目需要重视的政治与社会风险。

许多项目利益相关者对风险感知和决策与理性理论和合理性理论相悖（Hartono 等，2014），与项目利益相关者保持良好的沟通与合作，能够保证项目利益相关者理解他们在风险管理过程中的责任和作用，并努力使项目结果符合预期目标（De Bakker 等，2012）。为更好地评估利益相关者风险，Xia 等（2017）提出了可通过考虑利益相关者的影响来评估与利益相关者相关的风险的模型。随后，Valentin 等（2018）提出了一种基于风险评估的系统方法，可以根据众多利益相关者的意见来评估交互作用对项目成果的相对影响。此外，项目内部的利益相关者可能会参与项目风险管理过程，因此在设计项目风险管理框架时应充分发挥内部利益相关者的积极作用（Shahata 和 Zayed，2016；Du 等，2016）。针对目前工程项目管理领域关于风险管理与利益相关者管理的研究仍然相互孤立的现状，

Xia 等（2018）对风险管理与利益相关者管理的研究进行回顾，为学者以及实践工作者提出了整合风险管理与利益相关者管理的建议。

总之，以上研究从多个角度出发，以期帮助从业者更好地控制项目风险，提升建设项目绩效。虽然基于项目管理目标的风险研究是一个传统方向，但是从上述研究可以看出，随着建筑业环境的变革，其相关研究也在不断推陈出新，寻找新的研究情境。

1.5 工程项目风险管理的发展趋势与新挑战

当今世界处于纷繁多变的环境中，国际政治经济格局向多极化发展，大国博弈与中美贸易摩擦持续演进。工程行业也面临着经济技术发展、行业管理机制变革以及动荡的国际环境带来的诸多不确定性。关键词的突变值大小与出现时段体现了各时间段工程项目风险管理的研究趋势，突现词代表一个学科领域某个时段的研究前沿，从突现词的涌现期我们可以看到工程项目风险管理前沿随着时间的变化不断更替（Chen，2017）。结合文献和图1-8进行分析，总体上工程项目风险管理领域的未来发展主要有以下几个趋势。

1.5.1 新兴风险

当前工程企业纷纷制定国际化战略，加速向全球化转型，但全球政治、经济环境的动荡加剧、恐怖主义活动频繁以及越发明显的贸易保护主义抬头趋势给工程企业造成了很大挑战。与此同时，全球科技创新进入空前活跃期，众多新兴技术在建筑行业的逐步推广与应用引领着整个产业的变革方向。此外，新型冠状病毒肺炎疫情的爆发更是给工程企业造成很大冲击。新兴风险的概念越来越受到关注。Flage 和 Aven（2014）对新兴风险概念进行了深入分析，特别是对已知/未知事件与黑天鹅类型事件关系的分析。在此背景下，我们面临的主要挑战是在缺乏相关知识和非准确的风险评估的前提下，应对很大不确定性的情况。这些新兴风险包括工程企业国际化风险、合规风险、新技术风险、恐怖主义风险以及流行病风险等。

1. 工程企业国际化风险

随着全球化进程的不断深入，国内建筑市场竞争的不断加剧以及"一带一路"倡议的持续推进，越来越多的中国承包商开始制定国际化战略承揽国际工程。在这一过程中，承包商往往面临着与其所在国不同的政治文化背景以及更为严苛复杂的监管环境。新型冠状病毒肺炎疫情的蔓延，伴随着经济周期的震荡，面对错综复杂的国际环境变化，企业更要慎重考察国际化风险。

学界对企业国际化风险的研究主要划分为国际化风险识别、测度与预警、应对。Miller（1992）的整合性国际风险模型和 Brouthers（1995，1996）对上述模型的验证奠定了国际化风险识别的基础。另外，围绕人力资源风险（杨申燕，2001）、投资风险（王继红，2002）、国际风险（许晖和姚力瑞，2006）、边缘风险（杨震宁等，2008）、政治风险（Deng 等，2014）等学者们开展了一系列研究，在传统的层次分析法、专家打分法、外推法、故障树分析法、敏感性分析的基础上完成预警构建。在 Miller（1992）国际风险感知模型的基础上，Brouthers（2002）在其进一步研究中设计了对国际风险的测评方法，进而建立风险预警模型。风险应对方面则强调从国际风险防范措施中宏观政策的重要性（刘红霞，2006）等视角开展防范研究。

前31位关键词引用突变

关键词	年份	强度	开始	结束	2000～2020
计算模拟	2000	3.676	2000	2007	
数学模型	2000	5.9164	2000	2008	
建筑业	2000	3.1977	2001	2004	
建造	2000	3.5039	2001	2003	
工业经济	2000	3.424	2001	2005	
基础设施	2000	3.5013	2002	2005	
战略	2000	3.5864	2002	2007	
金融	2000	6.4486	2004	2008	
亚洲	2000	5.4911	2004	2008	
欧亚	2000	7.6259	2004	2008	
合同	2000	8.9325	2004	2009	
建模	2000	5.0422	2006	2008	
进度	2000	3.9662	2006	2008	
施工管理	2000	7.2151	2007	2009	
内部控制	2000	4.8897	2008	2011	
项目风险	2000	3.8961	2008	2010	
风险分析	2000	9.7394	2008	2010	
安全因素	2000	5.364	2008	2010	
安全性	2000	4.1006	2009	2012	
事故	2000	3.0993	2009	2012	
风险分担	2000	3.7307	2010	2011	
PPP	2000	3.8596	2010	2011	
公共风险	2000	3.2767	2010	2013	
项目规划	2000	4.0202	2013	2017	
项目规划设计	2000	4.0202	2013	2017	
设计	2000	4.4806	2014	2016	
承包	2000	3.496	2015	2017	
安全工程	2000	4.6136	2015	2020	
风险感知	2000	4.3394	2016	2018	
发展中国家	2000	3.2023	2017	2020	
国际工程项目	2000	5.5182	2017	2020	

图 1-8　2000～2020 年突现词

当前经济全球化遭遇逆流，单边主义、保护主义上升，新型冠状病毒肺炎疫情带来广泛而深远的影响，我国也进入了国内外各方面风险挑战不断积累和集中显现的时期。2020年5月14日，中央首次提出"深化供给侧结构性改革，充分发挥我国超大规模市场优势和内需潜力，构建国内国际双循环相互促进的新发展格局"。新发展格局不是封闭的国内循环，而是开放的国内国际双循环，以"一带一路"建设为抓手加强多层次、多领域的国际经济合作。针对数量越来越多的跨国联营体，研究人员应重视从文化差异的视角识别、在复杂多变的外部环境中分析所面临的风险，同时要完善境外企业和对外投资联络服务平台，及时分析、研判和预警境外政治、经济、社会、安全、舆论等领域的重大风险，从而不断改进其风险应对策略。

2. 合规风险

近年来，随着制裁事件的频发，让众多处于全球化竞争中的企业认识到国际贸易环境的复杂及合规在企业运营中的重要性。中国政府也越来越高度重视国际贸易中的合规问题，出台合规管理系列文件，例如 2018 年出台的《中央企业合规管理指引（试行）》以及 2019 年颁布的《中华人民共和国出口管制法（草案）》等。因此，企业要想走得远、行得稳必须建立并实施符合国际标准的合规体系。

企业合规管理也逐渐成为学术界研究的热点问题，合规专家王志乐（2017）认为合规是指企业在经营过程中没有遵守外部的法律法规或者规章制度及相应职业操守和道德规范时，企业就可能面临法律制裁或者监管惩罚，从而给企业带来财产损失和企业声誉受损的风险。其实，早期提出合规经营理念的行业主要集中在金融和保险行业，其主要强调规范完善财税管理，建立健全内部财务管理制度，例如巴塞尔委员会在 2005 年发布了《合规与银行内部合规部门》试图敦促金融行业建立起有效的合规政策和程序。在后续的研究中，合规管理的焦点逐渐关注到环境保护、企业用工、知识产权、投资运营（王志乐，2012）等方面。

另外，合规风险也越来越受到国际承包商的重视。工程企业国际化过程中的合规风险来源涉及多个层面，包括母国国家法律合规性、东道国合规性、国际组织合规性、发达国家合规性以及企业自身合规性（李斐和杨枝煌，2018）。国际工程合规风险主要包括准入环节的国家安全、垄断等，经营环节的商业贿赂、洗钱、环保、劳工、网络数据安全等以及产生的民事、行政、刑事法律责任。为应对这一风险，众多金融机构都建立了复杂多元的监管体系，如世界银行（Word Bank Group）要求所有世行贷款项目的投标人、供应商、承包商、代理商、分包商和咨询工程师在采购和执行合同过程中需遵守至高的道德准则，不得出现腐败、欺诈、串通、胁迫以及妨碍行为。如发现出现以上行为，将由世界银行廉政局（INT）予以调查。世界银行还制定了连带制裁规则，即不仅可以制裁该企业，还可以制裁该企业的关联企业（企业的母公司、子公司、兄弟公司等）。对于子企业、海外分支机构较多的国有企业，被制裁后的影响较大。此外，2010 年 4 月，世界银行、亚洲开发银行（Asian Development Bank）、非洲开发银行集团（African Development Bank Group）、欧洲复兴开发银行（European Bank for Reconstruction and Development）和美洲开发银行（Inter-American Development Bank）五大行联合签署一份联合执行制裁决议，决议指出五大行将相互认可并执行其中任何一家银行对企业或个人的制裁令。

当前，地缘政治回归世界政治舞台，贸易保护主义和民粹主义等逆全球化现象愈演愈烈，尤其是此次新型冠状病毒肺炎疫情加深了各国间的不信任与供应链脱钩。合规风险将更加成为今后工程项目风险管理研究领域所关注的重点。在未来的研究中，应进一步细分研究对象，充分考虑承包商所属国与项目东道国之间的关系以及企业社会责任的履行。面对严格的合规监管环境，如何进行高风险领域如投标、捐赠、赞助等的合规风险防控，建立风险应对办法及与集团公司平衡、切合等，也是亟待研究的问题。

3. 新技术风险

随着传统建筑业逐渐向建筑工业化方向发展，越来越多的高新技术逐渐兴起应用。然而任何事物都是一把双刃剑。新兴技术以彻底的新颖性、较快的成长性、一致性、影响力突出等特点被视为具有改变经济和社会潜力的新技术（Rototo 等，2015）。但诸如智能建筑、智能交通系统、物联网网络、机器学习等新兴技术在具备促进社会进步的极大潜力的同时，也表现出高度不确定性和风险性等问题。以目前应用广泛的建筑信息模型（BIM）技术为例，BIM 技术凭借其独特技术优势，从项目初期便可以充分融入到工程项目风险管理体系中，尤其是在设计阶段以及安全风险管理方面发挥巨大作用（Hossain 等，2018）。但 BIM 技术的应用为工程项目消除或缓解现有风险的同时，也产生了新的风险，包括缺乏 BIM 协议、不同程序间的技术接口、操作性等技术风险，不良信息共享和协作机制导致的数据风险，以及由此可能会带来的 BIM 成本超支风险等（Zhao 等，2018）。随着 BIM 技术应用的不断成熟，技术接受度不断提高，其相应的风险管理内容也将会发生变化。

新兴技术的不确定性及风险性具有全球性和不可逆特性（Newman J，2001）。由于实践的需要，新兴技术风险问题逐渐受到学者们的广泛关注和研究。国外学者针对新兴技术的发展、其引发的社会问题，以及对新兴技术进行治理的主要方式等问题已经有了大量研究（Moor，2005；Rip，2008）。新兴技术风险的研究方向主要有：界定技术风险等相关概念、探讨技术风险的生成原因和规避策略（艾志强，2013；丁大尉等，2013；欧庭高，2015）、新兴技术引起的社会风险及预期治理（杨素雪，2019）等方面。应该注意到，新兴技术带来的风险可能是全新的、项目从业人员之前从未面临过的风险，往往难以预测并应对，如人工智能的不确定性带来的道德风险和伦理问题。因此，工程项目从业人员需要不断重视与新兴技术相关的风险。

4. 恐怖主义风险

自 9·11 事件之后，"一带一路"沿线地区和国家面临的恐怖主义威胁正在上升，各种形式的恐怖主义活动频繁（赵敏燕等，2016），给工程企业带来一定风险。全球恐怖主义数据库（Global Terrorism Database，GTD）对恐怖主义定义如下：由非国家行为体通过恐吓、胁迫等威胁手段，或实际使用非法武力和暴力的活动，以达到政治、经济、宗教或社会目的。

自从美国 9·11 恐怖袭击事件发生后，学术界一直致力于评估恐怖主义风险以及降低风险安全应对措施的成本效益（Ezell 等，2010），由于恐怖主义风险不同于传统自然风险，因此针对恐怖主义风险应该采用不同的研究方法，常用的方法为概率分析模型（Willis 和 LaTourrette，2008）。但是 Brown 和 Cox（2011）认为恐怖分子的攻击概率可能无法准确估算，因此概率分析模型通常是不合理的。随着研究的进一步深入，有学者将心理学与恐怖主义风险相结合，探究公众对恐怖主义的看法（Mumpower 等，2013）、相对感知（Caponecchia，2012）以及反恐政策偏好（Liu 等，2019）等；也有学者聚焦于特定领域的恐怖主义风险与成本效益分析，如航空安全（Stewart 和 Mueller，2013）、国际商务（Czinkota 等，2010）等。总而言之，恐怖主义风险已经成为全世界面临的共性问题之一，其治理工作是一项长期性、系统性的工程，学者们仍在不断探索和研究这一问题的应对办法。

5. 流行病风险

在过去的几十年中，流行病如埃博拉、SARS、MERS 偶有爆发，而 2020 年爆发的新型冠状病毒（2019-nCoV）肺炎疫情已经构成全球流行病，给多个行业造成重创，世界经济面临衰退风险。流行病的发生将会给经济带来巨大冲击，也给建筑业带来很大挑战。

　　流行病对建筑业的影响主要表现为两个方面：一是不确定的环境背景使上游投资意愿降低，导致建设项目数量及规模的减少；二是对于已开工的项目来说，其建设、运营均会受到影响，如无法复工以及因流行病而导致的成本大幅上涨等。对此，McDonald 等（2018）建立了基于风险的整合疾病传播和基础设施运营的模型，以评估流感爆发时的缓解和预防措施的选择，提高抵御流感爆发的能力。将公共卫生原理知识纳入工程教学与培训中，也有助于预防性地解决卫生、疾病等方面的问题（Filion 和 Hall，2009）。

1.5.2　新视角下的风险管理

　　早期的项目风险管理研究侧重于技术范式，即主要关注风险管理方法与技术的改进，而随着研究的发展，当今的项目风险管理研究愈加受到主流管理学领域经典理论的驱动。此外，"项目集群"的大量出现也使得学者开始从组合的视角看待风险管理。在上述背景下，全生命周期、项目组合、供应链与网络及商业生态系统等新视角下的风险管理研究相继出现。

1.　全生命周期视角

　　风险的全生命周期视角强调在建筑采购过程的每一阶段，各参与方所承担的共同责任以及相互配合（马丁·鲁斯摩尔等著，刘俊颖译，2011）。传统的项目风险管理通常将风险按照项目阶段划分，并强调风险应由各阶段涉及的利益相关者进行承担，这种模型通常会造成各阶段的风险管理相互孤立，利益相关者之间缺少联系（Zou 等，2007）。然而，在实践工作中，一个风险事件往往会跨越不同的项目阶段，传统的项目风险管理模式容易引起不同阶段间的界面风险。同时随着工程项目采购模式的集成化发展，承包商的角色和承担工作也在发生变化，从最初只负责施工直到形成投建营一体化，这也是全生命周期风险管理的一个重要驱动因素。

　　在现有研究中，风险识别主要集中在特定的项目阶段（主要是施工阶段），而不是整个项目生命周期（Siraj 等，2019）。基于全生命周期理论的视角，在风险识别与评估研究中，Zeynalian 等（2013）改良后的高级程序化风险分析和管理模型可以辅助衡量在项目的整个生命周期中可能发生的潜在风险，包括技术和管理失败风险。Zou 等（2007）识别出 25 项关键项目风险，并进一步提出关键风险在主要项目利益相关者之间的分担方法，以及项目全生命周期相对应的管理活动。此外，基于全生命周期视角的项目风险管理还聚焦于分析不同风险管理问题对应的风险应对策略，如项目全生命周期中的成本风险、施工风险等。Tserng 等（2009）针对项目风险信息和风险管理经验积累的问题构建基于本体论的风险管理体系，并运用于项目全生命周期，案例研究表明该体系能够有效提高项目风险管理绩效。

2.　项目组合视角

　　为了实现可持续的战略目标，企业通常同时实施多个项目，即存在"项目集群"，因此仅仅对单个项目进行风险管理远远不够，项目组合管理引起了学者们的高度关注。项目组合中的各个项目通常存在复杂的相互作用和关系，因此项目组合视角下的风险管理研究是很重要的。PMI（2008）认为由于项目间互相依存从而会产生单个项目不会遇到的新风险，因此组合风险管理（Portfolio-wide Risk Management）是对单个项目风险管理的补充和完善（Lee 等，2009）。Teller 和 Kock（2013）检验发现组合风险管理从风险透明度和风险应对能力两个方面直接影响项目群的成功。具体而言，组合风险识别、组合风险管理过程的规范性和风险管理文化直接影响风险透明度；而风险预防、风险监督和项目群管理集成度与风险应对能力直接相关。

在未来的研究中，应进一步研究影响项目依赖关系的因素，以及项目间依赖关系强度的测度模型。另外，项目组合网络中风险的动态传播机制，及在风险动态传播环境下如何进行项目组合的选择，也需要做深入的研究。

3. 供应链与网络视角

供应链是建筑企业最直接的生存环境，供应链上节点企业之间的协同合作会影响供应链的运行效率（毕立南和薛晓芳，2018）。近年来，随着社会网络理论及社会网络分析方法（Social Network Analysis，SNA）的广泛应用，项目管理学者逐渐对项目表现出的网络特征予以关注，并提出可将项目看作"临时性网络型组织"（Zheng 等，2016）。供应链合作网络的构建存在"双刃剑"效应，一方面它能够提高信息、资源的利用效率，但另一方面它也带来冲突、争端等新的风险以及使风险出现关联与传导效应，即带来网络层面风险（孙国强等，2016）。

目前，基于供应链与网络视角的项目风险管理研究主要关注两个方面：一是风险的识别；二是风险在供应链网络中的关联与传导效应分析。在网络风险识别方面，Hwang 和 Ng（2016）提出工程项目中常见的网络风险包括网络动态变化、利益与目标不一致以及分包过多而导致的网络复杂等 12 类；Luo 等（2018）则将工程项目供应链风险分为控制风险、需求风险、外部风险、过程风险和供应风险 5 类。风险关联研究侧重于从结构的视角分析网络构建导致的风险之间呈现的影响关系，而风险传导研究侧重于从动态的视角分析网络构建导致的风险之间出现的传导机制。有关风险关联的研究在本书风险之间的作用路径部分已有介绍，此处主要介绍风险传导的相关研究，比如，陶凯等（2017）对建筑节能项目中的风险传导机制进行分析，并对风险传导的正向耦合效应予以测度；张延禄和杨乃定（2014）关注项目网络特征对于风险传导的影响，并指出当项目网络具有无标度网络的特征，且平均程度高的网络对于风险的传导具有更强的抑制作用。

随着重大工程的建设复杂性不断提高，承包商与上游供应商多采取协同合作形式，这种供应链网络情境下的项目风险管理管控问题也已经得到越来越多学者的关注。现有研究已经初步识别合作网络建立后将会产生的新的风险因素，并采用一些量化的工具测度网络中的风险传导机制，今后的研究可通过案例等实证研究方法揭示供应链网络特征对于风险管理的影响。

4. 商业生态系统视角

哈佛商学院的 Brandenbruger 教授与耶鲁管理学院的 Nalebuff 教授于 1996 年发表专著《Co-opetition》，其中论述了在企业发展过程中竞合关系取代纯粹竞争关系，主张公司在创造市场的时候为互补者，但在瓜分已有市场时为竞争者。商业生态系统作为一种新型跨产业的企业网络，强调利用间接影响力与他人合作，响应不可预测的变化，能充分体现企业间资源的相互协调和聚集，通过竞合关系实现企业的共同演化（Brandenbruger，1996）。其概念起源于对生物生态系统的隐喻，因为其强大的解释能力，近年来在管理、战略领域的研究与应用中得到广泛讨论，与其相似的概念还有战略联盟、商业模型、多边市场、供应链与网络等。但与上述概念不同，商业生态系统的视角关注了非直接伙伴或竞争关系对企业或组织发展的重要意义，同时强调了商业生态系统的核心在于共同价值主张的实现（Ander，2016）。

工程项目具有明确的共同目标，即交付符合标准的项目，主要特征为参与方众多、涉及金额巨大、项目周期较长、利益相关者关系复杂。因此，各跨层次、跨组织的利益相关者，包括承包商、供应商、客户、政府、咨询机构等，天然构成以项目总承包商为核心的商业生态系统，进而项目的风险管理问题就演变为对该商业生态系统的风险治理问题。目前，商业生态系统治理的主要挑战在于平衡核心成员间的价值获取与价值创造，具体体现为项目的风险与收益分配问题，但现阶段极少有研究从商业生态系统的视角剖析重大工程项目中的风险治理问题。

1.5.3 新理念：多元、动态的风险管理

随着全球化进程的不断深入以及新技术的成熟推广，工程项目在规划、设计、施工和运营维护等阶段面临的风险更加复杂、更加不确定，同时也更加多元化。全面风险管理的本质是考虑企业所有的风险因素和所有业务部门及相关性，其核心理念是用系统的、动态的方法进行风险管理。工程项目风险管理理念也正在向多元化、动态发展。

1. 动态的风险管理

传统的静态项目风险管理思想是风险分析主要在项目的可行性研究阶段，风险分析阶段结束即进入风险管理阶段。然而，项目在整个生命周期过程中还有很多因素会引起风险的变化，风险决策在一定程度上具有很大的不确定性和突发性。静态的风险管理思想显然不能满足预期的管理目标。麦肯锡在《不确定性时代的动态风险管理》一文中也提出：世界正在从根本上发生变化，从而导致企业面临的风险格局发生了巨大变化。所有公司都需要动态的风险管理理念以应对瞬息万变的环境。

在工程项目风险模型中，项目的实施是一个动态的过程，随着项目的进行，工程项目风险应该被视为一个连续的变量，例如项目中的运营和环境风险，未来的一个重要研究就是解决风险变量的连续状态问题。风险管理强调项目各方共同参与，使用系统、动态的方法进行全过程、全方位的项目风险管理。目前的研究虽然考虑到项目本身的过程性和动态等特点，在分析技术和管理方法上进行了一定的改进，但是还没有形成系统的管理思想。我们需要进一步开展风险管理研究，根据不同状况提出风险管理策略、纯粹的概率模型和方法，是不可行的，例如贝叶斯分析。不确定的和动态的风险环境将要求更具有适应性的风险管理，因此，未来还需要建立能够解释风险动态、交互作用的动态风险分析模型，以便能够解决与知识层面和时间动态相关的挑战（Li，2018）。

2. 多元化的风险管理

随着时间的推移，工程项目风险管理研究正逐渐向多元化交叉方向发展，心理学、行为科学以及国际商务等学科的引进不仅可以从全生命周期以及工程企业跨国经营角度丰富现有的工程项目风险管理理论，还有助于研究学者及行业从业者们以多维全面的方式理解工程项目风险管理。

作为贯穿整个工程项目风险管理的参与者和执行者，"人"的因素至关重要。工程项目从业人员的心理认知、风险偏好、行为方式等都会影响项目风险管理决策，从而影响项目绩效。心理学科的研究理论逐渐开始引入到工程项目风险管理领域中。比如 Liu 等（2017）将心理构建水平理论应用到工程项目从业人员的行为认知上，从心理距离的角度出发，得出项目人员的失败认知及其学习意愿的关系，为制定相应的风险沟通策略提供了

重要的实践价值。Yang（2018）应用改进工作要求—资源模型及社会认知理论探究建筑行业项目经理的组织公正认知和工作倦怠的关系，以降低工作压力风险。同年，Liu 等（2018）将心理情景实验理论应用到工程项目投标决策中，以模拟风险偏好对投标价格的影响。心理学科的引进使工程项目风险管理在考虑传统的风险发生概率和风险发生后果的基础上，还考虑到项目相关者，比如政府、业主、设计方、承包商、供应商等的心理及行为特征。基于心理学科理论视角对工程项目各方的心理认知和风险态度进行研究有利于更准确地理解和预测项目人员的风险决策行为，从而提高工程项目风险管理水平。

除心理学科外，行为科学等理论也不断地被引入应用到工程项目风险管理中（Liu 等，2017；Mak 等，2019）。Yao 等（2019）针对建筑业中的违反合同行为，研究探讨了委托—代理关系中信任对合同执行的影响。在复杂工程项目中，决策者的自然本能和基于机会或威胁的风险行为可能会引起风险评估过程中的严重认知错误（Kutsch 等，2010）。

1.5.4　新思路：与企业风险管理相融合

工程项目风险管理与其所在工程企业紧密相关。工程项目所在工程企业的风险管理部门职能、风险应对流程、外部服务以及企业合作文化等都会显著影响工程项目风险决策（Liu 等，2013）。然而，以前的建筑项目风险管理的大多数研究都集中在项目级别而不是企业级别，企业风险管理可能会为工程项目风险管理提供一种新思路。企业风险管理（ERM，Enterprise Risk Management）指的是企业围绕总体经营目标，通过在企业管理的各环节与经营过程中执行风险管理的基本流程，培育良好的风险管理文化，建立全面风险管理体系，从而为实现风险管理的总体目标提供有合理保证的过程和方法。风险管理能力是企业核心竞争力的重要组成部分，也是企业能够保持健康发展的重要因素，企业全面风险管理需要做到全员参与、全面范围、全同文化、全域体系、全额评估、全力创新、全程监控以及全面评价（周玮和苏妍，2020）。

企业风险管理与企业战略、目标规划具有紧密联系，为确保 ERM 的成功实施，在进行 ERM 计划时应将企业所有权形式、公司规模等因素考虑在内（Zhao 等，2016）。虽然我国工程企业对于提高企业层面的风险管理水平具有较强烈的意愿，然而受限于资源，如时间、资金、人员，以及因缺乏可感知的价值或利益以及组织文化的抵触等原因阻碍着企业层面风险管理系统的搭建（Zhao 等，2015）。企业风险管理领域的研究从最初的障碍识别发展到企业风险管理成熟度的评估，目前已有学者开发出建筑企业风险管理决策支持系统以改进 ERM 实施的行动计划（Zhao 等，2016）。

近年来，工程项目趋向于国际化，风险管理层级逐步从项目转移到企业层面，这都预示着对企业跨国经营行为具有强大解释力的国际商务领域的研究将有助于工程项目风险管理的转型升级。例如，利用企业国际化过程模型解释、分析工程项目或公司的区位及模式选择；利用国际化战略理论分析跨国工程企业应该采用怎样的国际化战略以匹配复杂的全球风险环境等；通过企业和项目级别之间的协作来建立健全的风险管理系统，建筑公司可以在企业层面上通过培养以风险为中心的文化，建立风险管理部门，制定风险管理流程来控制项目风险（Liu，2013）。当前，"大风控"思想逐渐受到关注，其含义为企业应对不确定性的风险控制方式，是配合整个环境变化下的整体组织变革的延伸和在风险管理领域的具体展现。"大风控"思想就是充分整合内部资源，实现各部门的信息共享，以协同的方式实现一体化的风险管理。在今后，如何针对不同的建筑企业特征开发不同的 ERM 模型，应采取何种方式促进企业风险管理与项目风险管理相融合，"大风控"思想如何在建筑企业风险管理中加以应用，都是值得深入思考和研究的问题。

复 习 思 考 题

1. 风险的含义是什么？
2. 工程项目风险应如何分类，分别包括哪些风险？
3. 从全球来看，风险管理是如何起源和发展的？
4. 工程项目风险管理有哪些标准和规范，侧重点有何不同？
5. 工程项目风险管理在未来面临哪些挑战，有哪些发展趋势？

1-复习思考题
参考答案

第2章　工程项目风险管理流程

风险管理的目标在于减少风险对项目的负面影响，增加风险对项目的积极影响，同时通过增强对风险的预警监控从而达到项目的最大收益。通过风险管理可以提高实现目标的可能性，获得整个组织识别和处理风险的需求，提高利益相关方的信心和信任，风险管理流程即是服务于该目标。根据项目管理知识体系指南（A Guide to the Project Management Body of Knowledge，PMBOK），项目风险管理流程一般包括风险规划、风险识别、风险分析、风险应对、风险监控五项内容，其中风险分析过程包括定性分析和定量分析。本章增加风险管理改进与提高这一流程，作为先前风险管理过程的经验总结，其能指导、改进与提高后期项目风险管理。项目风险管理流程图如图2-1所示。

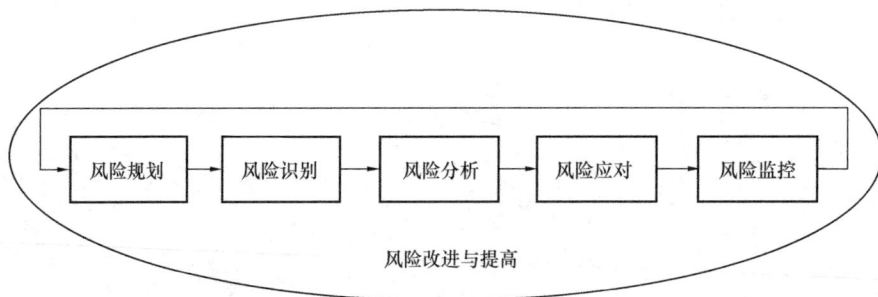

图2-1　项目风险管理流程图

良好的项目风险管理应贯穿整个项目生命周期，与项目管理其他方面的职能相结合，并应使所有的利益相关者都能积极参与风险管理过程。

2.1　项目风险规划

项目风险规划是指在项目启动之前或项目初期对项目风险管理活动进行明确定义、顶层设计与系统规划的过程。开展项目风险规划是进行项目风险管理的首要步骤，也是项目风险管理目标能否实现的关键要素。项目风险规划主要包括定义项目组及成员风险管理的行动方案及方式、确定风险管理方案、选择合适的风险管理方法以及确定风险判断的依据等❶。如后期项目发生根本性或重大变更，则需重新进行项目风险规划过程。项目风险规划的主要内容如图2-2所示。

2.1.1　风险规划的目的与原则

项目风险规划的目的主要包括以下几个方面：①最大限度地规避风险；②隔离风险并

---

❶ 孙成双，韩喜双. 建设项目风险管理［M］. 北京：中国建筑工业出版社，2013.

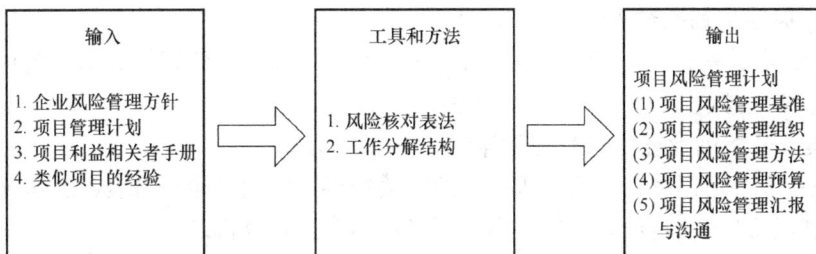

图 2-2　项目风险规划输入、工具和方法、输出

将其可能带来的损失和负面影响降到最低；③制订若干备选方案，降低突发情况的负面影响；④建立风险储备以应对风险[1]。

项目风险规划应遵循以下原则：①全面性原则：项目各阶段的主要风险以及风险事件的后果是不同的，应从各阶段的典型风险出发，全面考虑各类风险；②灵活性原则：项目风险规划难以充分地预料到所有风险，故在规划时就应保证一定的灵活性，能够随时根据实际变化进行调整；③职责的明确性原则：项目风险规划应明确从事项目风险管理的人员分配与岗位职责，避免权责划分不清。

2.1.2　风险规划的依据

风险规划作为开展项目风险管理活动的首项工作，具有建立风险管理基本框架和指引的作用，风险规划的推进依据主要包括以下几项内容。

1. 企业风险管理方针

企业风险管理方针是在企业层级进行风险管理的高层基调，表明了企业愿意及能够承受的风险程度以及企业能够为风险付出的代价。

2. 项目管理计划

项目管理计划是指项目在进度、质量、费用、安全和风险等方面的计划，提供了风险管理需要明确的项目范围、目标、进度以及成本等内容。此外，规划性文件通常是从对风险的预判和以往对项目风险防控的经验两方面出发，确保把已知且可控的风险降到最低，对不可控的风险建立预案。但是在项目实施进展的过程中，预测的风险并不一定发生，之前的假设和前提在项目执行过程中可能成立也可能不成立，其隐藏的风险需要在制定风险规划时予以考虑。

3. 项目利益相关者手册

项目利益相关者管理对于项目的成功与否影响深远，通过项目利益相关者手册能够得知利益相关者的风险偏好、风险容忍度以及敏感度。此外，需注意区别不同层级的利益相关者，分析其利益层次以及对项目的影响程度，从而更有效地指导风险规划的编制。

4. 类似项目的风险管理经验

过往项目的风险管理经验及相关资料可以提供丰富的历史数据以及最终风险管理成果，为风险规划的制定提供重要参考。目前，大数据技术、人工智能发展迅速，工程企业可将其应用于项目风险管理过程中，基于以往的项目经验及文档积累，建立风险数据库，提升风险规划的全面性和准确性。

---

❶　郭波，龚时雨，谭云涛，等. 项目风险管理（第二版）[M]. 北京：电子工业出版社，2018.

2.1.3　风险规划的过程

风险规划需要考虑风险管理策略是否正确可行，以及风险管理策略的实施是否符合项目总目标❶。其主要过程包括以下三个步骤。

1. 收集、分析风险规划所需的资料

风险规划人员根据第 2.1.2 节所列出的相关资料，利用风险核对表、工作分解结构等方法，从风险管理视角对项目整体内容、项目目标等进行分析。

2. 定义项目风险管理机构及人员

建立适当的项目风险管理机构，落实责任到人。明确定义相关机构及人员的职责描述、管理权限等。如图 2-3 所示。

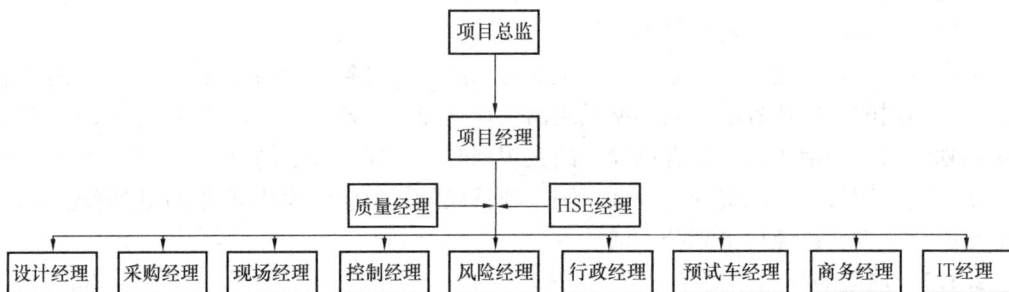

图 2-3　项目风险管理机构及人员图

3. 编制风险管理规划

风险管理模板是进行项目风险管理的重要依据，其内容主要包括：①确定风险管理的目标和基本程序；②定义项目风险的类型、级别，以及界定某事件为风险事件的标准；③规定风险管理各过程中应汇报或沟通的内容、范围、渠道及方式；④规定风险管理过程记录及归档方式，建立风险管理数据库，为其他类似项目提供参考。

2.1.4　风险规划的工具和方法

1. 风险核对表法

风险核对表是基于历史上类似项目的相关信息来编制风险核对图表。它根据一定的标准对项目风险进行分类，可以帮助人们有效识别特定领域的风险。在进行风险核对表编制时，应根据历史类似项目信息逐项列出项目可能出现的所有类型的风险，也可列出先前项目成功或失败的原因、项目其他方面的规划成果以及项目可用资源等以供参考。风险核对表适用于先前有类似项目经验的项目，其优点是能够简单快速地得到成果，并能更好地运用于同类型的项目实施中。缺点是受到历史信息的限制，容易局限于以往经验的框架中，可能漏掉一些当前项目出现的新型风险。

2. 工作分解结构

工作分解结构（Work Breakdown Structure，WBS）是将项目按照其内在结构或实施过程的顺序逐层分解直至形成相对独立的、方便管理的工作单元而形成的能够反映内部关系或工作流程的结构示意图。在进行风险管理规划时，主要利用 WBS 进行风险管理组织结构制定以及对各项资源如预算等进行分配。其步骤主要包括：①根据项目的规模和复杂

❶　沈建明. 项目风险管理（第三版）[M]. 北京：机械工业出版社，2018.

程度确定工作分解详细程度；②将风险规划工作逐层分解至相对独立的工作单元；③对每一个工作单元进行定义，并对其涉及的人员及其他资源进行详细说明。WBS 表述清晰、适用范围广，是项目管理的一项重要工具，但相比风险核对表法来说，对于风险管理人员的综合能力要求较高。

2.1.5 风险规划的成果

风险规划的成果主要为项目风险管理计划文件。项目风险管理计划是进行项目风险管理的指引纲领，明确了风险管理的组织和实施流程，也是项目管理计划的重要组成部分。一份完整的项目风险管理计划应至少包括以下几项内容。

1. 项目风险管理基准

定义在何种情况下采取何种风险管理措施，并与主要利益相关者沟通，避免歧义。

2. 项目风险管理组织

搭建项目风险管理组织架构，明确定义风险管理各部门职责以及对风险管理人员的能力要求、角色定位及任务分工。

3. 项目风险管理方法

明确项目风险管理的数据来源，规定各阶段风险管理建议采用的方法与工具，制订风险解决方案，并留出一定的调整空间以应对项目可能出现的复杂情况。

4. 项目风险管理预算

确定风险管理活动所需的资金，包括一般程序的费用以及风险储备金。

5. 项目风险管理汇报与沟通

建立风险管理汇报与沟通机制，确定汇报沟通的内容、渠道及方式，对各类风险管理报告、文档的格式和内容进行描述。

【**案例 2-1**】以下为一份工程项目风险管理计划的目录：

工程项目风险管理计划

适用范围

1.0 责任人

1.1 项目主任

1.2 项目经理

1.3 风险协调员

1.4 项目控制经理

1.5 风险管理小组

1.6 风险行动责任人

1.7 风险责任人

2.0 风险管理目标设定

3.0 风险识别

3.1 分类

3.2 风险登记表和风险优先级

3.3 风险描述和触发条件

4.0 定性风险评估

2.2　项目风险识别

风险识别是指运用各种科学的方法对项目全生命周期内的各种风险进行识别与分类的过程。项目风险的有效识别对风险管理影响深远。例如，有学者指出，在国际工程项目中，超过 80% 的投标前未识别出的风险会在授标后产生负面影响❶。如果不能准确识别出项目面临的潜在风险，则可能错失风险管理的最佳时机。风险识别是一个具有系统性、层次性的识别项目风险的过程，应尽可能全面、准确地识别风险。项目风险识别的主要内容如图 2-4 所示。

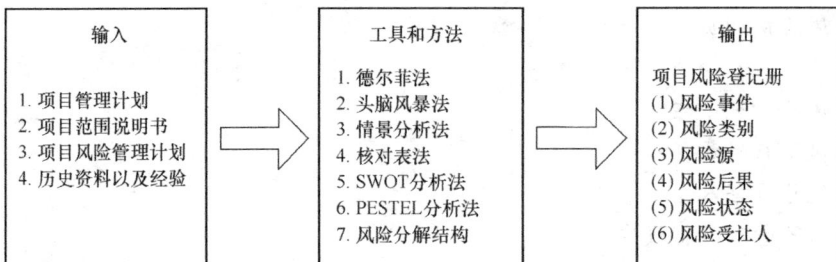

图 2-4　项目风险识别输入、工具和方法、输出❷

---

❶　Jung, W., & Han, S. Which risk management is most crucial for controlling project cost? [J]. Journal of Management in Engineering, 2017, 33 (5): 04017029.

❷　本章流程图参考 PMBOK 的"输入—工具和方法—输出"逻辑框架并进行更新。

2.2.1 风险识别的目的与原则

识别项目风险的目的主要包括以下几个方面：①识别可能对项目目标有影响的风险事件以及风险产生的原因；②描述风险各方面的特征；③识别风险可能引起的后果，并给出备选的风险应对策略。

风险识别是项目风险管理的关键环节，应当遵循一定的原则：①全面性原则：项目中面临的风险种类繁多，应当尽可能全面识别项目面临的风险因素及其来源；②动态性原则：风险存在于项目全生命周期的各个阶段，随着项目环境、项目进展的变化会不断产生新的风险，风险识别应当是动态的、贯穿于项目全生命周期的一个过程；③经济性原则：依据项目风险影响的大小来确定投入风险识别的资源和精力。

2.2.2 风险识别的依据

风险是客观存在的，但风险识别的过程是主观的，由项目经理、项目团队成员、项目及风险管理相关领域的专家等人员进行识别。为尽可能减少人的主观性对风险识别的影响，在风险识别过程中应当有一定的客观依据。常见的风险识别依据有以下几种。

1. 项目管理计划

项目在规划和执行过程中会面临环境中各种因素的制约，这些制约因素是项目风险的来源。项目管理计划中的假设和约束条件将为风险识别提供依据。项目管理计划中的风险管理计划确定如何在项目过程中开展风险管理活动，是该过程的重要依据。风险管理计划将确定风险识别的范围、风险识别过程中信息获取的渠道和方式、项目成员在风险识别过程中的角色与职责、识别过程中应遵循的规范和识别方法，用以指导相关人员进行风险管理。

2. 项目范围说明书

项目范围说明书包括工作范围说明书、设计标准、施工规范、项目验收标准等。审查其中规定的工作分解结构可以发现新的机会或威胁，并且范围说明书中规定的可交付成果及其验收标准可能引发风险，应当在风险识别过程中予以关注。

3. 项目风险管理计划

项目风险管理计划是指导项目风险管理活动的纲领性文件，其具体内容在前文第2.1.5节有详细介绍。项目风险管理计划可提供风险识别的范围、方法、规范以及预算信息，并给出了风险识别文件的格式以及沟通处理程序。

4. 历史资料以及经验

以往相关或类似项目的历史资料，如工程项目档案记录、工程验收文件、工程质量及安全事故处理文件、工程变更及索赔等资料将为当前项目的风险识别提供参考。此外，项目风险管理人员的历史经验也是进行风险识别工作的重要依据。

2.2.3 风险识别的过程

风险识别是风险分析的基础，风险越早被识别，项目成员就有越多的时间来进行风险管理。风险识别在项目流程中应当尽早开展，并遵循一定的风险识别工作流程。项目不同阶段的风险识别步骤虽存在差异，但总体都包括以下几个阶段。

1. 收集、整理相关资料

风险识别是一个风险管理人员对风险进行主观识别的过程，虽然风险识别过程中离不开相关人员的历史经验，但是也需要一些客观资料的支持。因此，在组织风险管理人员进行风险识别前，应当先收集工程自身情况及环境信息资料、工程的勘察、设计、施工等文件资料以及类似工程相关信息资料、以供风险管理人员了解项目基本情况。

2. 确定人员与分工

基于信息获取的详细程度及项目所处阶段，选择合适的风险识别方法，如德尔菲法、头脑风暴法等，并由此确定风险识别过程中的主要参与者，包括风险领域的专家、风险管理团队成员，并对其进行合理分工。

3. 组织开展风险识别

可预先制订风险识别计划，规定风险识别环境、风险识别目标及内容、风险识别负责人及开始时间、风险识别方法等内容，并据此在项目各个阶段进行风险识别。项目风险识别可以按照项目的系统要素、项目的管理过程和要素、风险对于目标的影响以及项目的利益相关方四个程序进行。

4. 建立工程项目风险登记册

基于风险识别的具体开展过程，将识别成果记录成册，可记录信息包括风险类别、风险来源、风险状态、风险后果（包括进度、费用、HSE、声誉等）、风险应对前后的定性评估以及应对策略（包括应对措施、应对成本、应对责任人、截止时间等）等。

2.2.4　风险识别的工具与方法

项目风险识别过程中一般需要借助一些工具和方法来规范操作，以高效、全面、准确地识别项目风险。项目风险识别的方法很多，企业可根据风险管理规划、风险识别所处项目阶段等决定采用何种风险识别方法。本文对以下几种风险识别方法进行介绍。

1. 德尔菲法

德尔菲法又称专家调查法，本质上是一种匿名的反馈函询法，是专家就某一专题达成一致意见的一种方法。德尔菲法的流程是：在对所要预测的问题征得专家的意见之后，进行整理、归纳、统计，再匿名反馈给各专家，再次征求意见，再集中，再反馈，直至得到稳定的意见[1]。风险识别是识别将来可能发生的风险事件，德尔菲法可以在一定程度上减少人的主观因素对识别结果的影响，利于专家进行独立思考与判断，但受组织者的主观影响较大。使用该方法的关键是保证方法实施过程中的匿名性，避免专家之间进行集体讨论，从而防止专家碍于权威而放弃自身观点导致识别结果不准确。

2. 头脑风暴法

头脑风暴法是一个通过提供自由的会议环境，让与会者就项目风险展开充分讨论、互相启发，从而形成完整的风险清单的过程。采用该方法时，风险管理相关人员集合在一个工作室里，由主持人说明项目信息及工作目标，其他人员就项目风险发表自己的见解并进行记录，最后由协调人进行总结并得出结论。这种团队互动能够帮助进一步明晰风险，充分发挥集体的智慧，特别适用于大型的、较为独特的项目。头脑风暴法要求主持人能够引导大家的思路，按照不同类别有序地识别项目风险，但可能产生权威人士主导、趋同思维等情况，因此存在一定的弊端。

3. 情景分析法

情景分析法是指风险管理人员通过数字、图表和曲线等，对工程项目未来的某个情景

---

❶ 孙成双，韩喜双. 建设项目风险管理［M］. 北京：中国建筑工业出版社，2013.

进行模拟，从而识别引起项目风险的关键因素及其影响程度的风险识别方法。通常，情景分析法可通过以下步骤开展：

（1）明确风险识别目标：根据项目目标、范围、计划等资料，确定在本项目中风险识别的范围和重点。

（2）组织构建：在工作开始前，需要选择主持人，由其引导其他人员模拟项目情景并完成风险识别过程。另外，需要构建情景分析团队，团队成员应来自公司不同部门，以全面了解项目内外环境、识别项目风险。

（3）资料收集：收集大量基础资料，包括项目内外部环境信息，尽可能列出所有对项目具有影响的环境因素，为情景模拟奠定基础。

（4）情景模拟：基于大量信息进行情景分析，充分考虑情景中可能发生的任何细节并且将其记录在文档中。

（5）识别风险：基于情景模拟，分析其中的风险因素及其可能对项目产生的影响。

情景分析法通过开发情景、预演未来，帮助风险管理人员实现系统、全面地识别项目风险。但是该方法在实施时需要耗费较长时间，且对未来的情景预测不一定准确。

4. 核对表法

风险识别所使用的核对表是基于历史资料、类似历史项目经验以及其他项目信息而制定的，在第 2.1.4 节已进行过介绍。在风险识别时，风险管理人员参照核对表中列明的一系列风险，判断当前项目中是否存在核对表中列明的项目风险。使用该方法能够简化风险识别过程，但是核对表法不能揭示风险事件之间的相互关系，对单个风险的描述不足，对重要风险的指导力度不足，并且核对表不能够穷尽所有风险。因此，风险管理人员在识别风险时应当根据项目自身特点注意考察核对表之外的项目风险，并且在风险识别过程中审查并及时更新核对表，以供之后的项目使用。

5. SWOT 分析法

SWOT 分析从项目的优势（Strength）、劣势（Weakness）、机会（Opportunity）和威胁（Threat）出发对项目进行考察，把产生于内部的风险都包括在内，从而更全面地考虑风险。同时，SWOT 分析也可以用来考察组织优势可以抵消威胁的程度，以及机会可以克服劣势的程度。企业应在战略规划的框架下进行 SWOT 分析。SWOT 分析应涉及金融、运作、市场竞争、政治、社会、客户、文化和法律等各个方面，分析企业内部和外部的所有干系人，分析他们的利益关系、沟通机制与方法；分析企业运作环境中影响风险管理的关键因素，使风险管理与企业战略目标相一致。SWOT 分析可以根据外部环境变化进行动态分析，是一种全面系统的分析方法，但是对于企业内部组织流程关注不足。

6. PESTEL 分析法

PESTEL 分析模型又称大环境分析，是分析宏观环境的有效工具。它从政治因素（Political）、经济因素（Economic）、社会因素（Social）、技术因素（Technological）、环境因素（Environmental）和法律因素（Legal）六个角度出发，不仅能够分析外部环境，反映企业所面临的现状，而且能够识别一切对组织有冲击作用的风险，其是调查组织外部影响因素的重要方法。PESTEL 分析受外部政策变化影响较大，在进行 PESTEL 分析时，需重点关注对企业影响程度较大的几个方面。

7. 风险分解结构

风险分解结构（Risk Breakdown Structure，RBS）与 WBS 的原理类似，其过程为基于项目潜在风险源的层次结构，包括可能发生的风险分类和风险子分类，以对风险逐层细化，直到分解为最底层的风险因素。RBS 可以充分反映风险的层次性，从错综复杂的关系中找出风险因素的本质联系，找出主要风险，有助于风险管理人员全面理解项目风险。风险分层并不是越细越多就越好，需要根据具体项目情况进行分析，一般分 3～5 层即可。基于 RBS 的分析可帮助组织揭示经常发生的风险，从而可以识别和记录一般风险以及有效的应对措施，为将来项目提供参考。

2.2.5　风险识别的成果

风险识别的成果主要为风险登记册，采用统一的风险描述格式，记录已识别项目风险的详细信息，使每一项风险都能够被清晰地理解，以供其他人员进行风险定性分析和定量分析。随着风险定性分析、风险定量分析、风险应对等过程的实施，对风险登记册逐步进行补充完善。在风险识别过程中，一份风险登记册中可记录以下内容：

（1）风险事件：定义即将发生或可能发生的风险事件，如地震、飓风、工程变更等。

（2）风险类别：列明风险所属类别。不同企业采取的风险分类方式存在差异，如果根据风险影响目标来进行分类，此处可列明人员、工程成本、工期等。如果风险敞口面向公众，此处应列明项目的利益相关者。

（3）风险源：是指风险触发器，记录引起风险事件发生的因素，也是风险监控的关键要素。

（4）风险后果：风险的发生可能会对项目造成损害也可能带来机会，风险登记册应当记录风险给项目带来的正面或负面影响，为后续的风险管理流程提供参考。

（5）风险状态：记录风险管理过程中风险目前所处的状态及状态更新，例如尚未发生、已得到控制等。

（6）风险应对责任人：记录风险应对负责人。在风险识别过程中有诸多人员参与，集思广益，但是风险应对工作应按项目模块分配给具体的负责人落地实施，避免部分风险被遗漏。

除上述内容外，风险登记册还可以记录风险识别时间、风险发生阶段、受影响的 WBS 组件等。企业可以根据项目的规模及复杂程度对风险登记册的内容进行补充与修改，使之适用于自身的风险管理流程。

【案例 2-2】一份化工建设项目风险识别阶段的初步风险登记册如表 2-1 所示。

风险登记册示例　　　　　　　　　　　　　　　　　　　　表 2-1

风险 ID	识别日期	风险类别	风险描述	影响目标	潜在应对措施	风险应对责任人
1	2020.07.09	技术风险	新工艺包工业化例子较少	进度和费用	暂无	×××
2	2020.07.15	财务风险	融资不能按时到账	进度	暂无	×××
3	2020.08.03	财务风险	钢铁价格上涨	费用	考虑提前购买大宗材料	×××
4	2020.08.06	质量风险	项目所在国缺乏具有化工工程建设经验的工人	进度和费用	考虑从国内请工人	×××

风险 ID	识别日期	风险类别	风险描述	影响目标	潜在应对措施	风险应对责任人
5	2020.08.10	HSE 风险	项目所在地疟疾、黄热病等传染病多发	进度	做好清洁、定期消毒	×××
6	…	…	…	…	…	

2.3 项目风险定性分析

项目风险分析是对已识别风险进行定性分析和定量分析的过程。风险定性分析是指通过评估单个项目风险发生的概率和影响以及其他特征，对风险进行优先级排序，从而为后续分析或行动提供基础[1]。

风险定性分析可以帮助风险管理人员从宏观上初步分析项目风险，通过分析风险发生概率及对项目目标的影响，对风险进行优先级排序，为定量分析提供基础；其次，在项目风险分析过程中并非所有风险都可以采用定量分析的方法进行分析，如国家政策的变化等一些风险难以由"客观的"科学分析来决定，只能从风险管理人员的信念和理性中重新构建起来，并且有些风险数据不支持采用定量分析的方式，此时就有必要在定量分析之前进行定性分析。

风险定性分析基于风险管理人员对风险的感知程度，风险感知是指个体对存在于外界的各种客观风险的感受和认识，强调个体由直观判断和主观感受获得的经验对认知的影响[2]，因此风险定性分析过程具有一定的主观性。为避免风险感知导致定性分析时对某些风险产生偏见，应当在分析过程中加以纠正，在一定程度上克服主观因素的影响。风险定性分析的主要内容如图 2-5 所示。

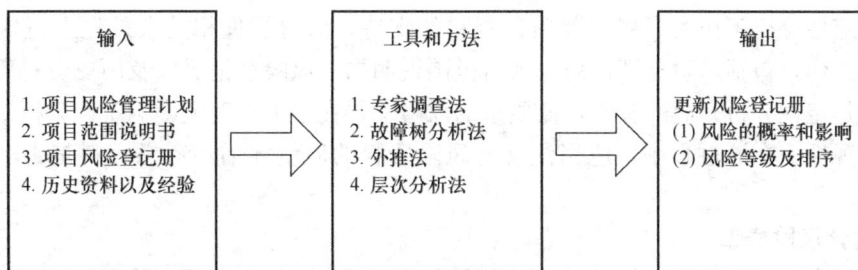

图 2-5 项目风险定性分析输入、工具和方法、输出

2.3.1 风险定性分析的目的和原则

项目风险定性分析的目的主要包括以下几个方面：①确定项目风险的性质，估计风险发生的概率；②进行风险评价，确定风险的影响程度与范围；③为风险定量分析做准备。

项目风险定性分析需要遵循以下原则：①宏观性原则：风险定性分析强调从宏观上对项目各阶段的风险进行概括与判断；②简捷性原则：项目管理者结合项目资料、以往经验

---

[1] 项目管理协会. 项目管理知识体系指南（PMBOK）第六版 [M]. 北京：电子工业出版社，2018.
[2] 孟博，刘茂，李清水，等. 风险感知理论模型及影响因子分析 [J]. 中国安全科学学报，2010，20（10）：59.

等进行风险定性分析，能够节省时间和费用，尤其适用于进度紧张的项目；③与风险定量分析相结合原则：风险定性分析主观性较强，可能导致误差过大，风险定性分析与定量分析相结合的趋势已成为普遍共识。

2.3.2 风险定性分析的依据

风险定性分析需要风险管理相关人员基于现有资料进行分析，从而在一定程度上避免个人主观臆断。通常，风险定性分析的依据可包括以下几种。

1. 项目风险管理计划

风险管理计划中有关风险管理的角色和职责、概率和影响的定义以及概率—影响矩阵等内容在定性分析过程中应当重点关注。

2. 项目范围说明书

项目范围说明书说明企业为使项目达到交付条件应当完成的工作。对于经常性、重复性的工作，风险管理相关人员易于估计该项工作中风险发生的概率及其影响，而对于新型项目，因不确定性增加，对其进行风险定性分析的难度也增加。

3. 项目风险登记册

风险登记册是风险识别过程的成果输出，记录将在该过程进行定性分析的、已识别的项目风险，包括风险事件、风险来源、风险后果等信息。风险管理相关人员可依据风险登记册，针对已识别风险开展定性分析。

4. 历史资料以及经验

类似历史项目的相关资料及经验积累可以为风险定性分析过程提供一定的借鉴作用。

2.3.3 风险定性分析的过程

风险定性分析需分析项目风险发生概率及其影响，并对风险进行优先级排序。据此，可遵循如下工作流程。

1. 收集、整理相关资料

风险定性分析工作的开展需要项目资料的支持，风险管理相关人员先进行资料的收集、整理工作，包括风险管理计划、项目范围说明书、风险登记册以及历史资料等。风险相关资料是定性分析开展的基础，低质量的风险资料在很大程度上影响定性分析结果的准确性和客观性。在该过程中，应当注意对风险资料的质量评估，考虑资料是否全面、客观、准确。

2. 估计风险概率

风险概率描述风险发生的可能性，由专家基于现有资料采用适宜的方法对项目风险发生概率予以估计。风险的概率标度的取值范围在 0（无可能性）与 1（确定无疑）之间。风险发生概率一般可定义为三或五种等级，根据项目所要求的风险管理详细程度而定。风险概率定义示例如表 2-2 所示。

风险概率定义 表 2-2

定性描述	概率描述	评价等级
极低	≤10%	1
低	10%~30%	2
中等	30%~70%	3
高	70%~90%	4
极高	>90%	5

3. 评价风险影响

风险影响是评价风险对项目目标的影响程度，包括项目进度、成本、质量等项目目标。风险可能给项目造成损失也可能带来机会，因此，在评价风险影响时应当同时关注其正面影响和负面影响。风险影响由资深专家或其他风险管理相关人员进行评定，风险影响定义示例如表 2-3 所示。

风险影响定义 表 2-3

影响程度	评价等级	威胁		机会	
		进度	成本	进度	成本
极低	1	≤1d	≤ $10000	≤2d	≤ $20000
低	2	1~5d	$10000~$50000	2~10d	$20000~$100000
中等	3	5~15d	$50000~$200000	10~30d	$100000~$300000
高	4	15~30d	$200000~$500000	30~60d	$300000~$1000000
极高	5	>30d	> $500000	>60d	> $1000000

该示例仅供参考，风险影响的具体定义还应根据项目目标以及企业对项目风险的承受度和风险偏好来确定。

4. 风险等级排序

风险 P-I 矩阵是将风险概率和影响两个标度结合起来，通过两者的乘积对风险进行等级评价和优先级排序。风险矩阵可以为风险定量分析和风险应对奠定基础。对于等级较高的风险，可对其进行定量分析并制定应对策略；对于等级较低的风险，可监控其风险状态。风险 P-I 矩阵示例如表 2-4 所示。

风险 P-I 矩阵 表 2-4

概率	威胁/机会	极低	低	中等	高	极高
		1	2	3	4	5
极高	5	5	10	15	20	25
高	4	4	8	12	16	20
中等	3	3	6	9	12	15
低	2	2	4	6	8	10
极低	1	1	2	3	4	5

该示例将风险等级划分为三级：低风险（$P \times I$ 值<10）；中等风险（$10 \leqslant P \times I$ 值<20）；高风险（$P \times I$ 值≥20）。企业可根据自身风险偏好定义风险矩阵。

5. 更新风险登记册

基于定性分析结果，风险管理相关人员及时更新风险登记册，将风险优先级排序等结果反映到其中，以供后续定量分析和风险应对流程作参考。

2.3.4 风险定性分析的工具与方法

可应用于风险定性分析的方法有很多。近年来，诸多学者在研究风险评价方式时将风险因素的相关性、人的主观因素等考虑在内，对方法不断进行改进与完善，使风险评价结果更加准确。本书将对几种常用的风险定性分析方式进行介绍。

1. 专家调查法

专家调查法包括头脑风暴法、德尔菲法、专家座谈等方式，即通过专家给项目风险进行打分的方式，对风险进行优先级排序，从而为后续风险管理流程提供参考。专家打分的方式是最常用、最简单的分析方法，适用于项目资料缺乏或数据采集代价太高不能够进行定量分析的情形，但该种方法由于评价结果受专家主观因素影响大而具有一定的弊端。为了更好地规范此方法，应根据专家的工作经验、对项目的了解程度以及知识领域等，对专家评分的权威性给定权重值。

2. 故障树分析法

故障树分析法是指对项目可能发生的风险及其产生的原因进行层层剖析，最终得到一个树状逻辑因果图。在项目风险定性分析中，故障树分析的目标为不希望发生的事件或状态，也称顶事件。接着基于此目标找出导致这一事件或状态发生的所有直接原因，也称中间事件。再找出导致这些中间事件发生的直接原因，由此递进，直至确定引起各中间事件发生的全部原因，即底事件。故障树分析法强调各事件间的逻辑关系，是一种典型的推理演绎方法，尤其适用于较为复杂项目的风险分析与评价，分析结果较为系统和准确。

3. 外推法

外推法包括前推法、后推法和旁推法三种。前推法是指根据历史数据和经验来估计风险发生的概率，如根据往年的气象资料对项目可能遇到的恶劣天气概率进行预测。后推法是指没有直接的历史数据可用时，将未来的风险事件通过一定的路径与已知事件联系起来，如不能掌握项目所在地的水灾历史数据，则可以通过当地的一些水文数据来估计未来水灾发生的概率。旁推法是指根据其他地区的数据对本地区的风险进行预测，如通过其他类似地区的水灾历史数据对本地区的水灾风险进行估计。其中，外推法的预测效果较好，使用较为广泛。但其使用的历史数据存在不准确和错误的可能性，且外部环境的变化也会对预测效果产生一定影响。

4. 层次分析法

层次分析法（Analytic Hierarchy Process，AHP）是 20 世纪 70 年代后期发展起来的一种将定性与定量分析方法相结合的多目标决策技术，将目标分解为有序的递阶层次结构，通过两两比较的方式确定层次中诸因素的相对重要性，然后综合人的判断决定诸因素相对重要性的顺序。层次分析法主要遵循以下步骤：①建立递阶层次结构模型，包括目标层、准则层和决策层，通常每一层次中的元素个数不超过 9 个；②构造两两比较判断矩阵，根据一定的准则，比较同一层次中的两个元素相对于上一层级中的元素的重要性，并遵循 1～9 比率标度法的原则对重要性予以赋值；③进行层次单排序，计算判断矩阵的最大特征根和其对应的经归一化后的特征向量；④进行矩阵一次性检验；⑤层次总排序及指标权重确定。目前已经有些软件可以实现 AHP 方法的计算过程，如 yaahp、expert choice 等软件的研发在很大程度上简化了 AHP 方法在风险定性分析过程中的应用。但是 AHP 的应用仍然需要风险管理相关人员的主观判断，评价结果受人的主观性影响较大。

2.3.5　风险定性分析的成果

在对项目风险进行定性分析后，应及时更新风险登记册。更新后的风险登记册应反映出风险的发生概率和影响、风险等级以及优先级排序。对于优先级高、较为紧迫的风险应当尽快确定风险应对措施；而对于优先级低的风险，则应建立观察清单，监控其未来的发展趋势。

【案例 2-3】某化工建设项目风险定性分析阶段更新的风险登记表如表 2-5 所示。

更新后的风险登记册示例   表 2-5

风险 ID	风险类别	风险描述	影响目标	发生概率	影响程度	风险分值
1	技术风险	新工艺包工业化例子较少	进度和费用	4	3	12
2	财务风险	融资不能按时到账	进度	1	5	5
3	财务风险	钢铁价格上涨	费用	2	3	6
4	质量风险	项目所在国缺乏具有化工工程建设经验的工人	进度和费用	3	2	6
5	HSE 风险	项目所在地疟疾、黄热病等传染病多发	进度	1	2	2
6	…	…	…	…	…	

2.4 项目风险定量分析

风险定量分析是指对已识别的项目风险通过数学或统计方法进行定量分析的过程。与风险定性分析相比，定量分析过程能够实现使用概率分布描述风险的发生可能性和预测风险对项目目标的影响程度；准确识别影响最大的风险；估计实现目标的可能性和风险储备金等功能。项目团队可以根据风险定量分析结果确定在成本和工期方面需要多少风险储备或保险。风险定量分析的主要内容如图 2-6 所示。

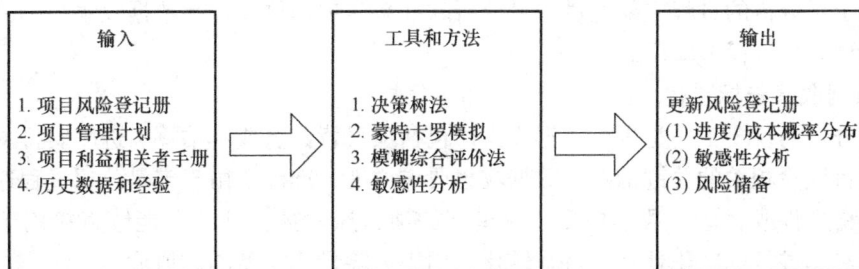

图 2-6 项目风险定量分析输入、工具和方法、输出

风险定量分析通常需要风险分析软件来开展，如 Primavera Risk Analysis（Oracle 公司）、@RISK（Palisade 公司）、Crystal Ball（Oracle 公司）、Acumen Risk（Deltek 公司）、Active Risk Manager（Sword Active Risk 公司）等软件，风险分析软件的运用需要前期输入高质量的项目风险相关数据。

2.4.1 风险定量分析的目的和原则

项目风险定量分析的目的主要包括以下几个方面：①在风险定性分析的基础上进一步量化已识别风险的概率和影响；②对风险的不确定性程度和影响进行排序；③找出各个风险因素之间可能的内在联系，考虑风险之间的相互转化❶。

---

❶ 邱菀华等. 现代项目风险管理方法与实践（第二版）[M]. 北京：中国电力出版社，2016.

项目风险定量分析需要遵循以下原则：①独立性原则：定量分析可以独立于定性分析存在；②经济性原则：为了节约时间和人力资源，定量分析通常用于评价风险定性分析过程中经排序筛选出的重点风险。

2.4.2　风险定量分析的依据

风险定量分析可通过蒙特卡罗模拟或其他方式开展，需要一定的数据输入。在项目中，可为风险定量分析提供依据的文件包括以下几个。

1. 项目风险登记册

风险登记册记录风险识别和定性分析的结果，其有关已识别风险优先级排序的结果是定量分析的重要依据。对于发生概率低、影响后果小的项目风险，将其列入观察清单，无需耗费人力、物力、财力对其进行定量分析；而对于发生概率高、影响后果严重的风险，则应进一步开展定量分析，更精确地预测风险发生概率并预估风险储备。

2. 项目管理计划

项目管理计划中的成本管理计划与进度管理计划是风险定量分析的重要依据。以蒙特卡罗模拟分析为例，在对进度风险进行模拟分析时，需要进度计划网络图和进度估算等项目信息作为模拟的输入数据；在对成本风险进行模拟分析时，需要项目成本估算作为模拟的输入数据；当同时对项目进度风险和成本风险进行分析时，则同时输入这两类数据。

3. 历史数据和经验

企业执行类似项目所积累的风险定量分析经验及历史项目数据积累可为定量分析的过程提供参考和依据，如企业制定的风险定量分析流程、定量分析软件开发等。

2.4.3　风险定量分析的过程

风险定量分析的过程主要通过定量分析软件来实现，可划分为数据收集与标准化、建立量化模型和解释模型输出。

1. 数据收集与标准化

定量分析的首要工作是进行数据收集，包括项目背景、成本估算、进度安排、风险情况等与项目风险相关的关键信息，数据收集要求详细、准确。由于定量分析过程通常会用到定量分析软件或者运用数学模型，收集到的项目风险数据往往不能够直接用于定量分析，需要对其进行标准化处理，将其转化为用于风险量化模型的数值输入。

2. 建立量化模型

基于项目风险数据的可获得性和风险的特性，建立风险量化模型，包括蒙特卡罗模拟、模糊综合评价模型等，可根据实际情境予以采用。风险量化模型主要是计算风险事件发生概率的点估计、区间估计以及不确定性，在概率的意义上区分各种风险影响的重要程度❶，由此可进一步得出项目风险储备。

3. 解释模型输出

风险量化模型的输出成果包括数值型和图表型，例如，蒙特卡罗模拟的输出成果包括概率分布直方图、累计概率分布曲线（S曲线）、敏感性分析图等。风险量化人员不仅要掌握风险量化模型的求解，也要理解量化模型输出的含义，形成风险量化分析报告，快速选择风险应对策略。

---

❶　方维. 基于蒙特卡罗模拟的项目风险管理方法研究［J］. 计算机与现代化，2012（4）：33-36.

2.4.4 风险定量分析的工具与方法

随着国内外行业的迅速发展，风险量化管理受到国内外企业的广泛关注，诸多风险定量分析方法和工具应运而生，相应软件功能也日益创新和完善。目前，常用的风险定量分析方法有决策树法、蒙特卡罗模拟、模糊综合评价法、敏感性分析等方法。本书将介绍如下几种风险定量分析方法。

1. 决策树法

决策树法是常见的风险分析决策方法，不同的决策被列为不同的分支，结构化地显示出每个项目决策和当前计划的行动过程可能产生的影响。它为决策者提供出整体的决策过程，并检验所有可能的结果，以辅助在各种决策之中得出最优决策。其步骤包括：①明确可以采取的不同决策并绘制决策树图；②按绘制决策树图的反顺序计算各决策带来的期望值或后果；③比较得出最优决策路径。

决策树适用于简单决策，且不同决策所导致的收益损失期望值可以计算得出的情况，当决策场景较为复杂时，其结果有效性可能不足。

2. 蒙特卡罗模拟

目前，风险定量分析过程多采用蒙特卡罗模拟进行分析。蒙特卡罗模拟是一种有效的统计实验计算法，其理论依据是概率统计理论，这种方法的基本思想是根据给定问题中的随机变量人为地造出一种概率模型；对模型中的随机变量进行随机抽样获得观测值；将观测值代入模型求出估计值，把这些估值作为要求的量的近似值。在风险定量分析过程中，蒙特卡罗模拟过程可通过风险分析软件来实现，如运用 PertMaster、@Risk、RiskyProject、Crystal Ball 等软件对费用/进度进行模拟，将各项不确定性风险换算为对整个项目进度和成本目标的不同组合。蒙特卡罗模拟的开展过程如下：

（1）输入

蒙特卡罗模拟的应用首先需要输入风险数据，数据来源包括项目管理计划、风险登记册、历史资料等文件。其中，在项目管理计划中的进度与成本管理计划里，逻辑结构的进度计划、工作分解结构、项目费用估算等内容均用于模拟过程中分析风险因素对项目成本/进度目标的影响。风险登记册中所记录的风险等级为"高"和"中"的风险是定量分析的关键，在模拟过程中可输入的数据包括：项目中风险发生的概率；如果风险发生，会影响到的成本和进度❶。蒙特卡罗模拟的费用/概率分布为连续性概率分布，通常采用三角分布或 BetaPert 分布，具有三个参数值，即最小值、最可能值、最大值。

（2）模拟过程

将费用/进度的概率分布及其他数据作为软件的输入变量，运用上文提到的风险量化软件对费用/进度进行模拟，独立运行随机选择的风险数据，经过上千次迭代（通常来讲，采样的次数在 3000～10000 之间时可以满足要求），模拟基于项目进度和成本风险的不同组合，计算项目成本或/和进度的概率分布。对于费用风险分析，以项目成本估算、费用分解结构作为模型基本输入；对于进度风险分析，需要具有逻辑关系的进度计划作为模型基本输入；对于费用和进度风险分析，则需要两类数据作为模型基本输入。

---

❶ Hulett，D.，Caddell，C.，Clarke，T. et al. AACE International Recommended Practice No. 57R-09: integrated cost and schedule risk analysis using Monte Carlo simulation of a CPM model [J]. AACE International，2011.

（3）输出

蒙特卡罗模拟的输出结果包括进度/成本概率分布、进度/成本累积概率分布、敏感性分析和风险储备等。其输出结果能够实现对项目进度和费用目标的概率进行量化；通过敏感性分析，量化单个风险对项目目标的影响，确定需要重点关注的项目风险；基于项目风险和项目主体的承受能力，确定所需要的风险储备。由此，风险管理人员可依据风险定量分析结果做出相关决策或制订风险应对计划。

美国国际成本促进协会（AACE International）在其出版的《美国工程项目风险量化管理推荐规程》中介绍了一种基于区间估算的蒙特卡罗模拟法，这是一种将蒙特卡罗采样（关注于少数关键风险）和试探法（运用经验法则）相结合来对关键风险进行排序的风险分析方法，其概率分布函数预测的结果和风险储备在可接受水平上是较为可靠的。

蒙特卡罗模拟在风险量化管理实践中应用较为广泛，但该方法对管理人员的技术水平要求较高，在实践应用中仍存在一定障碍。

3. 模糊综合评价法

模糊综合评价法是对 AHP 方法的改进，它改进了 AHP 在风险评价时忽略了人为判断的模糊性这一缺陷，将模糊数学应用到风险评价中。在项目风险评价中利用该方法的过程就是通过构造等级模糊子集把反映被评事物的模糊指标进行量化（即确定隶属度），然后利用模糊变换原理对各指标进行综合的过程[1]。

模糊层次分析法通过将模糊数学引入其中，结合定性分析与定量分析，在一定程度上避免了人的判断模糊性带来的影响，为项目整体风险决策提供依据。但是在工程项目中，风险因素之间往往会有关联，而该方法没有考虑项目风险之间的相关性，因此在应用上存在一定的缺陷。

4. 敏感性分析

敏感性分析也被称为灵敏度分析，最初用于化学领域分析非线性方程模型中不确定的变量对实验结果的影响，之后开始广泛用于分析各领域模型的变量对模型输出的影响程度，帮助确定"重要"及"不重要"的变量。具体到工程项目中，以投资工程项目为例，敏感性分析是将工程项目全生命周期的管理抽象为模型；输入变量是指项目要素，包括投资、成本、项目寿命、建设期以及外界环境等不确定因素；输出变量为工程项目的经济评价指标，如净现值 NPV、内部收益率 IRR 等；衡量依据包括但不限于费用和进度等。敏感性分析用以考察工程项目要素的不确定性对目标的影响程度，并确认项目对各种风险的承受能力，从而实现风险影响后果的量化。

进行敏感性分析主要依据数理统计方法，步骤为确定分析指标、选定需要分析的不确定要素并设定这些要素的变化范围、计算要素变动导致项目经济评价指标变动的数量结果、确定各敏感因素的重要程度[2]。敏感性分析能够帮助风险管理人员精准地确定风险的影响程度，确定敏感性因素和不敏感因素。但是项目要素的不确定性和量化难度使得敏感性分析具有一定的局限性，并且风险因素发生的概率也无法通过敏感性分析来确定。

---

[1]　王新洲. 模糊空间信息处理［M］. 武汉：武汉大学出版社，2003.

[2]　郭波，龚时雨，谭云涛，等. 项目风险管理（第二版）［M］. 北京：电子工业出版社，2018.

2.4.5 风险定量分析的成果

风险定量分析的可能输出成果包括进度/成本概率分布、进度/成本累积概率分布、敏感性分析和风险储备等。风险管理人员可依据直观的数据/图表对已识别风险进行优先级排序，进而更新风险登记册，为风险应对提供参考依据；可依据风险储备数值，调整项目管理计划中的成本储备和进度储备；由于风险管理的动态性，可在风险应对策略制定后依据风险量化结果实时更新风险应对策略，增强风险管理的有效性。

2.5 项目风险应对

项目风险应对是指基于项目风险识别与分析结果，根据决策主体对风险的承受能力预先制定风险规避、转移、减轻、自留等应对计划，并在风险发生时实施风险应对策略，其目标是使项目价值最大化。在项目实施过程中，风险一旦发生，将给项目带来机会或威胁，有效的项目风险应对能够达到预防和减少风险造成的损失、增加项目目标实现的机会的效果。风险应对是风险管理的一项重要内容，该过程的有效执行直接关系到项目目标的实现，风险应对策略应随着项目风险的变化趋势和新出现的风险及时进行调整，以满足风险管理的需求。项目风险应对的主要内容如图 2-7 所示。

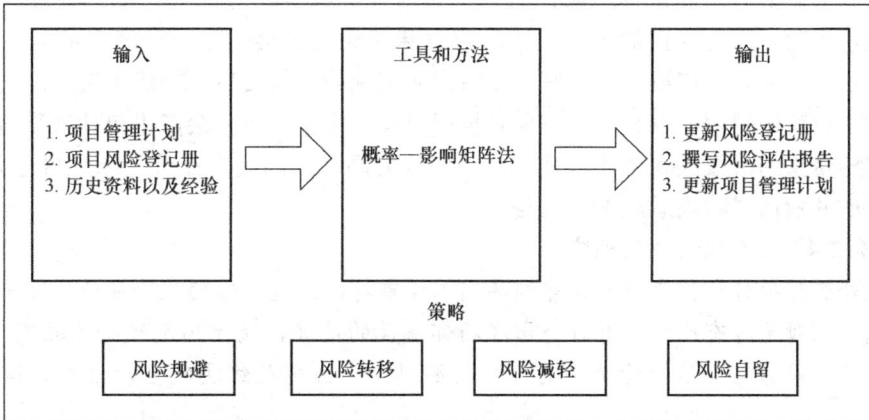

图 2-7　项目风险应对输入、工具和方法、输出及策略

2.5.1 风险应对的目的和原则

风险应对过程的目的是针对已识别风险确定风险管理的成本和效益，并选择合适的风险应对策略，该过程需要遵循以下原则。

1. 成本与收益相匹配的原则

风险应对策略的实施需要消耗成本，即风险应对成本。风险管理相关人员在制定风险应对策略时应当对风险预计带来的损失/机会与风险应对成本进行权衡，实现风险应对成本和收益相匹配，以最小的资金投入实现项目质量、工期等方面的预期目标。如果风险应对成本高于带来的收益，则该策略不可取；如果存在多个可行策略，则选择成本最低的风险应对策略。

2. 风险可承受的原则

不同项目主体因自身业务规模、组织结构、管理模式等因素而对项目风险具有不同的承受能力，风险应对应当做到将风险控制在可以接受的范围内，避免产生巨大损失。

3. 动态管理的原则

随着项目的开展，项目风险会发生变化并且会有新的风险产生，风险管理人员应当对项目风险保持敏感并及时做出反应，更新风险应对策略，避免风险造成损失，以实现风险动态管理。

2.5.2　风险应对策略的类型

项目风险可以带来威胁或者机会，针对不同的风险后果可采取不同的风险应对策略。

1. 威胁的应对策略

对带来威胁的风险，应对策略主要包括风险规避、风险转移、风险减轻、风险自留四种类型，根据风险的特征、发生概率及影响等风险数据选择不同的风险应对策略，以实现风险应对的效益最大化。

（1）风险规避

风险规避是指在项目风险还尚未发生时，主动放弃项目或者决定不再启动或实施将导致风险发生的活动，以消除风险的威胁。风险规避能够在最大程度消除风险的影响，针对发生概率高、影响后果严重、难以控制的项目风险，风险规避是一种较为合理的应对策略。但是，风险是广泛存在的，规避风险也意味着失去机会，是一种消极的风险应对措施。如决定采取风险规避策略，最好在项目尚未实施或其仅支付小额成本费用的前期，此时发生的项目前期费用较少。一旦在项目执行过程中中止项目，会产生包括项目前期费用及项目实施带来的沉没成本、违约金等，代价较为高昂。因此，在选择风险规避策略时，要充分考虑并权衡风险规避成本和效益。

【案例 2-4】国别风险的规避❶

某境外工程项目承包商想开拓非洲某国工程市场，经过详细的风险评估，公司认为该国执政党和反对派时有冲突，有时会出现局部暴乱的情况，属于国别风险比较高的区域，已经超过了公司的风险承受能力。为合理规避风险，公司最终决定主动放弃该国的项目机会。

（2）风险转移

风险转移是指将风险责任转移到第三方或者与另一方/多方共同分担风险，包括风险全部转移与风险部分转移，即风险分担，风险全部转移是风险分担的一种极端形式。在工程项目中，风险转移可采取的方式包括：将风险转移至合同另一方，如在工程项目中总承包商通过合同将风险责任转移给业主、供货商、分包商等；多方共同承担项目风险责任，如在项目融资中通过融资协议实现多方共同承担融资风险；将风险转移至第三方，可通过签订协议将风险责任转移至银行、母公司、保险公司等机构。风险转移不能够消除全部风险威胁，并且还将产生风险转移成本，如保险费、开立保函的费用以及合同谈判时做出的价格让步等费用。在选取本策略时，要充分考虑风险转移成本与风险应对所避免的风险损失。

---

❶　刘俊颖，等. 国际工程 EPC 项目风险管理（第二版）［M］. 北京：中国建筑工业出版社，2019.

【案例 2-5】投保责任的分配[1]

购买保险是工程项目风险转移的重要方式之一，但不同地域的投保责任分配有很大区别。如在我国境内特别是大型基础设施项目，主要保险的安排是由业主承担的；在美洲，业主通常会负责合同工程保险"Bulider's Risk"；在其他地区则多默认要求承包商承担项目主要的保险责任。

(3) 风险减轻

风险减轻是指通过采取一定的措施，降低风险发生的概率、减轻风险影响。风险减轻策略是一种积极、主动的策略，可通过风险预防和减少影响来实现。风险预防要求风险管理人员事先做好风险防范，采取各种措施防止项目风险的发生，例如在工程项目招标投标过程中，业主要求投标人提供投标保函防止其在中标后拒绝签订合同；减少影响是指在风险已经发生并且造成损失的情况下，采取措施防止风险影响进一步扩大和恶化。风险减轻策略实施成本应当与风险应对回报相匹配。

【案例 2-6】采购风险的减轻[1]

某油气项目需要采购两台带压空气储罐并确定了设备供应商，在合同执行 4 个月后，制造商来函告知由于经营情况不好以及经营者自身原因，准备近期关闭公司，可能对合同的执行带来影响，这也给项目的采购工作带来了很大风险。对此，项目部首先与制造商协调，明确在完成制造前不能停产和关闭工厂。对于一些急缺的配件，承包商帮其进行协调保证供货。同时，派驻一名员工驻厂监造，对出现的问题及时汇报。

(4) 风险自留

风险自留也称风险接受，其含义是指风险发生时，项目主体不主动采取任何措施，自己承担项目风险。风险自留策略通常适用于风险发生概率小且损失小或者无法采取其他风险应对策略进行风险控制的情形，包括主动的风险自留和被动的风险自留。主动的风险自留是指针对已识别的风险，将风险责任留给自己承担，通常项目会建立应急储备，为风险预留资金和处理时间；被动的风险自留是指项目方没有识别出风险或出现风险分析失误，只能在风险发生时应急处理，被动接受风险责任。

【案例 2-7】被动的设计风险自留[1]

我国某 EPC 承包商中标境外一化工 EPC 项目，在进行项目风险识别时，承包商认为项目的资料较为齐全，我国相关化工生产线已较为成熟以及业主能够接受中国标准，故该项目设计风险较小。而当设备安装试车时，才发现该设备出口气体温度过低，无法正常生产，同时尾气排放不达标，产生环境污染，这是由于设备供应商的技术资料不准确以及承包商技术经验不足所致。最终导致整个装置延期半年投产，在增加大量费用的同时也给承包商的信誉造成损害。

在实施风险应对策略之后，还应当关注次生风险和残留风险。启动一个应对措施可能会改变风险的性质或者引入一个新的风险，被称为次生风险，次生风险需要像任何其他风险一样进行确定和处理[2]。残留风险是指在执行风险应对之后仍然存在的风险，需要对其

---

[1] 刘俊颖，等. 国际工程 EPC 项目风险管理（第二版）[M]. 北京：中国建筑工业出版社，2019.

[2] Brady D, Arrow J, Hanks D & Hollmann J. AACE International Recommended Practice No. 63R-11：risk treatment [Z]. AACE International, 2012.

可能性和影响重新进行定性分析，并将其结果作为残留风险的相关信息登记在风险登记册中。

2. 机会的应对策略

风险可能为项目带来机会，针对机会的应对策略包括风险开拓、风险分享、风险增强和风险接受。

（1）风险开拓

如果项目方希望确保风险带来的机会得以实现，可采取风险开拓的措施，如为项目执行分配更多的资源，缩短项目工期或者提升项目质量。风险开拓的目的是通过确保机会100％出现，为推进项目的实施提供有效保障，从而消除风险带来机会的不确定性。

（2）风险分享

当与第三方共同享有机会能够获得更大的价值时，可选择风险分享策略。该策略要求将风险责任转移至第三方，并与其分享机会所带来的部分收益。风险分享的形式包括：团队合作、建立联合体或项目公司等。

（3）风险增强

风险增强是指通过增加机会的发生概率和积极影响，促使机会的发生。在风险尚未发生时，风险管理人员可通过增强机会的触发条件，从而提升机会的发生概率；也可增强风险的影响驱动因素，提高项目的积极影响。

（4）风险接受

在机会发生概率较低且积极影响较小或者无法采取其他机会风险应对措施的情形下，可采取风险接受策略。该策略下，项目方不主动采取措施，自行承担风险责任。同威胁的风险自留应对措施，包括主动的风险接受和被动的风险接受。

2.5.3　风险应对的依据

有效的风险应对需要一定的资料基础。本过程需要参考的相关文件包括以下几种。

1. 项目管理计划

项目管理计划可为风险应对过程提供参考。基础的项目管理文件包括风险、成本、资源、进度等文件。例如，风险管理文件中有关风险管理责任分配、管理计划等内容；成本管理文件中规定的风险应急储备内容；资源管理文件中的项目资源安排等内容，可为风险应对策略的制定提供借鉴。

2. 风险登记册

风险登记册随着风险管理流程的实施逐步完善，基于风险识别、定性分析和定量分析的成果，风险登记册中有关已识别项目风险、风险优先级排序、风险责任分配等内容的记录是风险应对策略制定的重要基础。

3. 历史资料以及经验

类似已完成项目的经验总结可为该过程提供参考。风险管理人员可基于历史经验针对相似项目风险选择相同的应对措施或根据项目实际情况对应对策略进行改进。

2.5.4　风险应对的过程

风险应对通过设计风险管理行动来提高项目目标实现的可能性，其主要涉及以下三个步骤。

1. 分析项目目标与现有资源

项目风险应对首先应进一步提炼项目的背景信息，分析项目所处的内外部条件，分析项目目标和风险管理的目标，并综合考虑项目能够用于风险管理的资源和能力。

2. 制定风险应对策略措施

在制定风险应对策略时，应根据风险登记册的信息进一步确认风险识别和评价的成果。针对不同类型、程度的风险，结合项目背景与资源制订风险应对备选方案，分析每个方案的必要性、可行性以及风险应对效果。最后权衡各方面因素，确定最终风险应对方案。

3. 执行风险应对方案

在明确风险应对方案后，即可执行该方案，并对执行效果进行监控。

2.5.5 风险应对的工具与方法

风险应对过程的关键是基于项目风险相关信息，从四类风险应对策略（威胁与机会各四种）中选择合适的应对措施或备选应对措施。为实现有效的风险应对，需要考虑风险应对成本、时间要求、质量要求、应对措施有效性、次生风险等诸多因素，运用科学的方法选择风险应对策略。

风险应对策略选择的方法主要有概率—影响（P-I）矩阵法。P-I 矩阵是定性分析阶段的输出成果，展现项目已识别风险的发生概率与预期产生影响量方面的信息，可用于风险定量分析过程和风险应对规划制定过程。在选择风险应对策略时，可依据项目主体的风险承受程度、风险偏好等信息，结合风险 P-I 矩阵，选择最为合适的风险应对策略，可参考表 2-6 的风险应对计划。

风险应对计划 表 2-6

风险（威胁）		概率	
		高	低
影响	高	规避/减轻	减轻/转移
	低	减轻/自留	自留

风险（机会）		概率	
		高	低
影响	高	接受	增强/开拓
	低	增强/共享	增强/接受

当风险（威胁）发生概率和影响都较高时，风险转移成本和风险损失太高，最恰当的应对策略是风险规避和减轻。

当风险（威胁）发生概率高而影响较低时，可采取风险减轻和自留的应对策略，降低风险发生的概率，并自主承担风险损失。

当风险（威胁）发生概率低而影响较高时，可通过风险减轻策略减少风险损失到项目主体能够承担的范围；也可采取风险转移策略，使用较低的成本将风险转移至第三方，如保险机构、银行等，避免由自身承担巨大的风险损失。

当风险（威胁）发生概率和影响都较低时，此时可采取风险自留的应对策略，自主承担风险责任。

2.5.6　风险应对的成果

风险管理人员在确定项目风险应对策略后，应对项目管理计划及其他项目文件进行调整，以达到风险应对策略的实施效果。

1. 更新风险登记册

由于风险管理受到时间、成本等各方面资源限制，只能选择优先级较高的风险进行重点应对。同时由于风险具有关联性，在治理主要风险的同时，可能一些其他相关的风险也能得到减轻，也可能在此过程中出现新的风险。因此，风险登记册应根据风险应对结果进行实时更新，以适应项目风险的变化。在已进行风险识别、定性分析和定量分析的基础上，完善风险登记册的内容，增加已识别风险的应对策略及备选策略等内容，并将策略实施落实到具体的负责人。

2. 撰写风险评估报告

根据风险登记册及其他项目文件，结合风险识别、定性分析、定量分析、应对过程的实施，详细阐述项目风险的应对策略及具体开展等内容。

3. 更新项目管理计划

针对已识别风险确定合适的应对策略后，项目团队需要根据总体策略采取具体的风险预防措施或其他措施，如在项目开始执行前，可以更新成本管理计划、进度管理计划、资源管理计划和风险管理计划等文件，调整项目的资源、资金投入和进度安排，以满足风险应对策略的要求。

2.6　项目风险监控

在项目执行期间，风险随着内外部环境而不断发展变化，既有旧风险的衰退，又会有新风险的产生。风险监控是指通过对风险识别、分析及应对进行全过程的跟踪检查，监控已识别风险的应对与处理，识别和分析新风险，保证风险管理目标实现的过程。风险监控的目的是考察各种风险控制行动产生的实际效果，确定风险减少的程度，监视残留风险的变化情况，进而考虑是否需要调整风险管理计划以及是否启动相应的应急措施。风险监控贯穿于项目全生命周期，对风险管理的有效执行起到关键作用。风险监控的主要内容如图 2-8 所示。

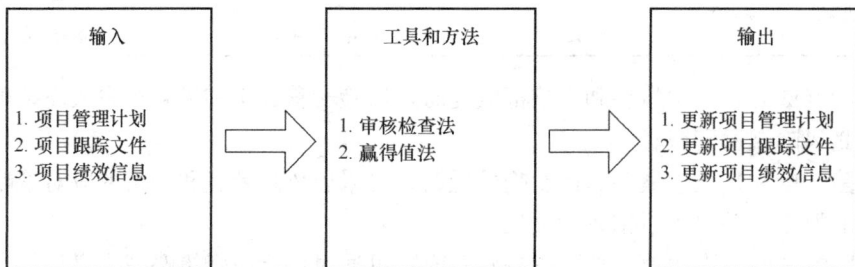

输入	工具和方法	输出
1. 项目管理计划 2. 项目跟踪文件 3. 项目绩效信息	1. 审核检查法 2. 赢得值法	1. 更新项目管理计划 2. 更新项目跟踪文件 3. 更新项目绩效信息

图 2-8　项目风险监控输入、工具和方法、输出

2.6.1　风险监控的目的和原则

项目风险监控的主要目的有以下两方面：①跟踪整个项目周期内采取风险应对措施后

的已识别风险的变化情况；②根据风险变化情况及时调整风险管理计划，对遗留风险和新增风险开启新一轮风险管理流程，把已发生过的或已解决的风险事件移除出去。

项目风险监控的原则包括：①全过程性原则：项目风险监控应贯穿于项目始终，在风险续存周期内不断优化风险管理活动；②连续性原则：项目风险监控虽处于项目风险管理流程的最末端，但系统的风险监控要求全面、连续地跟踪并及时反馈项目风险管理情况。

2.6.2 风险监控的内容

风险监控过程涉及风险的审查与结果的反馈，其中主体都是风险监控内容。根据风险的可识别性来分，风险监控的内容包括已识别风险和新风险；从风险出现的阶段来分，风险监控的具体内容可分为项目执行前的管理计划、执行中的跟踪文件以及执行后的项目绩效。

1. 项目管理计划

项目管理计划包含成本管理计划、进度管理计划、风险管理计划等，在风险监控阶段都应被包括在监控内容之中。在风险管理过程中，项目风险管理计划作为项目管理计划的一部分，不仅是风险识别的重要依据，还是风险监控的首要对象。其有关风险审查程序的规定以及监督责任的安排等内容是风险监控的重要依据；有关整个风险管理流程的计划安排是风险监控的重要内容，风险监控负责人员通过将项目实际执行情况与项目管理计划进行对比分析，可对风险管理的执行效果进行评估。

2. 项目跟踪文件

项目文件包括多种类型，共同构成了项目执行中的风险事件跟踪记录，是风险监控的核心内容。具体包括以下几种：

（1）问题日志：是一种记录和跟进所有未决问题的项目文件，所需记录和跟进的内容可能包括：问题类型、问题描述、问题提出者和提出时间、负责人、目标解决日期、问题状态及最终解决情况。问题日志可以帮助风险管理人员有效跟进和管理问题，确保问题得到解决。在整个项目生命周期应该根据监控活动及时更新问题日志。

（2）风险登记册：该文件记录已识别风险、风险发生概率及影响、风险责任人、风险应对策略等和项目已识别风险相关的详细信息，是风险监控的重要内容。风险管理人员可依据风险登记册观察已识别风险的发展变化，审查应对策略的执行效果，并且可据此识别和分析尚未发生的新风险。

（3）风险报告：是对风险登记册内容的扩充，既包括关于已识别的单个项目风险的概述信息，也包括关于整体项目风险的信息。在项目风险管理过程中，风险报告的编制是一项渐进式的工作，随着风险识别、定性分析、定量分析、风险应对、风险监控等过程的执行而逐步完成。

3. 项目绩效信息

项目绩效信息包含进度、成本、资源、质量等方面的项目状态信息，是风险监控的重要内容，也是动态监控的重要体现。项目绩效信息主要有以下两个方面：

（1）进展报告：主要记录项目已完成情况以及未来计划完成情况，包括项目进度报告、成本预算报告、存货报告以及质量安全报告等。在风险管理过程中，进展报告能够反映风险应对措施的实施效果和风险管理的整体成效，为绩效评估提供原始依据。

（2）绩效报告：通过分析绩效测量结果而得到的，能够提供关于项目工作绩效的评估信息，包括偏差分析结果、挣值数据和预测数据，能够为风险监控提供决策指导。

通过对项目管理计划、项目跟踪文件以及项目绩效信息进行风险监控，跟踪已识别的项目风险；识别、分析新出现的风险；审查风险应对的执行情况并评估其有效性；更新项目成本、进度应急储备。

2.6.3　风险监控的工具和方法

由于项目风险具有复杂性、突发性、高影响性等特点，风险管理过程中应对项目风险进行实时监控，预先做好应急计划，以确保高效完成项目目标，此过程需要依靠科学的风险监控方法和工具来实现。

1. 审核检查法

审核检查法是一种传统的控制方法，适用于项目的全生命周期，从项目建议书编制开始，直至项目实施结束。在工程项目中，通常由承包商负责监控预先建立的风险管理计划的流程，安排专业人员定时检查风险策略和程序的履行情况，审查和评估风险应对措施，并及时将审查结果通知相关人员，以便在进度、成本和范围方面进行及时的调整。审核检查法的具体实施包括但不限于如下措施：在项目执行中持续采取审查措施；定期监测每个风险的状态；如有必要，更新管控措施；形成定期风险监控报告。

2. 赢得值法

赢得值法又称挣值法（Earned Value Management，EVM），是一种以货币的形式全面衡量和反映工程项目整体进展状况的方法。其分析原理是将项目的实际进展用货币量来衡量，通过对项目执行过程中计划和实际投入货币量的比较，对项目的成本和进度执行绩效同时做出评价❶。该方法可用于日常风险监控过程中，通过评价项目成本和进度绩效，从而对风险管理的成效予以评估并识别和发现新风险。在风险监控过程中运用赢得值法，是在对项目成本和进度偏差进行评估的基础上，对风险应对策略的执行效果予以评价，并分析造成这种偏差的各种因素，从而重新制定风险应对策略并识别和发现新风险。

赢得值法虽然能够很好地起到计划和事后控制评价作用，但是其只能评价项目费用和进度两个方面，其因没有纳入质量因素而给项目集成控制工作带来负面影响。例如，在EVM实施过程中，只要进度偏差大于零就认为项目进度提前，实际进度快于计划进度，但其原因可能是项目团队急于赶工忽视了工艺标准。在风险监控过程中运用该方法时，要注重对导致费用/进度产生偏差的具体原因进行分析。

【案例 2-8】项目群风险监控

某公司为进行海外化工建设项目群的风险监控，将正在实施的项目目标划分为成本、进度和 QHSSE（质量、健康、人员安全、公共安全和环保）等指标。对于成本、现金流和进度指标，使用赢得值（EVM）方法预警风险；对于 QHSSE 指标，使用技术评估法。综合上述结果，对每个项目综合评价，并将结果与评价指标进行对比分析，提示和预警项目面临的潜在风险。值得一提的是，在多个项目资源冲突的时候，使用随机过程、遗传算法等最优化方法可实现人力、材料和机械等资源的平衡；使用概率风险分析和统计学技术识别出项目进度和费用重点风险，并使用压力测试技术识别出极端风险，可提前实现全过

---

❶　吉格迪，长青，赵玉 . 项目挣值管理风险控制的激励方法研究 ［J］. 工程管理学报，2013（3）.

程风险动态监控和预警。

2.6.4 风险监控的成果

风险监控过程中应及时反馈风险监控成果，以采取措施应对已发生风险或潜在风险。风险监控成果包括以下三种。

1. 更新项目管理计划

风险管理人员通过监控已识别风险的发展变化、风险应对策略的执行情况、新风险的产生情况等内容，及时调整项目管理计划文件，必要时应提出变更，调整项目资金、资源和时间投入来应对项目风险，实现项目目标。

2. 更新项目跟踪文件

风险监控是一个动态的过程，需及时更新项目跟踪文件，包括问题日志、风险登记册和风险报告等，更新目前待解决风险问题、风险识别清单、风险状态、风险应对策略等信息，实时跟进项目风险管理过程。

3. 更新项目绩效信息

风险监控过程中需要监控风险应对策略的执行情况，其最直观的观察指标是与项目成本、进度、质量相关的绩效指标。随着项目的实施，绩效信息不断发生变化，风险监控过程中应及时更新项目绩效信息，用以反映风险应对措施的实施效果和风险管理的整体成效。

2.7 项目风险管理改进与提高

作为以项目为基础的建筑行业，工程项目风险改进与提高是指基于先前进行的项目风险管理过程中遇到的挑战、出现的问题以及采取的解决办法等成功或失败的经验，将经验总结提炼并用于指导、改进与提高后期项目风险管理的过程。项目风险管理的有效性在很大程度上取决于企业储存并及时与相关人员分享经验以及加以改进的能力。项目风险改进与提高的主要内容如图 2-9 所示。

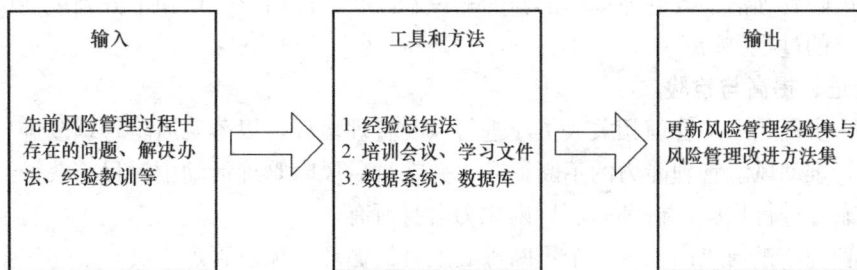

图 2-9　项目风险管理改进与提高输入、工具和方法、输出

2.7.1 风险管理改进与提高的目的和原则

项目风险管理持续改进的主要目的有以下三方面：①梳理先前项目风险管理过程所获得的经验教训，形成可推广的企业内部风险管理持续改进经验集；②通过先前项目经验的系统指导，尽量避免类似之前由程序错误、决策失误等导致的成本、费用等损失；③设立风险管理学习机制和关键风险管理绩效指数考核机制，促进员工间知识与经验的共享，不

断更新企业内部风险管理持续改进经验集，逐步改进和提高企业风险管理水平。

项目风险管理改进与提高的原则包括：①全过程原则：项目风险管理改进提高并不意味着项目结束后再统一进行，而是贯穿项目始终，有需要即可随时进行；②全员性原则：项目风险管理持续改进与提高的成果要求覆盖所有风险管理相关人员。

2.7.2　风险管理改进与提高的内容

项目风险管理改进与提高主要包括以下内容。

1. 回顾与分析

首先应回顾已进行的项目风险管理活动，基于现有的知识和经验对已进行的风险管理活动所暴露出的问题进行分析，对关键风险管理绩效指数进行考核，对于风险管理活动及其产生结果之间的关系进行系统的了解，以批判性分析的态度探究经验对风险管理活动的启示，筛选出有重要价值的知识与经验。

【案例2-9】某工程企业关键风险管理绩效指数考核标准如表2-7所示：

$$关键风险管理绩效指数 = \frac{被识别出来的非常高、高、中等的风险在30d之内形成应对计划文件的个数}{项目总的需要形成应对计划文件的个数}$$

关键风险管理绩效指数评价模型　　　　　　　　　　　表2-7

关键风险管理绩效指数	评价	需要采取的措施
≥0.95	风险管理绩效卓越	维持现有风险管理绩效
≥0.70and＜0.95	风险管理需要改进	针对未形成应对计划的风险，编制完成应对计划的计划。在下次月例会之前编制完成应对计划并使之生效
＜0.70	风险管理绩效很差	针对未形成应对计划的风险，编制完成应对计划的计划并提交PMC风险经理。7d之内完成应对计划并生效，同时将改进的应对计划提交业主管理团队

2. 归纳与总结

本过程要求在回顾与反思的基础上，对得到的知识和经验进行归纳总结，抽象出能够促进日后风险管理活动改进与提高的新的知识和经验，即由感性认识上升到理性认识、由具体到抽象的过程。

3. 改进、提高与检验

在这一阶段，风险管理相关人员应进行风险管理培训，以落实风险管理改进与提高的具体要求，推动风险管理能力的不断提升，并在日后风险管理活动中对目前获得经验的合理性与可靠性进行检验，得到验证后内化为自身所有。

风险管理改进与提高就像一个不断螺旋上升的循环，风险管理人员在上述三个步骤的循环进行中不断获取更多知识与经验并进行实践的检验，从而促进项目风险管理能力的改进与提高。

2.7.3　风险管理改进与提高的工具和方法

企业应建立起持续改进的文化，以促进项目风险管理改进与提高措施的实施。风险管理改进与提高在不同阶段可采取不同方法。在前两个阶段主要采用经验总结法，对风险管理活动中的具体情况进行分析、归纳与总结，形成系统化、理论化的经验。在第三阶段则强调采用培训会、总结会、学习文件等方式进行学习与培训，在通过实践检验的基础上推动风险管理的改进与提高。

企业也可以建立起基于企业内网的风险管理改进数据库，通过线上系统进行课程共享、知识查询以及消息推送等，使风险管理改进与提高的过程更加便捷、高效且有针对性。

2.7.4　风险管理改进与提高的成果

风险管理改进与提高的成果主要为企业内部风险管理经验集与风险管理改进方法集。风险管理者从已有风险管理活动中提炼出的知识与经验，整理形成可推广的风险管理经验集和风险管理改进方法集，用于指导企业风险管理过程。通过不断循环经验学习过程，不断改善与提升企业风险管理能力与水平，更好地服务项目目标。

复 习 思 考 题

2-复习思考题
参考答案

1. 项目风险管理流程包括哪些步骤？
2. 项目风险规划有哪些作用，其过程是什么？
3. 项目风险识别常用方法有哪些，分别有什么特点？
4. 请列举项目风险定量分析方法，并简述其原理。
5. 面对不同类型的风险，应如何采取风险应对策略？

第3章 工程项目风险管理的常用工具

常见的项目管理软件如 Microsoft Project、Primavera P6 等主要从项目计划、进度、费用、资源、风险等领域辅助项目管理，而在当今工程市场竞争形势日益严峻以及项目复杂性不断提高的背景下，企业的项目风险管理水平亟需提升。专门的风险定量分析软件由于能够清晰地给出量化、可视化的风险管理预测以及解决方案，提升项目风险管理的专业程度与准确性，越来越受到工程企业的重视。本书主要介绍该领域应用范围较广的五款软件，分别为：Primavera Risk Analysis 风险分析软件、@RISK 软件、Crystal Ball 软件、Deltek Acumen Risk™ 软件以及 Active Risk Manager 软件。

3.1 Primavera Risk Analysis 软件

项目风险不可避免，而成功只属于那些对风险进行规划的组织——预测风险、缓解风险并针对可能发生的负面事件制订应对计划。Primavera Risk Analysis（简称 PRA）风险分析软件提供了完成此类任务的工具，使企业能够模拟风险，并分解、缓解风险对项目进度和费用的影响，消除项目管理中的诸多不确定性。

Primavera 公司成立于 1983 年，在被 Oracle 公司收购之前，它是全球化的专业项目管理解决方案提供商。被 Oracle 公司收购以后，Primavera 获得了强大的技术和资金支持，运用 Oracle 数据库和技术，并结合多年的工程建设项目管理经验和先进的技术框架体系，建立了一套完整的企业级项目管理解决方案。

3.1.1 主要功能

PRA 是一款以蒙特卡罗模拟运算为基础，可以独立运行也可以和相关软件协同工作的风险分析软件。蒙特卡罗模拟技术以概率论为基础，以随机抽样为主要手段，对解决复杂的、无规律性的风险分析非常有效。PRA 软件主要具有以下五大功能。

1. 提供全生命周期的费用和进度风险分析

PRA 软件适用于项目全生命周期各个阶段，为 Primavera 项目组合管理软件和 Microsoft Project 提供了全生命周期的费用和进度风险分析。其风险登记表功能为风险识别、定性、定量分析提供了平台，通过 PRA 软件风险登记表向导功能可以快速创建新的风险登记表、定义风险评估矩阵和输入定性风险评估以定性分析项目风险的负荷。

2. 实现项目费用与进度的集成分析

PRA 软件基于工作分解结构（Work Breakdown Structure，简称 WBS）直接与项目进度和费用集成来模拟风险，实现进度和费用的集成分析，同时实现项目管理要素加载各项资源的联动分析。

PRA 软件在风险定量分析时采用蒙特卡罗模拟技术，将各项不确定性换算为对整个项目费用、进度目标产生的潜在影响。模拟时，根据每项变量的概率分布函数（如最小值、最可能值、最大值的三角/点连续分布），任意选取随机数，经过多次叠加，计算费用/工期目标的实现概率，以及既定置信度下的项目费用/工期。

累计概率分布曲线是 PRA 软件蒙特卡罗模拟运算的重要输出之一，PRA 软件可以应用累计概率分布曲线分析项目目标偏差，包括进度目标、费用目标等。以采取应对措施后的分析结果为例，图 3-1 中的横轴代表项目的机械竣工日期；左纵轴是以次数表示的概率分布；右纵轴代表累计概率分布（置信度）及相应累计概率分布下的机械竣工日期。每个柱状图表示在选定次数（本例为 1000 次）的模拟计算结果中，落在横轴的机械竣工日期内的次数（即概率，对应左纵轴）。柱状图累加即得到累计概率分布曲线，从中可以看出不同置信度下的机械竣工日期以及既定完工日期的实现概率，既定置信度下的机械竣工日期与既定机械竣工日期之间的差值即为预计的延期。进度和费用集成分析的基础是加载资源，目前国际知名工程公司在项目中都鲜有实践。

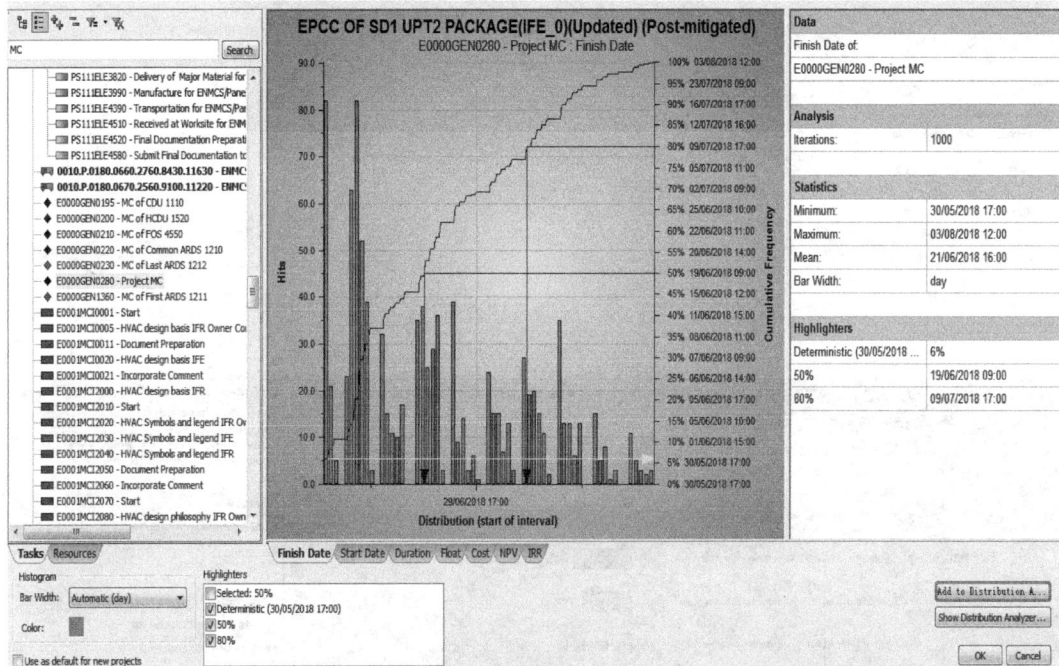

图 3-1　累计概率分布曲线

3. 筛选出影响项目目标的关键活动/风险

PRA 软件可以应用敏感性排序筛选出影响项目目标的关键活动/风险进行重点管理。PRA 风险分析软件可以输出三个维度的敏感性分析：风险敏感性排序（图 3-2）、活动的敏感性排序（图 3-3）以及影响项目目标的关键活动的关键风险敏感性排序（图 3-4）。另外，可以通过把其他所有不确定因素保持在基准值条件下，针对项目每项要素的不确定性对目标产生影响的程度进行敏感性分析，以确定对项目具有最大潜在影响的风险/活动。

通过以上三个维度的敏感性分析，确定需要特别关注的风险和活动，以集中项目资源对这些风险和活动采取应对措施，降低风险发生的可能性和/或对项目目标的影响，从而达到以最少资源获得对未来不确定事件进行最大化收益管理的目的。

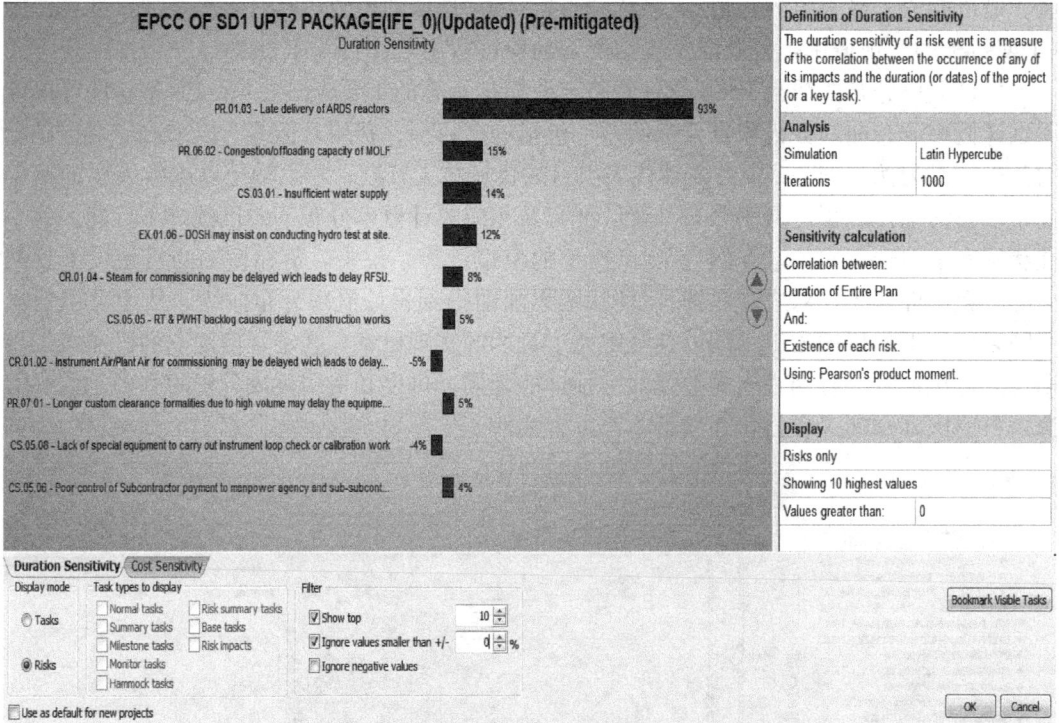

图 3-2　风险敏感性排序

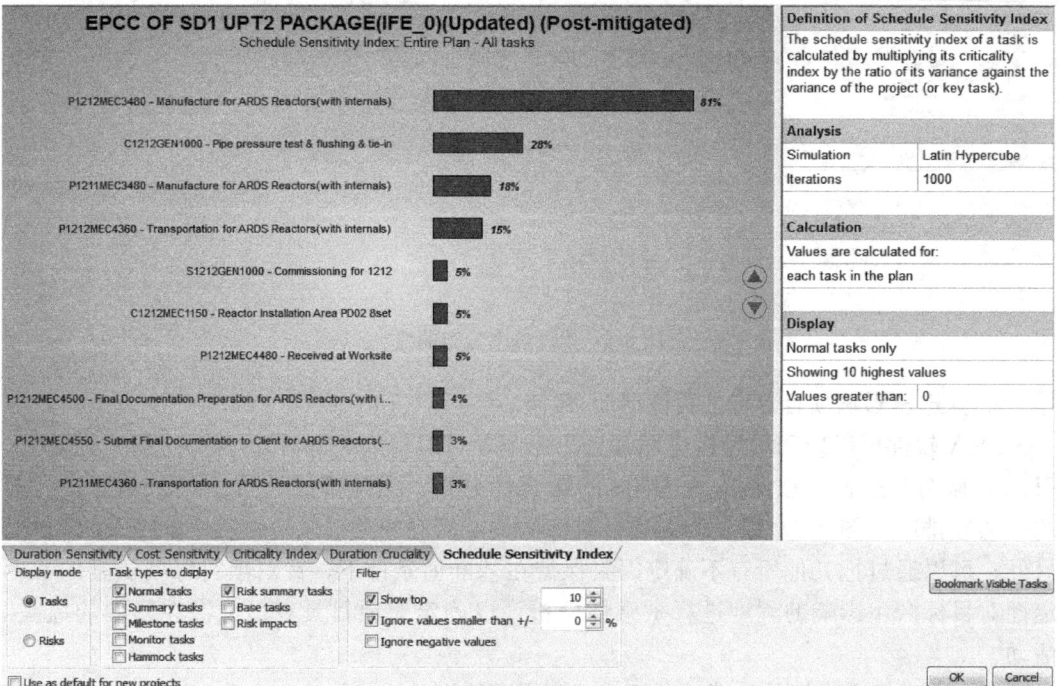

图 3-3　活动的敏感性排序

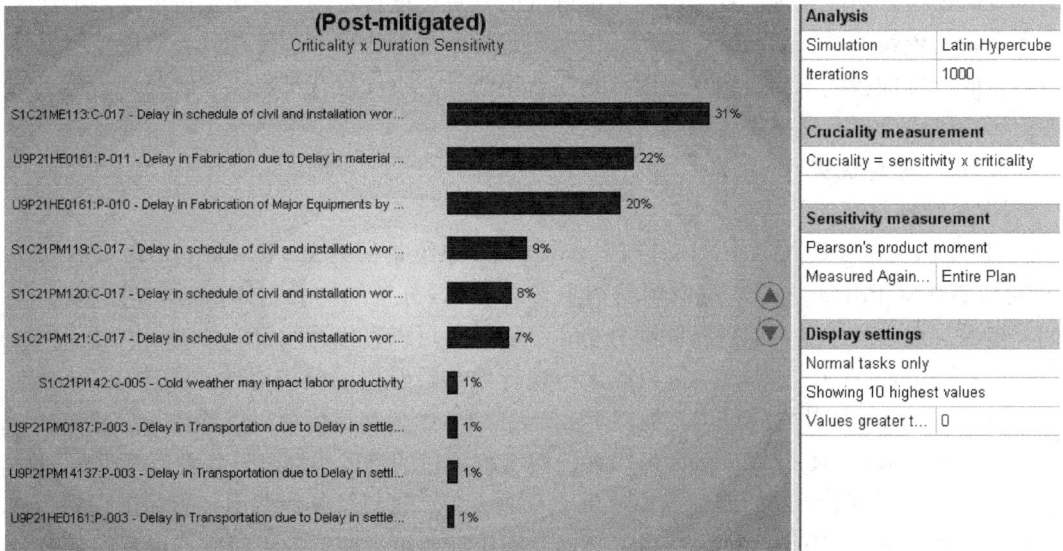

图 3-4　影响项目目标的关键活动的关键风险敏感性排序

4. 实现快速风险定量

PRA 软件快速风险定量功能使用模板方法（图 3-5），基于 WBS、活动代码、用户定义的字段或者筛选器向活动分配不确定性风险。这些模板提供了更高级的方法执行快速风险定量，可轻松模拟任务的不确定性。

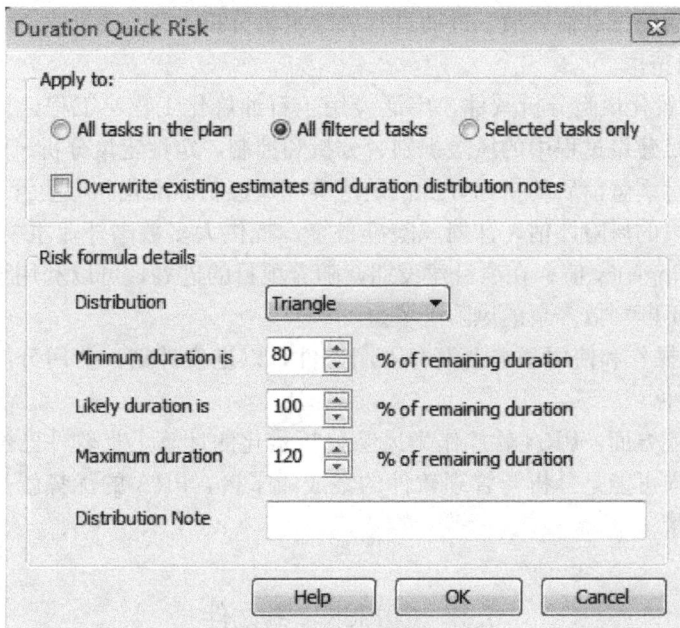

图 3-5　快速风险定量模块

5. 检查进度计划的编制质量

风险定量分析结果的合理性很大程度上取决于项目进度计划的编制质量。PRA 软件的进度质量检查功能通过检查出影响最终进度的常见进度排定问题来评估进度计划的成熟度和质量。依赖关系、提前量、滞后量以及限定性条件等的不合理使用，会对蒙特卡罗模拟运算的准确性造成不利影响。进度计划检查报告针对每项检查都提供了解释，说明了它如何影响风险分析，还提供了识别出的活动列表。

3.1.2 软件优势

PRA 软件具有如下几个优势：

（1）Primavera Risk Analysis 与 Primavera P6 系统紧密集成。Primavera Risk Analysis 可以直接从 Primavera P6 读取项目信息，以 WBS 分解结构为主体，对项目进度、工期、资源、成本和竣工日期进行联动分析，分析结果可以直接写回 Primavera P6 系统。

（2）Primavera Risk Analysis 可以进行现行值与目标值的分析对比。在进入 Primavera Risk Analysis 软件之前可以首先在 Primavera P6 中保存目标项目以便进行分析对比。

（3）Primavera Risk Analysis 可以对任何工程项目的进度指标——作业持续时间指标进行模拟，也可以对活动的四项成本（人工、非人工、材料及其他费用）指标进行模拟。

（4）Primavera Risk Analysis 可以自动分组统计各组工期、各活动成本出现的频数及累计频数（这些在后台实现），进而计算出各组工期、各活动成本出现的概率和累积概率近似值。

（5）Primavera Risk Analysis 可以在屏幕上彩色显示工期、成本的概率分布和累积概率分布直方图，根据需要将图形以报告的形式输出，并可以打印出，同时可以打印出工期、成本指标的其他数字特征。

（6）Primavera Risk Analysis 能够实现快速风险定量。通过设定三点估算的百分比来快速确定所有活动的三点估算值，进而进行风险定量分析。

3.1.3 应用范围

PRA 是一款量化风险分析软件，广泛应用于石油炼化工程、工程建设、军工国防行业等大型工程项目建设过程中的风险识别、分析和控制，定性定量分析风险，制订风险缓解计划，进行风险缓解前后的指标分析，是落实风险控制标准化和专业管理的软件。该软件可用于投标阶段的风险评估，计划风险准备金，提供大多数国外业主要求的 P50、P80 值和对应的 Contingency 值。在项目建设期，随着项目的进展，可以利用该软件计算尚需的风险准备金，不断释放多余的风险准备金。

PRA 软件的操作和使用基本上没有限制条件，以进度计划、费用分解、风险识别作为基本的输入条件。

关于未来功能方面，PRA 软件作为风险分析量化的计算工具软件已经比较成熟，未来风险管理的方向可能是分析与管理软件的集成或平台，PRA 的优势就是其强大的计算能力和数据处理量。

3.2 @RISK 软件

3.2.1 主要功能

@Risk 软件主要是具有进行蒙特卡罗模拟的功能，现在逐步增加了数学优化、时间序列分析等功能，主要包括建模功能、@Risk 函数、输出变量概率分布、@Risk 模拟分析、输出变量图像、高级模拟功能和高分辨率图像显示。如果与 Microsoft Project 软件相结合，也能从事项目风险量化分析方面的工作。

1. 建模功能

作为 Microsoft Excel 的插件，@RISK 采用用户熟悉的风格运作——Excel 菜单和函数，直接通过与 Excel "链接"来为其增加风险分析功能。@RISK 系统提供设置、执行和查看风险分析结果所需的所有必要工具。一般需要将输入变量定义为特定的概率分布，通过蒙特卡罗模拟进行成千上万的随机抽样，得到输出变量的概率分布以及敏感性分析。从输出变量的概率分布可以获得如下一些结论：基础指标值实现的概率为多少？一定置信度下的指标值为多少？一定置信区间下的指标值范围是什么？并在此基础上，得到影响目标值的输入变量重要性排序。

2. @RISK 函数

@RISK 用户可以利用函数在 Excel 中以概率分布形式定义不确定的单元格值。@RISK 在 Excel 的函数集中增加了一组新函数，每种函数允许用户为单元格值指定不同的分布类型。用户可以将分布函数添加到整个工作表任何数目的单元格和公式中，并且可以包括引数（即单元格引用和表达式），从而允许用户确定极为复杂的不确定因素。为了帮助用户为不确定值指定分布函数，@RISK 提供了一个图形化弹出窗口，用户可以在该窗口中预览分布函数，并将分布函数添加到公式中。

3. 输出变量概率分布

@RISK 提供的概率分布允许在用户的电子表格中指定单元格值任何类型的不确定性。例如，包含分布函数 NORMAL（10，10）的单元格会从正态分布（平均值＝10，标准差＝10）提取模拟的过程中返回样本。模拟过程中仅调用分布函数——在正常 Excel 运算中，仅显示一个单元格值——与使用@RISK 之前的 Excel 相同。所有分布均可以被截断，仅允许特定值范围内的样本出现在分布中。此外，很多分布只能使用替代百分位参数。与分布使用的传统引数相反，@RISK 允许用户为输入分布的特定百分位置指定数值。

4. @RISK 模拟分析

@RISK 具有指定和执行 Excel 模型模拟的复杂功能。蒙特卡罗和拉丁超立方体两种抽样技术均受支持，并且可以为用户电子表格模型中的任何单元格或单元格范围生成可能结果的分布。模拟选项和模型输出项的选择均采用 Windows 风格的菜单、对话框和鼠标输入。

5. 输出变量图像

采用高分辨率图像显示来自@RISK 模拟的输出分布。单元格范围的直方图、累积曲线和摘要图提供了强大的结果显示功能。此外，所有图表均可以在 Excel 中显示，以进一步增强和生成纸质副本。实际上，用户可以从一个模拟生成无数个输出分布，@RISK 甚至可以支持用户对最大且最复杂的电子表格进行分析。@RISK 图像包括：相对频率分布和累积概率曲线；单元格范围（例如，工作表行或列）内多个分布的摘要图；生成分布的统计报表；分布中目标值的出现概率。

6. 高级模拟功能

@RISK 中提供的用于控制和执行模拟的选项是迄今为止功能最强大的选项。这些选项包括：拉丁超立方体或蒙特卡罗抽样；每个模拟任意数目的迭代；一项分析中任意数目的模拟；电子表格抽样和重新计算的动画显示；为随机数发生器播种；模拟过程中的实时结果和统计量。

3.2.2　软件优势

传统的风险分析方法是通过综合分析模型变量的单"点"估计来预测一种结果，这是标准 Excel 模型提供一种结果估计的电子表格，因为无法确切得知实际结果，必须使用模型变量估计。但是在现实情况中，事情并不总是按照计划的方式发生。因为对有些估计过于保守，又对另一些估计过于乐观，每种估计中所包含的错误综合在一起常常会导致实际的结果与估计的结果有很大差异，因此，根据"预期"结果做出的决策可能是错误的决策。但如果对所有可能的结果有更全面的了解，就会在一定程度上避免做出错误的决策。借助@RISK 可以明确包含估计中存在的不确定因素，并生成显示所有可能的结果，帮助用户做出正确的决策。

3.2.3　应用范围

@RISK 主要使用蒙特卡罗模拟技术，模拟出所有不确定性变量对目标值的影响，因此，输入变量主要使用概率分布的形式描述，模拟得到目标值在一定置信度情形下的范围值，以及特定数值所对应的概率。@RISK 提供的结果以图形方式显示面临的风险和不确定性，该图形显示便于理解，也便于向他人解释。@RISK 在商业、科学和工程设计中的应用极为广泛，其以现有 Excel 模型作为分析基础，并且可以得到令人信服的模拟预测结果。

3.3　Crystal Ball 软件

Crystal Ball（简称 CB）为美国 Oracle 公司产品。CB 是基于 PC Windows 平台开发的简单且非常实用的商业风险分析和评估软件。

CB 是面向各类商务、科学和技术工程领域的风险预测和分析软件，用户界面友好。CB 可以作为微软 Excel 插入式软件，使用蒙特卡罗模拟方法针对某个特定情景预测所有可能的结果，运用图表对分析进行总结，并显示每一个结果的概率。除了描述统计量、趋势图和相关变量分配，CB 还可以进行敏感性分析，帮助用户找到真正导致结果的因素。如今 CB 已是全世界商业风险分析和决策评估软件中的佼佼者。

CB 专业版是市面上以 Excel 为基础的风险分析及预测工具中较全面的套装软件。

3.3.1　主要功能

与@Risk 一样，Crystal Ball 软件也是以 Excel 为模板进行风险和不确定性的随机抽样，以此作为输入变量，通过数次模拟仿真，得到输出变量的概率分布，然后得到一系列概率分析的结论。软件模块主要包括输入变量的概率分布选择、输出变量的概率分布预测、变量相关系数、模拟分析和各种预测统计图表，如图 3-6 所示。

CB 除了提供一般的蒙特卡罗模拟技术之外，还具有多种先进的模拟技术和结果分析功能，如图 3-7 所示，得到输出变量的概率分布。从本图可以得到：一定置信区间内的预测值输出范围；大于确定性数值（比如：688）的概率数字，以及各种统计特征数值，如平均值、方差、偏差、峰值等。

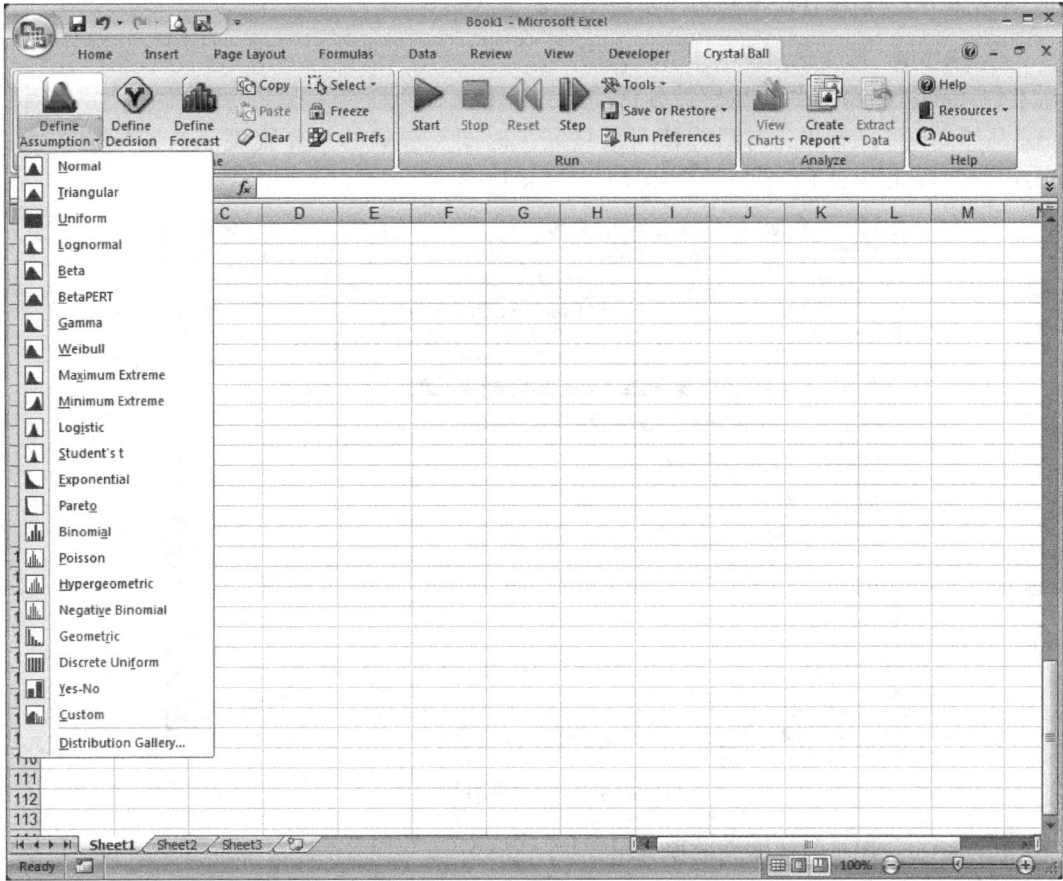

图 3-6　CB 插件界面示例

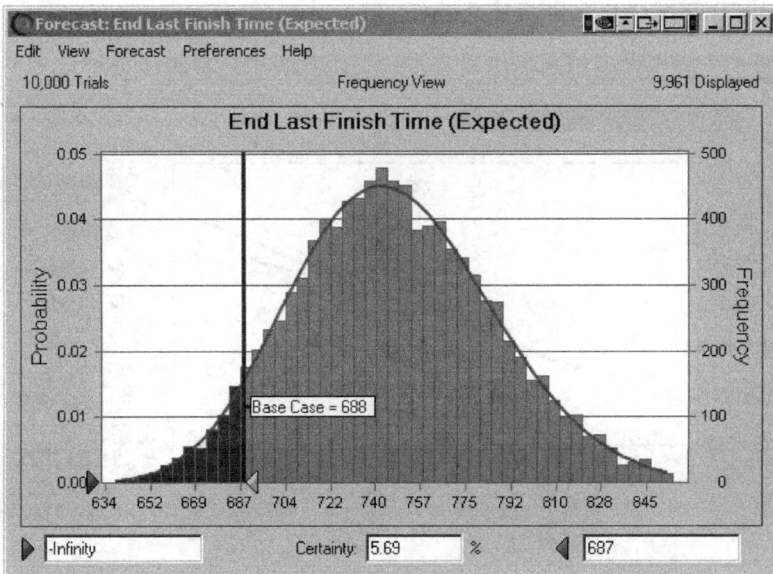

图 3-7　CB 蒙特卡罗模拟分析

Batch Fit：用于从历史数据中批量拟合概率分布。

BootStrap：用于进行 Bootstrap 抽样。

Tornado Graph：用于敏感性分析。

从图 3-8 可以看出：对目标值（最终完工时间）影响的重要程度从高到低依次为：Task 12、Task 16、Task 20、Task 10、Task 18 等。

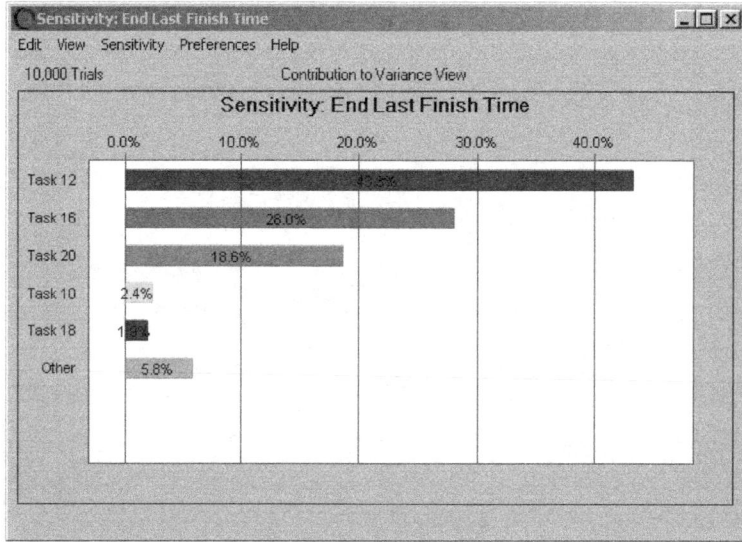

图 3-8　敏感性分析

Predictor：用于时间序列数据分析。

从图 3-9 可以看出：2006 年 1 月开始，预测值是在一定置信区间的范围估计，红线是 90％预测的上限和下限，服从于双指数平滑曲线。

OptQuest：用于非随机和随机优化分析。

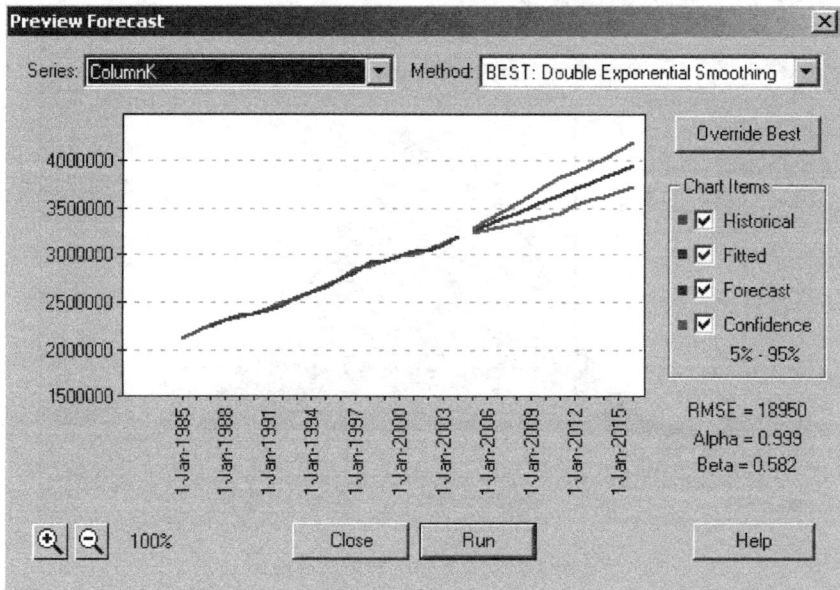

图 3-9　目标值预测图

如图 3-10 所示，Crystal Ball 可以将工程完工的乐观时间、悲观时间和最可能的时间，用概率分布的形式在一张图上对比分析。也可以将目标值的预测值和拟合值在一张表格上表现出来，包括抽样次数、均值、众数、中位数、标准方差、偏度、峰度、变异系数、最小值、最大值等，如图 3-11 所示。

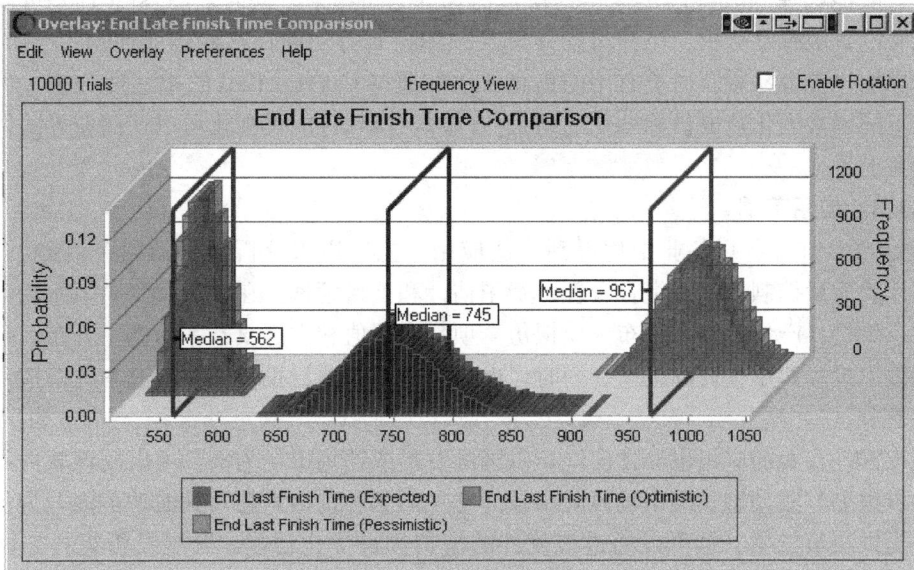

图 3-10　目标值概率分布对比分析

图 3-11　目标值 ANOVA 统计结果

Crystal Ball 还具有相对独立的操作界面，美观大方，具有很好的操作防错特点。

3.3.2　软件优势

Crystal Ball 工作表风险分析结合工作表呈现方式与自动分析模拟，可以清楚地展现因为变量变异造成模型产出的各种情况，可随机产生变量在不同情况下的模型结果。使用该软件一般能够在 30min 内迅速得到模拟仿真的分析结果。同时，Crystal Ball 可以提供相关性假设、敏感度分析、小样本抽样以及预测控制等功能，这些功能使得 Crystal Ball 可以指导用户很容易就获得更有用的信息，比如通过 Crystal Ball 的敏感度分析，可以清楚知道不同因素变化造成目标变化的结果。同时，该软件的可视化可以让商业界的使用者非常容易上手。

3.3.3　应用范围

Crystal Ball 在各行各业中均得到广泛应用，主要用来分析项目的财务风险、定价、工程设计、质量控制、投资组合管理、费用估计和项目管理。在项目投资决策阶段，一般用于拟合价格、产量等概率分布，模拟仿真项目净现值和内部收益率的概率分布，根据概率标准做出投资和不投资的决策。同时，也广泛应用于项目投资估算或成本的模拟，测算风险储备金。

其在其他行业的应用也非常广泛，以国际贸易或销售市场为例，可以用该软件的时间序列分析预测方法动态预警市场风险中较为常见的各种价格走势及其波动范围，为价格套期保值提供决策依据。也可以通过该软件的模拟和最优化功能，开展投资组合方面的应用，选择最优的组合投资。

3.4　Deltek Acumen Risk™软件

准确的项目计划和现实的成本预测是项目成功的关键。尽管有最好的计划，但每个项目都存在不确定性和风险，这些因素常常导致成本和进度超支。软件能够帮助用户有效地考虑项目风险，从而提供可以信赖的准确预测。

Acumen Risk 是一个集成成本和进度的风险分析工具，它将项目团队现有的风险记录集成到一个高度精确的风险调整预测中。Acumen Risk 软件一方面非常强大，可以在几秒钟内分析数千个活动，同时考虑范围不确定性、工作复杂性、风险事件和机会；另一方面，Acumen Risk 对用户友好，消除了针对大型项目计划构建风险模型的统计复杂性和逻辑复杂性。

目前，全世界已有数百个项目受益于 Deltek Acumen S1 // S5 风险管理方法。通过追求五个确定的成熟度级别，项目能够建立经过验证、已考虑风险、已经优化和减轻的时间表，以实现目标，并让团队参与执行计划。每一个层次都会导致一个更成功、更容易实现的项目计划。

然而，要求项目团队与统计复杂性（如最小和最大范围）以及复杂的分布类型相关，使得这些风险工具在准确捕获风险和不确定性值方面无效。Acumen Risk 引入了一种用于捕获风险和不确定性的创新方法。不确定性因素是跨活动组定义和分配的，消除了对每个单独活动的风险手工加载的需要。无论风险模型的大小和复杂性如何，都可以将本地项目计划用作风险模型的基础，可以将项目风险寄存器快速合并到模型中，并将风险映射到一个或多个活动。

通过采用 Acumen Risk 的不确定性因素方法，项目团队可以将重点放在协作风险模型的真实输入上，而不是陷入统计上的"分析瘫痪"。不确定性因素方法使风险加载计划在多个项目之间快速且可重复，从而在组织内实现评分的一致性。简单地将风险和不确定性分配到用户想要报告风险暴露的任何级别，并让模型完成其余的工作。用户不用担心失去细节，Acumen Risk 方法实际上确保了相反的结果：模型本身是非常详细的，结果被提升到一个有意义的水平。

3.4.1 主要功能

Acumen Risk 软件具有以下四个功能。

1. 费用风险、进度风险和项目风险清单全部放在一套平台上

到目前为止，生成一个真正集成的成本/进度风险模型仍是一项复杂的任务，如预测资源负载的进度和创建"成本活动"这样的任务。而 Acumen Risk 则可以很好地解决这些问题，现在只需运行进度风险分析，并将结果指向那些受进度延迟影响的成本元素，然后让 Acumen Risk 完成剩下的工作。其结果是一个准确的成本风险预测，并在相关的地方真正考虑了进度风险。无论用户是否已经在外部工具中建立了项目风险登记，或者用户想从头开始，都可以利用 Acumen Risk Register 模块跟踪当前状态、目标状态或缓解状态以及达到目标所需的步骤，以便做出更明智的决策。

2. 输出变量—智能报告

一些风险工具虽然能提供大量风险报告，但很少会真正给用户提供其所需要的关键报告。Acumen Risk 提供了团队对风险的感知执行摘要，总结了有多少活动被认为是积极的、现实的或保守的。这是确定团队时间表的好方法。风险暴露下一代风险分布报告能够快速确定风险范围、偶然性、风险调整值，如 P50 和 P75 日期，成本和风险暴露报告为任何给定的活动或 WBS 分组。风险驱动程序可以确定哪些活动、风险事件和驱动路径是导致项目成本和进度风险暴露的主要原因。风险分析结果可以可视化地比较多个场景的风险概况，包括备选的缓解策略。Acumen Risk Metrics 利用 Acumen Fuse 中内置的众多风险度量来进一步细分用户。

3. 情景分析

如果在概念的早期阶段导致项目批准，甚至在执行过程中，风险分析是生成备选方案的一个非常宝贵的工具，那么该怎么办呢？单击一个按钮，运行假设分析，或生成其他场景，包括：①缓和与非缓和；②选项 A 与选项 B；③找出两个最可能导致完成日期过期的主要网络路径（例如，设施与管道）。

一旦生成，只需比较每种场景的风险敞口，并就最佳前进路径做出明智的决定。有了敏锐的风险，风险分析最终成为组织中的战略组成部分。风险贡献因子™是 Acumen Risk 特有的，风险贡献因子™是一个定量的度量（成本和进度），用来衡量活动和风险事件对任何给定的里程碑或活动组有多大的影响。与其查看传统龙卷风图中显示相对影响的有序活动列表，不如快速查明真正的风险贡献。

4. 以全新的方式评估项目风险

Acumen Risk 以一种全新的方式评估项目风险，即直观的分析。Acumen Risk 对用户友好，具有直观的结果和易于理解的视觉效果，帮助用户真正理解其风险分析。真正的综合成本和进度风险暴露并不是孤立于进度风险而发生的。Acumen Risk 提供了一个将进度风险与成本风险联系起来的简单方法，以确定进度延迟对成本估算的影响。

Acumen Risk 包括用户需要的所有报告，以专业的、现成的 toprint 格式自动创建。项目诊断结合 Acumen Risk 和 Acumen Fuse，在一个平台上无缝访问 Deltek Acumen Fuse 和 Deltek Acumen 360 提供的所有项目诊断、场景生成和进度清理——这是为风险分析准备项目的直接方法。Acumen Risk 的执行速度比目前的风险分析软件快 5 倍，包括访问 Deltek 的可靠更新和产品支持。

3.4.2　软件优势

Acumen Risk 可以清楚地展现因为输入变量变化造成模型产出的各种情况，可随机产生变量在不同情况下的模型结果。同时，该软件具有相关性假设、敏感度分析、拟合和预测控制等功能，比如，敏感度分析可以清楚知道不同因素变化造成目标变化的结果。同时，该软件的可视化使其在工程建设领域的应用极其广泛。

3.4.3　应用范围

Acumen Risk 主要用来分析工程项目的费用风险和工期风险，也可以实现费用/工期集成风险评估，费用是通过人力、材料、机具等资源汇总获得，体现出项目的复杂性和资源共享性的特征。其还可以应用到工程建设和新基建的项目管理中，主要分析项目的经济性、投资和进度等目标的不确定性，与前面几个软件的综合功能较为相似。

3.5　ARM　软　件

Active Risk Manager（简称 ARM）是英国 Sword Active Risk 公司开发的风险管理软件。独立市场研究机构通过对市场上的风险管理软件进行评价，认为 ARM 系统具有目前为止最广泛的企业风险管理功能，也是世界诸多顶尖风险研究机构推荐排名第一的风险管理软件。ARM 与世界著名的企业风险管理和项目风险管理机构 IRM、RIMS、PMI、AACE、GARM、ECRI 等形成长期战略合作关系，以保证 ARM 的风险管理理念和体系紧跟世界前沿。

3.5.1　主要功能

ARM 支持公司（企业）和项目（多项目）风险管理，其功能主要包括：为企业高层管理者实时全面了解和掌握企业和项目层面风险提供支持；能够与企业、项目现有管理系统融合，为财务审计、供应链、HSE 提供综合的风险管理；支持多种风险管理国际标准，包括 ISO 31000、BIS 等；基于网络版的信息共享平台，可以实现风险信息在不同项目或项目群以及企业层面的共享，有助于风险信息的积累和跟踪；支持在项目群层面对费用/进度目标进行蒙特卡罗模拟运算；支持在项目群、各个不同项目间选用不同的 P-I 矩阵；在风险的应对计划制订、应对方案实施以及风险监控和审计方面提供系统支持；可以提供多种标准报告以及客户化定制的报告；配有专业的风险管理咨询团队以支持软件客户化等技术服务；与 Primavera P6 和 Microsoft Excel 等有接口。

1. 全面风险管理功能

ARM 构建基于各种模块的风险管理，主要包括，但不限于：项目/项目群、设计管理、采购和供应链管理、施工管理、市场开发、投标报价、项目执行和管理、财务保险、法律、人力资源、QHSE、公共安全、合规等。

每个模块均可以设定单独的权限，在平台上均能单独开展风险识别、分析、应对、监控和预警，并形成风险报告。同时，各模块均能共享、整理、筛选、分析和提取风险信息和数据，形成适合不同目标群体的风险报告，比如业务层级的风险报告和管理层级的风险报告。

2. 单项目/项目群/项目组合风险管理功能

针对项目类风险管理，ARM 遵循分层分级的风险管理原则，主要包括单项目、多项目群（含项目组合）和企业风险管理，适用于工程项目的市场开发、投标报价和项目执行风险管理，以及总部层面对项目的全面风险管理。

ARM 具有识别、定性分析和定量分析、应对和监控风险等功能，不仅能够满足业主对项目风险管理的要求，而且也能满足总部层面对项目全面风险管理的需要。在功能上，其与国际主流项目风险管理软件 Primavera Risk Analysis、@Risk 等基本相似，可以同时实现以费用和进度为主要控制目标的风险管理，但 ARM 能够实现项目群风险数据信息的共享、提取和分析，以及项目群资源冲突等风险的优化，这些是其他软件所不具备的功能。

3. 公司专项（专业）风险管理功能

ARM 能够为重组、收购、兼并、投资、垫资、财务等专项风险单独建立模块，识别、分析和应对重大的专项风险，提前预警潜在的重大风险，不仅能够有效控制公司重大风险，也能满足公司治理和风险审计的工作需要。

4. 风险知识管理平台和数据库建设

ARM 集成了微软 SQL、甲骨文数据库、P6 技术等数据库技术，综合考虑 ISO 31000、COSO、PMBOK、SOX 等风险管理标准，构建以企业全面风险管理、项目风险管理和公司专项风险管理为主要目标的历史数据和最佳实践数据管理平台，自动建成适用于不同层级、不同企业和不同目标的风险数据库，便于未来更好地开展风险管理工作。

3.5.2 项目风险管理

基于网络版的 ARM 风险软件可以同时进行多个项目的投资、进度和质量、安全等风险管理，贯穿于风险识别、风险定性分析、风险定量分析和风险应对等主要环节。所使用的方法与前文相似，其中，定性分析也是通过 P-I 矩阵获得，使用蒙特卡罗模拟方法获得投资（成本）和进度的概率分布以及敏感性分析，在此基础上进行量化评估。

1. 风险等级表

该模块主要包括左边栏目的风险分解结构和右边的风险序号（ID）、风险描述、风险责任人、风险状态、风险等级等，是进行风险评估的基础。

2. 风险定性分析—输入变量

该模块主要包括风险评价标准和风险 P-I 矩阵，如表 3-1 和图 3-12 所示，与其他软件较为相似，但该软件重点关注机会风险。

ARM 软件风险评价标准 表 3-1

等级	概率	时间（周）	费用（千欧元）	绩效
很高	≥90%	＞12	＞100	系统功能损失
高	70%～90%	6～12	50～100	关键参数的损失
中等	50%～70%	3～6	20～50	关键参数的退化

等级	概率	时间（周）	费用（千欧元）	绩效
低	30%～50%	1～3	10～20	次要参数的损失
很低	<30%	<1	<10	次要参数的退化

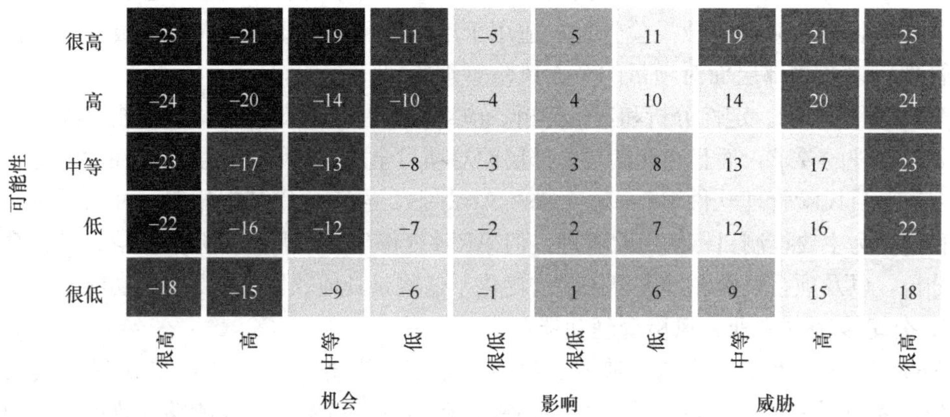

图 3-12　ARM 软件风险评价矩阵

3. 风险定量分析—输出变量

该模块主要包括成本和进度的概率分布或累计概率分布曲线与敏感性分析，与其他软件呈现的过程基本相似，如图 3-13 和图 3-14 所示，在此不再赘述。

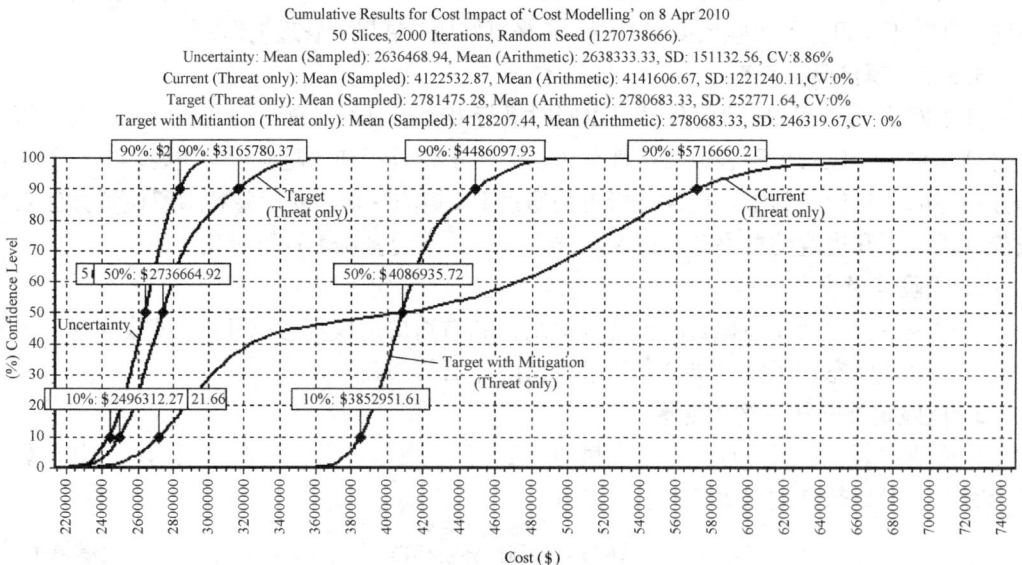

图 3-13　ARM 软件形成的项目成本或进度累计概率分布

3.5.3　企业风险管理

与其他风险软件不同的是 ARM 能够提供多个维度的企业风险管理，风险分解结构一

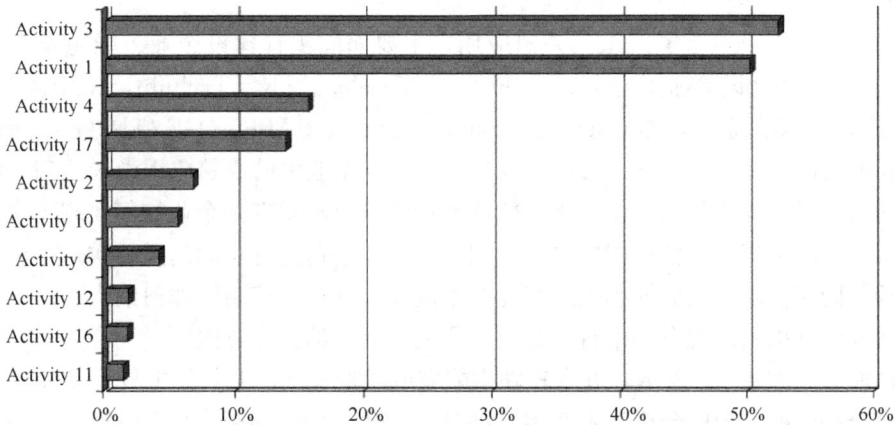

图 3-14　ARM 软件形成的项目成本或进度敏感性分析

般包括战略风险、经营风险、法律风险、财务风险等。该模块的风险管理主要依据于风险治理的理念，遵循分层分级的管理理念，以定性评估为主，但核心仍是项目风险管理，具体思路如图 3-15 所示。

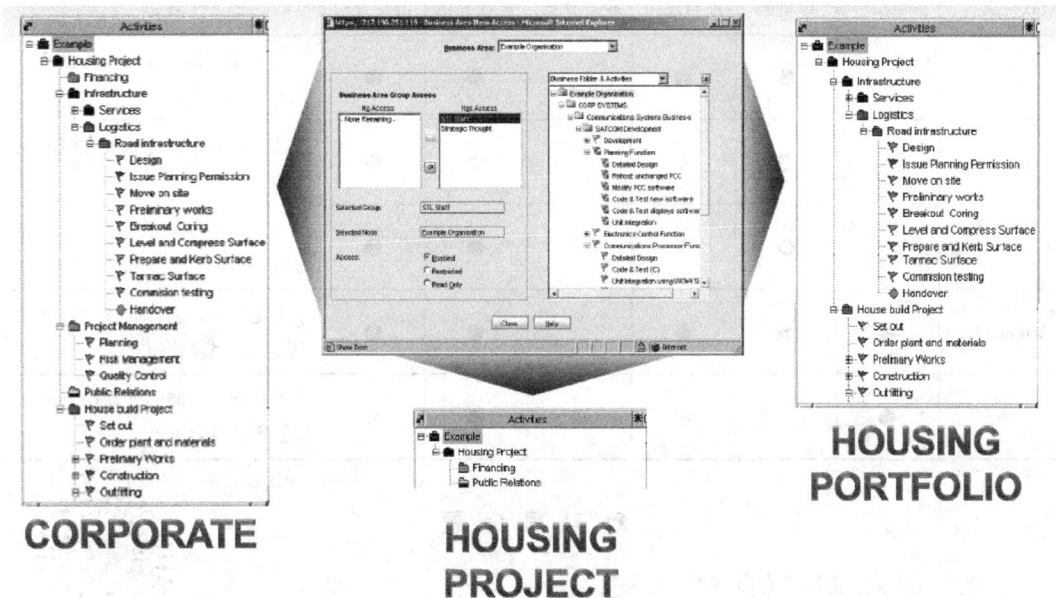

图 3-15　基于 ARM 的企业风险和项目风险集成评估平台示例

3.5.4　软件优势

该软件是当前少见的能够将企业风险管理和项目风险管理集成的风险管控平台，基于 Web 版本，适用于以项目为主要业务的各种企业，简单易懂。除了项目风险管理，该软件主要用来分析和研究企业风险治理，包括战略、合规、法律等风险的定性评估、应对和管控。通过该平台，真正实现了分层分级的风险管理理念，在国际工程公司中应用极其广泛。

3.5.5 应用范围

ARM 被全球 1700 多家组织和公司应用，主要面向工程建设企业、能源企业和航空航天企业。工程建设企业，如 Amec Foster Wheeler、TR、Technip、KBR、Bechtel、Linde、Fluor；能源企业，如 Chervon、Saudi Aramco、SABIC、GE Oil&Gas、Rio Tinto；航空航天企业，如 NASA。目前，该软件在中国企业中的成熟应用尚未见到，但已经有企业购买并尝试推广使用。使用该套软件的最大难点和重点是企业如何实现英文版软件与现有中文系统的集成，使得国内项目、国际项目和公司治理层面的风险实现平台化和一体化管理。同时，随着大数据和人工智能技术的稳步推进，该系统如何纳入新思维和新理念，并将其灵活引入到现有的平台，是值得研究和开发的重点方向。

总体而言，如表 3-2 所示，五套软件均能完成风险管理，尤其其中较为重要的定性分析和定量分析，所使用的分析技术基本上都是 P-I 矩阵方法和蒙特卡罗模拟，且均适用于分析项目的内外部风险，但只有 ARM 适用于企业风险管理。PRA、@Risk 和 Crystal Ball 软件均是单机版套件，Acumen Risk 和 ARM 是适用于网络版的平台软件。这几套软件在工程公司的应用均很广泛，其中又以 PRA 应用最广。

五套软件功能和场景对比分析 表 3-2

软件名称	网络版	单机版	项目风险	企业风险	定性分析	定量分析	优势
PRA		●	●		●	●	可用于高达几十万条大数据量的处理
@Risk		●	●		●	●	与 Excel 嵌入，使用灵活、成本低
Crystal Ball		●	●		●	●	与 Excel 嵌入，使用灵活、成本低
Acumen Risk	●	●	●		●	●	平台化软件，能够处理项目群和项目集的风险管理
ARM	●		●	●	●	●	平台化软件，能够处理项目群和项目集的风险管理

复 习 思 考 题

1. 常见的风险量化软件有哪些？
2. 哪几种软件能够完成投资组合优化问题？
3. 哪三个软件将进度/费用集成风险量化分析作为主要目标？
4. ARM 软件有哪些区别于其他软件的特征？
5. 你认为工程项目风险管理软件的发展趋势是什么？

3-复习思考题
参考答案

第4章 工程咨询项目风险管理

工程咨询是工程建设行业的一个重要领域，工程咨询项目的风险管理和成功交付对于建设工程的成功至关重要。本章主要介绍工程咨询项目概述、工程咨询项目的主要风险、工程咨询项目风险评估与工程咨询项目风险应对，最后通过一个典型案例演示工程咨询项目风险管理的主要过程和方法。

4.1 工程咨询项目概述

工程咨询（Engineering Consulting）服务，或称为工程顾问服务，是指具备某种专业知识和能力的专业人员为客户的工程建设项目（简称为"客户项目"）提供的前期研究、规划、工程设计、技术咨询、造价咨询、项目管理等智力服务。工程建设行业内对于工程咨询的范围有不同的理解。狭义的工程咨询主要指在客户项目决策阶段提供的智力服务，如可行性研究等，不包括工程设计、技术咨询、造价咨询、项目管理等；广义的工程咨询包括在客户项目的决策、规划、实施的各个阶段提供的智力服务。国际上工程咨询通常是指其广义的含义，本书亦采用广义的工程咨询定义。

一个典型的客户项目通常是由多个组织、多个团队通过协作共同完成的，因而可以看成是一系列由不同主体负责实施的项目组成的项目群，例如，市场研究项目（一般由客户自己的团队或咨询公司实施）、工程咨询项目（由咨询公司实施）、设备供应项目（由供应商实施）、工程承包项目（由承包商和分包商实施）等。工程咨询项目在这个项目群中具有独特地位和重要价值。

4.1.1 工程咨询项目生命周期和类型

1. 工程咨询项目生命周期

一个典型的工程咨询项目的生命周期包括如下环节：

（1）业主发布工程咨询服务招标文件（Tender Documents），或称为征求建议书函（Request for Proposal）。

（2）工程咨询公司分析客户和项目机会，做出是否参与项目竞争的决策。

（3）如果决定参与竞争，组织投标团队准备投标书（Tender），或称为建议书（Proposal），其中包括详细的服务范围、合同条款和服务费报价。

（4）客户通过对投标文件的评估选择综合表现最优的咨询公司，并邀请其进行商务谈判。

（5）咨询公司和客户进行商务谈判，双方达成一致后签订服务合同。

（6）服务合同签订后，项目团队启动、实施并完成咨询服务。项目经理对工程咨询服务的实施和管理承担全面的责任。

（7）客户履行合同规定的支持配合义务以及支付咨询费的义务。

（8）项目团队完成服务后，咨询公司组织总结项目经验教训并关闭项目。

2. 工程咨询项目类型

（1）按客户项目阶段分类

按照客户项目的阶段，可以将工程咨询项目分成如下几种类型：

1）决策阶段的工程咨询服务：包括市场研究（Market Study）、商业分析/策划（Commercial Analysis/Planning）、概念规划（Conceptual Planning）、预可行性研究（Pre-feasibility Study）、可行性研究（Feasibility Study）等。

2）规划设计阶段的工程咨询服务：包括勘测服务（Survey）、总体规划（Master Planning）、概念设计（Conceptual Engineering/Design）、方案设计（Schematic Engineering/Design）、初步设计（Preliminary Engineering/Design）、详细设计（Detailed Engineering/Design）、造价估算（Cost Estimation）等。在国内，Engineering 和 Design 均被翻译成"设计"。在国际工程界，Engineering（工程，或工程设计）主要是指运用科学、技术来设想、计划某种装置或设施，如结构工程、岩土工程、桥梁工程、隧道工程、铁道工程、化学工程、水电工程等；Design（设计）是指运用艺术、创意来设想、计划某种设施或产品，如建筑设计、景观设计、城市设计、室内设计等。实际上，Engineering 和 Design 经常是相互融合的，因而也常见 Engineering Design（工程设计）这一说法。

3）采购阶段工程咨询服务：包括合同策划（Contract Planning）、采购管理（Procurement Management）等。

4）施工阶段工程咨询服务：包括项目管理服务（Project Management，简称 PM）、项目管理承包服务（Project Management Contractor，简称 PMC）、工程设计—采购—施工管理服务（Engineering-Procurement-Construction Management，简称 EPCM）等。

客户可以根据项目需要和咨询公司的专业能力将上述各阶段咨询服务中的一项或多项服务通过一个合同委托给一家咨询公司。也可以将项目前期研究决策、规划设计、采购、施工等各阶段的工程咨询服务委托给一家有能力的咨询公司实施，或多家咨询公司联合实施，这种咨询模式被称为"全过程工程咨询"。

（2）按服务客户分类

根据服务的客户，可以将工程咨询服务分成如下几种类型：

1）业主工程师服务（Owner's Engineer）：一般指为业主提供的可行性研究、方案设计、初步设计、采购管理、项目管理等。

2）承包商工程师服务（Contractor's Engineer）：包括为承包商提供的详细设计、临时工程设计、施工技术咨询、项目管理咨询等。

3）融资人技术顾问服务（Lender's Technical Advisor）：包括为融资人提供的技术顾问、技术尽职调查、市场顾问、施工监控等。

4.1.2　工程咨询项目的主体

工程咨询服务项目的实施主体一般是工程咨询公司。工程咨询公司通过承接、实施工程咨询项目获得财务收益。

中华人民共和国成立到改革开放前的近三十年间，中国只有工程勘察设计单位，没有工程咨询单位。直到 20 世纪 80 年代，由于国际金融机构（特别是世界银行、亚洲开发银行等多边金融机构）的参与和推动，才逐步在中国引入决策阶段的工程咨询。与此同时，中国国家计委（后改为国家发改委）和省级计委分别开始组建中国国际工程咨询公司和省级工程咨询公司❶。

中国工程咨询业在近四十年的时间内经历了从无到有的成长，其工作内容和服务领域正在不断扩展。目前中国的工程咨询服务主要由如下机构承担：工程咨询公司、设计院、招标代理公司、造价咨询公司、工程监理公司、项目管理公司等。从上个世纪末开始，一批大型国际工程咨询公司在中国的工程咨询领域扮演着重要的角色。随着"一带一路"倡议的实施，一些领先的中国工程咨询公司开始走出国门，进入国际市场。

ENR 2019 年度"全球设计公司 150 强"排名前 20 名　　　　　　　表 4-1

排名	公司	国家
1	JACOBS	美国
2	中国电力建设集团有限公司	中国
3	AECOM	美国
4	WOOD	英国
5	中国能源建设股份有限公司	中国
6	WSP	加拿大
7	中国交通建设股份有限公司	中国
8	ARCADIS NV	荷兰
9	SNC-LAVALIN INC	加拿大
10	STANTEC INC	加拿大
11	FLUOR CORP	加拿大
12	KBR INC.	加拿大
13	TETRA TECH INC	加拿大
14	WORLEYPARSONS LTD	澳大利亚
15	中国铁建股份有限公司	中国
16	AF POYRY	瑞典
17	HDR	美国
18	DAR GROUP	阿联酋
19	SWECO	瑞典
20	中国中铁股份有限公司	中国

在国际上，工程咨询是一个广受尊重的智力密集型产业。表 4-1 是美国《工程新闻记录》杂志（Engineering News-Record，ENR）2019 年"全球设计公司 150 强"排名中位列前 20 名的全球最大的工程设计咨询公司❷。

4.1.3　工程咨询项目的相关方

工程咨询项目的相关方包括业主（或称为客户）、承包商、供应商、分包咨询商、合作咨询商、融资机构、保险公司、政府部门等。

由于项目实施模式不同，工程咨询项目的实施主体和其他相关方的关系也不同。工程咨询项目不同实施模式下各相关方之间的关系如下所述。

1. 设计—招标—建造（Design-Bid-Build，简称 DBB）模式

业主分别与设计方和施工方签订合同，如图 4-1 所示。在本模式下，设计公司和项目管理咨询公司为业主提供工程咨询服务。

---

❶ 陈金海等编著. 建设项目全过程工程咨询指南［M］. 北京：中国建筑工业出版社，2018.

❷ www. enr. com

2. 设计—采购—施工（Engineering-Procurement-Construction，简称 EPC）或设计—建造（Design-Build，简称 DB）总承包模式

业主将设计、采购、施工以固定总价委托给一家承包商实施，如图 4-2 所示。在本模式下，设计公司和业主顾问为业主提供工程咨询服务。

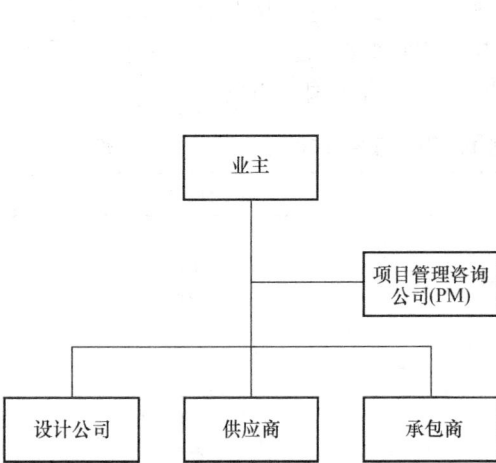

图 4-1 DBB 模式下各相关方之间的关系

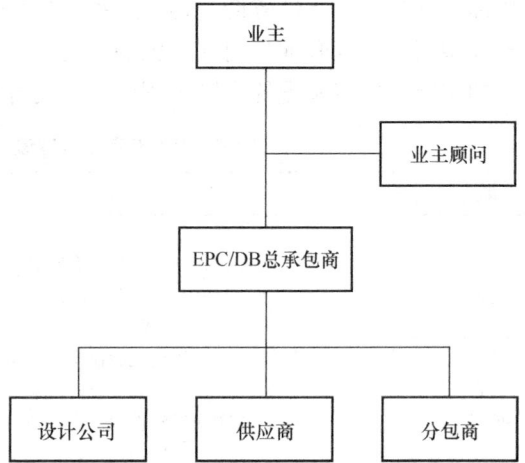

图 4-2 EPC/DB 模式下各相关方之间的关系

3. 项目管理承包（Project Management Contractor，简称 PMC）模式

业主委托一家"项目管理承包商"实施项目，项目管理承包商再将设计、供货、施工等工作分包给不同的专业公司。根据 PMC 合同的约定，项目管理承包商和客户分别对项目的工期、造价、质量承担一定的风险，如图 4-3 所示。在本模式下，设计公司和项目管理承包商为业主提供工程咨询服务。

4. 设计—采购—施工管理（Engineering-Procurement-Construction Management，简称 EPCM）模式

业主将设计、采购管理、施工管理工作委托给一家咨询公司完成，咨询公司收取提供专业服务的报酬，不承担工程施工的风险。如图 4-4 所示。在本模式下，EPCM 服务商为业主提供工程咨询服务。

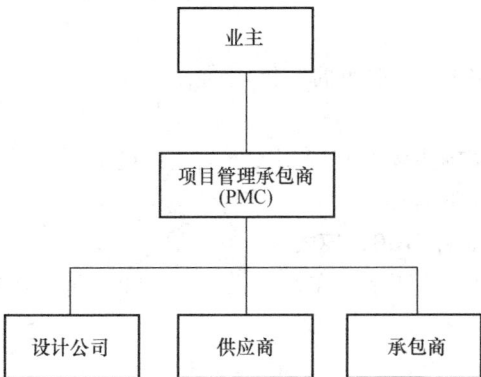

图 4-3 PMC 模式下各相关方之间的关系

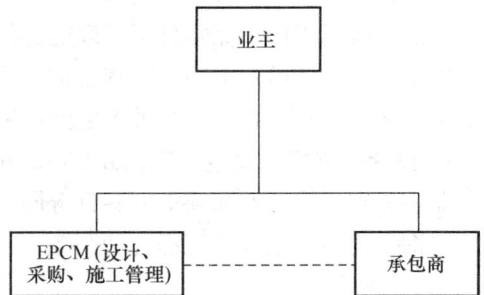

图 4-4 EPCM 模式下各相关方之间的关系

4.1.4　工程咨询项目的特征

与工程承包项目、设备供应项目等相比，工程咨询项目具有如下明显的特征。

1. 前导性

工程咨询服务项目的工作范围是帮助客户进行投资决策、项目策划、设计以及项目实施的策划和控制，也就是说，工程咨询团队帮助客户解决"为什么建""建什么""如何建"等重大问题。因为工程咨询项目的主要成本是咨询团队的人工费，所以工程咨询项目服务合同的金额一般不大，但是工程咨询服务的成果对整个客户项目的成败起主导性、决定性的作用。可以说，工程咨询是工程建设项目的"前导"和"指引"。

2. 时效性

工程咨询活动和时间、空间、社会环境等外部条件密切关联。工程咨询工作需要吸收相关行业的最新发展成果，充分考虑项目的地理、地质、气候、水文等自然条件，以及项目和社会环境的协调性和对社会的影响。同时，工程咨询人员应该具有充分的洞察力和远见，需要充分考虑研究对象的历史演变、时代背景、未来趋势，需要从多个视角深入考察客户项目全生命周期内全方位的技术、经济议题。

3. 抽象性

工程咨询服务的工作范围和交付成果一般是"无形"的，不如机械设备、材料、建筑物有形产品那样具体明确。工程咨询工作的价值也不是"立竿见影"，有时需要多年以后才能显现出来。

4. 专业性

工程咨询服务通常需要为投资额巨大的建设项目进行市场分析、方案构思、规划设计，往往涉及专业化的知识、技术。因此，工程咨询服务需要由具备专门知识和能力的专业人员来实施，并且通常需要多个领域的专业人才协同工作才能完成。同时，咨询人员需要严格遵守职业操守和行为准则，严谨、勤勉地工作，客观、公正地提出咨询意见，追求卓越的工作质量。由于工程咨询工作的专业性，应该特别注意防范工程咨询公司的专业能力风险，以及咨询项目的质量风险、合同风险等。

5. 综合性

一个典型的工程咨询项目可能覆盖客户项目生命周期的很大一部分甚至整个生命周期，持续时间可能长达数年甚至十多年；常常需要整合几个、十几个、甚至几十个学科领域的专业工作，需要跨团队、跨组织的通力协作才能顺利完成。因此需要特别注意防范工程咨询项目的技术风险、沟通风险等。

4.1.5　工程咨询服务中的职业操守

在工程咨询公司为业主实施服务的过程中，业主通常需要将公司的重要信息（常常是机密信息）提供给咨询公司，并利用工程咨询公司的输出成果进行决策，或将部分管理权授予工程咨询公司。这意味着，为成功地获取和交付工程咨询服务项目，工程咨询公司需要赢得业主充分的信任和信心。要做到这一点，除了需要完善工程咨询服务合同的约束条款以外，咨询服务中的职业操守极为重要。

行业专业组织，如英国皇家特许建造学会（CIOB）、英国皇家特许测量师学会（RICS）、国际咨询工程师联合会（FIDIC）等，都要求会员严格遵守其行为准则。大型的工程咨询公司一般都有自己的行为准则（Code of Conduct），定期对员工进行培训，要求员工严格遵守,有的公司还要求合作伙伴的员工遵守本公司的行为准则。

典型的行为准则要求包括:

(1) 提供符合法律要求和行业标准的、高质量的、勤勉的服务。

(2) 忠实于客户的利益,协助客户有效地应对其面临的风险。

(3) 对客户尽职尽责,对客户信息保密。

(4) 在进行专业判断时,保持公正,保持独立,总是考虑社会的更广泛利益。

(5) 避免利益冲突,对腐败行为零容忍。

(6) 坦诚、尊重、友善、协作。

(7) 严禁歧视、骚扰、不公平竞争等。

4.2 工程咨询项目的风险识别

工程咨询服务项目都是在一定的环境下实施的,在获取、实施工程咨询项目的过程中需要和项目环境和相关方相互作用;与此同时,在专业能力、范围、质量、成本、进度、安全、人力资源、沟通等方面都可能存在不确定性。由于工程咨询服务的独特重要性,各种风险因素引发的工程咨询项目风险事件甚至工程咨询项目的失败,可能给客户、给社会带来严重的危害和损失,同时给工程咨询项目、工程咨询公司带来严重的风险后果。给咨询公司造成的风险后果包括项目终止、收入减少、成本增加、现金流恶化、客户索赔、政府处罚等,相关人员可能需要承担民事、刑事法律责任。因此,需要在工程咨询项目生命周期的早期对风险进行系统地识别,并在项目计划、实施的各个阶段评估、应对、监控已识别的风险,并持续识别新的风险。

4.2.1 工程咨询项目的主要风险

工程咨询项目的风险主要分为五大类,如表 4-2 所示。

工程咨询项目的主要风险 表 4-2

序号	风险类别	风险名称	风险事件
1	环境风险	政治风险	战争、政治动荡、政权变更
			法律变更
2		经济风险	通货膨胀
			汇率变化
			经济政策改变
3	相关方风险	客户风险	客户决策失误
			客户管理、协调不善
			客户现金流断裂
4		合作伙伴风险	合作伙伴违约
			合作伙伴违规
5	咨询公司自身风险	专业能力风险	不能提供合格的项目团队
			不能解决项目的技术问题
6		合规风险	咨询公司违规

序号	风险类别	风险名称	风险事件
7	项目自身风险	项目技术风险	发生技术障碍
8		项目合同风险	没有签署合同就开始工作
			签约方不具备合同主体资格
			合同中工作范围定义不清
			税费、支付条件等商务条件定义不清
			没有累计违约责任总额的限制
			项目团队成员不了解或不遵守合同
9	项目管理风险	项目范围风险	范围基准不明
			范围蔓延
			未遵循变更程序
10		项目进度风险	进度计划不合理
			进度延误
11		项目质量风险	设计、咨询工作中发生错误
			遗漏服务内容
			不符合要求标准规范
			文件质量不符合标准
12		项目财务风险	报价不合理
			成本超支
			收款不及时
13		项目安全和安保风险	项目团队成员安全、健康事故
			数据遗失或泄露
14		项目沟通风险	缺失书面沟通
			沟通失误
			团队协同不力
			项目领导力缺乏

1. 政治风险

工程咨询项目的工作对象常常是大型的建设工程，对政治环境高度敏感。政治环境的不确定性可能影响项目的进展甚至存废。战争、政治动荡、政权更迭、政策改变、法律变更等政治风险可能导致项目暂停、项目中止、项目延迟、业主违约、财产损失、人员伤亡等风险事件或后果。

【案例4-1】东南亚工程咨询项目——东道国军事政变

2016年，中国大型承包商与某东南亚国家私人客户签订某工业项目的EPC合同，合同额折合大约50亿元人民币。随后，多个工程咨询公司和该承包商就该项目签订了详细设计和施工管理咨询合同。在项目开工后不久，该国发生军事政变，项目被迫中止。有关设计、咨询合同也随即被中止，数十个工程师岗位被裁撤。

2. 经济风险

经济风险包括通货膨胀风险、汇率风险、经济政策改变等。通货膨胀和汇率变化可能使工程咨询项目的直接成本上升，税种、税率的变化可能增加工程咨询公司的财务负担，影响项目财务绩效。政府发布的关于基础设施、房地产开发、可再生能源等方面的激励或抑制政策将给客户项目和工程咨询项目带来影响，甚至使项目不得不终止。

【案例 4-2】南美铁路勘察设计项目——东道国经济衰退

中国某大型铁路设计院于 2009 年承接位于南美某国的一条 470km 长铁路项目的勘察、设计工作。受世界金融危机和石油价格的影响，东道国的经济在 2009 年和 2010 年连续负增长。此后，该国经济一直增长乏力，并在 2014 年再度陷入衰退，2015 年增长率（-7.1%）为拉美各国最低值。经济的衰退引起政府支付能力不足，并导致通货膨胀、汇率下挫。项目因此长期处于停工状态，导致承担该铁路勘察设计项目的设计院蒙受重大的经济损失。

3. 客户风险

与设备供应、产品销售等不同，工程咨询项目的任务一般是帮助客户解决技术问题或提供专业方案，在获取和实施工程咨询项目的过程中，团队需要和客户保持紧密的互动、协作关系，这种关系的持续时间跨度短则几个月，长则几年甚至十几年。

在工程咨询项目中，咨询团队需要和客户团队协同工作、共享信息、分担风险。高质量的客户和客户团队将减少工程咨询项目的风险；相反，如果客户缺乏专业经验、缺乏专业团队、缺乏专业化管理流程、缺乏财务资源、态度傲慢、不守诚信，可能导致工程咨询项目进展艰难、项目绩效差，甚至导致咨询公司和客户之间的合同争议、纠纷。例如，在房地产领域，一些开发商盲目投资、管理无序、过度举债，从而陷入现金流断裂、支付困难的境地，工程咨询公司的规划、设计、咨询项目也时常因此而遭遇暂停、中止、拖欠费用、反复变更等风险。

【案例 4-3】工程设计咨询公司客户财务危机

某著名房地产开发公司一直是某顶尖国际设计咨询公司的"明星客户"。该客户由于自身策略和管理方面的原因，发生财务危机。其旗下的众多项目纷纷暂停，项目团队解散，导致设计咨询公司产生一系列坏账，该客户也成为该设计咨询公司最大的"问题客户"。

4. 合作伙伴风险

由于工程咨询项目的综合性，工程咨询公司常常需要和其他合作伙伴合作。合作方可能以分包咨询商身份，也可能以联合体合作伙伴的身份参与工程咨询项目。

分包商和联合体合作伙伴的履约能力、财务实力、合规性可能对工程咨询项目产生重要影响。由于联合体合作伙伴之间需要就工程咨询合同的履行承担连带责任，因而联合体合作伙伴风险需要引起高度重视。

【案例 4-4】铁路项目监理服务——联合体合作伙伴履约不当

拥有甲级铁路监理资质的某国内监理公司（联合体牵头方）和某国际工程咨询公司（联合体成员方）组成联合体，承担中国某设计时速 300 km/h 的新建铁路客运专线 100 km 区段的施工监理工作。项目启动后，联合体一方关键人员的未能及时到位影响了监理工作的正常开展。联合体项目团队因此受到业主的处罚，联合体双方均遭受损失。

5. 专业能力风险

工程咨询专业人员和医生、律师、会计师类似，属于拥有某一领域专门知识的"专业人士"。专业人士承担着守卫公共安全、公共健康、公共秩序，推动社会进步，增进社会福利的社会责任。大部分国家通过立法对专业人士的执业资格进行规制。一个工程咨询公司的专业能力是其核心竞争力的主要组成部分之一，同时也是风险之源。

工程咨询公司的专业能力存在于以下两个载体：

（1）工程咨询公司的专业人士队伍。工程咨询项目最重要的资源是人力资源。具备专业技能、协作精神、敬业态度的项目团队是成功交付项目的基础。现代工程咨询专业人士需要具有如下专业能力：拥有相应的专业教育背景和专业技术能力；能够按照一定的质量要求开展服务；善于和内部、外部相关方沟通、协作；具备一定的合同管理、财务管理等商务能力。

（2）工程咨询公司的"知识库"体系，包括公司的项目资料、文件、报告、体系、流程、数据库等。

工程咨询公司专业能力风险包括：

（1）专业知识和经验的积累和管理不足。

（2）人员不足。合格的、优秀的工程咨询专业人员是稀缺资源。如果工程咨询项目不能及时配备项目团队成员，或者项目团队成员流失，将直接危及项目的顺利实施。

工程咨询公司专业能力风险事件一旦发生，将直接导致项目质量、工期方面的失控，给客户和公司带来经济损失。

【案例 4-5】工业项目设计服务——人力资源不足

某国际工程咨询公司以固定总价承担了合同额为 90 万欧元的某工业项目机电工程设计工作。项目启动后，原来提议的机电工程师中有一半人都在别的项目上无法脱身，导致合同规定的设计工作发生严重延误，最后不得不将部分工作分包给另一个公司。由于项目延误，业主拒绝支付最后一笔款约 10 万欧元；另外，由于发生计划外分包，成本超支约 14 万欧元。最终，本咨询项目的利润率降低约 25%。

【案例 4-6】化工项目设计服务——专业能力欠缺

某工程咨询公司承担了某化工装置的工程设计任务，但是该公司并不拥有类似项目经验，也没有可以完成该项设计的专业人员，并且没有完善的质量管理程序。最后不但工程设计交付延误，同时客户的技术人员还发现设计中存在多达几十处错误，其中一处严重的错误导致客户采购了一批错误的原材料。客户随即发起索赔，咨询公司遭受严重的经济损失，同时信誉受到严重损害。

6. 合规风险

工程咨询公司和咨询项目团队必须遵守如下几个层次的法律、法规、规定：

（1）项目所在国的法律、法规。

（2）与项目相关的国家的法律、法规。例如，如果客户项目使用了美国融资机构的资金，则为该项目服务的工程咨询公司须遵守美国《反海外腐败法》（FCPA）。又如，如果客户是英国投资的公司，则为该客户服务的工程咨询公司须遵守英国《反贿赂法》（UK-BA）。

（3）国际金融机构的规则。例如，世界银行要求所有参与世界银行融资项目的工程咨询公司、承包商、供应商遵循其严格的管理规则。

（4）国际组织、多边组织制定的条约、公约。例如，联合国反腐败公约、联合国全球契约、亚太经合组织（APEC）规则等。

（5）客户、工程咨询公司的制度、准则等。例如，大部分国际工程咨询公司都有《行为准则》（Code of Conduct）。

合规风险事件的发生可能导致法律制裁、市场准入限制、公司形象损害以及巨大的经济损失。

【案例 4-7】世界银行融资项目技术咨询服务——投标违规

世界银行为中国某能源项目提供融资。在该项目征求技术咨询服务建议书的招标中，某大型工程咨询公司提交了建议书。因为建议书中包含的咨询专家简历存在虚假内容，被世界银行认定为不合规。公司下属的所有子公司因此被世界银行列入"黑名单"，在 2 年内禁止投标任何世界银行项目，并且遭受亚洲开发银行、美洲开发银行、非洲开发银行、欧洲复兴开发银行的联合制裁。

7. 项目技术风险

工程咨询项目技术风险是指客户项目和工程咨询工作在技术上的复杂性和不确定性引起的风险。有的客户项目采用成熟的技术，则风险较小。有的客户项目涉及新工艺、新材料、新结构，则技术风险较大。例如，为以下客户项目提供的工程咨询项目的技术风险可能较大：

（1）涉及复杂的、大型的、新型的工程结构的土木工程项目。

（2）复杂地质条件下的大跨、深埋的地下工程项目。

（3）涉及高温、高压、危险品、复杂工艺过程的工业项目。

（4）涉及复杂数据和模型的市场预测、分析、评估项目。

（5）复杂环境下多约束条件、多相关方、高要求、大规模的开发建设项目。

【案例 4-8】东南亚新建铁路项目初步设计服务技术风险

位于某东南亚国家的某新建铁路项目在建成后需要联入既有铁路网络中。但是新建铁路和既有铁路的通信信号和供电系统采用不同的技术标准，给新建铁路和既有铁路之间的互联互通性（Interoperability）带来严峻的技术挑战和重大的技术风险。参与该新建铁路项目初步设计投标的工程设计咨询公司需要在建议书阶段考虑解决这一问题的技术方案、技术措施和费用，以及采取措施后咨询公司需要承担的残余风险。

8. 项目合同风险

为了提高效率和避免争议，所有的工程咨询工作应该依据双方签订的合同来进行，并且应该遵循适用的法律、标准、规范。

完善的工程咨询合同有利于清晰地规定双方的权利、义务、违约责任，有利于实现咨询公司的业务目标，增加客户满意度。一个典型的工程咨询合同包括如下部分：

（1）缔约主体信息，包括缔约方的正式名称和地址等。合同缔约方应该是有资格签订合同的、合格的缔约主体。

（2）工作范围。应该清晰、准确地描述工作内容、要求、边界、除外项等。

（3）合同价款及支付条件。工程咨询合同按照定价模式分为总价合同、单价合同（基于每小时费率或每天费率）。在合同中应该清晰地规定合同价款、币种、付款条件、价格调整机制、税费承担等。

（4）双方的义务。客户的义务包括提供有关的输入信息、帮助提供咨询服务所需的条件、及时支付咨询费等。

（5）违约责任。工程咨询公司一般是轻资产公司，承担财务风险的能力有限。合同应该规定客户和咨询方的累计违约责任总额。

（6）变更和索赔。合同应该规定变更合同内容和服务范围的程序。

（7）合同终止条款。客户和咨询方均应拥有在一定条件下终止合同的权利。

（8）争议解决方式。争议解决方式一般包括调解、争议评审委员会、仲裁、诉讼等。

（9）管辖法律。对于国际工程咨询项目，应该规定管辖合同法律。

工程咨询项目的主要合同风险包括：

（1）没有签署合同就开始工作。

（2）签约方不具备合同主体资格。

（3）合同中工作范围定义不清。

（4）合同期限定义不明。

（5）咨询费、支付条件、税费承担等商务条款定义不清。

（6）合同中没有对累计违约责任总额的限制。

（7）项目经理或团队成员不了解或不遵守合同。

【案例 4-9】城市片区总体规划服务——分包合同未能及时签订

某国有设计院为某大型国有企业提供城市片区总体规划服务，该设计院将其中一部分工作分包给某工程咨询公司。该设计院以项目工期紧迫，来不及签订合同为由，要求工程咨询公司基于设计院签发的"委托函"开始工作。但是委托函中没有详细的服务范围描述，也没有服务费金额。该工程咨询公司一边提供服务，一边催促设计院签订分包合同。但是由于种种原因，直到服务完成也没有完成分包合同的签署。后来终端客户的项目取消，该设计院以未能收到任何终端客户服务费为由拒付任何分包费。由于没有及时签订分包合同，该咨询公司损失咨询费收入近 300 万元。

9. 项目范围风险

由于工程咨询服务的抽象性，不容易清晰地定义工作范围，因而比较容易产生范围风险。工程咨询服务的工作范围包括：

（1）工作对象（一般是客户项目或客户项目的一部分）的范围，例如，工程咨询服务的工作对象可能是一条工业生产线、一座隧道、一个电厂和配套的输电线路、一个综合交通枢纽、一个占地 50 公顷的物业开发项目等。

（2）工程咨询工作的范围，包括工作内容、深度要求、适用的标准和规范等。例如，工程咨询的工作范围可能是：按照项目所在国适用的标准规范和客户的技术规格和要求完成一条液晶显示屏生产线的初步设计；按照中国适用的标准规范完成一条收费高速公路的可行性研究等。

工程咨询服务的范围风险包括：

（1）工作范围定义不清晰，从而导致范围基准（Scope Baseline）不明确。

（2）范围"蔓延"或"漂移"。在项目实施过程中，实际的工作范围在无意识的情况下逐步偏离范围基准，从而导致项目质量、工期、成本等也偏离目标。

（3）未遵循范围变更程序。具体表现为在没有履行范围变更程序的情况下改变工作范围，导致工期、成本等方面的争议。

【案例 4-10】非洲水电站项目设计服务——技术标准违背合同要求

中国某大型国有企业在非洲某国以 EPC 模式实施一个水电站项目，由该央企下属某设计院负责详细设计，下属某工程局负责施工。业主聘请某印度公司担任业主工程师。

合同规定采用英国标准。承担设计工作的中国设计院认为，按照中国的标准规范来设计完全可以满足甚至超过项目的功能要求。因而在项目实施过程中忽略了合同在标准规范方面的要求，完全按照中国标准、规范实施详细设计。

当详细设计完成 70％时，施工完成 30％时，业主工程师拒绝了承包商提交的详细设计图纸，原因是设计成果不符合合同要求采用的技术标准。项目因此停工。总承包商不得不修订详细设计使之符合合同要求，从而引起工期的严重延误和成本的显著增加。

这是一个典型的实际工作范围（技术标准要求是工作范围的一个重要方面）偏离合同要求的案例。

【案例 4-11】铁路项目设计咨询服务范围变更

某国际工程咨询公司以 800 万欧元的价格承担了某铁路项目的设计和咨询工作。在项目实施过程中，业主指示提供额外设计工作，总价值约 140 万欧元。咨询公司完成了额外工作，并进行了书面记录，但是未能及时完成正式的变更程序。由于客户项目成本远远超出预算，在项目最终结算时，客户为了减少自己项目的亏空，不但拒绝支付变更补偿，反而以质量缺陷为由向咨询公司提出索赔。最后，经过艰苦的谈判，客户与咨询公司达成协议，工程咨询公司仅获得约 90 万欧元的变更补偿款，损失约 50 万欧元。

10. 项目进度风险

由于工程咨询服务的时效性，进度滞后可能对客户项目产生重大损失，因而客户一般要求咨询公司反应迅速、及时交付服务成果。进度风险包括：

（1）合同对开始工作的时间定义不清晰。

（2）合同中规定的服务交付时间（服务工期）不合理。

（3）进度管理不善。

（4）不能就非咨询公司原因造成的延误向客户主张延期（工期索赔）。

（5）由于进度延误而导致延误违约金。

【案例 4-12】能源项目市场顾问服务工期谈判

某中国客户邀请某工程咨询公司为其收购欧洲某能源资产公司提交市场顾问服务建议书，双方随后进行商务谈判。根据双方协定的工作范围，本项服务需要 6 周的工作时间。但是由于项目紧迫，客户要求将工期压缩到 3 周。咨询公司认为服务在 3 周时间内无法按质量要求完成市场需求模型构建、模拟计算并撰写咨询报告，因而未同意接受客户的要求。双方通过进一步深入沟通，最后协定，通过咨询人员加班将工期缩短为 5 周，同时采用分步交付成果的方式，既保证了合理的工期，又满足了客户的需求。

11. 项目质量风险

由于工程咨询服务的专业性和重要性，工程咨询服务的质量对客户项目的成败常常有决定性的影响。工程咨询服务的质量缺陷将直接导致客户损失、影响客户满意度，并可能引发客户对咨询公司的索赔。

主要的质量风险包括：

（1）方法论错误。

（2）分析、计算错误。

（3）设计错误。

（4）遗漏服务内容。

（5）服务范围不符合合同要求。

（6）交付成果在技术方案、功能、布局、安全性、经济性、可建造性、可维护性、可用性等方面存在缺陷。

【案例 4-13】美国波士顿地下交通项目质量事故

某大型国际工程咨询公司在美国波士顿某地下交通系统项目中担任施工监理工作。项目完工后在运营过程中隧道顶板构件坠落到行进中的车辆上，导致人员死亡。随后的调查表明：该工程咨询公司的项目团队在工作中存在疏忽，导致隧道构件缺陷。最后各方达成赔偿协议。该工程咨询公司同意向客户支付约 4 亿美元的赔偿金，以免于刑事起诉❶。

12. 项目财务风险

为保证工程咨询公司的财务可持续性，工程咨询服务项目必须具有良好的财务绩效。工程咨询项目最重要的财务绩效指标是项目利润和项目净现金流。

$$项目利润 ＝ 咨询服务项目收入 － 咨询服务项目费用(项目成本) \tag{4-1}$$

$$项目净现金流 ＝ 咨询服务项目现金流入 － 咨询服务项目现金流出 \tag{4-2}$$

原则上，工程咨询服务应该按照"客户价值"定价；现实中，由于激烈的竞争，常规咨询服务的服务费收入往往逼近咨询公司的"生存底线"（预算成本加上必要的利润和风险预备），而只有差异化的服务和强大的品牌才能帮助咨询公司获取显著高于成本的服务费收入，实现丰厚的利润。工程咨询服务的成本主要包括人工费、差旅费、通讯费、软件使用费、分包费、管理费、税费等。工程咨询项目最主要的成本是人工成本，约占咨询服务费收入的 40%～60%。

工程咨询公司一般会通过项目财务管理软件对每一个项目进行财务核算。项目财务管理的核心是项目收入的管理和成本的控制。

工程咨询项目的主要财务指标包括：

（1）项目收入（Project Revenue），指工程咨询公司通过实施工程咨询项目在一定"期间"（例如一个月或者一年）内获得的经济利益的总流入。对于项目持续时间跨多个"期间"的，一般按照"完工百分比"确认当期收入。收入包括当期（一般以月为单位）收入、当年累计收入和开工累计收入等，其他损益类财务指标与此类同。

（2）项目费用，指工程咨询公司为实施工程咨询项目在一定"期间"内经济利益的总流出，包括人工费用、差旅费用等。

（3）项目利润，即项目收入减去项目费用。

（4）未开单收入，指已经确认了收入，但是还没有向客户开具账单的金额。

（5）应收账款，指已经开具了账单，但是还没有收到款的金额。

（6）项目净现金流，指项目的现金流入减去项目的现金流出。

---

❶ https：//www. sfgate. com/business/article/Bechtel-partner-settle-Big-Dig-lawsuit-3230087. php.

工程咨询项目的财务风险包括：

（1）咨询费报价过低，从而导致项目预算紧张。

（2）成本超支，从而导致项目亏损。

（3）收款不及时，从而导致坏账风险和现金流风险。

项目财务风险可能引起项目亏损，严重的项目亏损可能导致工程咨询公司亏损。一个项目的财务风险失控可能拖垮一个咨询公司。

【案例 4-14】国际技术顾问服务咨询费跨境支付困难

某国际工程咨询公司的英国子公司和中国客户签订技术顾问合同，服务期限 12 个月，合同金额约 900 万元人民币。因客户不熟悉对境外付款所需办理的、十分繁琐的国内应纳税代扣代缴手续，迟迟未能成功付出咨询服务费，咨询公司不得不垫付项目费用达 4 年之久，导致高达 100 多万元的额外财务费用，并引发坏账风险。

13. 项目安全和安保风险

工程咨询项目的安全和安保风险主要包括两方面的风险：

（1）项目团队的人身安全。工程咨询项目经常需要项目人员到项目现场进行调查、勘测、考察、施工现场管理等工作，因而存在人身安全、健康风险。

（2）数据文件安全。工程咨询项目在实施过程中和最后交付时需要接收、生产、处理、保存大量的数据、资料、文件，并且越来越多地以电子的方式保存、传输。数据文件在安全和保密方面的风险事故可能造成客户项目和咨询公司的重大损失。

【案例 4-15】工程咨询公司及时采取措施控制安全风险

2019 年底，中国香港地区发生了严重的社会动荡。为保证人员安全，某工程咨询公司决定自 2019 年 11 月起，暂停所有去中国香港的差旅计划，所有已经预定的或计划的差旅被要求尽量取消，代之以其他形式沟通或更换地点举行。一些中国内地和中国香港地区团队合作实施的项目受到影响，但是由于广泛采用了视频会议、文件共享平台等工具，该事件导致的经济损失尚在可接受的范围内。

14. 项目沟通风险

为了工程咨询项目的顺利实施，需要进行专业化的、有效的沟通，及时报告项目的状态，提出己方的诉求，了解客户和其他相关方的需求，收集客户和其他相关方对服务的反馈，获得实施服务所需要的信息等。对于涉及利益的任何沟通，应该以书面方式进行。

主要的沟通风险包括：

（1）缺失书面沟通。对于有关工作范围、信息请求、服务费支付等重要的事项，如果只有口头沟通，缺失书面沟通，将给未来的索赔、争议解决、存档等工作带来困难。

（2）沟通失误。例如，因文化差异可能引起误解和敌意；对客户要求的"友好"回复，可能成为具有法律约束力的承诺等。

（3）团队协同不足。工程咨询团队成员常常来自不同的团队、不同的地区，甚至不同的公司、不同的国家，加入项目之后，需要迅速建立沟通机制，形成协同工作的氛围，这是一个很大的挑战。

（4）项目领导力缺乏。工程咨询项目的项目经理和专业负责人需要具有领导者的担当和影响力。项目领导者需要承担责任、构建愿景、动员群众、解决难题，需要用自己的激情营造积极、友好、协作的团队文化。工程咨询项目领导力的缺乏将使项目团队方向不明、士气低落、人心涣散、绩效低迷。

【案例4-16】 大型基础设施项目的沟通风险

某工程咨询公司作为设计咨询顾问参与了中国中部地区某大型基础设施项目。该项目的业主为国有基础设施投资平台公司，参与方众多，包括设计团队（由3家中外公司组成的联合体）、设计咨询顾问（由4家中外公司组成）、商业策划顾问、机电顾问、BIM顾问、交通顾问、市政工程顾问、项目管理顾问等。在项目实施的初期，由于未能及时建立统一的沟通机制和信息共享平台，项目相关文件主要以微信等非正式的方式传递，导致某些重要的信息未能及时送达，并且文件的收发不便追溯，容易造成保密信息的泄露，影响了项目的顺利实施。

工程咨询项目的风险因素和风险后果见表4-3。

工程咨询项目的风险因素和风险后果　　　　　　　　　　　　表4-3

序号	风险类别	风险名称	风险事件	风险后果
1	环境风险	政治风险	战争、政治动荡、政权变更	项目暂停；项目延迟；项目中止
			法律变更	项目变更；成本增加
2		经济风险	通货膨胀	收入减少；成本增加
			汇率变化	收入减少；成本增加
			经济政策改变	收入减少；成本增加
3	相关方风险	客户风险	客户决策失误	项目变更；项目延误
			客户管理、协调不善	进度延误；成本增加
			客户现金流断裂	收款延迟；坏账
4		合作伙伴风险	合作伙伴违约	进度延误；质量缺陷
			合作伙伴违规	进度延误；质量缺陷
5	咨询公司自身风险	专业能力风险	不能提供合格的项目团队	进度延误；质量缺陷；客户不满意
			不能解决项目的技术问题	进度延误；质量缺陷；成本增加
6		合规风险	咨询公司违规	法律制裁；经济损失；公司形象损害
7	项目自身风险	项目技术风险	发生技术障碍	进度延误；质量缺陷；客户不满意
8	项目管理风险	项目合同风险	没有签署合同就开始工作	收入损失；被迫接受不利合同条件
			签约方不具备合同主体资格	收入损失
			合同中工作范围定义不清	成本增加；客户不满意
			税费、支付条件等商务条件定义不清	收入减少；成本增加
			没有累计违约责任总额的限制	成本增加
			项目团队成员不了解或不遵守合同	权益损失；客户不满意
9		项目范围风险	范围基准不明	客户不满意；成本增加
			范围蔓延	成本增加
			未遵循变更程序	收入损失；成本增加

序号	风险类别	风险名称	风险事件	风险后果
10		项目进度风险	进度计划不合理	延误赔偿；客户不满意
			进度延误	延误赔偿；客户不满意
11		项目质量风险	设计、咨询工作中发生错误	违约责任；客户不满意
			遗漏服务内容	违约责任；客户不满意
			不符合要求标准规范	违约责任；客户不满意
			文件质量不符合标准	违约责任；客户不满意
12	项目管理风险	项目财务风险	报价不合理	项目亏损
			成本超支	项目亏损
			收款不及时	现金流断裂；坏账
13		项目安全和安保风险	项目团队成员安全、健康事故	成本增加；士气低落
			数据遗失或泄露	成本增加；客户不满意
14		项目沟通风险	缺失书面沟通	收入减少；成本增加
			沟通失误	关系损害；经济损失
			团队内部冲突	进度延误；质量缺陷
			项目领导力缺乏	进度延误；质量缺陷；士气低落

4.2.2　各类工程咨询项目的风险特征

如前所述，工程咨询服务按照项目阶段划分大致可以分为：项目前期研究、可行性研究、规划设计、技术咨询、造价咨询和项目管理服务六个阶段。

各类工程咨询服务均可能面临一些共性的风险，例如，政治风险、客户风险、合作伙伴风险、咨询公司专业能力风险、财务风险等。但是不同类型的工程咨询服务的服务性质、服务期限、服务规模、相关方不同，从而呈现不同的风险特征。

1. 项目前期研究

项目前期研究包括市场需求研究、商业模式研究、项目战略策划等。服务周期一般较短，咨询团队核心成员一般为本业务领域经验丰富的资深专家，服务输出成果将被客户用于支持项目投资决策，往往涉及较大的金额。

低质量或错误的项目前期研究成果可能给客户带来重大损失，从而导致咨询公司的合同责任。因此，质量风险是项目前期研究项目的一项主要风险；另一项主要风险是合同风险。如果在合同中没有对咨询服务的范围、咨询成果的使用、咨询顾问的角色、违约责任、免责情形等作清晰而严谨的规定，咨询公司将面临较大的合同风险。

2. 可行性研究

在可行性研究中，咨询团队需要提出项目的技术方案，论证项目的技术可行性；对项目进行财务分析评价，论证项目的财务可行性。同时还要进行项目在环境影响、社会影响、交通影响、可持续性等方面的评价。在国际上，投资人和融资人对可行性研究普遍比较重视，在决策之前往往会投入较多的时间和资源进行扎实、深入的可行性研究。

可行性研究可能涉及较复杂的专业技术问题；低质量或错误的可行性研究成果可能给客户带来重大损失，从而导致咨询公司的合同责任。因此，技术风险和质量风险通常是可行性研究项目的主要风险。在承接可行性研究项目以前，应该确保团队拥有充分的专业知识和技术能力，确保团队对项目所涉及的专业技术问题有充分的了解和掌握，从而减轻技术风险。

3. 规划设计

规划设计是将拟建造的设施、装置或系统在实际建造以前构思、计划出来，并用模型、图样、文字等方式呈现出来的过程。相互比较而言，"规划"的尺度范围更大、更宏观，如区域发展规划、城市规划、交通规划、产业园区概念规划、工厂总体规划等；"设计"更为具体、精细，如建筑设计、结构设计、机械设计等。

规划设计工作的成果在很大程度上决定了客户项目的功能、质量标准、造价、工期等，规划设计项目范围（包括客户项目的范围、规划设计工作内容、规划设计深度、规划设计所遵循的标准等）的偏差将给客户项目带来严重后果。因此范围风险是规划设计工作的一项主要风险。参见【案例4-10】、【案例4-11】。

另外，设计不当或错误可能给客户带来重大损失，从而导致咨询公司的合同责任。因此质量风险是规划设计项目的另一项主要风险。

同时，设计方需要和业主、承包商、供应商、咨询顾问保持良好的沟通，因而沟通风险通常也是规划设计项目的一项主要风险。

4. 技术咨询

在技术咨询服务中，咨询顾问利用自己的专业知识和经验为客户项目提供技术支持，时常需要解决复杂的专业技术问题，因此，技术风险通常是技术咨询服务的一项主要风险。另外，不当的技术方案或错误的技术建议可能给客户项目带来重大损失，从而导致咨询公司的合同责任，因此质量风险通常也是技术咨询服务的一项主要风险。

5. 造价咨询

工程造价咨询服务包括项目可行性研究阶段、初步设计阶段、施工图设计阶段造价的估算，招标、采购阶段合同价款的确定，施工阶段工程价款的管理等。

造价咨询服务的成果将直接影响客户项目的成本，低质量或错误的造价咨询成果可能直接给客户带来重大经济损失，从而导致咨询公司的合同责任。因此，质量风险往往是造价咨询服务的一项主要风险。

另外，咨询团队掌握有关客户项目造价的机密信息，在招标采购和施工阶段，客户在一定范围内授权咨询团队进行评标、价款管理、变更管理等工作。咨询团队在提供服务的过程中，需要严格遵守法律、行业标准、合同以及咨询公司行为准则的要求，任何违规行为都可能给客户项目带来重大危害。因此，合规风险通常是造价咨询服务的另一项主要风险。

6. 项目管理服务

项目管理服务主要包括以下三种形式，其风险严重程度也各不相同：

（1）整合项目管理办公室（Integrated Project Management Office，IPMO）模式。咨询公司派遣若干团队成员和客户人员组成一个整合的项目管理团队。相互比较而言，这种模式下咨询公司风险较小。

（2）项目管理（Project Management，PM）顾问模式。咨询团队帮助客户完成若干明确的项目管理任务，例如，编制项目管理计划、编制进度计划和管理项目进度、管理施工质量、管理项目现场安全等。相互比较而言，这种模式下咨询公司风险较大。

（3）项目管理承包（Project Management Contractor，PMC）模式。在这种模式下，咨询团队代表业主对项目进行全面管理，并为业主项目的工期、质量、造价等分担一定的风险。相互比较而言，这种模式下咨询公司的风险最大。

对于任何一种项目管理服务模式，咨询公司均需要注意防范如下主要风险：

（1）经济风险。项目管理服务（包括监理服务）持续时间一般在 1 年以上，甚至多年，期间经济环境（例如通货膨胀、税务政策变化、汇率变化等）的变化可能给咨询公司带来影响，因此需注意防范经济风险。参见【案例 4-21】。

（2）安全风险。员工常在现场工作，需要注意防范安全风险。参见【案例 4-31】。

（3）合规风险。客户将部分管理权授予咨询服务团队，咨询团队在招标采购、合同管理、现场管理过程中的任何违规行为将给客户项目带来严重危害，从而导致咨询公司的合同责任甚至法律责任，因此需要特别注意防范合规风险。

（4）沟通风险。沟通是项目管理服务的核心活动，沟通的失败可能导致项目管理服务的失败。因此需要注意防范沟通风险。

各类工程咨询服务的风险特征如表 4-4 所示。

各类工程咨询服务的风险特征　　　　　　　　　　　　　　　　表 4-4

序号	工程咨询服务类型	服务特征	主要风险
1	项目前期研究	服务期限一般较短；服务输出成果将被客户用于项目投资决策，往往涉及较大的金额；低质量或错误的咨询成果可能给客户带来重大损失，从而可能导致咨询公司的合同责任	质量风险；合同风险
2	可行性研究	可行性研究成果可能涉及较复杂的专业技术问题；低质量或错误的咨询成果可能给客户带来重大损失，从而导致咨询公司的合同责任	技术风险；质量风险
3	规划设计	规划设计工作的成果在很大程度上决定了客户项目的功能、质量标准、造价、工期等，规划设计项目范围的偏差将给客户项目带来严重后果。另外，设计不当或错误可能给客户带来重大损失，从而导致咨询公司的合同责任	范围风险；质量风险；沟通风险
4	技术咨询	技术咨询服务中时常需要解决复杂的专业技术问题；低质量或错误的咨询成果可能给客户带来重大损失，从而导致咨询公司的合同责任	技术风险；质量风险
5	造价咨询	造价咨询服务的成果将直接影响客户项目的成本，低质量或错误的造价咨询成果可能直接给客户带来经济损失，从而导致咨询公司的合同责任；咨询团队掌握有关客户项目造价的机密信息，在招标采购和施工阶段，客户在一定范围内授权咨询团队进行评标、价款管理、变更管理等工作，咨询团队的任何违规行为都可能给客户项目带来重大危害	质量风险；合规风险
6	项目管理服务	项目管理服务（包括监理服务）持续时间一般在 1 年以上，甚至多年，期间经济环境的变化可能给咨询公司带来影响；员工常在现场工作，需要注意防范安全风险；客户将部分管理权授予咨询服务团队，咨询团队在招标采购、合同管理、现场管理过程中的任何违规行为将给客户项目带来严重危害；沟通是项目管理服务的核心活动，沟通的失败可能导致项目管理服务的失败	经济风险；安全风险；合规风险；沟通风险

4.3　工程咨询项目风险分析

在工程咨询项目的决策、计划阶段，需要对识别出的风险进行分析、评估，以便拟定风险应对措施。工程咨询项目的分析包括定性分析和定量分析两种类型。一般先用定性分析方法对风险进行初步的筛选、分级和排序，然后对甄别出的最重大的风险进行必要的定量分析。

4.3.1　定性分析

工程咨询项目的风险定性分析主要包括风险清单法和风险矩阵法。

1. 风险清单法

风险清单法是通过对每一项风险的发生概率和风险后果进行定性评估，制作一个包含风险名称、风险发生概率、风险后果和风险严重程度定性评级的风险清单。其是一种简单实用的风险分析方法。

对风险发生概率和风险后果可以定性地分成低、中、高三个等级，也可以分成1、2、3、4、5五个等级。

表4-5是一个典型的工程咨询项目风险清单示例。

典型的工程咨询项目风险清单示例　　　　　　　　　　表 4-5

序号	风险类别	风险名称	风险事件	发生概率	风险后果等级	风险等级
1	环境风险	政治风险	战争、政治动荡、政权变更			
			法律变更			
2		经济风险	通货膨胀			
			汇率变化			
			经济政策改变			
3	相关方风险	客户风险	客户决策失误			
			客户管理、协调不善			
			客户现金流断裂			
4		合作伙伴风险	合作伙伴违约			
			合作伙伴违规			
5	咨询公司自身风险	专业能力风险	不能提供合格的项目团队			
			不能解决项目的技术问题			
6		合规风险	咨询公司违规			
7	项目自身风险	项目技术风险	发生技术障碍			
8	项目管理风险	项目合同风险	没有签署合同就开始工作			
			签约方不具备合同主体资格			
			合同中工作范围定义不清			
			税费、支付条件等商务条件定义不清			
			没有累计违约责任总额的限制			
			项目团队成员不了解或不遵守合同			

续表

序号	风险类别	风险名称	风险事件	发生概率	风险后果等级	风险等级
9	项目管理风险	项目范围风险	范围基准不明			
			范围蔓延			
			未遵循变更程序			
10		项目进度风险	进度计划不合理			
			进度延误			
11		项目质量风险	设计、咨询工作中发生错误			
			遗漏服务内容			
			不符合要求标准规范			
			文件质量不符合标准			
12		项目财务风险	报价不合理			
			成本超支			
			收款不及时			
13		项目安全和安保风险	项目团队成员安全、健康事故			
			数据遗失或泄露			
14		项目沟通风险	缺失书面沟通			
			沟通失误			
			团队协同不力			
			项目领导力缺乏			

【案例 4-17】房地产开发项目规划设计服务风险清单

某中型房地产开发公司（以下简称"业主"）拟委托一家工程咨询公司，为一片约 20 公顷地块的开发提供总体规划和建筑概念设计服务，合同金额为 350 万元，服务期限为 3 个月。某工程咨询公司（以下简称"咨询公司"）经过投标，被业主确定为中标单位。业主向咨询公司发送了"委托函"，要求咨询公司立即启动工作。咨询公司在开始项目实施前，组织公司相关管理人员和技术专家组成项目风险评估专家小组，对项目的风险进行了识别和定性评估。

专家小组识别出如下主要风险：

（1）业主风险。咨询公司对业主不熟悉；业主可能不能顺利推进项目；客户可能不能履约等。

（2）合同风险。业主要求在签订正式合同前开展工作，可能在启动工程咨询工作后无法就合同内容达成一致，或因其他原因不能及时签订合同。

（3）范围风险。业主可能要求完成双方协定工作范围以外的任务。

（4）质量风险。团队对项目环境不了解，提交的成果可能存在质量缺陷。

（5）财务风险。业主要求大部分服务费款项在相关成果获得政府审批之后支付；可能因为咨询公司难以控制的原因不能及时收到服务费。

（6）专业能力风险。投标书中提议的项目经理目前同时负责 4 个重要项目。可能因为时间冲突而不能按合同要求投入本项目的工作，或不能出席本项目的重要会议。

在此基础上，专家小组对各项风险的发生概率和后果进行了定性评估（按照低、中、高三级），对各小组成员的评估结果进行汇总、平均后得出的风险清单如表4-6所示。

工程咨询项目风险清单 表 4-6

序号	风险名称	风险事件	发生概率	风险后果	风险评级
1	客户风险	业主不能顺利推进项目；业主不能履约	中	中	中
2	合同风险	没有签署合同就开始工作；双方不能按时签订合同	中	高	高
3	范围风险	业主要求完成双方协定工作范围以外的任务	高	中	高
4	质量风险	出现质量缺陷	低	高	中
5	财务风险	业主要求大部分款项在获得政府审批之后支付	低	高	中
6	专业能力风险	项目经理不能按合同要求投入工作	低	中	低

由表4-6可见，在本项目中合同风险和范围风险是最严重的风险，应该密切关注并采取有效的应对措施。

2. 风险矩阵法

风险矩阵（Risk Matrix）法是根据对每一项风险发生的可能性和风险发生后产生后果的严重程度的定性评估，以"发生概率"和"后果"两个维度制作"风险矩阵"，以便于决策者、管理者对风险的性质和严重程度有一个快速的、直观的了解。

为了制作风险矩阵，可以先对风险事件发生的可能性和风险后果的严重程度进行定性评估，可分成1、2、3、4、5共五个等级。对于不同领域、不同类型的项目，其分级的标准很可能不同。表4-7、表4-8是某公司采用的工程设计咨询项目风险定性评估分级标准。

工程咨询项目风险后果定性评估分级标准示例 表 4-7

分级	定性描述	人员伤亡	财产损失	公众形象/声誉
5	灾难性的	死亡，多人重大事故	大于等于 100 万美元，结构倒塌	政府干预
4	重大的	永久性损害，长期伤痛/疾病	25 万～100 万美元	媒体干预
3	严重的	失去/被限制工作	1 万～25 万美元	业主干预
2	中等的	药物治疗	1000～1 万美元	社区或当地的关注
1	轻微	急救	小于 1000 美元	个人抱怨

工程咨询项目风险事件发生可能性定性评估分级标准 表 4-8

分级	定性描述一	定性描述二	发生频率	示例
5	频繁	常常会发生	今后半年内预期发生等于或多于1 次	业主支付延迟；工程师拒绝批准设计
4	时常	较多情况下发生	今后半年内预期发生少于1 次	轻度质量缺陷

分级	定性描述一	定性描述二	发生频率	示例
3	可能	某些情况下发生	今后 2 年内预期发生少于 1 次	业主项目经理变更
2	偶然	极少情况下发生	今后 5 年内预期发生少于 1 次	当地货币贬值 30%
1	罕见	一般情况下不会发生	今后 10 年内预期发生少于 1 次	军事政变；6 级以上地震

【案例 4-18】 房地产开发项目规划设计服务风险矩阵

对【案例 4-17】中的各项风险进行了定性分级评估（共分为 5 级），得出如表 4-9 所示的风险定性分级表。

工程咨询项目风险定性分级　　　　　　　　　　　表 4-9

序号	风险名称	风险事件	发生概率	风险后果	风险评级
1	客户风险	业主不能顺利推进项目；业主不能履约	3	3	中
2	合同风险	没有签署合同就开始工作；双方不能按时签订合同	3	5	高
3	范围风险	业主要求完成双方协定工作范围以外的任务	5	3	高
4	质量风险	出现质量缺陷	1	4	中
5	财务风险	业主要求大部分款项在获得政府审批之后支付	1	5	中
6	专业能力风险	项目经理不能按合同要求投入工作	2	2	低

在此基础上，可以很方便地得出风险矩阵，如图 4-5 所示。

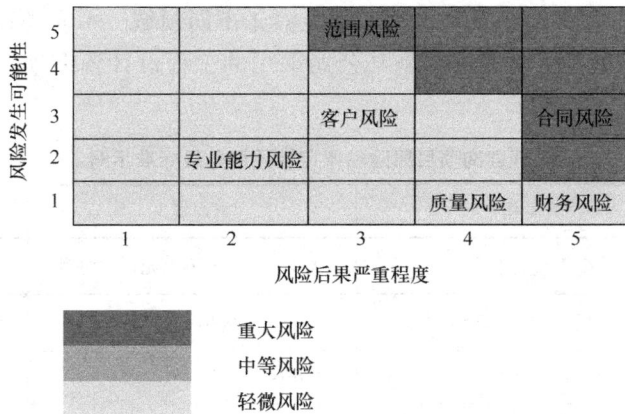

图 4-5　工程咨询项目风险矩阵

从图 4-5 所示的风险矩阵可以看出，范围风险的后果严重程度为中等，但是发生概率高，因而风险等级为"重大"；合同风险发生的可能性为 3 级，但是风险后果严重程度为 5 级，因而风险等级为"重大"。除了这两个重大风险以外，客户风险、质量风险和财务风险均为"中等"，专业能力风险为"轻微"。

4.3.2　定量分析

常用的风险定量分析方法包括预期损失（Expected Loss）法、蒙特卡罗模拟（Monte Carlo Simulation）法、敏感性分析（Sensitivity Analysis）法、在险值（Value at Risk）

法、压力测试（Stress testing）法、均值—方差模型等。相对于工程承包、设备供应等项目而言，工程咨询项目的规模（合同金额）相对较小，采用较多的是预期损失法与蒙特卡罗模拟法。

1. 预期损失法

预期损失法分析是通过估计每一个风险事件发生的概率和后果的具体数值，定量计算该风险给项目目标带来的影响的预期值，作为评价风险等级和拟定应对措施（例如风险回避、预留风险预备金等）的依据。应该注意到，预期损失法实质上是计算风险损失的"期望值"，并不反映损失的极端值，也不反映损失的"离散"程度（一般用"均方差"表示）。

现举例说明。假设某咨询项目的服务合同规定，如发生"项目经理不到岗超过一周"事件一次，则业主将扣除咨询费 200000 元作为违约金。根据估计，项目经理在整个项目服务期限内发生"不到岗超过一周"事件一次的可能性为 15%，则该风险在整个服务期限内的预期损失是：

$$15\% \times 200000 = 30000 \text{ 元}$$

【案例 4-19】 房地产开发项目规划设计服务风险定量分析——预期损失法

采用预期损失法对本案例中的各项风险进行定量评估。通过专家评审、历史资料类比等方法，估计出各项风险的发生概率和风险后果，然后将两者相乘得出预期损失。各项风险的预期损失累加之和，即为整个项目风险的预期损失，如表 4-10 所示。

风险预期损失示例 表 4-10

序号	风险名称	风险事件	发生概率	风险后果（万元）	预期损失（万元）
1	客户风险	业主不能顺利推进项目；业主不能履约	20%	30	6
2	合同风险	没有签署合同就开始工作；双方不能按时签订合同	20%	50	10
3	范围风险	业主要求完成双方协定工作范围以外的任务	30%	20	6
4	质量风险	出现质量缺陷	10%	40	4
5	财务风险	业主要求大部分款项在获得政府审批之后支付	10%	50	5
6	专业能力风险	项目经理不能按合同要求投入工作	15%	20	3
	合计				34

由表 4-10 可见，本项目各主要风险的预计损失之和为 34 万元。在编制项目预算时，可以以此为依据在预算中包括一定金额的"风险预备费"或"不可预见费"。在本例中，可以考虑 40 万元的风险预备费。

2. 蒙特卡罗模拟

对于工程咨询项目中成本、收入、利润、工期等数量化风险变量，可采用蒙特卡罗模拟进行分析评估。其基本方法是：根据经验和历史数据假设输入变量的概率分布；确立输入变量和输出变量之间的逻辑关系；进行数值模拟，每一次模拟的操作是：a. 抽取一组输入变量样本；b. 根据输入变量和输出变量之间的逻辑关系，计算输出变量的值。通过重复多次（例如 1000 次）模拟，得出输出变量的近似概率分布。

可采用商业化的专门软件（例如 Palisade 公司的@Risk 软件等）进行蒙特卡罗模拟。

【案例 4-20】 房地产开发项目规划设计服务风险定量分析——蒙特卡罗模拟法

根据历史数据和专家判断，假定本案例中各风险变量（各项风险所产生损失）的概率分布如表 4-11 所示。

各风险变量的概率分布　　　　　　　　　　　　　　　表 4-11

序号	风险名称	风险事件	风险损失概率分布类型	风险损失概率分布参数	预期损失（万元）
1	客户风险	业主不能顺利推进项目；业主不能履约	PERT 分布	Pert（0，16，300）	6
2	合同风险	没有签署合同就开始工作；双方不能按时签订合同	离散分布	Discrete（{0，500}，{0.8，0.2}）	10
3	范围风险	业主要求完成双方协定工作范围以外的任务	三角分布	Triang（0，10，175）	6
4	质量风险	出现质量缺陷	离散分布	Discrete（{0，400}，{0.9，0.1}）	4
5	财务风险	业主要求大部分款项在获得政府审批之后支付	正态分布	Normal（50，60）	5
6	专业能力风险	项目经理不能按合同要求投入工作	三角分布	Triang（0，10，80）	3
		合计			34

采用@Risk 软件对总风险损失进行数值模拟，将模拟次数设为 5000 次，可得出总风险损失的近似概率分布如图 4-6 所示。从图中可以看出，总风险损失在 20 万元附近概率密度最高，在 70 万元附近概率密度也较高。

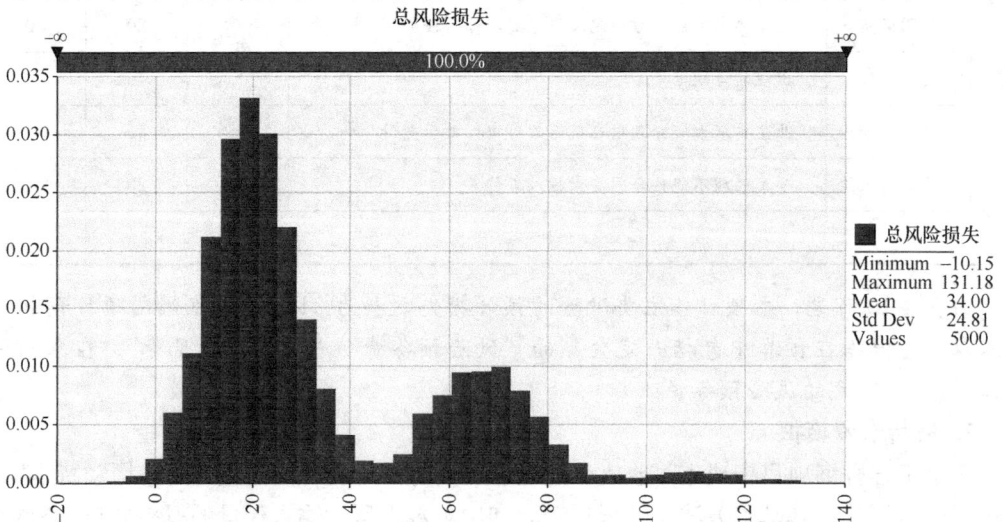

图 4-6　蒙特卡罗模拟结果——总风险损失概率分布（横坐标单位：万元）

总风险损失累计概率分布如图 4-7、图 4-8 所示。由图 4-7 可知，该项目总风险损失的期望值为 34 万元；总风险损失小于 34 万元的概率约为 68%。由图 4-8 可知，如果在预算中考虑 40 万元的风险预备费，总风险损失能由风险预备费覆盖的概率约为 71%，总风险损失超过风险预备费的概率约为 29%。

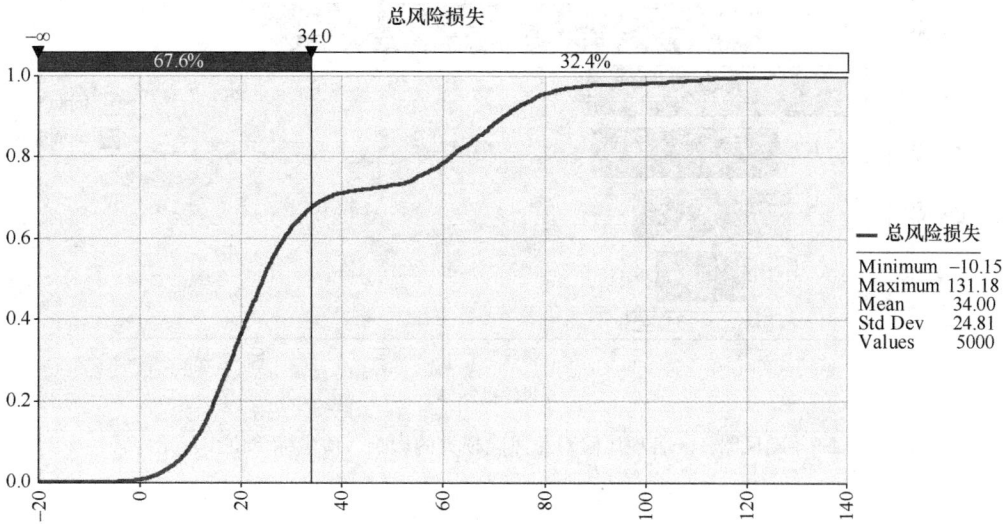

图 4-7 蒙特卡罗模拟结果——总风险损失近似累计概率曲线（横坐标单位：万元）

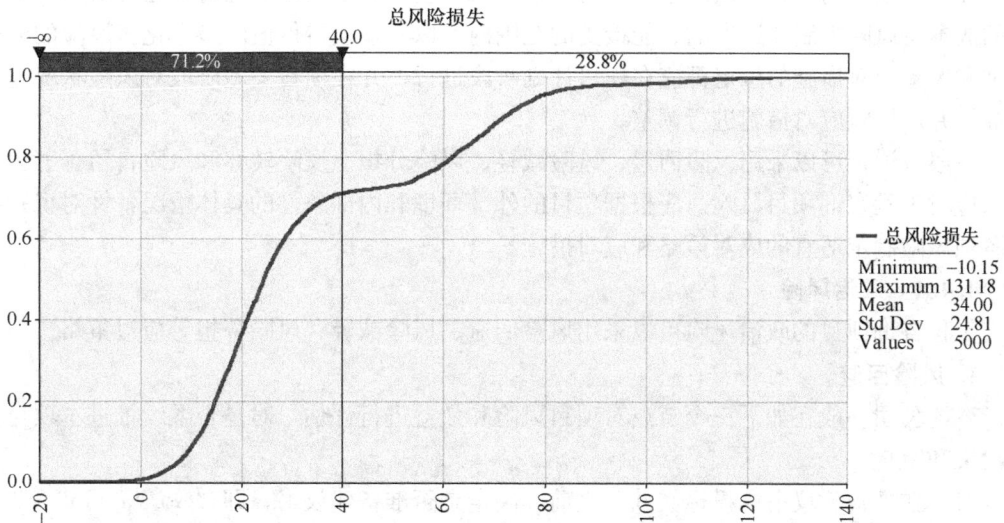

图 4-8 蒙特卡罗模拟结果——总风险损失近似累计概率曲线（横坐标单位：万元）

图 4-9 是各项风险变量对总风险损失影响的"飓风图"，表示当某一项风险变量在自己的变化范围内波动，而其他风险变量保持不变（为预期水平）时，总风险损失的波动范围。例如，当人力资源风险在 0～8 万元的范围内波动，而其他风险变量保持在其预期水平不变时，总风险损失将在 31.362 万元和 38.410 万元之间波动。

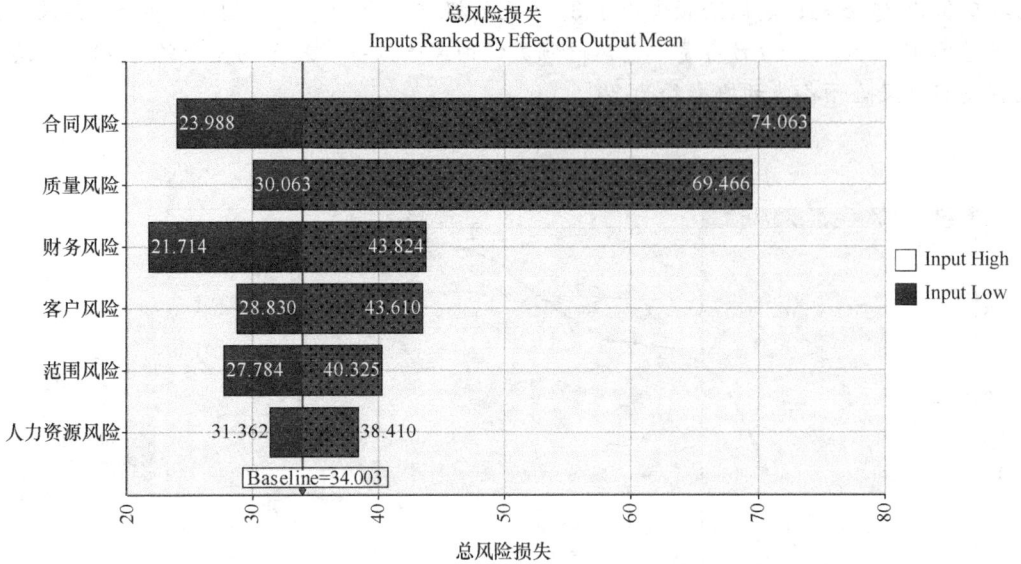

图 4-9 飓风图——各项风险对总风险损失的影响（横坐标单位：万元）

4.4 工程咨询项目风险应对

在对工程咨询项目的风险进行分析评估之后，应该拟定相应的应对措施，目标是以合理的成本将风险控制在适宜的、能接受的范围内，以实现项目价值的最大化。风险的分析评估和风险应对措施的拟定都应在项目计划阶段进行，并在项目实施阶段对风险状况进行监控，并对风险应对措施进行调整。

一般来说，可以采用风险回避、风险减轻、风险分担、风险转移和风险自留等五大策略来应对工程咨询项目风险。应根据项目的外部环境和内部条件的具体情况，针对识别出的各项风险制定适宜的应对策略和应对措施。

4.4.1 政治风险

工程咨询项目的政治风险可以采用风险回避、风险减轻、风险分担等应对策略。

1. 风险回避

咨询公司一般在如下三个节点对项目风险和效益进行评估，对是否继续推进本项目进行决策和审批：

（1）在准备建议书（投标文件）之前，决定是否准备建议书，即"Go/No Go"（"投标/不投标"）决策。

（2）在提交建议书之前，决策是否提交建议书。

（3）在签订合同之前，决策是否签订合同。

在每一个节点都要系统地分析项目所面临的风险，包括政治风险。如果某一个地域、某一个国家或某一个行业政治气氛不安定，发生动荡的可能性比较大，由此造成项目的政治风险过大，咨询公司可以在上述三个节点的任何一个节点选择放弃本项目，转而追踪其他的、更好的业务机会。

即使在签订合同以后，如果政治环境发生剧烈变化，使得政治风险变得难以接受，咨询公司仍然可以考虑中止合同，退出项目。因此，在谈判合同条件时，咨询公司应该争取获得在必要的时候中止合同的权利。当然，在项目开始后中止合同很可能造成重大损失，应该特别谨慎。因此，风险回避策略应该尽早实施。

2. 风险减轻

一般咨询公司受政治环境的影响十分有限，但是还是可以采取积极的措施减轻风险：

（1）在项目开始前和实施过程中多方面了解、监测项目的政治环境。捕捉有益的预警信息，及时采取措施化解风险、降低损失。

（2）咨询公司和项目团队加强和政府部门、非政府组织、非营利组织、专业协会、智库机构等的沟通和合作，获得有益的信息和支持。

3. 风险分担

（1）与客户分担。一般来说，客户（特别是公共部门客户）对政治风险有更大的控制能力和承担能力。咨询公司可以通过设置相应合同条款将政治风险更多地分配给客户。例如，可以在工程咨询合同中规定，战争、入侵、叛乱、恐怖主义、暴动、军事政变等风险由客户承担，如果咨询公司在合同项下因这些风险事件而遭受损失，客户应予补偿。

（2）与合作伙伴分担。咨询公司可以与有政治洞察力和影响力的合作伙伴合作，共同承担风险。对于国际工程咨询项目，与了解东道国政治形势的当地合作伙伴合作十分重要。

4.4.2　经济风险

对于经济风险一般可以采取风险减轻、风险分担和风险转移的应对策略。

1. 风险减轻

对于通货膨胀风险，咨询公司可以采取如下风险减轻措施：

（1）如果项目服务期限超过1年，在项目预算中应该考虑每年的人工成本上升和其他费用上涨。

（2）加强项目的商务管理。尽早提交付款申请（开具账单），尽早收款。

对于国际工程咨询项目汇率风险，咨询公司可以采取如下风险减轻措施：

（1）在合同中约定有利（币值坚挺）的结算货币。

（2）通过合理的财务计划，使项目收入和项目支出尽可能为同一币种，从而对冲大部分汇率风险。

（3）采用外汇金融工具。工程咨询项目可以采用如下金融工具：

1）远期合约（Forward Contract）。对于收、付汇时间明确的外汇款项，可以采取远期结售汇、远期购汇的方式锁定汇率。远期结售汇，是指银行与境内客户协商签订远期结售汇合同，约定将来办理结汇或售汇的外币币种、金额、汇率和期限，当收到用外币支付的咨询费时，即按照该远期结售汇合同规定的币种、金额、汇率办理结汇或售汇的交易。远期结售汇业务的交易期限一般不超过12个月。对于远期需要支付外汇的项目，通过远期合约购汇，能够事先将汇率固定下来，从而减少风险。

2）外汇期权（Foreign Exchange Option）。外汇期权也是一种合约。合约的一方通过支付一定的期权费获得在未来某一时刻以预先协定的汇率买入或卖出一定数额外汇的权利（注意是"权利"而不是"义务"）。期权持有人可以根据汇率的变化选择执行该权利，也可以选择放弃该权利。因此，期权实际上是一种"选择权"，包括"看涨期权（Call Option）"和"看跌期权（Put Option）"两种。例如，假设某咨询公司预计将在 6 个月后收到一笔用欧元支付的咨询费，并将同时用美元支付一笔相同数额的分包费，如果咨询公司担心美元升值，可以买入相应数额美元的"看涨期权"，从而获得在 6 个月后以约定的汇率用欧元兑换美元的"权利"。如果 6 个月以后的美元相对于欧元的价格低于期权约定的"行权汇率"，则可以选择放弃该"权利"。

　　3）借入外币。假设某咨询公司的某项目现在需要以 A 货币支付项目费用，并预计在 6 个月后将收到以 B 货币支付的固定金额的咨询费。为了防止 B 货币贬值带来的损失，该咨询公司可以现在借入 B 货币，数额等于 6 个月后即将收到的咨询费；将其借入的 B 货币兑换为 A 货币以支付项目费用；然后在收到以 B 货币支付的咨询费后再归还借款。从而，相当于把 B 货币未来兑换 A 货币的汇率提前锁定了。

　　【案例 4-21】 国际工程咨询项目汇率风险应对

　　某国际咨询公司的中国子公司被中国客户委托一个工业项目的初步设计和项目管理服务，客户是中国某政府投资平台公司。但由于使用了欧洲某开发银行的融资，咨询费用欧元表示和支付，金额为 200 万欧元。服务期为 5 年。

　　咨询服务项目大约 50% 的成本将以人民币支付。为了规避未来 3 年欧元相对于人民币贬值，该咨询公司借入相应数量的欧元，以即期汇率换成人民币存入银行，供项目使用。在收到客户以欧元支付的咨询费后，随即偿还欧元贷款，从而大大减少了欧元对人民币贬值的风险。在项目实施期内，欧元对人民币实际贬值约 30%，采用借入欧元的方法大大减少了欧元贬值带来的损失。

　　2. 风险分担

　　可以在咨询合同中约定，通货膨胀、汇率风险按照一定的方式由客户和咨询公司分担。例如，可以约定咨询费价格调整公式，根据权威机构公布的通货膨胀指数或外汇汇率以一定的方式调整咨询费。

　　3. 风险转移

　　可以在咨询合同中约定，咨询费以当地币支付，但是咨询费的数额按照当地币兑美元的汇率调整。也就是说，将当地币兑美元的汇率风险完全转移给客户。

　　【案例 4-22】 工程咨询项目通货膨胀风险应对

　　某工程咨询公司和客户签订了一项业主工程师服务合同，服务期为 3 年。合同规定，从第 2 年开始，咨询服务费将按权威机构公布的物价指数调整。从而将通货膨胀风险转移给了客户。

　　4.4.3　客户风险

　　对于工程咨询项目来说，客户风险管理的关键是回避高风险客户，选择正确的客户，同时需要管理好客户。主要的风险应对策略是风险回避和风险减轻。

　　1. 风险回避

　　在前面提到的"Go/No Go"决策中，一个重要的考量因素是客户风险，主要考虑如下几个方面：

　　（1）是否了解该客户？

　　（2）是否和客户合作过？

（3）客户是什么类型的组织？

（4）客户的声誉如何？

（5）客户的履约记录如何？

（6）客户是否有违规等不良记录？

（7）客户对项目是否有切实可行的预算和进度计划？

（8）客户对项目是否有充足的资金？客户资金的来源是什么？

（9）客户是否是项目的终端用户？

（10）客户是否了解工程建设行业？

（11）客户是否具有项目管理能力？

（12）客户是否有类似项目经验？

（13）客户是否有索赔的倾向？

（14）客户是否有索赔和诉讼记录？

（15）客户在诚信方面的声誉如何？

（16）客户的期望是否切实可行？

（17）客户为什么选择本咨询公司？

（18）客户的处事风格和本咨询公司是否相容？

对于合同额超过一定数额，而又不了解的客户，很多咨询公司会委托第三方进行尽职调查，了解其注册情况、财务状况、业务情况等。如果客户风险超过咨询公司的承受极限，则应该选择回避该客户，放弃相关机会。

2. 风险减轻

（1）通过合同条款降低风险。例如，增加预付款的比例，将客户付款的时间节点提前，清晰地约定客户的义务及违约责任。

（2）通过和业主有效的沟通和合作，提高客户的履约意愿和履约能力。例如，和客户团队成员建立友好的工作关系，协助业主改进管理流程，帮助业主获得融资，帮助业主解决项目的实际困难等。

【案例 4-23】 基础设施监理合同谈判中对客户风险的考量

某国际工程咨询公司在和某国有企业客户谈判某大型基础设施项目中外合作施工监理服务合同时，陷入僵局。业主提供的合同范本中没有限制咨询公司违约责任总额的条款。咨询公司坚持要求按照国际惯例增加"责任限制"条款，但业主称，合同范本是其母公司提供的，业主无权对其中的条款作任何修改。咨询公司通过多方面的信息渠道了解到，业主财务实力雄厚、信誉良好，并且没有向咨询公司发起索赔的倾向和记录。咨询公司经过评估认为客户风险较小，即使合同中没有责任限制条款，风险仍然在可接受范围内。最后经过公司高阶管理层批准，咨询公司同意在本项目放弃对"责任限制"条款的要求，从而顺利达成协议。

4.4.4 合作伙伴风险

合作伙伴主要包括联合体伙伴和分包咨询商两类。

1. 联合体伙伴风险

（1）风险回避

如果两个或多个咨询公司以联合体的名义投标或签订服务合同，联合体成员之间在服务合同项下承担连带责任。也就是说，当联合体某一成员不履约时，联合体其他成员应代替该不履约成员履行其合同义务。由于连带责任的原因，联合体伙伴可能带来较大风险，需特别慎重。一般应该在确定准备建议书（投标文件）之前确定联合体伙伴，并签订《联合体协议》。对于风险过高的潜在联合体伙伴，应该采取回避的策略。

（2）风险减轻

应该通过《联合体协议》清晰规定联合体各方的义务、权利、责任。工程咨询项目联合体协议一般应该包括如下内容：

1）联合体牵头方的名称；

2）联合体牵头方的义务；

3）联合体参与方的义务；

4）投标费用的承担；

5）咨询服务分工；

6）咨询服务费的分配与支付；

7）联合体成员的违约责任；

8）联合体委员会；

9）合同终止。

另外，应该加强联合体成员之间的沟通、协作，发挥联合体委员会的作用，联合体牵头方应发挥主导作用，促使联合体各方精诚合作，从而减轻联合体伙伴风险。

2. 分包咨询商风险

（1）风险回避

通过评估潜在分包商的声誉、履约能力、以往业绩等，回避高风险分包咨询商。

（2）风险减轻

应该在提交服务建议书（投标文件）之前确定分包咨询商，并要求分包商提交具有约束力的建议书；或签订有条件的分包咨询合同（在分包合同中约定，该分包合同的生效以主咨询合同签署、生效为条件）。分包咨询合同应该清晰规定双方的义务、权利、责任、分包方的工作范围、沟通协调方式等。

通过和分包咨询商的密切沟通、协作，向分包咨询商提供充分的信息、支持、监督、指导，促使分包咨询商按进度高质量地履约。

大型的工程咨询公司应尽可能使用公司内部团队作为分包商，以最大限度地降低交易费用，发挥协作的价值。

【案例 4-24】项目管理服务联合体合作伙伴风险的应对

某国际工程咨询公司和国内合作伙伴组成联合体竞标某基础设施项目的项目管理服务合同。双方在确定合作关系之前，相互进行了全面的了解、评估。在提交投标书以前，联合体成员之间协商签订了详细、明确的《联合体协议》。中标以后，双方共同组建了联合项目团队；双方负责人组成联合体委员会，联合体委员会定期检查联合项目团队的工作，并且每季度沟通一次，解决工作中遇到的重大问题；在联合体委员会的指导下，联合项目团队共同制定出了统一的项目管理流程，消除了双方因不同工作习惯、管理体制等引起的行为方式的差异和冲突。由于合作伙伴之间建立了友好、互信的合作关系，避免了类似中外合作联合体中常见的猜忌、推诿、扯皮甚至纠纷，有效地降低了合作伙伴风险。

4.4.5　咨询公司专业能力风险

对于咨询公司专业能力风险，可以采用风险回避、风险减轻和风险转移策略。

1. 风险回避

在进行是否投标的决策（"Go/No Go"决策）时的考量因素之一是公司的专业能力是否满足项目的需要。如果公司不具备执行项目所必备的专业能力和经验，而又没有替代方案可以有效解决专业能力不足的问题时，则应该放弃该项目。

2. 风险减轻

（1）在项目计划阶段，认真准备项目的人力资源计划，在全公司内组织、调动适宜的技术资源。对于同时参与多个项目的团队成员，需要考虑多个项目工作之间的协调。对于来自境外的团队成员，需要周密考虑工作许可、签证、公司间协议等事项。

（2）保持人员稳定，减少人员流失。应该为工程咨询人才提供温暖的内部环境和顺畅的外部环境；提供有竞争力的薪酬待遇；提供更多的培训、职业发展机会。从而增强企业对人才的吸引力和归宿感，减少人才不足和流失的风险。

（3）提升团队士气，形成尊重、信任、坦诚的团队氛围；重视团队文化的建设、团队成员之间的沟通以及内部冲突的解决。

（4）为了防止咨询团队成员流失到客户的团队，可以在咨询合同中增加"不得聘用"条款："客户保证在协议约定的服务完成后的12个月内，不得与顾问专业团队中的任何成员签订雇佣协议或类似的协议。若客户与顾问专业团队中的任何成员签订雇佣协议或类似协议，则客户应向顾问支付相当于该签约成员月薪12倍的金额作为赔偿费。"

（5）如果咨询公司执行某一个项目的专业能力不足，可以考虑和其他公司联合的方式或者通过引入分包咨询商的方式加强专业能力。

3. 风险转移

工程咨询公司可以通过投保职业责任保险将部分专业能力风险转移至保险公司。职业责任险承保专业技术人员因职业上的疏忽或过失致使合同对方或其他人遭受人身伤害或财产损失而依法应承担的赔偿责任。对于技术难度大、对专业能力要求高的工程咨询项目，职业责任险尤为重要。

【案例4-25】大型工业项目工程咨询服务专业能力风险的应对

某工程咨询公司被授予某大型工业建设项目的技术顾问和项目管理服务合同。该客户项目总投资约150亿元，建设周期长约5年。客户项目规模大、综合性强，对咨询公司提供多专业整合服务的能力提出了极高的要求。从投标阶段开始，咨询公司采取一系列措施应对专业能力风险：

（1）获得本公司最高领导层在资源调配方面的支持和承诺。

（2）确定清晰的项目团队组织架构、角色和职责。

（3）组建来自亚洲地区5个办公室、涵盖10个专业、包括60位咨询专家的跨地域、跨业务线的综合技术顾问团队。

（4）由各专业最资深的专家组成"专家咨询委员会"。

（5）充分利用公司数据库、项目库等丰富的技术资源。

（6）项目团队建立统一的工作机制，保证充分的内部协调、沟通。

通过有效的资源整合提升了项目团队交付这一综合性、高难度项目的履约能力，降低了专业能力风险。

4.4.6　咨询公司合规风险

工程咨询公司合规风险的主要应对策略是风险减轻，主要包括如下措施：

（1）建立合规管理组织架构，明确合规责任。公司最高管理层清晰地表明对合规的重视和承诺，公司各层级负责人承担起各自的合规责任。

（2）建立合规相关的申请、审批程序。对高风险事项进行合规审查，建立防范合规风险的多道防线。例如，在业务招待前要进行合规审批，审批时要充分考查：礼品和招待的价值是否符合当地风俗习惯，是否符合当地社会经济条件下的正常标准；礼品和款待的场合、对象、频率是否符合业务招待的基本原则；礼品和款待是否会妨碍公平的市场竞争。

（3）建立员工的行为准则（Code of Conduct），要求每一位员工严格履行。对不合规行为"零容忍"。

（4）持续对全员进行合规培训。一些大型的工程咨询公司每年对全体员工进行合规培训，并要求考试合格。

4.4.7　项目技术风险

对于项目的技术风险，主要采取风险回避、风险减轻和风险转移的策略。

1. 风险回避

在进行工程咨询项目投标决策和签订合同决策时，如果经过评估认为项目的技术风险超过了咨询公司的承受能力，同时也没有有效的风险控制措施，则应该采取风险回避策略。

【案例 4-26】隧道项目技术咨询服务技术风险的应对

某国际工程咨询公司收到为中国西南地区某长度为 20km 的隧道项目提供技术咨询服务的招标文件。主要的工作范围是：对隧道设计方案进行审查并提出优化建议，审查隧道施工方案。该隧道埋深达 3000m，位于高岩温、高地应力、高瓦斯地层，施工难度极大。同时承担该隧道设计的单位缺乏类似项目的设计经验，施工方案的定夺主要依靠国际咨询公司把关。施工过程中一旦发生事故，将产生特别巨大的经济损失。由于该项目技术风险太大，最后该工程咨询公司选择放弃本项目的投标。

2. 风险减轻

工程咨询公司可以通过如下措施减轻项目技术风险：

（1）建立和完善技术管理流程。通过图纸会审、工作坊等方式发现问题，寻求解决方案；通过技术文件的复核、审定、批准减少技术失误。

（2）组织全集团内的精锐技术资源对项目的重点技术问题进行研究，突破技术障碍。

（3）开始内部、外部协作，共同解决技术难题。

3. 风险转移

工程咨询公司可以通过投保职业责任保险转移一部分技术风险，也可以把对工程咨询公司而言技术难度较大的部分分包给有能力的分包咨询商，将相应的风险转移给分包方。

4.4.8　项目合同风险

项目合同风险的主要应对策略是：在合同评审、合同签订、合同履行的各阶段采取措施减轻风险，或回避风险。

1. 风险减轻

（1）合同评审阶段

在签订合同之前应该对合同进行严格的审查，并完成内部批准程序。工程咨询项目的合同审批一般由项目经理（或项目总监）提出申请，由公司法务、财务、风险管理部门（如有）及高级管理层依次审查批准。工程咨询项目合同评审要点：

1）尽可能使用咨询公司自己的合同模板。如果采用客户的合同模板，应该逐条审核、讨论，进行必要的修订。

2）合同主体应该明确，并具备相应的签约资格。

3）在合同中应清晰、具体、明确地定义工作范围；清楚地载明服务的除外项。

4）在合同中清晰地规定服务的开始和结束日期。例如，不能使用"初步设计完成""工程竣工"等依赖于第三方且不确定的表述来定义服务的开始和结束日期；最好采用如"2020年3月31日"等具体数字确切地表述。

5）双方义务。应清晰地规定客户的义务，包括提供资料、提供场地、及时付款等。

6）咨询费。清晰地定义咨询费的金额、币种、取费模式（总价、单价等）、咨询费调整机制（如有）、咨询费中包含的成分和不包含的成分（例如某种专用软件的使用费）、税费承担、额外服务费率等。

7）支付条款。清晰地定义支付的时间和条件。支付条件应该是服务的履行和客户对服务的接受。一般不应该将第三方的行为（例如政府机构审批）作为客户支付咨询费的条件。

8）违约责任。必须限制咨询公司承担的累计责任总额。一般应该排除咨询公司对因工作疏忽给客户造成的间接的、附加的损失（incidental，indirect，or consequential damage）的赔偿责任。

9）变更和索赔。应该在合同中清晰地规定变更和索赔的程序、要求；在实施任何额外工作之前，双方应该就该额外工作的服务报酬和时间影响书面达成一致。

10）合同终止。合同应规定合同的任何一方终止合同的条件、程序、补偿等。

11）保密。清晰地规定保密信息的定义、双方的保密义务和违约责任。

12）争议解决。合同应规定争议解决方式，包括合同评审委员会（或合同裁决委员会）裁决、仲裁、诉讼等。

13）合同的管辖法律。即用来解释、管辖合同的法律。

14）法律变更。合同应规定因法律变更引起的后果由哪一方承担。

（2）合同签订阶段

1）及时签订合同。一个基本的原则是，一定要在签署服务合同后才启动咨询服务工作，以避免合同纠纷。客户时常以任务紧急、内部审批流程复杂为由要求咨询公司在没有签订合同的情况下开始工作。咨询公司应该预先告知"只有在签订合同之后才能开始工作"的要求，并严肃地坚持这一原则。应有效地推进合同谈判，及时签订合同。只要项目经理具备较强的合同意识，通常能够实现在启动工作前签订合同的要求。在特殊情况下，经过公司的批准，在收到合格的客户委托函或工作启动函（"合格的"工作启动函应包含委托方名称、工作范围、服务费金额、支付方式等最核心的条款）后，可以启动工作。

2）合同应该由授权签字人签署并盖公司章。

3）合同签署之前，确保双方完全理解合同中的每一条款。

（3）合同履行阶段

1）工程咨询公司应指派人员妥善保存合同的原件和扫描版电子文件。

2）项目经理应负责合同的履行。项目经理应组织相关项目团队成员认真学习合同，充分理解合同并以合同为依据实施服务。

3）项目团队应该及时敦促对方履行合同义务，例如及时付款。如果业主未能及时履行合同义务，应该根据合同约定及时采取相应的行动，包括必要时停止提供服务。

4）在提交的咨询报告中插入"免责声明"（Disclaimer）。例如，"虽然本咨询公司认为本报告中的数据是可靠的，但是任何人在使用本报告时须运用自己的技能和判断。本咨询公司不保证本报告中信息的准确性和完整性。对于由于提供本报告而对任何人造成的任何损失，本咨询公司不承担任何责任。"

5）对于履约风险较高的客户，要求在合同中规定："咨询公司在收到相应咨询费之后提交咨询成果"。

2. 风险回避

当合同包括工程咨询公司无法接受的条款，并且双方经过协商无法达成一致时，放弃投标，或放弃签订合同。开始合同谈判之前，咨询公司谈判团队应该分析谈判的局势，尽最大努力探索双方的"最佳替代方案（Best Alternative To Negotiated Agreement，BAT-NA）"和双方的"底线"，特别是要清晰地了解己方的底线（即放弃合同的"临界条件"）。当掌握了自己的底线，谈判时就会充满自信、进退自如，获得更强的谈判力；如果客户意识到咨询公司可能放弃合同，客户就可能会做出必要的让步，从而有利于协议的达成。

【案例 4-27】投资项目技术顾问服务合同谈判

某工程咨询公司向一家"世界 500 强"客户提交了某投资项目技术顾问服务的建议书并向客户汇报工作方案后，客户邀请咨询公司团队进行合同谈判。这家客户是该咨询公司潜在的战略客户，因此咨询公司把这个项目作为一个志在必得的项目（a must win opportunity）。

虽然咨询公司在建议书中包括了本公司的标准合同条款，客户建议采用客户自己的、对咨询方颇为苛刻的合同模板。咨询公司表示，同意以客户的合同模板为基础进行讨论，但是需要逐条审核客户的合同条件并提出修改意见。

客户表示，在本次投标中，该咨询公司建议书的技术和报价综合评分在收到的建议书中名列第一，客户拟将咨询服务合同授予该咨询公司。但是由于项目工期很紧，咨询服务需要在一周内启动，而合同谈判难以在一周内完成，因此建议咨询公司先启动咨询服务，然后双方尽快商谈并签订服务合同。

这时咨询公司团队内部出现了两种不同意见：一种意见认为，这是难得的获取项目、赢得客户的机会，应该接受客户的提议，立即准备开始工作；另一种意见认为应该坚持要求先就合同条件达成一致，然后才开始工作，否则将使咨询公司在合同谈判中处于不利地位，并可能导致难以接受的合同风险，其原因如下：

（1）咨询公司内部的项目管理制度一般要求只有在签订合同后才能启动工作，因为这对客户和咨询公司而言都是最有利的。

（2）本咨询公司的技术建议书排名第一，同时客户是专业化程度很高的大公司，一般不会因为咨询公司坚持先签订合同的合理要求而放弃该公司。

（3）一旦启动咨询服务，咨询公司将丧失和客户自由缔结合同的条件，咨询公司可能难以坚持对客户合同模板的修改意见，最后可能被迫接受对己方不利的合同；或者可能双方迟迟无法达成协议。

（4）相对于承包或投资合同而言，咨询服务合同毕竟比较简单。如果双方有迅速达成协议的真诚意愿，完全可以在一周甚至两三天内完成合同谈判。

最后咨询公司决定采纳第二种意见，并安排公司代表先和客户代表通过电话进行了坦诚的沟通，然后向客户发送了一封邮件，"温和而坚定"地表明了己方的意见并诚恳地说明了理由。

客户接受了咨询公司的意见。在后续的3天里，双方代表以平等、自由的地位进行了高强度的讨论，就咨询服务范围、团队人员变更、咨询费支付、合同解除、违约责任、知识产权等重要的合同条件达成双方都比较满意的一致意见，在一周内顺利完成了合同签订。合同签订后，咨询团队按计划启动服务。

本案例再一次表明，在开始服务以前签订完善的服务合同有利于规避不必要的合同风险，为成功交付项目奠定了良好的基础。

4.4.9 项目范围风险

工程咨询项目范围风险的应对策略主要包括风险回避和风险减轻。

1. 风险回避

工程咨询服务的专业性强，服务范围（包括服务内容、边界和要求）须在咨询公司的专业能力范围之内，否则可能在服务交付时出现质量和进度问题，给客户带来重大损失。

在投标前的"Go/No Go"决策中，需要考量服务范围风险，重点考虑如下几个方面：

（1）工程咨询项目的服务范围是否清晰？

（2）咨询公司是否具备目标项目服务范围所要求的专业能力？

（3）工程咨询项目的服务范围是否属于咨询公司业务发展的重点领域？

如果目标项目的服务范围不清晰，或服务范围和咨询公司专业能力不匹配，或服务范围不属于咨询公司战略重点领域，咨询公司可以考虑放弃，寻找更适合自己的项目机会。

2. 风险减轻

可以在范围定义、范围控制和变更管理等方面采取措施减轻风险。

（1）定义清晰的工作范围

在建议书中和合同中清晰地定义工程咨询服务的工作范围。实际上，工作范围是建议书或合同最核心的内容之一。工程咨询服务的工作范围描述一般包括工作对象的范围（例如，客户项目的边界、面积、组成部分等）和咨询工作的范围。咨询工作的范围包括工作内容（例如，可行性研究、初步设计、详细设计、造价估算等）、工作深度（例如，可行性研究需要达到"可融资"的深度）、工作要求（例如，某公铁两用桥梁的工程设计需符合中国高速铁路设计标准）等。范围定义不清将导致合同实施过程的不确定性，极易引发争议。

（2）严格控制工作范围，防止范围"蔓延"或"漂移"

项目团队成员特别是项目经理必须清楚地理解合同中规定的工作范围，并以此为依据来开展工作。当客户和团队成员提议实施一项工作内容时，项目经理或专业负责人应该立即查看合同，确保所提议的工作内容属于合同规定的工作范围。否则，应该在获得客户签署的变更指令后才能实施该项工作内容。

另外，定期检查实际范围，识别实际范围与范围基准之间的偏差，并采取必要的措施纠正偏差。

(3) 严格遵循变更程序

工程咨询服务合同中应该清晰地定义工作范围变更的流程，并在项目实施过程中严格遵循这些流程。一般要求在实施变更之前收到客户签署的变更指令（Change Order 或 Variation Order）。应该及时收集、整理变更相关的文件资料，并及时存档，以便于将来申请付款或应对可能的争议。

【案例 4-28】 新建工厂项目 EPCM 服务的范围风险控制

某工程咨询公司为某知名国际制造领域客户的新建工厂项目提供设计—采购—施工管理（Engineering-Procurement-Construction Management，EPCM）服务。客户项目的建筑面积约 70000 m^2，总工期 32 个月（含设计工期 4 个月）。咨询服务费约 2100 万元人民币。在 EPCM 服务合同的"服务范围"部分清晰地规定了咨询公司的工作内容、人员投入和施工管理服务的期限（28 个月，和客户项目施工工期相同）。由于承包商能力不足以及咨询公司项目经理频繁更换，施工进度严重滞后，当施工工期过半时，施工工作量仅完成了约 30%。

客户认为咨询团队的工作失误是施工延误的主要原因，向咨询公司发起索赔，索赔金额达 100 万欧元（当时约合 900 万元人民币）。咨询公司一方面在律师协助下及时回复客户的索赔函，另一方面派高层管理人员和客户一起深入分析项目存在的问题，积极探讨解决方案。咨询公司提议增派资深专家加入咨询团队以加强对项目的控制，并提交变更申请（Change Request）。客户之后批准了变更申请。

增派的专家加强了咨询团队的力量，咨询团队和客户团队的合作关系逐步改善。但是，施工延误仍然无法消除。当合同规定的施工工期结束时，施工仅完成约 70%。咨询公司和客户协商签订了延长服务期限 6 个月的补充协议。此后咨询公司又三次和客户协商签订延长施工管理服务期限的补充协议，直到客户项目完全竣工（最后实际施工工期约 60 个月）。客户对咨询公司在项目后期的勤勉工作和耐心配合表示高度认可。在工程竣工后双方通过友好协商就客户索赔达成和解协议，双方协定咨询公司向客户支付 200 万元人民币作为工作失误的补偿，比原来索赔函里主张的 900 万元人民币的索赔金额大大减少。

由于在合同的缔结和实施阶段有效地管理了项目范围（例如，在合同中清晰约定服务范围，及时提交变更申请，及时签订补充合同等），咨询公司在项目遇到巨大困难的情况下，不但控制住了范围风险，而且创造了通过扩大范围增加合同额的机会，将合同额由 2100 万元增加到 3700 万元，并成功地将咨询项目由亏损转变为盈利。

4.4.10　项目进度风险

对于工程咨询项目进度风险，主要采取风险回避和风险减轻策略。

1. 风险回避

如果工程咨询项目的工期、进度要求不切实际，预计会引发不可接受的后果，则考虑放弃该项目，以免产生进度、质量、财务方面的问题和损失。

2. 风险减轻

（1）咨询团队应该制订合理、可行的进度计划，用来指导团队开展服务，并为可能的工期索赔（或称工期延长）提供依据。

（2）咨询团队应对照进度计划定期检查项目实际进度。如果实际进度和计划进度之间有偏差，应分析原因，然后采取相应的纠正措施，例如赶工（通过增加资源、重新安排工序等）、申请工期索赔等。

（3）在进度计划中预留一定的"安全储备"。

4.4.11 项目质量风险

对于工程咨询项目质量风险，主要采取风险减轻和风险转移策略。

1. 风险减轻

（1）项目团队在项目计划阶段应该深入理解合同规定的工作范围，包括工作要求、适用标准规范等。

（2）在项目启动之前，项目团队应该设定项目的质量目标，质量目标应该和成本目标、工期目标、安全环境目标相匹配。应该制订切实可行的质量管理计划。

（3）确保项目质量管理计划的有效实施。严格实施质量检查程序，对主要的质量风险点重点加以控制。

2. 风险转移

通过购买职业责任险将部分质量风险转移到保险公司。目前国际上大型的工程咨询公司均为其工程咨询业务在全球范围内统一购买了职业责任险。如果专业人士因在提供专业服务中的不当行为、执业疏忽、错误或遗漏对第三者造成损害，保险公司将承担赔偿责任。

【案例 4-29】 新建工厂项目 EPCM 服务中职业责任保险的作用

在【案例 4-28】中，咨询公司为其在全球范围内的咨询服务活动购买了职业责任保险，保单规定，"在约定的条件下，保险公司将赔偿被保险人在开展咨询业务活动过程中给第三者造成的人身、财产和经济损失。"对于该咨询公司支付给客户的 200 万元赔偿金，根据职业责任险保单的约定，除了其中的 30 万元免赔额由咨询公司自行承担外，其余的170 万元由保险公司负责赔偿。咨询公司通过购买职业责任险成功地向保险公司转移了大部分风险损失。

4.4.12 项目财务风险

对于项目财务风险，主要采用风险回避和风险减轻策略。

1. 风险回避

如果咨询费和项目预算利润过低，导致财务风险过大，咨询公司应该尽早确定是否放弃本机会。

2. 风险减轻

（1）按照项目预算基准，有效地控制项目的成本。

（2）及时申请付款，及时收款，确保项目收入不受损失。

（3）在项目预算中考虑适宜的"风险预备"。

【案例 4-30】 产业园区总体规划服务的报价和价格谈判

某工程咨询公司投标某产业园区的总体规划项目。在提交建议书以前，投标团队按照公司的统一格式编制了项目预算，作为公司内部使用的投标报价的"底线（Reservation Price）"，并获得财务部门、公司管理层的批准。项目的底线价格（或最低价格）由以下部分组成：人工费、管理费、差旅费、分包费、税费（含跨境支付所需代扣代缴的税费）、利润、风险预备、融资费用（如需垫付项目费用）等。在本项目预算中，人工费、管理费、差旅费为 230 万元；与分包方在投标前书面协定，分包费为 50 万元（含税）；公司要求的最低利润率为 12%；根据各项费用不确定性的程度，确定风险预备费为总成本的 8%。以上述各项之和为基础确定投标的底线价格为 370 万元。在考虑到竞争态势并预留一定的议价空间后，确定投标报价为 395 万元。同时在建议书中提议在合同签订后 7 个工作日内支付 35% 的首笔付款。最后公司顺利中标，并以 385 万的价格签订服务合同。本项目充分、合理的预算为控制项目的财务风险提供了良好的条件。

4.4.13　项目安全和安保风险

对于项目安全和安保风险，主要采用风险回避、风险减轻和风险转移策略。

1. 风险回避

如果由于工程咨询项目的地理位置、自然条件、社会环境、技术方案等原因，项目存在不可接受的安全风险，则应放弃该项目。

2. 风险减轻

（1）编制并实施切实可行的安全管理计划。安全管理计划包括安全目标、安全管理组织架构、角色和职责、安全工作流程、应急预案、安全检查、安全审计等。

（2）加强安全培训，提升所有项目参与者的安全意识和应急反应能力，规范其安全行为，培育安全文化。

（3）采取安全措施减少风险，包括施工现场安全、施工机械安全、施工用电安全、高空作业安全、安全防护、紧急救援等方面的措施。

（4）建立坚固的数据管理系统，及时进行数据备份，减少数据安全风险。

3. 风险转移

通过投保相关的保险将部分安全风险转移至保险公司，例如人员意外伤害险、雇主责任险、商业医疗保险等。

【案例 4-31】 在华工作外籍咨询专家的商业医疗保险

某工程咨询公司为在中国工作的外籍咨询专家统一购买了国际商业医疗保险，并且和国际医疗救援机构"国际 SOS"建立了合作关系。某外籍专家在位于中国东北乡村的项目现场提供项目管理服务时突发中风。同事立即报告国际 SOS，国际 SOS 迅速给出急救建议，并迅速联系国际医院办理住院手续；与此同时，国际 SOS 包租一架飞机于当日晚上将专家运送到位于韩国的国际医院实施手术，为及时医治赢得了宝贵的时间。所有的费用均由医疗保险公司承担。

4.4.14　项目沟通风险

沟通风险的主要应对策略是风险减轻。主要应对措施包括以下三种。

1. 制订并实施沟通计划

在项目规划阶段制订项目沟通计划，包括如下内容：相关方的沟通需求；需要传递的信息的种类、形式、格式、内容；各方负责沟通相关信息的人员；用于传递信息的渠道和媒介，如备忘录、电子邮件等；沟通的频次和时间安排；信息安全和保密等。

2. 重要事项采用书面沟通

对于涉及工程咨询项目的商务、项目实施相关的重要事项，采用书面沟通的方式，以利于作为将来申请支付、索赔、争议解决等的依据。

3. 避免沟通失误

工程咨询项目中的沟通应该准确、得体、诚恳、清晰；尊重对方的文化、宗教习惯；避免沟通缺失；避免误解；避免无意中承诺义务或放弃权利；避免侮辱性、骚扰性语言。

在合同中应尽量避免使用具有绝对含义的词语，例如，"全部""完全""确保""担保""保证""控制""最佳""充分"等。

在正式书面沟通文件发出以前，应该由资深人员（例如项目经理、项目总监）审查，以保证文件质量。

工程咨询项目风险应对策略汇总表如表 4-12 所示。

工程咨询项目风险应对汇总表   表 4-12

序号	风险类别	风险名称	风险应对策略			
			风险回避	风险减轻	风险分担	风险转移
1	环境风险	政治风险	√	√	√	
2		经济风险		√	√	√
3	相关方风险	客户风险	√	√		
4		合作伙伴风险——联合体合作伙伴	√	√		
5		合作伙伴风险——分包商	√	√		
6	咨询公司自身风险	专业能力风险	√	√	√	√
7		合规风险		√		
8	项目自身风险	项目技术风险	√	√		√
9	项目管理风险	项目合同风险	√	√		
10		项目范围风险	√	√		
11		项目进度风险	√	√		
12		项目质量风险		√		√
13		项目财务风险	√	√		
14		项目安全和安保风险	√	√		√
15		项目沟通风险		√		

4.5 工程咨询项目风险管理案例

本节从工程咨询公司的角度，对一个典型的工程咨询项目的风险管理案例进行剖析。本案例系根据实际案例改编而成。

4.5.1 项目背景

1. 客户项目

本项目为位于中国南方某大城市的固体废物处理项目。当地政府和欧洲某开发银行

（W 银行）合作，利用 W 银行的贷款建设一座处理能力约 1200 吨/日的垃圾焚烧发电厂。项目大约于 2010 年开始设计。由于采用国际融资，本项目采用国际招标的方式采购工程咨询服务。

业主要求废气净化采用欧洲标准进行设计。如果有任何指标的中国标准（即中国国家标准及地方标准）比欧洲标准更加严格，则该指标应同时满足现行中国标准的要求。

2. 工程咨询联合体

某国际工程咨询公司（Y 公司，公司总部位于欧洲某国）和国内某大型设计院（S 设计院）组成联合体竞标，并赢得该项目的初步设计和项目管理服务，联合体被授予合同，并最终成功地完成了该项目。

3. 工程咨询服务范围

工程咨询联合体的服务范围为：

（1）完成项目的初步设计（含工程概算），并取得有关政府部门的批准。

（2）编制设备总承包商招标文件的技术部分，并在评标及合同谈判过程中提供咨询。

（3）审核、确认并完善设备总承包商提交的设计文件。

（4）编制并完成项目的建筑工程施工图设计、施工图预算，并通过有关部门的审查，须进行限额设计。

（5）编制建筑工程招标文件的技术部分，并在评标及合同谈判过程中提供咨询。

（6）配合建筑工程现场监督，负责设备安装工程现场监督及设备调试、试运行的监督。

（7）提供项目运行管理文件，编制项目档案。

4. 工程咨询服务的价格

上述工程咨询服务的价格约 300 万欧元。

5. 工程咨询公司的相关方

该国际工程咨询公司在本项目的相关方包括：

（1）相关政府部门。

（2）项目业主，为政府委托的一家国有企业。

（3）国外融资机构，为本项目提供优惠贷款，并对项目进行一定的监管。

（4）监理方，为一家有监理资质的中国监理公司。

（5）承包商，包括土建承包商和设备承包商。

（6）联合体合作伙伴，主要负责建筑工程施工图设计、施工图预算等工作。

（7）公众，周边的居民对项目的进展极为关注。

4.5.2　风险识别

Y 公司在投标之前和在签订合同以前分别对项目的主要风险进行了识别。在项目实施过程中持续对已经识别的风险及应对措施的效果进行监控，并持续识别新的风险。风险识别输入信息包括以往项目经验、项目工作结构分解、项目相关方分析等，主要采用头脑风暴、专家咨询、德尔菲等风险识别方法。识别出如下主要风险。

1. 客户（含政府、国际金融机构）风险

（1）本项目的终端客户是政府，咨询成果须获得政府部门的确认。政府可能不能高效、及时地完成工程咨询成果的审批。

（2）在项目实施过程中，某些强制性法规、标准可能发生改变。

（3）作为国际金融机构，融资人对咨询费支付的批准程序相对繁琐，支付的效率可能比较低。同时国际金融机构在合规性方面要求极为严苛。

2. 合作伙伴风险

（1）合作伙伴可能不具备足够的技术能力，导致项目交付出现差错或失误，影响工期和/或质量。

（2）合作伙伴可能不熟悉国际惯例和国际金融机构在合规性方面的严格要求，导致合规性问题。

3. 咨询公司业务能力风险

本项目采用较为先进的垃圾焚烧发电技术，在垃圾焚烧、烟气处理方面的技术要求高。咨询公司可能不能及时派遣有经验的项目团队，或者因为经验、能力不足而不能成功地交付服务。

4. 质量风险

本项目主要技术指标采用欧洲标准。客户项目的质量关系到公众特别是周围居民的健康和安全。咨询公司可能因为服务质量达不到客户的要求，或者客户项目未能达到质量标准而承担合同责任。

5. 财务风险

（1）本项目的咨询费将由国际融资机构直接用外币（欧元）支付，而项目费用有相当一部分是以人民币发生，因而存在汇率风险。

（2）工程咨询公司是以其境外公司的名义签订的工程咨询合同，而工程咨询收入是在中国境内取得的，因此需要在中国缴纳增值税和所得税。因而存在税务风险。

（3）本工程咨询项目采用固定总价合同。项目可能发生延误，使得项目周期延长，从而使得项目成本增加。因此存在项目成本超支的风险。

6. 沟通风险

（1）在本项目，工程咨询公司面对投资人（当地政府）和融资人（国际金融机构）两个客户，并且这两个客户的背景、文化和期望差别很大。做好和客户的沟通具有很大的挑战性。

（2）在本项目，国际工程咨询公司和国内传统的设计院组成联合体。联合体成员之间需要协同工作，彼此承担连带责任。联合体成员之间的任何误解、猜疑、偏见等，将严重妨碍项目的实施，给咨询公司造成损失。

4.5.3 风险评估

通过专家会议的方式，由专家根据以往经验和项目的具体情况定性估测各项风险发生的概率和风险后果，均用1~5中的一个数字表示其程度。例如，5表示发生概率最高或风险后果最严重。根据估测的结果制作风险清单和风险矩阵，分别如表4-13和图4-10所示。

风险清单   表 4-13

序号	风险名称	风险事件	发生概率	风险后果	风险评级
1	客户风险	政府不能及时地完成工程咨询成果的确认和审批；某些强制性法规、标准发生改变；国际金融机构支付的效率低	5	3	高

续表

序号	风险名称	风险事件	发生概率	风险后果	风险评级
2	合作伙伴风险	合作伙伴不具备足够的技术能力；合作伙伴发生合规性问题	3	4	中
3	咨询公司业务能力风险	咨询公司因为经验、能力不足而不能成功地交付服务；咨询公司不能派遣有能力的项目团队	3	5	高
4	质量风险	咨询公司因为服务质量达不到客户的要求，或者客户项目未能达到质量标准而承担合同责任	2	5	中
5	财务风险	客户用外币支付咨询费，因汇率变化产生损失；因为税务违规被处罚；项目成本超支	4	4	高
6	沟通风险	联合体成员之间发生误解、猜疑，甚至内讧，严重妨碍项目的实施，给咨询公司造成损失	2	3	中

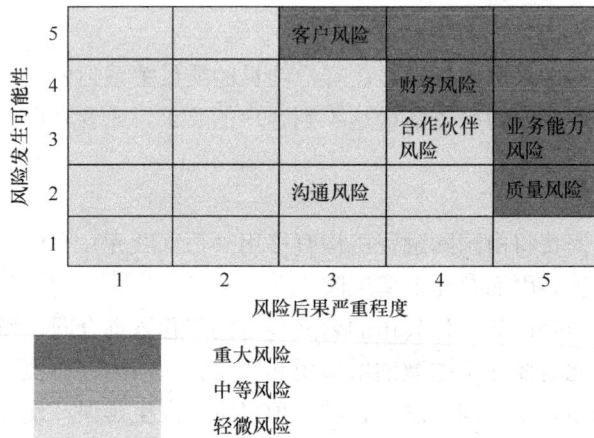

图 4-10　风险矩阵

4.5.4　风险应对措施

根据风险定性评估结果和工程咨询公司的风险承受能力，拟定如下风险应对措施。

1. 客户（含政府、国际金融机构）风险

（1）深入了解客户的需求，确保客户对服务满意，建立良好的客户关系。（风险减轻）

（2）力图在合同条款中清晰地规定客户审批程序、审批时间、付款计划、付款申请程序、付款审批时间等条款。（风险减轻）

（3）力图在合同中规定，政府或客户的任何政策或标准、规范的改变引起的损失由客户承担。（风险减轻）

（4）和联合体合作伙伴分工协作，共同应对客户风险。例如，联合体中、外方成员分别负责和投资人、国际融资人沟通，并承担相应风险。（风险分担）

2. 合作伙伴风险

（1）选择有实力的公司作为联合体合作伙伴。在确定合作关系之前对潜在合作伙伴的违规记录、行业声誉、财务实力、项目业绩等方面进行调查。回避高风险的潜在合作伙伴。最终选择了具有雄厚实力的某国有大型设计院作为联合体合作伙伴。（风险回避）

（2）签订完善的"联合体协议"。联合体协议应该明确定义各方的权利、义务、工作范围划分、咨询报酬分配、工作协调机制、责任承担、保密义务、争议解决等方面的内容。双方同意以工程咨询公司提议的协议模板为基础协定联合体协议。（风险减轻）

（3）联合体建立统一的项目团队和项目管理机构，制定统一的项目管理流程，最好能形成统一的团队文化。（风险减轻）

3. 咨询公司业务能力风险

（1）在投标阶段就设法获得集团总部的支持，从公司的巴黎办公室选派有经验的项目经理和主要技术专家作为项目团队核心成员，同时从公司的上海办公室选派沟通协调能力强的工程师加入项目团队。（风险减轻）

（2）公司的中国团队为国际专家团队提供有力的协助，保持了项目团队的稳定。（风险减轻）

4. 质量风险

（1）在项目计划阶段，在国际专家的领导下清晰地定义质量目标，编制完整的质量计划，建立简洁、实用的质量程序。在项目实施阶段严格地实施质量计划，保证工程咨询服务的质量。（风险减轻）

（2）在现场服务阶段，严格控制土建工程、设备设计制造、设备安装工程的质量。（风险减轻）

（3）由工程咨询公司总部统一投保职业责任保险。（风险转移）

5. 财务风险

（1）通过套期保值、外汇借贷等方式管理短期的汇率风险。（风险减轻）

（2）在报价中预留汇率变化可能引起的损失。（风险自留）

（3）聘请国际会计师事务所作为税务顾问，确保税务安排的合规和优化。（风险减轻）

（4）合同中规定，如果由于咨询公司不能合理控制的原因引起服务时间的延长，咨询公司有权获得咨询费补偿。（风险减轻）

6. 沟通风险

（1）选派跨文化沟通经验丰富、沟通能力强的项目领导人。根据项目的具体情况制订项目沟通计划，及时和客户及其他主要相关方进行有效沟通。（风险减轻）

（2）根据联合体协议中规定的沟通机制，加强和合作伙伴的沟通和互动，形成建设性的工作氛围，真诚协作，共创项目成功。（风险减轻）

拟定的风险应对措施的汇总如表 4-14 所示。

拟定的风险应对措施　　　　　　　　　　　　　　　　　　表 4-14

序号	风险名称	风险事件	应对前的风险定性分析			风险应对措施
			发生概率	风险后果	风险评级	
1	客户风险	政府不能及时地完成工程咨询成果的确认和审批；某些强制性法规、标准发生改变；国际金融机构支付的效率低	5	3	高	建立良好的客户关系；在合同条款中清晰地规定客户审批程序；在合同中规定，政府或客户的任何标准或规定的改变引起的损失由客户承担；联合体中、外方成员分别负责和投资人和国际融资人沟通，并承担相应风险

续表

序号	风险名称	风险事件	应对前的风险定性分析			风险应对措施
			发生概率	风险后果	风险评级	
2	合作伙伴风险	合作伙伴不具备足够的技术能力；合作伙伴发生合规性问题	3	4	中	选择有实力的公司作为联合体合作伙伴；签订完善的"联合体协议"；联合体建立统一的项目管理机构和流程
3	咨询公司业务能力风险	咨询公司因为经验、能力不足而不能成功地交付服务；咨询公司不能派遣有能力的项目团队	3	5	高	从公司的欧洲办公室选派有经验的项目团队核心成员，同时从公司的中国办公室选派沟通协调能力强的工程师加入项目团队；公司中国团队为国际专家团队提供有力的协助，保持项目团队的稳定
4	质量风险	咨询公司因为服务质量达不到客户的要求，或者客户项目未能达到质量标准而承担合同责任	2	5	中	清晰地定义质量目标，编制完整的质量计划，建立简洁、实用的质量程序；在现场服务阶段，严格控制土建工程、设备设计制造、设备安装工程的质量；由工程咨询公司总部统一投保职业责任保险
5	财务风险	客户用外币支付咨询费，因汇率变化产生损失；因为税务违规被处罚；项目成本超支	4	4	高	通过套期保值、外汇借贷等方式管理短期的汇率风险；在报价中预留汇率变化可能引起的损失；聘请国际会计师事务所作为税务顾问；合同中规定，如果由于咨询公司不能合理控制的原因引起服务时间的延长，咨询公司有权获得咨询费补偿
6	沟通风险	联合体成员之间发生误解、猜疑，甚至内讧，严重妨碍项目的实施，给咨询公司造成损失	2	3	中	选派跨文化沟通经验丰富、沟通能力强的项目领导人；加强与合作伙伴的沟通和互动，形成建设性的工作氛围

4.5.5　残余风险的定量分析及处理

1. 预期损失法

在拟定风险应对措施后，对残余风险进行了定性分析和预期损失法定量分析，如表4-15所示。残余风险处于可以接受的范围内，但是应该参照对残余风险预期损失法定量分析的结果，在报价中安排适宜的风险预备。本项目残余风险的预期损失为17.75万欧元，考虑在报价中预留20万欧元的风险预备。

采取应对措施后残余风险的定性定量分析　　　　　　　　表 4-15

序号	风险名称	风险事件	应对前的风险定性分析			应对后的风险定性分析			应对后的风险定量分析		
			发生概率	风险后果	风险评级	发生概率	风险后果	风险评级	发生概率	风险后果（千欧元）	预期损失（千欧元）
1	客户风险	政府不能及时地完成工程咨询成果的确认和审批；某些强制性法规、标准发生改变；国际金融机构支付的效率低	5	3	高	2	3	中	15%	150	22.5

续表

序号	风险名称	风险事件	应对前的风险定性分析			应对后的风险定性分析			应对后的风险定量分析		
			发生概率	风险后果	风险评级	发生概率	风险后果	风险评级	发生概率	风险后果（千欧元）	预期损失（千欧元）
2	合作伙伴风险	合作伙伴不具备足够的技术能力；合作伙伴发生合规性问题	3	4	中	2	2	低	15%	100	15
3	咨询公司业务能力风险	咨询公司因为经验、能力不足而不能成功地交付服务；咨询公司不能派遣有能力的项目团队	3	5	高	1	4	中	5%	600	30
4	质量风险	咨询公司因为服务质量达不到客户的要求，或者客户项目未能达到质量标准而承担合同责任	2	5	中	1	5	中	7.50%	800	60
5	财务风险	客户用外币支付咨询费，因汇率变化产生损失；因为税务违规被处罚；项目成本超支	4	4	高	2	3	中	20%	200	40
6	沟通风险	联合体成员之间发生误解、猜疑，甚至内讧，严重妨碍项目的实施，给咨询公司造成损失	2	3	中	1	2	低	8%	125	10
总计											177.5

2. 蒙特卡罗模拟

为了进一步了解残余风险的数量特征，采用@RISK软件对残余风险进行了数值模拟。根据经验数据假设各风险变量的概率均服从离散分布，根据专家判断确定其概率分布参数如表4-16所示。设定模拟次数为1000次，得出总风险损失的近似概率分布如图4-11所示，总风险损失的累计概率曲线如图4-12所示。从图4-11和图4-12可见，如果在预算中预留20万欧元的风险预备，风险损失不超过风险预备（即预备能覆盖实际风险损失）的概率为79.3%，风险损失超过风险预备的概率为20.7%。

各风险变量的概率分布　　　　　　　　　　　　表4-16

序号	风险名称	风险损失概率分布类型	风险损失概率分布参数	预期损失（千欧元）
1	客户风险	离散分布	Discrete（{0，150}，{0.85，0.15}）	22.5
2	合作伙伴风险	离散分布	Discrete（{0，100}，{0.85，0.15}）	15
3	咨询公司业务能力风险	离散分布	Discrete（{0，800}，{0.925，0.075}）	30
4	质量风险	离散分布	Discrete（{0，600}，{0.95，0.05}）	60

序号	风险名称	风险损失概率分布类型	风险损失概率分布参数	预期损失（千欧元）
5	财务风险	离散分布	Discrete（{0，200}，{0.8，0.2}）	40
6	沟通风险	离散分布	Discrete（{0，125}，{0.92，0.08}）	10
合计				177.5

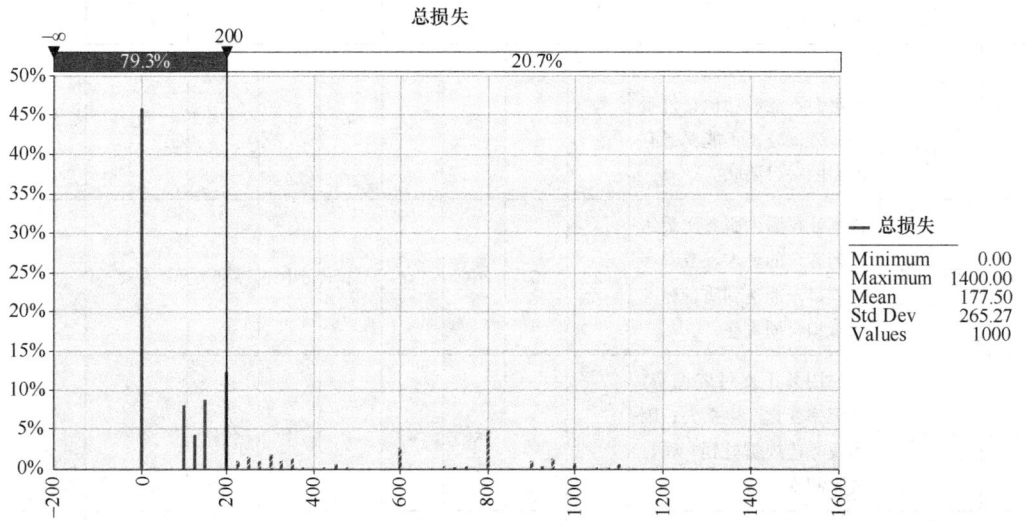

图 4-11　总风险损失概率分布（横坐标单位：千欧元）

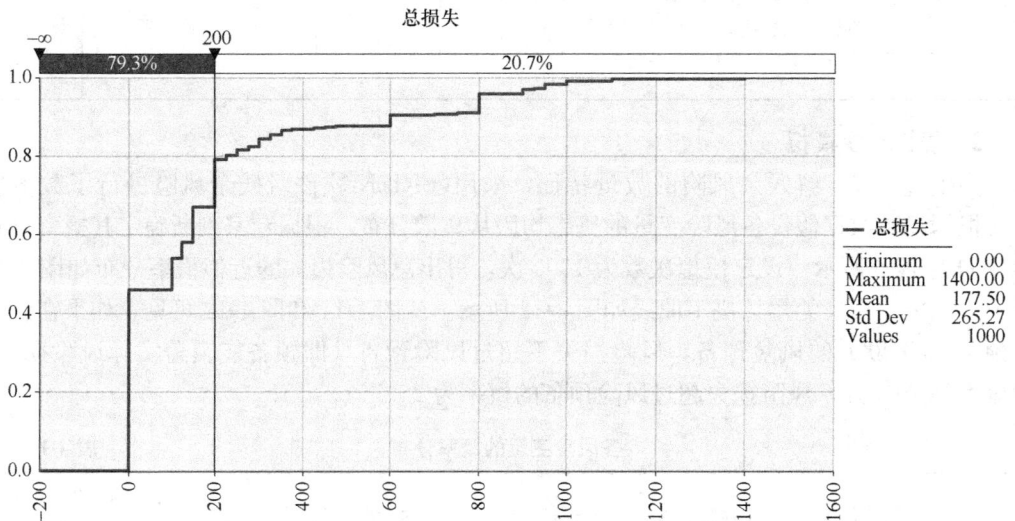

图 4-12　总风险损失累计概率曲线（横坐标单位：千欧元）

　　各项风险引起损失的"飓风图"如图 4-13 所示。从图可见，当其他风险变量保持在其期望值不变时，咨询公司业务能力风险变量在其变化范围内波动引起的总损失波动最大，质量风险变量的波动引起的总损失波动次之，沟通风险变量的波动引起的总损失波动最小。

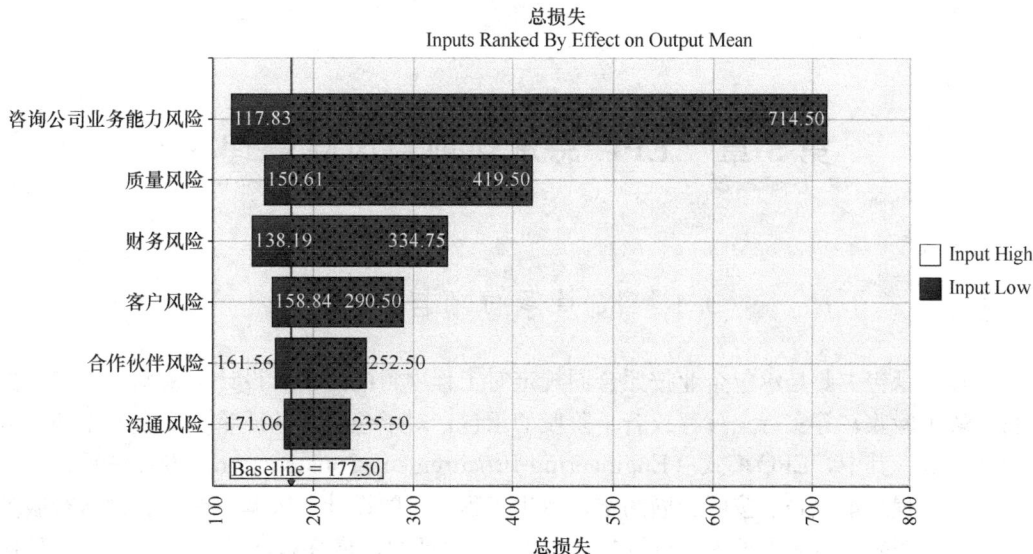

图 4-13　各项风险引起损失"飓风图"（横坐标单位：千欧元）

4.5.6　实施效果

本项目是一个技术难度较高、相关方较多的国际工程咨询项目，项目风险比较大。咨询公司在投标阶段对风险进行了识别、评估，并拟定了风险应对措施。在实施项目前，项目团队制订了完善的风险管理计划，其中明确规定了风险管理组织架构和各角色的职责、主要风险及其应对措施、风险监控的流程等。项目团队在项目实施的全过程对风险的状态、风险应对措施及其效果进行了持续的、严密的监控，确保风险一直处于可控的范围内。尽管在项目实施过程中发生了设计延误、工程变更、业主人员流失、咨询团队人员变更、欧元贬值等风险事件，由于实施了完善的应对措施，这些风险的负面影响均被控制在可接受的范围内。该国际工程咨询公司最终成功地完成了该项服务，赢得了各相关方的认可，并且取得了合理的项目财务绩效。

复 习 思 考 题

1. 相对于单项工程咨询服务，全过程工程咨询服务对于咨询企业而言在哪些方面风险更大？

2. 工程咨询企业在工程咨询服务投标报价中如何考量风险的影响？

3. 工程咨询企业如何通过咨询合同减轻工程咨询项目的风险？

4. 工程咨询项目风险应对措施的目标是什么？如何判断一项风险应对措施是否适宜？

5. 请通过工程咨询项目实例说明，在什么情形下应该采用风险回避策略？

4-复习思考题
参考答案

第5章 EPC总承包项目风险管理

5.1 EPC总承包项目概述

工程总承包主要是承包企业按照合同规定对工程项目的勘察、设计、采购、施工、试运行（竣工验收）等实行全过程或若干阶段的承包，对承包工程的质量、安全、工期、成本全面负责。其中，EPC模式（Engineering-Procurement-Construction，设计—采购—建设）是指工程总承包企业按照合同约定，承担工程项目的设计、采购、施工、试运行服务等工作，交钥匙总承包是EPC总承包业务和责任的延伸，最终是向业主提交一个满足使用功能、具备使用条件的工程项目。DB模式（Design-Build，设计—施工）是指工程总承包企业按照合同约定，承担工程项目的设计和施工，并对承包工程的质量、安全、工期、成本全面负责。根据工程项目的不同规模、类型和业主要求，工程总承包还可采用EP、PC等方式。PMC模式（Project Management Contractor，项目承包管理）是由业主委托管理承包商，对项目的质量、安全、进度、费用、合同、信息等进行管理和控制。

BOT和PFI模式产生于基础设施建设中政府与私人资本的融合，本质是公共部门为了解决工程建设资金或提升设施服务，对私人和民营资本的吸纳，其对资金的需求较大。BOT模式是指一国财团或投资人作为项目的发起人从一个国家的政府获得某项基础设施的建设特许权，然后由其独立或联合其他方组建项目公司，负责项目的融资、设计、建造和运营，整个特许期内项目公司通过项目的运营来获得利润，并用此利润来偿还债务。PFI模式是指政府部门发起项目，由财团进行项目建设运营，并按事先的规定提供所需的服务。由于PFI开始时间较短，所以从经验、应用范围上都不如BOT模式成熟，PFI的根本在于政府从私人处购买服务，目前这种方式多用于社会福利性质的建设项目中，且多被那些硬件基础设施相对已经较为完善的发达国家采用，因此不太适用于发展中国家。

EPC总承包模式在国际市场是一种非常常见的模式，该模式起源于20世纪70年代左右的美国，主要应用于石油化工行业。随着经济技术的快速发展，产品与服务的更新换代时间缩短，传统的工程建设模式已经不能满足快速发展的经济要求，特别是在投资金额大、建设周期长、风险与不确定性因素相对较多的行业，业主为了能够提前投产，使项目获得良好的经济效益，并在固定的建设时间和建设成本下顺利完成项目，而希望采用EPC总承包模式。该模式通常是工程公司在总价合同条件下，对其所承包工程的质量、安全、费用和进度进行负责，涉及的领域主要包括能源（传统石化、电力、清洁能源等）、交通（铁路、公路等）和房建等。

在EPC总承包模式中，Engineering不仅包括具体的设计工作，而且可能包括整个建设工程内容的总体策划以及整个建设工程实施组织管理的策划和具体工作；Procurement

也不是一般意义上的建筑设备材料采购，而更多的是指专业设备、材料的采购；Con-struction 应译为"建设"，其内容包括施工、安装、试测、技术培训等。同时，还应包括全部工程正常达标，接手就可正常使用。交付前应做无负荷试运行以及带负荷联动试运行、试生产，直至达产达标、正常生产为止。

自国家改革开放以来，中国工程公司在国家大力推动下积极"走出去"，对外工程承包新签约合同额由 1979 年的 0.33 亿美元增长至 2020 年的 2555.4 亿美元，目前在国际工程市场上的占有率达到 23.63%，遥遥领先于其他国家。2017 年首届"一带一路"高峰论坛为中国企业创造了大量的订单，2019 年 4 月第二届"一带一路"论坛在北京召开，为国际工程企业带来新的投资机会。近年来，中国政府密集出台扩大对外开放、支持"一带一路"倡议，中国国际工程公司正逐步加大对海外市场的拓展力度。同时，最近在国家一系列政策的支持及引导下，国内工程总承包模式项目日趋增多，特别是政府投资 EPC 项目率先带头实施。但在项目管理实践过程中，由于项目合约范围、业主关注重点、项目总包团队配置等方面存在诸多差异，且 EPC 项目管理从初步阶段发展至成熟阶段需要一个较长的过程，不可能一蹴而就❶。

5.2　EPC 总承包项目主要风险

风险管理通过支持项目目标（HSE、质量、费用、进度）而为项目、公司及利益相关方提供保障和增加价值，通过减少弱点和负面的意外增加业务价值，通过理解机会风险对与项目目标相关的机会和竞争优势加以利用。按照风险管理所处阶段分类，EPC 总承包项目风险可分为项目立项阶段风险、项目投标报价阶段风险以及项目执行阶段风险，需针对不同阶段进行风险管控。风险管控过程主要包括风险规划、风险识别、风险分析、风险应对和风险监控等过程。

5.2.1　项目立项阶段风险管控

对于项目立项风险而言，主要在于分析项目信息的可靠性，并在此基础上宏观研究项目的风险，结合其他专业的研究，决定是否投入资源跟踪该项目。

1. 管控目标

本阶段的重点工作是识别项目宏观风险、发现项目机会、为项目跟踪提供决策支持。具体目标和任务包括：①识别本阶段项目面临的重大宏观类风险；②使用综合评分法或 SWOT 方法分析项目总体风险，并将其作为项目是否立项跟踪的一个依据，指导公司立项决策。

2. 风险识别

本阶段项目风险分为十一个大类，包括政治经济、文化法律、公共安全、业主资信、资金及来源、业主要求、招标方式、竞争对手、项目经验、执行能力和内部资源等，具体如表 5-1 所示。

---

❶ 邓建，颜威，邹青．通过 EPC 项目实践看总承包管理发展［C］．第二届工程总承包项目管理经验交流会暨 2019 中国建筑学会工程总承包专业委员会年会论文集．中国建设科技集团股份有限公司、中国建筑学会工程总承包专业委员会、中国中建设计集团有限公司、亚太建设科技信息研究院有限公司：施工技术编辑部，2019：343-345．

项目立项阶段风险识别表　　　　　　　　　　　　　　　表 5-1

风险类别	描述说明
政治经济	如政治局势、国际关系、政府效率、公共关系、恐怖袭击、宏观经济、汇率利率、工业化水平、原料及人工成本等
文化法律	如宗教节日、风俗习惯、文化冲突、政策法规等
公共安全	如社会治安、公共卫生、自然灾害、灾难事故等
业主资信	如业主性质(公有或私有)、规模实力、资金状况等
资金及来源	如项目资金来源渠道、可靠性等
业主要求	如项目技术、工程规定、设备材料采购、施工分包、合同及管理要求等
招标方式	如招标方式、评标方法等
竞争对手	如竞争对手数量、实力等
项目经验	如过往类似项目经验、完成情况等
执行能力	如设计能力、采购能力、施工能力、商务能力、项目管理能力、HSSE 能力等
内部资源	如人力资源、财务资源、设备资源、管理资源等

3. 风险评估方法

对于本阶段的风险评估，一般使用综合评价方法，根据综合得分决定项目是否立项跟踪。

（1）评估标准

本阶段风险打分可分为高、中、低三个等级，分别用 5 分、3 分和 1 分表示，评估标准如表 5-2 所示。

项目立项阶段风险评估表　　　　　　　　　　　　　　　表 5-2

风险类别	评估标准		
	高风险	中风险	低风险
政治经济	政局不稳定，国际关系恶化，遭受国际制裁，政府工作效率低下或腐败，恐怖组织渗透，工业化水平低，宏观经济低迷，汇、利率波动，原材料及劳动力成本昂贵等	政局较为稳定，国际关系正常，政府工作效率一般，工业化水平中等，宏观经济平稳，汇、利率正常波动，原材料及劳动力成本稳定等	政局很稳定，国际关系很好，政府工作效率很高，工业化水平很高，宏观经济持续增长，汇、利率正常小幅波动，原材料及劳动力成本稳定或下降等
文化法律	宗教节日禁忌多，风俗习惯差异大，政策法规不健全等	宗教节日禁忌不多，风俗习惯差异不大，政策法规健全等	宗教节日禁忌极少，风俗习惯差异很小，政策法规非常健全等
公共安全	社会治安及公共卫生环境差，自然灾害及灾难事故频发等	社会治安及公共卫生环境一般，自然灾害及灾难事故很少发生等	社会治安及公共卫生环境良好，自然灾害及灾难事故极少发生等
业主资信	业主为私有企业，规模小、实力弱，资金状况差等	业主为大型私有企业或国有企业，规模大、实力强，资金状况良好等	业主为大型国有企业，规模大、实力强，资金状况充足等
资金及来源	资金来源渠道单一，不可靠等	资金来源渠道较多，可靠等	资金来源渠道丰富

风险类别	评估标准		
	高风险	中风险	低风险
业主要求	业主项目技术、工程规定、设备材料采购、施工分包、合同及管理等要求高	业主项目技术、工程规定、设备材料采购、施工分包、合同及管理等要求一般	业主项目技术、工程规定、设备材料采购、施工分包、合同及管理等要求不高
招标方式	公开招标，评标方式不规范等	公开招标，评标方式规范等	公开招标，评标方式非常规范等
竞争对手	竞争对手实力强	竞争对手实力中等	竞争对手实力很弱
项目经验	过往项目经验少，完成情况差	存在过往项目经验，完成情况良好	丰富的过往项目经验
执行能力	设计、采购、施工、商务、项目管理、HSSE 等能力不足	设计、采购、施工、商务、项目管理、HSSE 等能力满足项目要求	设计、采购、施工、商务、项目管理、HSSE 等能力高于项目要求
内部资源	人力、财务、设备、管理等资源不足	人力、财务、设备、管理等资源满足要求	人力、财务、设备、管理等资源高于要求

（2）综合评价

使用简单平均值得到该项目风险综合值，并根据如下标准判断该项目风险水平。具体标准如下：

1）风险值大于或等于 5 分：高等级风险，严重影响项目实施和项目盈利水平，不可接受的风险。

2）风险值大于 3 分且小于 5 分：中等级风险，对项目实施和项目盈利水平造成一定程度影响的风险。

3）风险值小于或等于 3 分：低等级风险，基本不影响项目实施和项目盈利水平的风险。

如果项目风险综合值高于 5 分，属于高风险，不建议立项。另外，如果业主资信、资金及来源和执行能力处于高风险，即使项目风险综合值低于 5 分，也认为该项目位于高风险，不建议予以立项。

除此之外，还可以选择 SWOT 分析法、PESTEL 分析法等，这些方法在本书 2.2.4 节有过讲解，在此不再重复。

4. 风险应对

针对获得的项目信息，完成独立的项目立项风险评估报告，以此作为项目立项审批表的附件，并按企业规定程序审批项目是否立项跟踪。

5. 重大风险案例

【**案例 5-1**】太平洋炼油厂立项风险评估案例

（1）风险评估方法

通过与 A 公司、B 公司及 C 公司进行对接和调研，综合现有公开的文献和国外咨询商完成的可研报告，从总承包商的视角详细识别和评估太平洋炼油厂的外部和项目自身所特有的风险，探讨有效的应对策略，以便于最大限度地规避风险。

如果从投资方视角研究该项目，该项目面临着政治风险、股东变更风险、产品竞争风险、原油采购风险和法律风险等。下文主要从承包商的角度评估该项目的风险。

（2）评估标准、风险清单和评分结果

关于太平洋炼油厂项目的风险评估标准、风险清单和评分结果，如表 5-3 和表 5-4 所示。其中，风险识别和每个风险事件的评分结果是根据在厄瓜多尔从事工程建设同行专家的经验获得。由于该风险评估工作是在项目立项与否的前期跟踪阶段，很多资料和项目信息不完善，故使用类似于新项目的投资环境评估技术（无须考虑风险的可能性）来评估本阶段项目的内外部风险。

太平洋炼油厂风险评估标准　　　　　　　　　　　　　　表 5-3

数值型评估标准	范围型评估标准	风险影响等级	语言描述
1	0～1	风险极低	风险影响较小，对项目影响微不足道
2	1～2	风险较低	项目的次要方面受到风险一定程度的影响
3	2～3	风险中等	项目的主要方面受到风险的影响
4	3～4	风险较高	风险对项目影响程度很大，发起人不能接受
5	4～5	风险极高	项目受到极大影响，导致项目终止

太平洋炼油厂风险清单与评分结果　　　　　　　　　　　　表 5-4

风险类别	风险因素	风险事件	描述	评分（应对前）	风险应对	评分（应对后）
外部风险	政治经济	政局不稳	该国党派竞争较为激烈，2017 年总统选举不确定性高	3		3
		汇率风险	与美元绑定，风险较低	1		1
		腐败风险	代理制国家，腐败现象较为普遍	4	选择合格的代理；签订公平合理的代理协议；符合内控规范	2
	政策法律	政策法律风险	重点的法律变更较大，税率大幅度提高	4	研究该国复杂的税种；与业主争取优惠的税收政策；研究该国的法律政策等	3
		关税不确定性风险	不断增加进口产品的关税，最高的达到 45%	5	研究该国复杂的税种；与业主争取优惠的税收政策	3
		工作许可风险	工作签证办理周期长	3		2
	公共安全	国别风险	比较安全，级别较高	2		2
		当地员工风险	工会力量强大，罢工时有发生	4	直接雇佣当地员工，聘用当地人作为部分专业的管理者；加强文化交流和沟通	3
		社区关系风险	社区关系复杂，残疾人就业有 8～10% 的比例要求	4	加强文化沟通，考虑适当的激励政策	3
		治安风险	抢劫事件时有发生	3		2

风险类别	风险因素	风险事件	描述	评分（应对前）	风险应对	评分（应对后）
外部风险	资金及来源	业主资金	资本金仅有 10%，其余的需要融资	5	积极帮助业主在中国的银行获得融资，设定项目合同仅在业主资金落实后再生效	4
		融资担保风险	该国是否顺利提供主权担保、资源担保	4	帮助银行获得业主的财务报表并科学评估；签订各类协议	3
	业主资信	还款能力风险	还款能力较差，回款周期较长	4	督促业主签订供销协议，合同中设定有利于公司的进度款支付条款	4
		业主履约能力风险	业主履约能力较差，甚至不按照合约执行	2		2
	项目经验和执行能力	项目经验不足风险	在拉丁美洲未执行过类似项目	4	前往在厄瓜多尔执行过很多项目的中资企业调研和学习在厄瓜多尔工程承包的经验	3
项目承包风险	设计风险	技术风险		2		1
		港口选址的不确定性		3		2
	采购风险	清关风险	清关时间非常长	3		2
		物流风险	路途遥远，货运困难	3		2
	施工风险	人工费上涨风险	2010～2015 年期间，基本以年均 10% 的比例上涨	4	报价中考虑此费用	3
		当地化成分	使用 80% 的当地员工	4	接受该风险，招聘对公司有利的外籍员工	3
	HSE 风险	环保风险	严格的环保法律规定，项目征地受到较大影响	4	接受该风险，努力提高 HSE 水平	3
	项目管理风险	费用风险	物流和人工成本难以有效控制	4	报价中考虑此费用	3
		进度风险	南美地区施工分包和施工管理经验不足	4	前往中资企业调研和学习，关注热带雨林等自然环境对进度的影响	3
		界面管理	利益相关方较多	3		2
		利益相关方的文化差异		3		2

说明：风险应对仅对高风险展开

（3）风险评估结果

根据风险事件的评分结果，使用简单平均、加权平均和神经网络智能模型分别得到项目整体风险值，如表 5-5 所示。从中可以看出：无论使用哪一种模型，项目整体风险值在风险应对前为 3.6，位于较高风险水平；风险应对后项目整体风险值为 2.7，位于中等风险水平，项目整体风险水平有所下降。

从表 5-5 可以看出，项目资金及来源风险极高，直接触动整个项目的风险预警红线，公司无法容忍该风险，因此需格外重视业主的资金落实情况。位于高水平的风险还包括政策法律风险、项目经验和执行能力风险。但这三项风险经过适当的应对和管理之后，风险水平均有所下降。鉴于 2017 年该国进行总统选举，因而需关注该国的政局变化和潜在走向。

太平洋炼油厂项目整体风险水平测算　　　　　　表 5-5

风险因素	分值（应对前）	分值（应对后）	风险权重
政治经济	2.7	2	20%
政策法律	4	2.7	10%
公共安全	3.3	2.5	10%
资金及来源	4.5	3.5	20%
业主资信	3	3	10%
项目经验和执行能力	4	3	20%
项目承包风险	3.4	2.4	10%
项目整体风险值	3.6	2.7	——

（4）单个风险因素和风险事件敏感性分析

通过单因素敏感性分析，获得风险因素对整个项目成败的灵敏程度和影响程度的曲线图，如图 5-1 所示，风险因素按照影响程度从高到低依次为：资金来源、项目经验和执行能力、政治经济、政策法律、项目承包风险、业主资信和公共安全。

从图 5-1 也可以看出，每个风险因素与项目整体风险水平都呈正相关，表明这些风险因素影响后果越大，项目整体风险水平越高，项目失败的概率将随之大大增加。

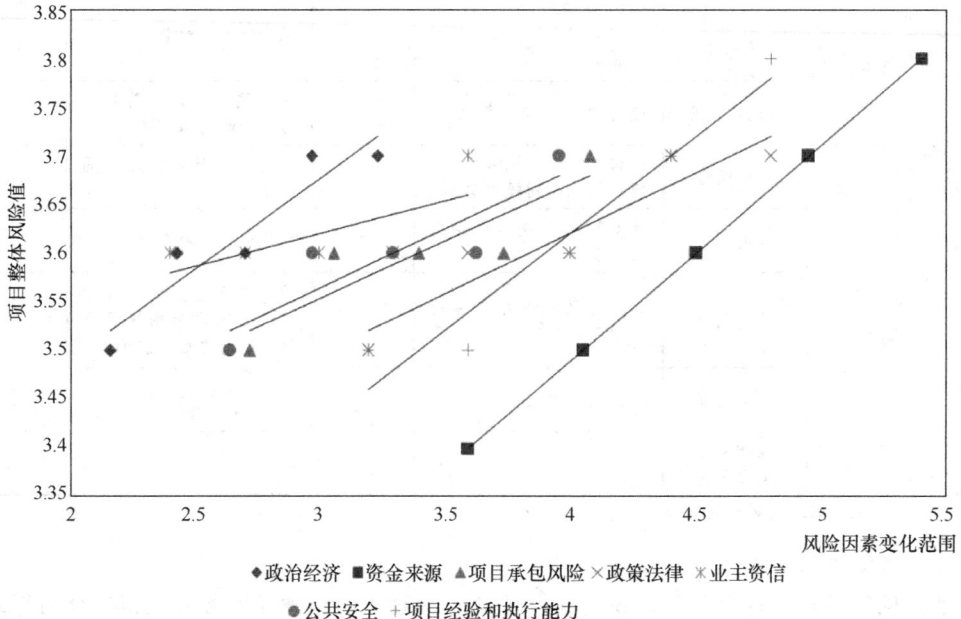

图 5-1　单个风险因素敏感性分析

图 5-1 属于宏观性质的风险因素敏感程度分析，为了有效制定风险应对策略和措施，很有必要对每个风险因素所包括的风险事件的灵敏程度进行详细分析，得到的结果如图 5-2 所示。从中可以看出，按照影响程度区分，前六位风险事件主要划分为两大类别，第

一类风险主要包括：业主资金（从中国银行的融资资金）、项目经验不足（未在南美执行过类似项目）、融资担保（包括主权担保和资产担保），这三类风险影响重要性达 40%；第二类风险主要包括：腐败风险（代理制国家，腐败风险一定程度上存在）、汇率风险（虽然当地货币苏克雷与美元挂钩，但美元汇率风险总是存在）、政局不稳（国内党派林立、斗争激烈，政党高度关注该项目），这三类风险影响重要性约 30%；其他风险事件的重要性均低于 20%。

风险事件敏感性分析

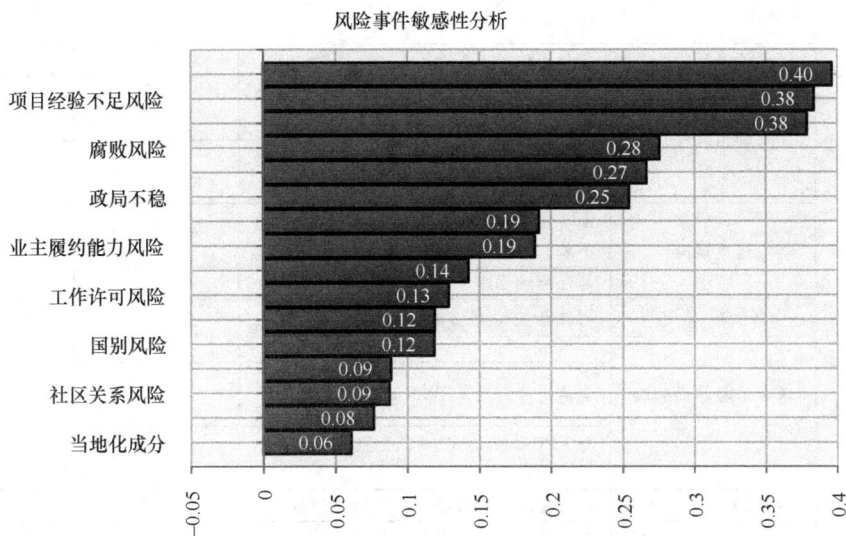

		0.40
		0.38
项目经验不足风险		0.38
	0.28	
腐败风险	0.27	
	0.25	
政局不稳	0.19	
	0.19	
业主履约能力风险	0.14	
	0.13	
工作许可风险	0.12	
	0.12	
国别风险		
0.09		
0.09		
社区关系风险 0.08		
当地化成分 0.06		

图 5-2　单个风险事件线性回归敏感性分析

（5）情景分析：假设融资已经完全得到落实

根据太平洋炼油厂项目推进的实际需要，假设融资全部得到落实，不存在业主资金短缺的情形，做出如下风险分析，如表 5-6 所示。P-I 均值为 12.6，说明即使业主资金得到落实，对于承包商而言，项目面临的风险仍较高。从宏观角度看，较高的几个风险主要包括：项目管理风险、HSE 与公共安全风险、政策法律风险、采购与施工风险。

详细分析风险事件，位于极高风险水平的风险事件有两个，主要包括：承包商没有在南美执行过类似项目和从未做过如此规模与类型项目的牵头方导致的项目执行能力风险；承包商联合体合作关系与界面管理风险极高，需高度关注承包商作为项目牵头方执行该项目以及协调与 SK、CMEC 等之间合作关系的能力。

较高风险包括：HSE 风险、社区与罢工风险、进度风险、税收风险与特殊语言（西班牙语）风险。

太平洋炼油厂工程承包风险清单　　　　　　　　　　　　　　　　　表 5-6

风险因素	风险事件	描述	可能性	影响	P-I 值	风险值
设计风险	技术风险	炼油厂工艺复杂，尼尔森指数 11.5；专利技术较多	4	2	8	7
	港口选址不确定性		2	3	6	
采购风险	清关风险	清关时间非常长	4	3	12	12
	物流风险	路途遥远，货运困难，费用增加	4	3	12	

续表

风险因素	风险事件	描述	可能性	影响	P-I 值	风险值
施工风险	人工费上涨风险	2010～2015 年期间，基本以年均 10% 的比例上涨	4	3	12	12
	当地化成分风险	使用 80% 的当地员工	4	3	12	
HSE 与公共安全风险	环保风险	严格的环保法律规定，项目征地受到较大影响	4	4	16	13.7
	社区复杂与罢工风险	社区关系复杂；工会力量强大，罢工时有发生	4	4	16	
	治安风险	抢劫事件时有发生	3	3	9	
项目管理风险	费用风险	范围变更、采购物流和施工人工成本难以有效控制	3	4	12	13.9
		变更导致业主资金缺乏，进度款支付放缓	2	3	6	
	进度风险	南美地区施工分包和施工管理经验不足	4	4	16	
		其他影响因素	4	3	12	
	联合体与界面管理	利益相关方较多，包括 SK、CMEC、TCC 等	4	4	16	
		与英美专利商及 PMC 之间的界面关系	3	3	9	
		与 EPP 石油公司和 CELECEP 电力公司的界面	3	4	12	
	利益相关方文化差异	文化差异对项目推动产生消极影响	4	3	12	
	项目经验和执行能力	在南美未执行过类似项目	4	5	20	
		从未做过如此规模与类型项目的牵头方	4	5	20	
		缺乏满足项目要求、通过 PMC 考核的专业工程师	4	4	16	
	特殊的语言要求	第一语言是西班牙语，第二语言是英语，缺乏西班牙语人才	4	4	16	
财务风险	汇率风险	与美元绑定，风险较低	4	1	4	10
	税收变更风险	不断增加进口产品的关税，最高的达到 45%，其他税收体系复杂，而且多变	4	4	16	
政策法律风险	政策法律风险	重点法律变更较大，税率大幅度提高	4	3	12	12
	工作许可风险	工作签证办理周期长	4	3	12	

（6）结论

太平洋炼油厂项目整体风险水平目前比较高，如果采取一系列措施并得到有效落实之后，项目整体风险水平有所降低，但仍处于中等风险水平。从总承包商角度来看，影响项目成败的主要因素包括：业主资金的落实程度和公司在南美项目执行经验的缺乏。采取的有效措施包括：积极帮助业主在中国的银行获得融资，设定项目合同仅在业主资金落实后再生效的条款；前往在当地国执行过很多项目的中资企业调研和学习工程承包的经验。

另外，假设业主资金全部得到落实，仅从工程承包角度看，承包商所面临的风险仍很高。主要是因为承包商从未在南美执行过类似的项目，也没有做过如此规模项目的牵头方，缺乏与联合体合作关系和界面管理的经验。最后，2017 年当地总统大选，政局的变化可能会对该项目的走向产生一定程度的影响。

5.2.2 项目投标报价阶段风险管控

本阶段主要是在投标报价过程中识别和分析项目潜在风险，并测算出风险储备金；然后采用风险转移、降低、接受等方式应对中高风险，实现风险控制目标。

1. 管控目标

本阶段的管控目标重点是筛选高水平的风险、制订风险应对计划、预留费用和进度储备。具体目标和任务包括：①通过识别项目面临的不确定性和风险，评估每项风险的重要性及紧迫程度；②筛选中高风险，制定风险减缓策略，指派风险应对责任人；③分析、评估需转移给业主和第三方的风险及其对项目目标的影响，指导合同谈判；④根据风险减缓策略，估算项目所需的费用和进度风险储备，以确保规划的风险减缓策略体现在项目报价和项目执行计划中。

2. 风险识别

根据公司实际情况，按照两个层次对项目风险进行分类。第一层：按照项目范围（设计、采购、施工）和主要责任（商务、控制、项目经理）分类，目的是根据风险来源或者影响的范围，大致界定风险识别、评估和应对的责任；第二层：设计、采购、施工、商务按照工作流程和界面识别的风险类别，项目控制和项目经理按照管理领域识别的风险类别进行分类。表 5-7 为风险识别推荐使用的标准风险分解结构。

标准风险分解结构表　　　　　　　　　　　　　　　表 5-7

第一层级	第二层级	第一层级	第二层级
设计	业主/PMC	施工	现场条件
	专利商		设计资料提交
	初步设计承包商		采购到货
	详细设计分包商		现场仓储
	供货商		施工分包商
	设计管理		施工组织与管理
采购	询价		气候
	接收报价		HSE
	技术评标		预试车
	商务评标	商务	支付方式
	供货商选择		保函
	订单申请		发票
	订单签订		合同
	订单生效	项目控制	费用
	生产制造		进度
	监造及检验		材料
	出厂	项目经理	资源
	境外运输		沟通协调
	清关		组织管理
	境内运输		未知风险
	采购管理		项目依赖关系
			市场
			管理规定

此外，按照风险来源可以划分为项目内部风险和外部风险。按照紧急程度可以划分为近期、中期和远期风险，甚至过期风险（风险已经发生，但持续影响项目目标）。以上未

能在表 5-7 中反映的风险分类，可以通过附加属性的方式进行筛选。

3. 定性分析

投标报价阶段定性分析主要包括概率—影响评估和建立概率—影响矩阵，具体方法参见本书 2.3.3 节。

风险的影响标度也可以参考表 5-8 的定义方法，具体应针对潜在影响目标、项目规模和类型、组织策略和财务状况以及公司风险管理委员会对某种影响的敏感度和承受度水平进行定义。

风险的影响标度定义表　　　　　　　　　　　　　表 5-8

评估风险对主要项目目标产生的影响				
项目目标	很低/0.05	低/0.10	中等/0.20	高/0.40	很高/0.80
费用	费用增加不显著	费用增加<1%	费用增加 1%~2%	费用增加 2%~5%	费用增加≥5%
进度	进度拖延不显著	进度拖延<1%	进度拖延 1%~2%	进度拖延 2%~5%	进度拖延≥5%

概率—影响矩阵也可以参考表 5-9、表 5-10 所示的非线性或线性方法定义，每一风险按其发生概率及一旦发生所造成的影响评定等级。矩阵中所示组织规定的低风险（小于等于 12）、中等风险（大于 12 小于等于 32）与高风险（大于 32）的临界值确定了风险的得分。

风险概率—影响矩阵（非线性）　　　　　　　　　表 5-9

具体风险的风险得分					
概率	风险得分＝P×I				
5.00	5.00	10.00	20.00	40.00	80.00
4.00	4.00	8.00	16.00	32.00	64.00
3.00	3.00	6.00	12.00	24.00	48.00
2.00	2.00	4.00	8.00	16.00	32.00
1.00	1.00	2.00	4.00	8.00	16.00
1.00	1.00	2.00	4.00	8.00	16.00
对目标的影响(例如费用、进度)，非线性					

风险概率—影响矩阵（线性）　　　　　　　　　表 5-10

具体风险的风险得分					
概率	风险得分＝P×I				
5.00	5.00	23.75	42.50	61.25	80.00
4.00	4.00	19.00	34.00	49.00	64.00
3.00	3.00	14.25	25.50	36.75	48.00
2.00	2.00	9.50	17.00	24.50	32.00
1.00	1.00	4.75	8.50	12.25	16.00
1.00	1.00	4.75	8.50	12.25	16.00
对目标的影响(例如费用、进度)，线性					

4. 定量分析

采用蒙特卡罗模拟技术进行定量分析，可将各项不确定性换算为对整个项目进度和费用目标产生的潜在影响，如图 5-3 所示，具体包括：

(1) 对实现既定项目进度和费用目标的概率进行量化；

(2) 在考虑项目风险的情况下，计算既定承受度水平下的费用和工期，确定所需要的风险储备；

(3) 通过量化各项风险对项目总体风险的影响，确定需要特别重视的风险和区域；

(4) 在某些条件或结果不确定时，确定最佳的管理决策。

模拟时，根据每项变量的概率分布函数（如三角分布），任意选取随机数，经过上千次叠加，计算总费用和完工日期的概率分布。

对于费用风险分析，以费用分解结构（Cost Breakdown Structure，简称 CBS）作为模型，加载风险；对于进度风险分析，需用具有前后顺序逻辑关系的进度计划作为基础。

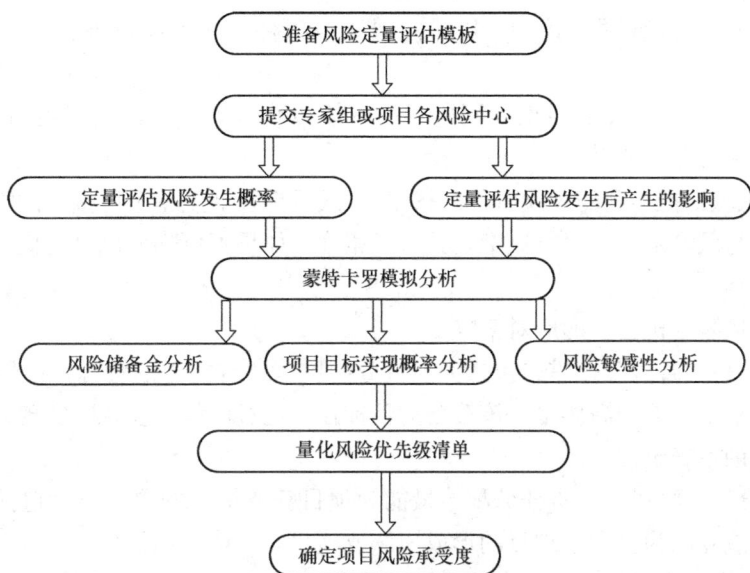

图 5-3　蒙特卡罗模拟分析技术步骤

此外，还可采用敏感性分析、决策树法等，具体内容参见第 2.4.4 节。

5. 风险应对

风险应对的目的是识别和实施使得风险可容忍的高效费比措施。它是决定和处理已识别风险方案的过程，其所包括的措施可以起到如下作用：

(1) 完全规避风险；

(2) 降低风险发生的可能性；

(3) 降低风险发生后的影响；

(4) 转移或分担风险；

(5) 保留风险并制订计划以补救其影响。

风险应对自身可能产生应予以考虑的新的风险，如图 5-4 所示。

(1) 消极风险（威胁）的应对策略

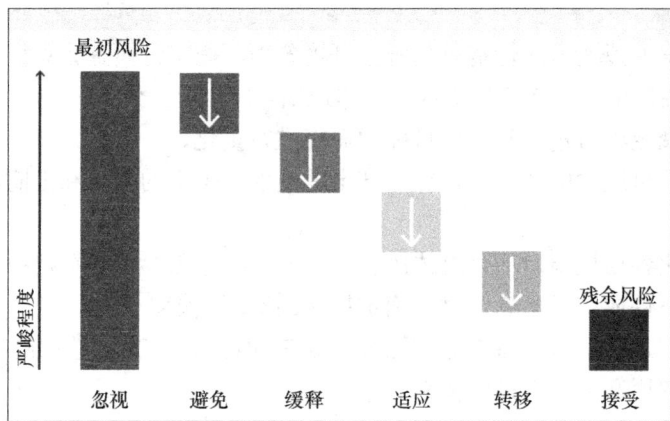

图 5-4　风险应对示意图

1) 风险回避：改变项目计划，以排除风险或条件，或者保护项目目标，使其不受影响。

2) 风险转移：将风险的后果连同应对的责任转移给第三方，包括利用分包、保险、履约保函、担保书和保证书等。

3) 风险减轻：把不利的风险事件的概率与/或后果降低至一个可接受的临界值。减轻风险的成本应与风险发生的可能概率及其后果相称，如果不可降低风险的概率，则应设法减轻风险的影响。

（2）积极风险（机会）的应对策略

1) 风险开拓：直接开拓措施包括为项目分配更多的有能力的资源，以便缩短完成时间或实现超过最初预期的高质量，该策略的目标在于通过确保机会肯定实现而消除与特定积极风险相关的不确定性。

2) 风险分享：将风险的责任分配给最能为项目获取机会的第三方，包括建立机会分享合作关系，或专门为机会管理目的形成团队或项目联合体、项目公司。

3) 风险提高：通过提高积极风险的概率或其积极影响，识别并最大程度发挥积极风险的驱动因素，致力于改变机会的"大小"。通过促进或增强机会的成因，积极强化机会风险的触发条件，提高机会发生的概率，或着重针对影响驱动因素，以提高项目机会。

（3）集成威胁和机会的应对策略

风险接受：表明项目已经决定不打算为处置某项风险而改变项目计划，或者表明他们无法找到任何其他应对良策。无论是出于对已知风险的应对成本、效果考虑，还是由于很多风险的发生不能被有效地识别和管理，任何一个项目都不可能回避或转移所有风险，因此，必须为未知风险和打算接受的已知风险留出管理储备和应急储备，包括时间、资金或者资源方面的储备。

6. 重大风险案例

【案例 5-2】风险储备金测算——沙特红海炼油厂

（1）项目背景

某石油公司拟在非洲投资新建一座炼油厂，施工部分费用包括直接费、间接费及其他杂项费用等。由于该项目投资额较大、建设周期较长、项目所在国资源缺乏，面临风险较大，因此有必要对费用估算所面临的不确定性进行详细分析，筛选出发生概率较高、影响较大并且敏感性较强的风险事件，对这些风险事件采取行之有效的措施进行规避，使项目在投资预算范围内能够顺利的建成。

（2）风险P×I矩阵构建

通过专家评估方法识别出对费用产生影响的风险事件，然后对风险事件的P×I矩阵进行排序，得到7个处于高风险与中等风险水平的风险事件，依次是：联合体协议偏离预期、长周期设备供应不足、缺乏合格的关键岗位工程师、项目承包策略的变更、工程设计偏离预期、施工生产率不高、劳动生产率偏离预期等。这7个风险事件发生的概率及其影响值的详细信息如表5-11所示。

该项目风险 P×I 矩阵　　　　　　　　　　　　　表 5-11

序号	风险事件	发生概率（%）	影响值（%）		
			最小值	最可能值	最大值
1	联合体协议偏离预期	30	100	105	110
2	长周期设备供应不足	60	85	105	115
3	缺乏合格的关键岗位工程师	50	90	100	110
4	项目承包策略的变更	30	100	110	130
5	工程设计偏离预期	50	95	110	130
6	施工生产率不高	100	90	110	120
7	劳动生产率偏离预期	100	90	105	110

（3）风险分配矩阵

将风险事件分配给受影响的费用子项，建立如表5-12所示的风险分配矩阵。例如，长周期设备费用受长周期设备供应不足（风险事件2）、项目承包策略的变更（风险事件4）与工程设备偏离预期（风险事件5）的影响，则在"长周期设备"与风险事件2、4、5的相交处标记"▲"号。其他以此类推。

风险事件与费用项之间的风险分配矩阵　　　　　　表 5-12

费用类别	风险事件						
	1	2	3	4	5	6	7
长周期设备		▲		▲	▲		
设备				▲	▲		
材料					▲		
直接/间接劳动力				▲		▲	▲
施工管理			▲	▲			▲
与施工相关的材料				▲		▲	▲
总部设计人员	▲		▲		▲		
项目管理费	▲		▲				

（4）蒙特卡罗模拟分析

将风险事件发生的概率与影响值定义为蒙特卡罗模拟分析的输入变量，如图5-5、图5-6所示。其中，将风险事件的发生概率定义为服从0-1的贝努利分布，影响值定义为服从三点的三角分布。

图 5-5　风险事件发生的概率分布

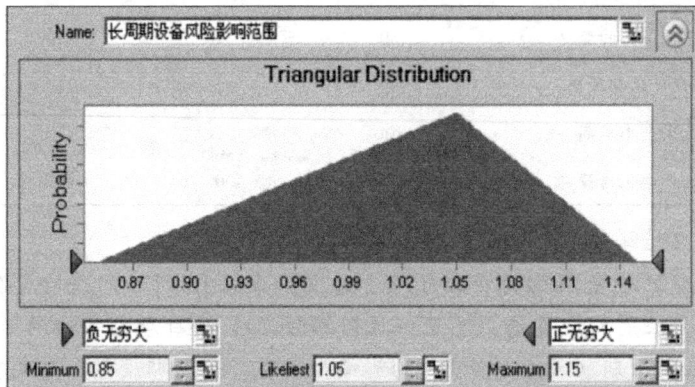

图 5-6　影响值的概率分布

根据风险事件的 P×I 矩阵与风险匹配矩阵，结合风险驱动的迭代原理，确定受风险事件影响的费用子项所对应的风险因子，比如长周期设备费用项由于受到长周期费用不足、项目承包策略的变更与工程设计偏离预期等风险事件的影响，对应的综合风险因子为：RiskTriang（0.85，1.05，1.15）× RiskTriang（1，1.1，1.3）× RiskTriang（0.95，1.1，1.3）。

将费用子项与对应的风险因子进行乘积，如长周期设备费用项的风险费用为 C×RiskTriang（0.85，1.05，1.15）× RiskTriang（1，1.1，1.3）× RiskTriang（0.95，1.1，1.3），其他风险费用的计算公式类似。本例所用的模拟分析软件是@Risk。

利用风险定量分析软件对总费用进行10000次模拟，得到相对于总费用的敏感性分析结果，如表5-13所示，风险事件的影响程度优先排序依次是：工程设计偏离预期产生的概率（影响程度为36.7%）、项目承包策略的变更发生的概率（影响程度为32.4%）；之后依次是工程设计偏离预期影响值与项目承包策略的变更影响值，如表 5-13 所示。由此可见，对总费用估算影响较大的风险事件分别是工程设计偏离预期与项目承包策略的变更。为了提高费用估算的精度、降低风险产生的概率，需要制定合理有效的措施来降低工程设计偏离预期与项目承包策略的变更所面临的风险。

敏感性分析结果   表 5-13

序号	敏感项	影响程度(%)
1	工程设计偏离预期产生的概率	36.7
2	项目承包策略的变更发生的概率	32.4
3	工程设计偏离预期影响值	10.2
4	项目承包策略的变更影响值	9.0
5	劳动生产率偏离预期影响值	8.1
6	施工生产率不高影响值	1.7
7	缺乏合格的关键岗位工程师	1.2
…	……	<1

（5）风险响应措施前后结果比较分析

针对上述分析结果，通过培训提高设计人员的技术水平来消除工程设计偏离预期的发生概率。然后利用风险定量分析软件对总费用再次进行蒙特卡罗模拟，将两次模拟得到的总费用的概率分布进行对比，如表 5-14 所示。发现第二次模拟分析得到的总费用 90% 置信度下区间值变得更窄，从第一次模拟的 12.59 亿美元降低为第二次模拟的 8.37 亿美元。相对于基准费用的 75.15 亿美元而言，第二次模拟得到的最可能值 76.65 亿美元（众数）比第一次模拟得到的最可能值 78.19 亿美元（众数）更接近于基准值。与此同时，达到基准费用的概率也从最初的 65% 提高至 80%。

两次模拟分析结果比较   表 5-14
单位：百万美元

模拟	P5	众数	平均数	中位数	P95	置信区间(90%)
第一次模拟	7488	7819	8011	7948	8747	1259
第二次模拟	7439	7665	7784	7740	8276	837

5.2.3　项目执行阶段风险管控

1. 管控目标

本阶段的管控重点是确保关键风险的重点管理，支持风险减缓策略，满足项目目标、监控、报告和逐级呈报风险并支持重大决策。项目执行过程风险管控应侧重以下内容：①项目组执行和实施批准的应对策略和应对计划；②新风险的识别、评估，制订对其的风险应对计划，再评估已识别风险，持续追踪"待观察清单"中的低风险；③监测次生风险和残余风险，审查风险应对计划的执行，并评估其降低风险的有效性；④通过风险应对责任人定期向项目经理和风险经理汇报风险应对计划的有效性、未曾预料到的后果，以及为减轻风险所需采取的纠正行动，以支持风险减缓策略的选择、费用和进度风险储备的消耗和实施、采取纠正行动或重新规划项目等重大决策；⑤监控风险储备的消耗，对比分析剩余风险量和剩余风险储备。

2. 风险规划

所有项目及其周期中的每一个过程和决策都存在风险。因此，在项目进行的每一阶段都应当对风险进行管理，并且风险管理过程应当与项目管理过程相结合。风险管理需要全员参与。要求建立结构化的风险管理过程，以利于促进开放性沟通和风险的高效费比管理。

有效的项目风险管理的一个前提是项目内、外部均有坦率和开放性的沟通。

（1）风险组织

1）项目风险管理组织机构，如图 5-7 所示。

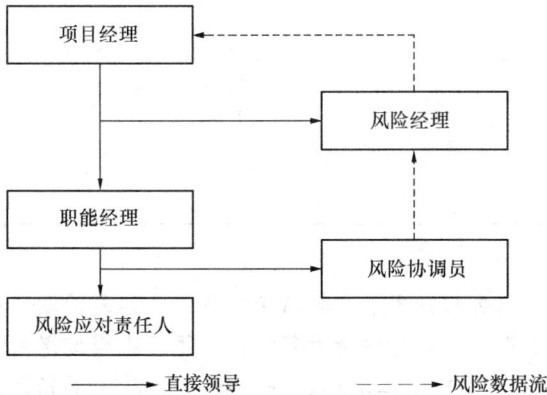

图 5-7　项目风险管理组织机构图

2）岗位职责

① 项目经理

项目经理应充分理解风险含义，负责营造项目风险管理有效运作的环境及架构，具体包括：

a. 审核、批准风险管理计划、程序、软件等策划方案，配置风险管理所需资源，为项目风险管理的有效运作提供有力支持；

b. 审核风险识别、评估、应对方案及其成本；

c. 审核风险经理提交的风险报告、风险应对计划的执行、风险储备及其分配和使用，报公司风险管理委员会批准；

d. 对风险应对计划的执行负全面责任，负责协调由于风险应对产生的冲突和矛盾；

e. 承担辨识评估、应对策划和应对实施的风险管理责任。

② 职能经理

职能经理的职责包括：

a. 对所负责风险管理日常事务负主要责任，组织协调风险管理活动在本部门的实施；

b. 负责在其部门内推广风险意识，将风险管理目标纳入其业务，确保从规划到整个执行过程均考虑到风险管理，并按照风险分析重新排定工作优先顺序；

c. 提供风险管理的合理资源，尤其是风险协调员，一般应具有较好的组织和协调能力，熟悉本部门业务流程，具有较强的进度或费用控制背景知识和经验，了解项目风险管理基本理论；

d. 修改、确认本部门风险识别、评估以及应对计划的制订，协调、监督风险应对责任人严格执行经批准的风险应对策略和计划。

③ 风险经理

风险经理的职责包括：

a. 全面负责项目风险管理工作的日常运行和管理；

b. 策划风险管理工作，制定风险管理政策及策略，设计风险管理流程、职责及程序，规划软件使用方案；

c. 在项目内建立风险认知的文化、提供风险管理培训；

d. 组织并促进风险识别、评估、应对等工作在项目中的实施；

e. 组织风险管理组与进度计划、费用估算组充分沟通，参加有关风险管理输入文件的管理评审会议，合理保证定量分析的基础（进度计划、费用估算）与定量风险评估不重复、不漏项；

f. 组织并领导风险工程师进行风险信息搜集、分析、监控和报告等工作的具体实施；

g. 向公司风险管理委员会、项目经理以及外部业主等利益相关方报告有关风险信息、风险应对执行情况、风险储备分配及使用情况；

h. 持续改进、不断完善风险管理流程、报告、软件配套等工作；

i. 项目收尾阶段，组织对项目风险识别、评估及应对经验教训进行总结，提高项目组和公司的风险识别意识和能力、提高风险评估的准确度、积累有效的风险应对经验。

④ 风险应对责任人

风险应对责任人的职责包括：

a. 按照应对策略，制订详细的风险应对计划；

b. 具体实施经批准的风险应对计划；

c. 定期向项目经理和风险经理汇报风险应对计划的有效性、未曾预料到的后果，以及为减轻风险所需采取的纠正行动；

d. 积极配合风险管理组的应对监控工作。

（2）资源

项目经理应当确保项目风险管理所需资源的可得性，包括有足够经验的设计、采购、施工、开车、试车、商务、合同等专业人员，但应当考虑项目风险管理所需的额外成本。

（3）风险沟通

风险管理依赖于整个工程项目全生命周期中其他方面信息的可得性。在风险管理与诸如进度、成本、质量和安全方面之间应当正式建立和保持沟通接口和渠道。为确保风险应对责任人和相关方了解制定决策的依据、相应的角色和职责，以及邀请采取特定措施的原因，有效的内、外部沟通是很重要的。

（4）风险报告

风险报告分为定期报告和不定期报告。

定期报告为季度报告，由项目部按要求每季度向所属单位提交。季度风险报告汇总了本阶段风险管控的工作成果，包括风险清单信息及变化情况、风险应对措施的制定及执行情况、进度费用偏差风险原因分析以及风险储备分析结果。

不定期报告是指当项目出现重大风险等异常状况时，项目部需及时将风险报告上报所属单位，重点说明重大风险等异常状况出现的原因、对项目的影响及应对方案等内容。

（5）文档归档

文档有利于风险管理过程的实施和控制，特别是在项目不同阶段的交接过程中有助于项目策划、进展评价和追溯。风险管理过程、风险及其处理都应当形成文档。文档主要包括项目风险管理计划和项目风险记录单。前者是用于描述拟用于该项目的机构化过程；后者是拟用于记录风险状态变化的载体，覆盖风险识别、分析、应对和监控等阶段。

因此，涉及项目风险的文档包括但不限于以下几种：

1）项目风险管理计划；

2）风险登记表；

3）风险定性分析表；

4）风险定量分析表；

5）风险应对表；

6）风险监控表；

7）风险报告。

在项目执行阶段识别的风险主要包括设计风险、采购风险、建设风险、商务风险、控制风险和项目经理风险，并在此基础上细分二级和三级风险，确定对应的风险策略和风险应对责任人，如表 5-15 所示。

总承包项目风险清单　　　　　　　　　　　　　　　　　表 5-15

一、设计风险

序号	风险分类			应对策略	风险应对责任人		
	第一层级	第二层级	第三层级（风险说明）				
1	设计	业主/PMC	业主延迟提交专利商、基础设计承包商、技术规范等资料，以及改造项目中原厂资料等设计条件	依据合同，按变更程序索赔费用和工期	专业负责人	设计经理	项目经理
2	设计	业主/PMC	业主对初步设计承包商之间的边界条件变化协调不足	通过业主与初步设计承包商进行协调	专业负责人	设计经理	项目经理
3	设计	业主/PMC	业主对设计资料反馈或批复延迟	1. 及时与业主协调； 2. 按合同及时提出"视为批准"	专业负责人	设计经理	项目经理
4	设计	专利商	专利商设计文件的错误或变更	1. 与专利商澄清确认； 2. 依据合同，按变更程序索赔费用和工期	专业负责人	设计经理	项目经理
5	设计	专利商	专利商设计文件深度不够	1. 在合同签订前，设计人员应对专利商文件设计深度进行确认； 2. 依据合同，对增加的工作申请变更，并按变更程序索赔费用和工期	专业负责人	设计经理	项目经理
6	设计	专利商	专利商反馈延迟	1. 加强与专利商的沟通； 2. 通过业主协调解决	专业负责人	设计经理	项目经理
7	设计	初步设计承包商	初步设计承包商设计文件的错误或变更	1. 与初步设计承包商澄清确认； 2. 依据合同，按变更程序索赔费用和工期	专业负责人	设计经理	项目经理
8	设计	初步设计承包商	初步设计承包商设计文件深度不够	1. 在合同签订前，设计人员应对初步设计文件深度进行确认； 2. 依据合同，按变更程序索赔费用和工期；	专业负责人	设计经理	项目经理

序号	风险分类			应对策略	风险应对责任人		
	第一层级	第二层级	第三层级（风险说明）				
9	设计	初步设计承包商	初步设计承包商反馈延迟	1. 加强与初步设计承包商的沟通； 2. 通过业主协调解决	专业负责人	设计经理	项目经理
10	设计	详细设计分包商	详细设计分包商文件的错误或变更	1. 确定分包和执行模式时应充分评定； 2. 加强与详细设计分包商的沟通、管理； 3. 加强对分包商的合同管理，强化经济杠杆的制约	专业负责人	设计经理	项目经理
11	设计	详细设计分包商	详细设计分包商设计文件深度不够	1. 在分包合同中明确规定设计分包商文件的深度； 2. 加强与详细设计分包商的沟通、管理； 3. 加强对分包商的合同管理，加强经济杠杆的制约	专业负责人	设计经理	项目经理
12	设计	详细设计分包商	详细设计分包商反馈延迟	1. 加强与详细设计分包商的沟通、管理； 2. 加强对分包商的合同管理，加强经济杠杆的制约	专业负责人	设计经理	项目经理
13	设计	供货商	供货商资料延迟发布、反馈或存在偏差	1. 在项目执行程序中明确催交工作的组织机构、职责和操作程序； 2. 在采购订单中与供货商详细约定； 3. 加强对采购订单的管理； 4. 接受偏差	专业负责人	设计经理	项目经理
16	设计	设计管理	设计习惯差异	1. 制定设计管理程序和设计统一规定； 2. 组织设计人员进行系统培训； 3. 加强协调和管理	专业负责人	设计经理	项目经理
17	设计	设计管理	设计疏漏	1. 加强质量控制； 2. 细化设计管理流程和程序	专业负责人	设计经理	项目经理
18	设计	设计管理	设计专业之间互提资料不足	1. 加强内部沟通、协调； 2. 完善专业之间互提资料的模板文件	专业负责人	设计经理	项目经理
19	设计	设计管理	设计规范不熟悉	1. 组织各专业设计负责人学习设计规范； 2. 专业设计负责人对各专业设计人员进行宣讲和培训	专业负责人	设计经理	项目经理

二、采购风险

序号	风险分类			应对策略	风险应对责任人		
	第一层级	第二层级	第三层级（风险说明）				
1	采购	询价	业主对当地采购的要求	1. 了解、熟悉当地供货商，并选择当地合格的供货商； 2. 通过加强与业主沟通，说服业主接受承包商的采购策略； 3. 通过当地服务公司提供当地采购服务	采买专业工程师	采购经理	项目经理
2	采购	询价	获批准的供货商名单未涵盖项目全部设备和材料	1. 提出新的供货商名单； 2. 按合同向业主申请批准	采买专业工程师	采购经理	项目经理
3	采购	询价	新增加的供货商不能及时或不能得到业主批复	1. 提交完整的资格审查文件； 2. 协调业主审批	采买专业工程师	采购经理	项目经理
4	采购	询价	询价包设计资料不完整或不准确	要求设计方提供完整的设计技术资料	采买专业工程师	设计专业负责人	设计经理
5	采购	接收报价	供货商对询价无响应	1. 从已批准的供货商名单中追加询价； 2. 批准新的供货商	采买专业工程师	采购经理	项目经理
6	采购	接收报价	供货商延迟投标报价	1. 加强催交力度； 2. 加强与供货商澄清，以便其提交合格报价	采买专业工程师	采购经理	项目经理
7	采购	接收报价	业主或专利商原因导致独家供货	1. 加强商务谈判力度； 2. 分配资深合格的采买员； 3. 请求业主协助； 4. 接受专利商指定的独家供货	采买专业工程师	采购经理	项目经理
8	采购	接收报价	设计方提交供货商资料延误	1. 明确供货商文件审查程序，并严格执行； 2. 加强催交工作：一方面催供货商提交，另一方面催设计方按时返回	设计专业负责人	采买专业工程师	设计经理
9	采购	技术评标	技术评标后造成供货商不足或独家供货	1. 通过与设计方沟通，要求设计方进一步与供货商进行技术澄清，以符合技术要求； 2. 在规范许可范围内，接受技术偏差	设计专业负责人	采买专业工程师	设计经理
10	采购	商务评标	供货商要求苛刻的合同商务条款	1. 加强商务谈判； 2. 根据供货商信誉等级，合理掌握谈判尺度； 3. 综合评估商务报价中费用、工期、交付方式等要素，进行综合平衡	采买专业工程师	采购经理	项目经理

序号	风险分类			应对策略	风险应对责任人		
	第一层级	第二层级	第三层级（风险说明）				
11	采购	商务评标	供货周期不能满足项目总体计划要求	1. 综合平衡费用、工期各因素，以获得最佳的费用、工期、质量； 2. 优化 EPC 进度计划，以最终保证总体进度计划的实施	采购经理	控制经理	项目经理
12	采购	商务评标	谈判价格超出项目控制基准价	1. 综合平衡费用、工期各因素以获得最佳的费用、工期、质量； 2. 接受供货商最终报价，执行项目审批程序	采购经理	控制经理	项目经理
13	采购	订单生效	供货商无法提供保函或延迟提供保函	1. 在满足法律商务基本原则下，与供货商协商保函内容，并尽早开出； 2. 根据供货商信誉等级不同，采取不同担保形式，例如公司保函、备用信用证（standby-LC）、物权转移； 3. 在满足法律商务基本原则下，修改合同付款条款，保证双方利益，促进合同尽早生效	采购经理	商务经理	项目经理
14	采购	订单生效	承包商未能及时开具信用证或付款导致订单生效延迟	1. 及时从业主方收回工程进度款； 2. 与银行协调，及时开具信用证或付款	商务经理	采购经理	项目经理
15	采购	生产制造	因供货商原因造成不能按时交货	1. 加强催交监控力度，协助供货商解决技术问题； 2. 协助供货商解决商务层面的问题和困难	催交员	采购经理	项目经理
16	采购	生产制造	因设计资料和意见的反馈延迟造成供货商不能按时交货	与设计协调，加强催交工作	采买专业工程师	设计专业负责人	设计经理
17	采购	监造及检验	供货商产品质量偏差	1. 加强过程检验、监造； 2. 加强与设计协调沟通，及时解决问题	检验员	采购经理	设计经理
18	采购	生产制造	设计变更发布或送达滞后于供货商生产制造，造成设计与制造不符	1. 强化项目变更控制程序，保证项目变更渠道畅通； 2. 加强采购催交、检验协调力度	采购经理	设计专业负责人	设计经理
19	采购	监造及检验	承包商不能及时派出人员驻厂、参会和最终检验	1. 合理调配人力； 2. 提早办理手续； 3. 优化相关行政审批手续； 4. 委托服务公司进行检验	检验员	采购经理	项目经理

序号	风险分类			应对策略	风险应对责任人		
	第一层级	第二层级	第三层级（风险说明）				
20	采购	生产制造	内部设计变更造成供货商对工期和费用索赔	1. 加强项目变更控制； 2. 与供货商谈判	采买专业工程师	采购经理	项目经理
21	采购	生产制造	外部设计变更造成供货商对工期和费用索赔	1. 加强项目变更控制； 2. 与供货商谈判	采买专业工程师	采购经理	项目经理
22	采购	生产制造	承包商无法及时开出信用证、及时付款导致供货商不能按时交货	1. 与供货商沟通，争取供货商的理解； 2. 加强财务及现金流规划，根据项目计划要求及供货周期，按照订单优先等级进行支付，以确保订单及时生效； 3. 加强与业主协调，及时收回工程款	采购经理	商务经理	项目经理
23	采购	出厂	供货商出厂所需资料交付不完整	1. 通过合同条款约束，资料未完全交付前，视为订单尚未执行完毕； 2. 加强供货商文件资料催交	采买专业工程师	设计专业负责人	设计经理
24	采购	运输	出口国延迟发布对业主所在国的设备出口许可证	1. 积极协调业主，签发相关文件（最终用户说明）； 2. 采取交通方法，通过转运、第三方签合同等； 3. 提前考虑由于转运造成的进度、费用风险	采购经理	商务经理	项目经理
25	采购	运输	因极端和不可预测的天气导致运输延误	1. 提前做好计划，关注气象资料，对关键设备的运输同时应做好相关应急预案； 2. 对于紧急材料，改变运输方案	运输协调员	采购经理	项目经理
26	采购	运输	除不可抗力外的因素导致的运输货物灭失或损坏	1. 风险转移，例如保险、紧急采购、补充订货； 2. 风险接受	运输协调员	采购经理	项目经理
27	采购	运输	港口装卸设施不足导致运输延误	提前调研、规划（自带起重吊运设备的运输船、陆上吊车配备或转港）	运输协调员	采购经理	项目经理
28	采购	运输	运输商与供货商之间关于运输时间、船期安排等协调不足	1. 密切协调运输商与供货商； 2. 在与运输商/供货商的订单合同中分别约定界面关系与协调程序	运输协调员	采购经理	项目经理
29	采购	运输	道路、桥梁不能满足重型机械运输	1. 提前做好运输调研、规划； 2. 做好旁路	运输协调员	采购经理	项目经理

序号	风险分类			应对策略	风险应对责任人		
	第一层级	第二层级	第三层级（风险说明）				
30	采购	运输	紧急采购运输瓶颈设备、材料	根据项目进度计划要求，考虑所有可能的运输方式	运输协调员	采购经理	项目经理
31	采购	运输	临时的航空管制、水路、港口和陆路限制	1. 接受； 2. 制订应急预案； 3. 改变运输方式	运输协调员	采购经理	项目经理
32	采购	运输	贸易禁运	1. 接受； 2. 采取变通方式； 3. 执行合同不可抗力条款	运输协调员	采购经理	项目经理
33	采购	清关	由于缺乏业主配合导致清关延误	1. 与业主协调，及时提交清关文件； 2. 安排业主及时支付关税	清关协调员	采购经理	项目经理
34	采购	清关	供货商提交文件有误导致清关延误	1. 要求供货商仔细准备文件，提醒供货商需要重点关注的事项； 2. 相关文件正式发布前严格审查	清关协调员	采购经理	项目经理
35	采购	清关	复杂的报关手续导致清关延误	1. 与业主协商，简化业主内部的审批程序； 2. 请业主协助与海关协调	清关协调员	采购经理	项目经理
36	采购	清关	未按时取得银行单据、货运单据导致清关延误	协调项目组、业主、银行及运输公司	清关协调员	采购经理	项目经理
37	采购	清关	关税未及时付清导致清关延误	1. 与业主协商建立专用账户及时提前支付关税； 2. 由承包商先行垫付关税	清关协调员	商务经理	采购经理
38	采购	清关	支付运输商不及时导致清关延误	及时向运输商付款，以便运输商及时提供清关所需相关文件	清关协调员	商务经理	采购经理
39	采购	内陆运输	内陆运输受限导致到场延误	1. 提前做好内陆运输调研规划； 2. 旁路	运输协调员	采购经理	项目经理
40	采购	采购管理	设备材料到货信息不准确导致现场无法及时接收并安排安装	1. 及时在MARIAN系统更新设备状态信息； 2. 定期发布设备材料信息报告； 3. 提前将到货状态预通知现场	采购控制	材料控制	施工经理

三、建设风险

序号	风险分类			应对策略	风险应对责任人	
	第一层级	第二层级	第三层级（风险说明）			
1	建设	现场条件	公用工程、平整场地、土石方工程的延误导致施工作业条件不具备	1. 根据合同界定责任，采取不同措施； 2. 催交设计图纸（场地平整、土石方工程）； 3. 加强计划控制以及现场协调	施工经理	设计经理
2	建设	现场条件	地质状况较差影响地下工程施工	1. 视情况调整设计方案或完善施工方案； 2. 根据合同，如果由业主提供详细勘查报告，向业主提出索赔	施工经理	设计经理
3	建设	现场条件	现有设施导致施工受限	1. 优化施工方案； 2. 加强外部协调以及计划控制，合理安排施工顺序； 3. 局部调整设计方案	施工经理	设计经理
4	建设	设计资料提交	设计文件提交滞后	1. 与设计方协调，按计划提交施工图； 2. 根据最新设计文件提交计划，调整施工计划及安排	施工经理	设计经理
5	建设	设计资料提交	设计文件变更	1. 及时向设计方通报施工进度； 2. 有项目评审变更的必要性	施工经理	设计经理
6	建设	采购到货	施工材料到货不符合施工工序	1. 采购方制订合理的采购计划，并根据既定的计划安排采购活动； 2. 施工方根据实际进度向采购方提出材料到货要求，采购方有针对性地进行催交	施工经理	采购经理
7	建设	采购到货	现场卸车延误与损坏	1. 提前编制到货计划； 2. 采购与施工密切协调	施工经理	采购经理
8	建设	现场仓储	库房保管设备、材料丢失和损坏	1. 及时协调修复、补订； 2. 向业主等第三方借用来降低对进度的影响； 3. 根据相关程序文件加强对库房设备材料管理	施工经理	采购经理
9	建设	现场仓储	出入库不及时导致向分包商分发材料的延迟	1. 制定合理的出入库程序； 2. 增加人力和机具，加快出入库进度	施工经理	采购经理

序号	风险分类			应对策略	风险应对责任人	
	第一层级	第二层级	第三层级（风险说明）			
10	建设	现场仓储	现场库房由于场地不足或规划不合理而不能满足材料存放要求	1. 采取紧急措施，如借用业主或分包商库房，启用临时库房； 2. 根据实际情况调整库房布置； 3. 材料及时出库	施工经理	
11	建设	施工分包商	施工分包商缺乏技术工人	1. 加强分包商资质预审； 2. 重视技术标评审，选择合格的分包商； 3. 要求分包商增加人力； 4. 终止合同或改变工作范围	施工分包经理	施工经理
12	建设	施工分包商	施工分包商错误用料	1. 按照相关程序加强材料管理； 2. 要求分包商整改	施工经理	
13	建设	施工分包商	施工分包商财务危机	1. 加强分包商资质预审； 2. 重视投标评审，选择合格的分包商； 3. 特殊情况下可更换分包商	施工分包经理	施工经理
14	建设	施工分包商	施工分包商之间缺乏内部支持和有效沟通	1. 召开分包商间的协调会； 2. 加强界面与接口管理	施工经理	
15	建设	施工分包商	无损检测分包商不当保存和使用放射性材料	1. 根据相关程序加强管理，对无损检测分包商进行索赔； 2. 对造成伤害的人员采取紧急治疗措施	施工经理	HSE 经理
16	建设	施工分包商	可用的施工设备和备件不足	1. 要求分包商增加； 2. 现场不同分包商间的合理调配； 3. 总承包商代租代买，结算时考虑	施工经理	
17	建设	施工分包商	施工分包商的设备、材料丢失和损坏	1. 及时修复、补订； 2. 通过整个现场材料平衡或向业主等第三方借用来降低对进度的影响； 3. 根据相关程序文件要求分包商加强设备材料管理	施工经理	采购经理
18	建设	施工组织与管理	无损检测进度滞后于设备、管道安装	1. 安排合理的无损检测进度； 2. 增加人力及检测设备； 3. 现场检测力量的合理调配	施工经理	

序号	风险分类			应对策略	风险应对责任人		
	第一层级	第二层级	第三层级（风险说明）				
19	建设	施工组织与管理	由于施工顺序的原因导致过多的重复性工作	1. 加强计划控制以及现场协调； 2. 合理安排施工顺序	施工经理		
20	建设	施工组织与管理	设计人员对技术质疑反馈的延误	1. 加强设计、施工之间的沟通； 2. 现场及时派驻设计总代表以及专业设计代表	施工经理	设计经理	
21	建设	施工分包商	使用错误的设计版次	1. 按照相关程序加强图纸版次管理； 2. 按新版设计文件进行整改	施工经理	设计经理	
22	建设	施工组织与管理	相关规范或规定对施工要求不清晰	1. 制定详尽、准确的项目规定； 2. 施工专业人员及时熟悉项目规范、规定，对不清晰的规定进行澄清	施工经理	设计经理	
23	建设	施工组织与管理	员工未按时动迁	1. 制订合理的动迁计划； 2. 根据实际情况调整动迁计划	施工经理		
24	建设	施工组织与管理	协调工作管理、控制不足	1. 选派有经验的管理人员； 2. 加强管理力量及力度	施工经理		
25	建设	施工组织与管理	招标文件描述不准确	1. 招标时尽量明确工作范围、供货范围、工程量清单，提供尽可能详尽的图纸、规范； 2. 执行过程中补充明确	施工分包经理	施工经理	设计经理
26	建设	施工组织与管理	延迟招标、定标	1. 合理安排招标计划，及时决策定标； 2. 定标后要求分包商加快动迁进度，尽早开工	施工分包经理	施工经理	项目经理
27	建设	施工组织与管理	缺乏具有经验、资质的专业管理人员	1. 加强专业培训； 2. 内部挖潜； 3. 当地聘用； 4. 引进人才	施工经理	行政经理	项目经理
28	建设	施工组织与管理	对当地施工单位不了解	1. 加强调研； 2. 寻找当地代理和咨询服务机构； 3. 组成联合体、合作伙伴； 4. 引入国内施工安装单位	施工分包经理	施工经理	项目经理

序号	风险分类			应对策略	风险应对责任人		
	第一层级	第二层级	第三层级（风险说明）				
29	建设	施工组织与管理	承包商无法及时支付施工工程款	1. 与施工分包商沟通，争取理解； 2. 加强财务及现金流规划，根据项目施工计划要求，按照优先等级进行支付； 3. 加强与业主协调，及时回收工程款	施工经理	财务经理	项目经理
30	建设	预试车	水压试验用水导致预试车延误	1. 合理安排预试车工作计划； 2. 根据预试车工作计划安排用水计划，协调供水	施工经理	开车经理	
31	建设	气候	恶劣气候对劳动力产出带来不利影响	1. 施工计划安排时要充分考虑，留一定余量； 2. 短期无法应对，可调整后期施工生产组织； 3. 通过向业主申请变更，调整施工工期	施工经理	项目经理	
32	建设	气候	恶劣气候对设备材料存储带来不利影响	1. 采取适当保护措施； 2. 修复使用； 3. 紧急采购	施工经理	采购经理	
33	建设	HSE	大规模火灾	1. 加强 HSE 管理以及消防设施投入； 2. 制订相关预案	HSE 经理	施工经理	项目经理
34	建设	HSE	阴谋破坏	1. 加强 HSE 管理以及门禁管理； 2. 制订相关预案	HSE 经理	施工经理	项目经理

四、商务风险

序号	风险分类			应对策略	风险应对责任人		
	第一层级	第二层级	第三层级（风险说明）				
1	商务	支付方式	业主延迟开具主信用证给承包商	1. 敦促业主在合同规定时间内开具； 2. 改变结算方式，如采用 T/T 等	商务人员	商务经理	项目经理
2	商务	保函	承包商不能够及时开出相应保函	及时取得银行授信额度以及与开出行沟通	商务人员	商务经理	项目经理
3	商务	支付方式	偏离主信用证（采购合同中付款条件与主信用证要求背离）	1. 主证信息及时提交采购方，并要求在签订采购订单时符合主信用证要求； 2. 修改主信用证	财务经理	采购经理	项目经理
4	商务	发票	业主延迟批复承包商商业发票	敦促业主在合同规定时间内批准	商务经理	财务经理	项目经理

五、控制风险

序号	风险分类			应对策略	风险应对责任人		
	第一层级	第二层级	第三层级（风险说明）				
1	控制	费用	控制估算的合理性	1. 设计方提交准确的工程量； 2. 明确的技术规定； 3. 对关键设备材料进行预询价； 4. 调查了解当地施工机具、人工时等市场单价及税费等要求； 5. 考虑合理、准确的风险储备	控制经理	风险经理	项目经理
2	控制	进度	进度规划的合理性	加强项目计划管理的全员意识，设计方、采购方、施工方共同参与项目计划的编制工作	控制经理	设计/采购/施工经理	项目经理
3	控制	进度	业主要求的进度计划的合理性	加强预前控制和预警工作，并及时把项目风险传达给业主，做好基准线调整工作	控制经理	风险经理	项目经理
4	控制	进度	业主不及时批复调整的进度基准	做好基准线调整分析报告，加强与业主沟通，使其接受新基准	控制经理	设计/采购/施工经理	项目经理
5	控制	进度	业主（及业主授权代表）延迟反馈和批复程序文件、月报、WBS 等	按照合同有关规定，及时记录审批日期，以正式信函催促、通知业主，逾期未答复的报批文件视为批准	控制经理	文档经理	项目经理
6	控制	进度	业主 PMC 不到位或未及时到位	按照合同有关规定，及时记录需要业主 PMC 批复文件的审批日期，以正式信函催促、通知业主，逾期未答复的报批文件视为批准	控制经理	文档经理	项目经理
7	控制	进度	项目 EPC 进度计划与现场施工详细计划不一致	加强设计、采购和施工现场之间的沟通	控制经理	施工经理	项目经理
8	控制	进度	预试车阶段进度计划细化不及时	1. 成立预试车准备小组； 2. 及时进行预试车规划； 3. 随项目进展不断细化	开车经理	控制经理	项目经理
9	控制	材料	材料变更影响施工安装进度	1. 在余量范围内进行材料平衡； 2. 材料代用； 3. 紧急现货采购	材料控制	采购经理	
10	控制	材料	设备材料未能及时发到施工单位	1. 根据施工计划，编制材料需求计划； 2. 进行材料平衡，按需求计划及时备料	材料控制	施工经理	

六、项目经理风险

序号	风险分类			应对策略	风险应对责任人	
	第一层级	第二层级	第三层级（风险说明）			
1	项目经理	沟通协调	组织内部缺乏充分的沟通和协调	1. 加强项目组内部协调，例如设计周例会、采购周例会、半月项目例会、月进度工作协调会等例会制度； 2. 加强设计方与采购方、施工方之间的协调； 3. 加强管理部门之间的沟通协调； 4. 项目组集中办公	项目经理	
2	项目经理	沟通协调	与业主的协调能力不足	1. 与业主建立各层级的沟通程序； 2. 根据程序，分层次与业主加强沟通	项目经理	
3	项目经理	组织管理	外籍员工的工作许可限制	1. 制订合理的人力派遣计划，包括人员、数量、专业、时间 2. 按派遣计划及时与业主协调	项目经理	
4	项目经理	未知风险	不可预知的风险	1. 风险接受； 2. 采取积极的补救措施； 3. 优化后续工作； 4. 判断是否由不可抗力、业主责任引起，依据合同条款，减少损失以保障承包商利益	项目经理	
5	项目经理	组织管理	项目关键人员的变动	1. 由于业主原因导致项目关键人员变动：加强与业主的客户关系管理； 2. 由于内部人力紧张导致项目关键人员变动：加强项目内部的组织管理，实行关键岗位人才储备、人才梯队培养、AB角，制订应急预案	项目经理	
6	项目经理	组织管理	业主关键管理人员的变动	与业主协调，尽量避免业主关键人员的频繁更换	项目经理	
7	项目经理	项目依赖关系	通讯和生活设施条件缺乏	1. 提前了解具体情况，制订解决方案； 2. 通过与相关部门的协调沟通，尽量满足需求	项目经理	
8	项目经理	组织管理	标准工作周/假期/时差	1. 编制合理的进度计划； 2. 利用标准工作周/假期/时差，合理安排工作时间； 3. 项目加班	控制经理	项目经理

序号	风险分类			应对策略	风险应对责任人		
	第一层级	第二层级	第三层级（风险说明）				
9	项目经理	资源	有资质的人力不足	1. 制订项目人力计划； 2. 合理配置人力资源； 3. 加强人员培训； 4. 保障已批准的项目人力计划投入	项目经理		
10	项目经理	资源	施工用料供应受政府管制	1. 加强与业主以及政府部门的沟通，争取支持； 2. 第三国进口生产资料； 3. 向业主申请变更获得经济赔偿，从当地市场采购	项目经理	施工经理	
11	项目经理	资源	具有资质的当地施工分包商数量不足	1. 熟悉当地市场环境，尽早锁定资源，达到一定程度上的本地化； 2. 聘用当地合作伙伴； 3. 与业主协商，增加其他国家的投标单位	项目经理		
12	项目经理	市场	商品价格的异常波动和不可得（例如设备材料价格波动、运输费用等）	1. 合同约定原材料涨价因素； 2. 3 个以上供货商参与投标报价； 3. 采用框架协议进行采购； 4. 风险接受	项目经理		
13	项目经理	市场	异常汇率波动	1. 跟踪主要货币的汇率走势； 2. 选择中国的银行作为通知行和议付行； 3. 资金集中监管； 4. 最大化合同货币采购； 5. 风险接受	项目经理	商务经理	风险经理
14	项目经理	管理规定	法律或规则的变化	1. 加强尽职调查； 2. 在合同签订前，运用合同条款规避； 3. 在项目执行阶段，加强与业主沟通； 4. 申请变更	合同经理	项目经理	

3. 风险定性分析

（1）风险概率—影响评估标准

项目部从概率和影响两个维度对风险进行打分评价，概率即风险发生的可能性，影响是风险一旦发生对项目目标产生的后果，其中既包括消极影响或威胁，也包括积极影响或机会。项目执行阶段风险评估标准示例如表 5-16 所示。

项目执行阶段风险评估标准表 **表 5-16**

风险概率等级	分值	说明	
		定性描述	定量描述
极低	1	一般情况下不会发生	0%～10%
低	2	较少情况下发生	10%～30%
中	3	某些情况下发生	30%～50%
高	4	较多情况下发生	50%～70%
极高	5	常常会发生	70%～100%
风险影响程度等级	**分值**	**说明**	
		费用影响	进度影响
极低	1	费用增加/减少不显著	进度延误/提前不显著
低	2	费用增加/减少小于 1%	进度延误/提前小于 1%
中	3	费用增加/减少 1%～3%	进度延误/提前 1%～3%
高	4	费用增加/减少 3%～5%	进度延误/提前 3%～5%
极高	5	费用增加/减少大于 5%	进度延误/提前大于 5%
风险影响程度等级	**分值**	**说明**	
		安全影响	质量影响
极低	1	微不足道	质量下降微不足道
低	2	安全方面受到影响	仅有要求极高的部分受到影响
中	3	安全方面受到影响	质量下降需要发起人审批
高	4	安全影响不能接受	质量降低到发起人不能接受
极高	5	重大安全事故	项目最终结果没有实际用途

(2) 风险概率—影响矩阵

项目部根据风险打分评价结果绘制风险概率—影响矩阵(如图 5-8 所示),并以此为依据确定风险事件的高、中、低等级水平。

每一个风险事件根据发生概率和影响程度得分确定其在风险概率—影响矩阵中的位置

风险概率—影响矩阵(P-I Matrix)											
概率(P)	5	5	10	15	20	25	25	20	15	10	5
	4	4	8	12	16	20	20	16	12	8	4
	3	3	6	9	12	15	15	12	9	6	3
	2	2	4	6	8	10	10	8	6	4	2
	1	1	2	3	4	5	5	4	3	2	1
		1	2	3	4	5	5	4	3	2	1
		威胁					机会				
		影响(I)									

	高等级风险		中等级风险		低等级风险

图 5-8 风险概率—影响矩阵图

及风险等级水平，其中深灰色为高等级风险（风险分值 15～25）、中灰色为中等级风险（风险分值 5～14）、浅灰色为低等级风险（风险分值 1～4）。

4. 工期和费用风险定量分析

（1）选取中高风险事件

根据风险定性分析的结果，筛选出中高风险事件。

（2）准备项目进度计划/费用分解

用于风险分析的进度计划需要满足以下要求：①活动之间建立逻辑关系；②建议细化至工作包级，活动数量为 500～2000。其工作分解结构示例见图 5-9。

L0	L1	L2	L3	L4	L5	L6
项目名称	阶段	子阶段	单元	专业	工作包	活动
	设计	1-详细设计	11-石脑油加氢装置	建筑	空气冷却器	空气冷却器
		2-采购服务	12-原油脱硫装置	土建		
		3-手册/建造图纸	13-剩余油催化裂化装置	电气和通信		
	采购	1-标记货物	20-罐区	静设备		
		2-大宗材料	21-蒸汽系统/发电系统	传热设备		
	施工	1-建造	22-水/消防系统	HVAC		
		2-预试车	24-污水处理系统	仪表		
			31-仪表系统	管道系统		
				工艺和化学品		
				加工机械		
				安全和消防		
				结构		

图 5-9　工作分解结构图一

用于风险分析的费用分解需要满足以下要求：①费用应被分解到费用分解结构的各专业，如动设备、静设备、管道、电气、仪表等；②费用不包含不可预见费、利润，即仅包括直接费和间接费，属于净价；③费用子项之间的相关系数确定。一般认为费用子项之间的相关系数均为正相关，经验表明，如果两个费用子项之间的相关性较强，可以用 0.8 或 0.75 表示；如果两者之间相关性较弱，可以用 0.25 或 0.3 表示。在没有可提供相关系数的确切信息的时候，可以主观的将相关系数选取为 0.3～0.6 之间的一个数。其工作分解结构示例见图 5-10，相关系数矩阵示例见表 5-17。

WBS等级		层级	HPCA模型							
			成本要素层次矩阵							
L0	项目		IRC综合炼油厂							
L1	阶段		设计			采购		施工		
L2	子阶段	第一层级	1-详细设计	2-采购服务	3-手册/建造图纸	1-标记货物	2-大宗材料	1-建造	2-预试车	
L3	单元		11-石脑油加氢装置	12-原油脱硫装置	13-剩余油催化裂化装置	20-罐区	21-蒸汽系统/发电系统	22-水/消防系统	24-污水处理	31-仪表系统
L4	科目	第二层级	工艺流程	土建/钢结构	管道系统	加工机械	传热设备	仪表	电气和通信	安全和消防

图 5-10　工作分解结构图二

费用子项相关系数矩阵   表 5-17

相关系数	电仪施工费	管道采购费	仪表采购费	管道施工费	外事、动迁等
电仪施工费	1.0	0.25	0.25	0.8	0.25
管道采购费		1.0	0.8	0.25	0.25
仪表采购费			1.0	0.25	0.25
管道施工费				1.0	0.25
外事、动迁等					1.0

（3）构建风险分配矩阵

在风险分析过程中，一个风险事件可能会对多个活动/费用子项产生影响；一个活动/费用子项也可能会受到多个风险事件的影响，因此有必要将风险事件与活动/费用子项建立相互匹配关系。风险分配矩阵示例见表 5-18。

风险分配矩阵   表 5-18

活动/费用子项 ＼ 风险事件	R1	R2	R3	R4	……
A010		√	√		
A020	√				
A030				√	
A040	√	√			
……					

（4）估计不确定性

一般使用三角分布估计进度/费用不确定性，比如，前端工程设计（FEED）阶段的费用估算不确定性所导致的误差可达到±20%。不确定性包括项目内在的可变性、信息不充分导致的估算误差和心理因素导致的估算偏差或错误。三角分布包含三个参数：最小值、最可能值和最大值。当活动/费用子项存在明显相关性的时候，需定义它们之间的相关系数。

需要指出的是：在实际工作中，为方便起见，有时候不确定性也可以当作发生概率接近 100% 的风险事件来处理。估计进度及费用不确定性示例见表 5-19 和表 5-20。

估计进度不确定性表   表 5-19

活动	分布类型	持续时间（天）		
		最小值	最可能值	最大值
A020	三角分布	90	100	115

估计费用不确定性表   表 5-20

费用子目	分布类型	费用（千美元）		
		最小值	最可能值	最大值
静设备	三角分布	90	100	115

（5）估计风险事件发生概率

根据项目的实际情况和同类项目的经验，依据专家意见，对风险发生概率进行估计。估计风险事件发生概率示例见表 5-21。

估计风险事件发生概率表　　　　　　　　　　　　　　　　　表 5-21

风险事件	发生概率
R01	30%

（6）估计风险事件影响程度

根据项目的实际情况和同类项目的经验，如果风险事件发生，使用三角分布来描述其对进度/费用的影响。估计风险事件对进度、费用的影响程度示例见表 5-22 和表 5-23。

估计风险事件对进度的影响程度表　　　　　　　　　　　　表 5-22

风险事件	受影响的活动	分布类型	对进度的影响（天）		
			最小值	最可能值	最大值
R01	A020	三角分布	10	15	20

估计风险事件对费用的影响程度表　　　　　　　　　　　　表 5-23

风险事件	受影响的费用项	分布类型	对费用的影响（千美元）		
			最小值	最可能值	最大值
R01	静设备	三角分布	40	50	60

需要说明的是：如果风险事件之间存在明显的相关性，那么它们之间的相关系数需要考虑。

（7）蒙特卡罗模拟

常用的蒙特卡罗模拟软件有@Risk（Palisade 公司开发）、Primavera Risk Analysis（Oracle 公司开发）和 Polaris（Booz Allen Hamilton 公司开发）。模拟次数一般设定为 2000～5000 次，即可以满足精度要求。

通过蒙特卡罗模拟获得进度/费用的概率分布，主要用来回答三个问题：

1）基准进度/费用实现或延误/超支的概率；

2）进度/费用最可能的估算值；

3）一定置信度情形下的进度/费用及其风险储备。

在图 5-11、图 5-12 中，横轴代表项目完工日期/费用；左纵轴是以次数表示的概率分

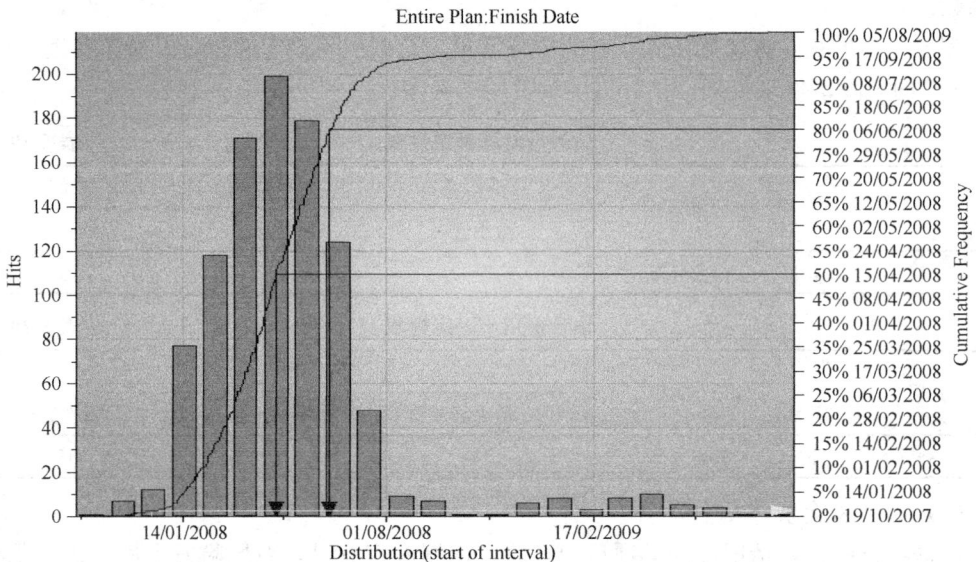

图 5-11　项目完工时间概率分布图

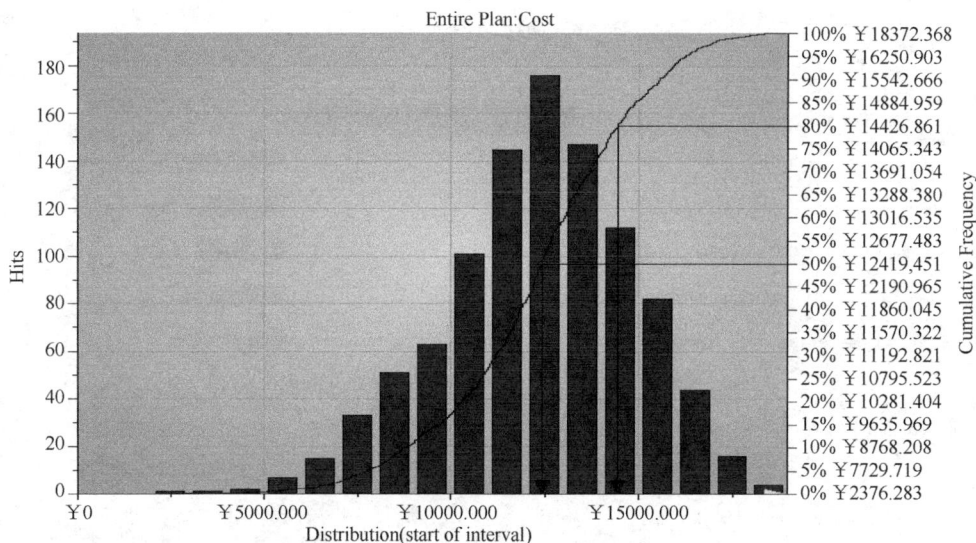

图 5-12　项目总费用概率分布图

布；右纵轴代表累计概率分布（置信度）及相应累计概率分布下的完工日期/费用。每个柱状图表示在选定次数（本例为 1000 次）的模拟计算结果中，有多少次（概率，对应左纵轴）落在横轴的完工日期区间。柱状图累加即得到累计概率分布曲线，从中可以看出不同置信度下的完工日期/费用以及既定完工日期/费用的实现概率，既定置信度下的工期与既定工期之间的差值即为预计的延期/超支。

解释：

① 实现基准完工日期（07/12/2007）的概率小于 1%；

② 完工日期的最可能值是 30/04/2008；

③ 80% 置信度下完工日期为 06/06/2008，预计的延期天数为：06/06/2008－07/12/2007＝182 天。

解释：

① 实现基准项目费用（3257 千美元）的概率小于 1%；

② 项目费用的最可能值是 12500 千美元；

③ 在 80% 置信度下，项目费用为 14426 千美元，风险储备＝80% 置信度的项目费用－基准费用＝14426－3257＝11169 千美元。

（8）关键影响因素分析

1）敏感性分析

此方法是用来确定哪些风险事件对项目进度/费用具有较大潜在影响的一种风险量化分析和建模技术，即获得对进度/费用影响程度依次从高到低的风险事件排序，便于制定有效的风险管控措施。风险事件敏感性分析示例见图 5-13。

解释：

① 对项目总费用影响程度从高到低排序的风险事件依次为：R10、R09、R01、R08、R03、R04、R05。

② 对项目总费用影响呈现正向关系（即风险事件发生的可能性或影响程度越大，总

Downstream OG (Post-mitigated)
Cost Sensitivity

10-Reuse previous design work	−77%
9-Design changes	46%
1-Poor understanding and detail in specification	28%
8-Testing fails	24%
3-Attack on pipeline	20%
4-Key resource unavailable	11%
5-Power outtage	−3%
7-Rework required for assembly and integration	0%
2-Auxilary pump system failure	0%
6-Fabrication contractor goes bust	0%

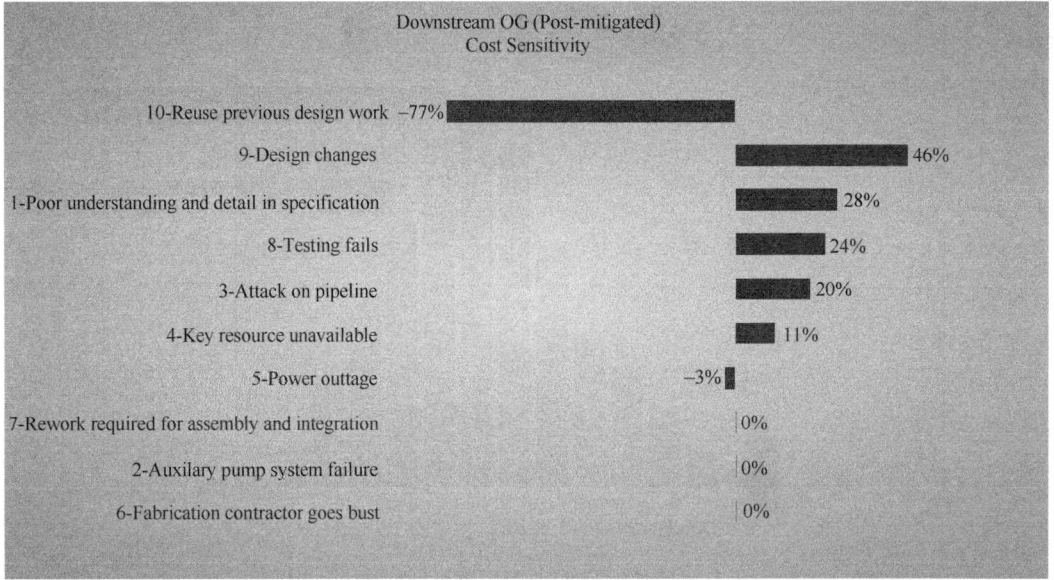

图 5-13　项目总费用概率分布图

费用越大）的风险事件：R09、R01、R08、R03、R04；对项目总费用影响呈现反向关系
（即风险事件发生的可能性或影响程度越大，总费用越小）的风险事件：R10、R05。

　　2）关键指数分析

　　关键指数是指项目活动在关键路线上的概率。关键指数越高，项目活动处于关键路线
上的概率就越高。该指数仅适用于进度风险分析，如图 5-14 所示。

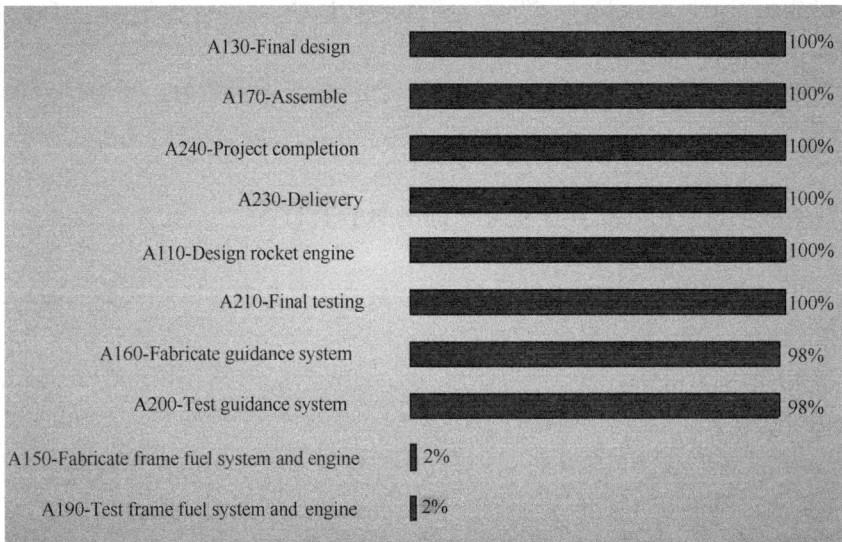

A130-Final design	100%
A170-Assemble	100%
A240-Project completion	100%
A230-Delievery	100%
A110-Design rocket engine	100%
A210-Final testing	100%
A160-Fabricate guidance system	98%
A200-Test guidance system	98%
A150-Fabricate frame fuel system and engine	2%
A190-Test frame fuel system and engine	2%

图 5-14　关键指数图

　　解释：

　　① A130、A170、A240、A230、A110、A210 的关键指数为 100%，意味着无论项目

活动的工期怎样改变，上述项目活动总是处于关键路线上，非常重要。

② A160、A200 的关键指数均为 98%，接近 100%，意味着当项目活动的工期发生变化时，上述项目活动处于关键路线上的概率很高，也非常重要。

③ A150、A190 的关键指数为 2%，接近 0，意味着当项目活动的工期发生变化时，上述项目活动对项目完工时间的影响很小，属于不太重要的项目活动。

（9）风险储备分析

通过对进度/费用概率分布的分析，可以计算得到项目整体的风险储备，常计算风险应对后的风险储备。计算公式为：

$$总进度/费用风险储备 = 一定置信度下的项目工期/费用 - 基准项目工期/$$
$$基准费用 + 应对成本 \tag{5-1}$$

置信度的取值范围通常在 60%～90% 之间，具体数值需要由项目组讨论决定。置信度的取值体现了公司对该项目的风险偏好，如果风险偏好较为保守，则应使用较高的置信度；如果风险偏好较为激进，则应使用较低的置信度。

5. 费用/进度集成风险评估

基于蒙特卡罗模拟的费用与进度集成风险分析，可以获得更为精确的费用估算结果，同时得到进度风险分析的结果，使得风险分析的应对措施可以针对时间类与费用类风险采取不同的措施。

（1）费用风险分析

典型的费用风险分析不能完全评估时间的不确定性带来的风险。作为一个选择，费用风险分析可以仅考虑时间的不确定性，并假设人数和日费率为固定值进行估算。当预算 5 个人时实际上需要 7 个人，或者需要支付给项目实际使用人员比原来投标时估算的费用更高的费用。

（2）费用风险分析结果

图 5-15 的曲线表明，在如下三个假设条件下该工序的费用风险分析：①将工期作为常数，对传统的费用因素（人工时和每天的费率）进行分析；②假设工期不确定，但可精准地估算出人工时及每天的费率；③同时考虑所有因素不确定情况下的风险。

从图 5-15 中可以清楚地检查到，仅考虑工期或仅考虑费用因素不确定性的费用估算太乐观。右侧的曲线表示同时考虑进度与费用因素不确定时的费用估算，显然具有更大的不确定性，上端的不确定性比之考虑进度和考虑费用因素的估算结果都大。如果在投标时需要考虑不可预见费，若投标价格为 16 万元，则发生费用超支的概率为 80%。假设要求投标价格不超支的概率为 80%，从图 5-15 中可以看出，仅考虑进度风险、仅考虑费用风险以及综合费用与进度风险分析的投标价格分别为：18.5 万元、19 万元和 22.4 万元。

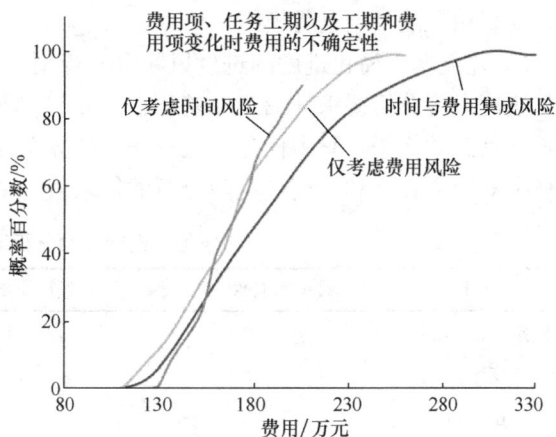

图 5-15 工序费用风险分析三种情况的对比

其表明了时间与费用风险因素对单一工序的影响程度。

图 5-16 表示 1000 次蒙特卡罗模拟的时间与费用风险分析的结果，同时模拟出的时间（或日）与费用风险的曲线可以很直观地表示出风险分析的结果。从图中不难看出焦点集中于代表目标工期 40 天和费用目标 16 万元的点。散点图显示该工序进度与费用的目标值被突破的可能性极大。这是考虑进度风险结果的优势（40 天等价于 10/10）。

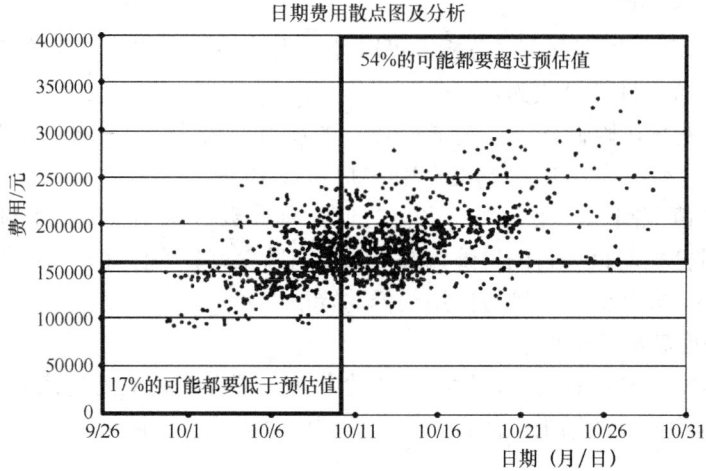

图 5-16　模拟时间与费用风险分析的散点图

（3）费用/进度集成风险分析方法与步骤

1）顺序分析程序

① 对进度的不确定性进行访谈；

② 用 Risk⁺ 或 CrystalBall 对进度进行模拟，在进度的适当任务级收集每次迭代的结果，例子中可收集任务 1、任务 2 和集成与测试汇总级任务上的进度数据；

③ 对进度模拟的每次迭代，在电子表格中存入工期的结果，而不是日期的结果；

④ 对输出的工期采用 CrystalBall 的统计方法拟合工期的概率分布，以用于表示工期的不确定性，以便进行费用风险模拟；

⑤ 输入代表费用发生速率的不确定性，结合"④"中得到的工期不确定性的概率分布，对费用风险模型进行模拟。

2）建立基于简化进度的进度风险分析模型

进度风险分析要求详细工序基于三点估计的概率分布。表 5-24 为任务 1 进度风险分析输入信息的例子，其中任务 1 汇总任务的 3 个参数为 0 天，这是因为它们并不等于其包含任务对应参数之和，而是风险分析的待求值。

任务 1 进度风险分析输入信息表　　　　　　　　　　　　　　　　表 5-24

项目	最少要求的工期/天	最可能要求的工期/天	最大要求的工期/天
任务 1 汇总任务	0	0	0
设计 1	20	28	40
建设 1	35	45	55
测试 1	15	25	40

在输入全部信息后，采用蒙特卡罗模拟，图 5-17 给出一个整个项目工期有关日期安排的进度风险分析的中间结果，并且给出了风险的评估。从图 5-17 中不难看出，关键路径的日期 2 月 10 日几乎不可能实施，实际上一般不会出现这样的结果。

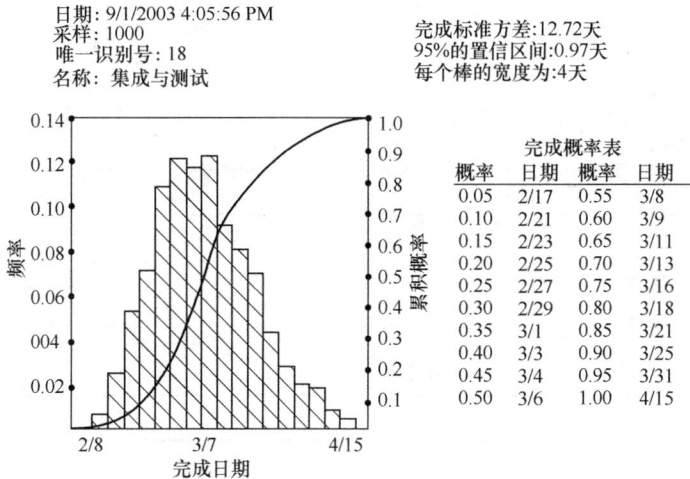

图 5-17　进度风险分析结果

3）将进度风险工期值传入费用风险模型

将进度风险模拟每次迭代的结果存入到一个文件中（如共 1000 次迭代），包括采用分钟说明的工期。将工期除以 480min 转化为"天"，并存入到电子表格文件中。对于费用风险分析，需要对 3 个汇总级的任务 1、任务 2 和集成与测试拟合或估计出概率分布，这些汇总级任务工期的分布类型和参数将作为费用风险分析模型的输入。

4）审查费用风险的输入数据

同样，费用风险模型也针对汇总任务级，先介绍对单个工序的分析，输入包括人工时与日费率对于汇总路径时间框架平均值的概率分布。如果项目经理作为审查者没有关于参数概率分布的经验，可以用基准估计的历史数据识别基准概率分布，或者依据有关参考文献的推荐，直接选用 βPert 分布或对数正态分布。

表 5-25 是带输入数据的模型结构，图 5-18 的模拟结果表明了同时考虑工期与费率不确定性的重要性。工期不确定性作为进度风险分析的结果加入到费用风险分析中，可以使费用估算更准确。

带输入数据的模型结构				表 5-25
带输入的费用风险模型				
任务 1	基准估计	低	最可能	高
平均工人数/天	8.1	6	8	12
平均费率/小时	88.1	80	88	91
进度的工期	98.0		对数正态分布估计	
任务 1 的费用(元)	557			

续表

带输入的费用风险模型				
任务 2				
平均工人数/天	6.9	5	7	11
平均费率/小时	88.2	77	88	90
进度的工期	95.0	对数正态分布估计		
任务 2 的费用(元)	461			
集成与测试				
平均工人数/天	10.8	7	11	14
平均费率/小时	108.4	95	108	120
进度的工期	65.0	伽马分布估计		
集成与测试费用(元)	6110000			
项目总费用(元)	1629000			

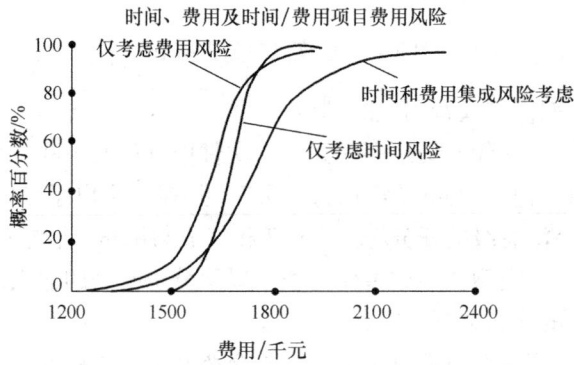

测试的目标	概率 (%)
费用比目标(16万元)超支	81
进度超出目标(2月10日完工)(见图3)	93
费用与进度均超出目标值	78
费用与进度均低于目标值	3

图 5-18　进度费用集成风险分析结果

（4）集成化分析程序

大多数进度没有完全加载包括价格的资源，若该类信息已包括在进度中，可采用 Primavera Risk Analysis，同时考虑时间和费用的不确定性，计算出费用/进度风险分析的结果。

上面列出的项目进度中已经加载了资源（设计人员、建设人员、测试人员和集成人员）以及相应的人工时费率，从而能计算出 1629040 元的费用，下面以 Primavera Risk Analysis 为例介绍进度与集成风险分析的方法与步骤：

1）Primavera Risk Analysis 包括工期的不确定性及其资源和资源价格的项目计划，逐项列于表 5-26，以便与上述表格进行比较；

2）选择工期与资源每天费用的不确定性，并分别选择合适的概率分布；

3）采用蒙特卡罗模拟的方法选择工期的值，并且在每次迭代给每个详细的任务选择出每日的工时，以便按照确定的日期计算出每次迭代整个项目的费用，费用不确定性的计算包括工期的不确定性和费用消耗速率的不确定性；

4）得到进度费用集成风险分析总费用结果。

因为进度软件包既计算了时间又计算了费用，用程序可以很容易得到风险分析结果分布的散点图。在 Primavera 的 MonteCarlo 中，采用了与 PertMaster 所用参数相同的参数，并且其费用/时间包络线给出了与 PertMaster 相同的信息。

工期不确定性及资源和资源价格的项目计划表　　　　　表 5-26

任务名	工期	说明	注					
0002	98	任务1	0002					
资源	编码	数量	工期（带概率分布）（天）	费率（元）	人工时费用（元）	材料费用（元）	其他	合计（元）
设计人	1	40(5～8)	28	90	100800			100800
建设人	2	80(10～8)	45	80	288000			288000
测试人	3	64(8～8)	25	105	168000			168000
					556800	0	0	556800

任务名	工期	说明	注					
0006	95	任务2	0006					
资源	编码	数量	工期（带概率分布）（天）	费率（元）	人工时费用（元）	材料费用（元）	其他	合计（元）
设计人	1	56(7～8)	32	90	161280			161280
建设人	2	64(8～8)	38	80	194560			194560
测试人	3	40(58)	25	105	105000			105000
					460840			460840

任务名	工期	说明	注					
00010	65	集成与测试	00002					
资源	编码	数量	工期（带概率分布）（天）	费率（元）	人工时费用（元）	材料费用（元）	其他	合计（元）
集成师	4	96(128)	40	110	422400			422400
测试人	3	72(98)	25	105	189000			189000
					611400	0	0	611400

6. 风险应对

参见 5.2.3 节表 5-15 中风险应对相关内容，不再重复。

7. 风险监控

（1）风险再评估

参考本书前面章节介绍的识别、评估、分析、应对策划过程，定期进行项目风险再评估。再评估的内容、频率和详细程度取决于项目相对于目标的绩效情况，如果出现以下情况，则应进行系统的风险再评估，进行额外的风险应对规划，估算剩余风险量，从而对风险进行控制：

1）出现了风险清单中未能预期的风险；

2）对项目目标的影响与预期的影响不同；

3）规划的应对措施可能无效。

（2）风险应对监控

检查并记录风险应对策略和计划处理已识别风险及其根源的效力，以及风险管理过程的效力。

（3）储备分析

将项目剩余储备与剩余风险量进行比较，以确定剩余储备是否仍旧充足。

8. 风险合规性检查

项目立项、投标报价和项目执行需要进行合规性检查，用于上级检查的合规性审查表见表 5-27。

合规性审查表

表 5-27

项目名称	
审查部门	
审查结果	审查结论：□审查通过；□审查不通过 审查项目： □是否按照要求编写了风险评估报告 □是否按照公司境外项目风险管控体系程序开展风险评估工作 □风险评估工作是否完整 签名： 　　　　　　　　　　　　　　　　　年　　月　　日
	存在需要补充完善的审查指标和内容： 签名： 　　　　　　　　　　　　　　　　　年　　月　　日

在项目执行阶段，风险管理人员定期或不定期地组织对风险应对措施的执行情况进行跟踪和合规性审查，对风险应对无效和措施执行不利的情况，及时通报项目经理，并更新风险应对计划。用于自查的合规性检查表见表 5-28。

合规性检查表　　　　　　　　　　　　　　表 5-28

	检查项目	检查内容及计分标准	标准分	检查情况简述	检查得分
1	《项目风险管理办法》的落实情况	1. 针对《项目风险管理办法》的落实情况,有无细则或落实措施(5分) 2. 项目部有无风险管理的程序或办法,及其落实的有效性(5分)	10		
2	组织机构和人员配置	1. 项目风险管理组织机构的组建情况(4分) 2. 风险管理沟通途径(2分) 3. 人员到岗情况(4分)	10		
3	项目风险管理流程规范化	1. 风险管理计划、目标的设定(2分) 2. 有无对投标阶段的风险再评估(3分) 3. 风险识别及其定性分析和评价(3分) 4. 风险识别及其定量分析和评价(3分) 5. 风险应对(2分) 6. 风险监控(2分)	15		
4	风险清单持续更新	1. 风险清单再识别和更新频率(10分) 2. 评估和追踪次生风险和残余风险情况(5分)	15		
5	风险应对	1. 风险应对责任人情况(3分) 2. 风险应对策略和措施落实情况(17分)	20		
6	风险储备分析	1. 风险储备的测算(5分) 2. 风险储备的使用和管理(5分)	10		
7	风险研讨	1. 关键里程碑风险研讨和评估(2分) 2. 研讨会专家来源和意见采集处理情况(3分)	5		
8	风险分析的工具和方法	1. 概率—影响矩阵评估(3分) 2. 蒙特卡罗模拟分析(4分) 3. 其他(3分)	10		
9	风险报告	1. 风险报告方式和频率(3分) 2. 重大突发风险报告情况(2分)	5		

9. 重大风险案例

【案例 5-3】沙特化工项目工期风险分析

某中国能源企业实施中东地区脂肪醇项目(简称 NDA 项目),位于东部朱拜尔工业城,项目采用 EPC 模式,合同金额约 1.3 亿美元,工期 16 个月,2012 年 10 月至 2014 年 2 月。该项目业主要求单独设置风险管理岗位,并要求对项目的工期风险量化评估。项目风险的定性分析以项目部每月上报的风险清单为依据。本案例应用软件 RISKYPROJECT,侧重于 NDA 项目后续工期可能发生滞后风险的定量分析。

(1)数据输入

1)工期导入依据:现场提交的截止到 2013 年 10 月 30 日的 NDA 三级进度更新计划(WBS)。

2)风险识别:针对更新的 WBS,选出尚未完成的作业项,由现场对其提出的可能滞后的风险、完成的时间以及影响等进行判断。

3）风险加载：对现场返回的判断数据进行整理，剔除对工期影响不大的作业项，选出其他工期有滞后风险的作业项，进行风险加载。为计算方便，只对可分配到具体作业项的风险进行了加载录入，共有 7 项，详见图 5-19。对其他风险未作考虑。

4）工期不确定性数据：根据不同情形，对作业工期进行确定性或不确定性赋值。对于按照更新计划应完成而未完成的作业项，根据预估的最终完成时间，输入确定性的最大完成时间（工期）；对于尚未达到计划完成时间的作业项，则在最小工期中按基准工期的 80%或 90%、在最大工期中按基准工期的 120%进行不确定性赋值。

5）滞后的可能性与影响值：对于已到计划完成时间而未完成的作业项，滞后可能性为 100%，影响值=（最大值－基准值）/基准值×100%；对于尚未达到计划完成时间的作业项，滞后可能性为 90%，影响值同上。

6）应对措施数据：由于现场提交的作业完成时间判断已经考虑了应对措施，因此没有再对采取应对措施后的数据进行输入。以下数据皆未加入应对措施，如果加入，结果应明显不同。

（2）模拟分析

下述运算结果取值于 2013 年 11 月 19 日对有关数据进行的不确定性判断，根据作业项的工期变化，或风险事件的发生及加载，运算结果也必将随之变化。（此仅为模型）

结果 1：分析得到的风险登记表如图 5-19 所示。

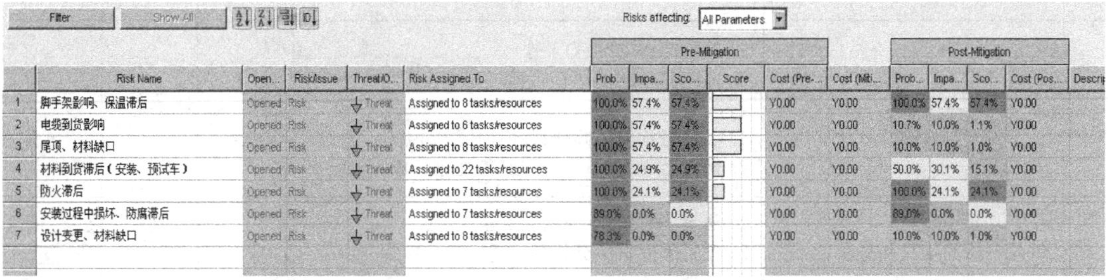
Filter　Show All　Risks affecting: All Parameters

						Pre-Mitigation						Post-Mitigation				
	Risk Name	Open...	Risk/Issue	Threat/O...	Risk Assigned To	Prob...	Impa...	Sco...	Score	Cost (Pre-...	Cost (Miti...	Prob...	Impa...	Sco...	Cost (Pos...	Descri
1	脚手架影响、保温滞后	Opened	Risk	Threat	Assigned to 8 tasks/resources	100.0%	57.4%	57.4%		Y0.00	Y0.00	100.0%	57.4%	57.4%	Y0.00	
2	电缆到货影响	Opened	Risk	Threat	Assigned to 6 tasks/resources	100.0%	57.4%	57.4%		Y0.00	Y0.00	10.7%	10.0%	1.1%	Y0.00	
3	尾项、材料缺口	Opened	Risk	Threat	Assigned to 8 tasks/resources	100.0%	57.4%	57.4%		Y0.00	Y0.00	10.0%	10.0%	1.0%	Y0.00	
4	材料到货滞后（安装、预试车）	Opened	Risk	Threat	Assigned to 22 tasks/resources	100.0%	24.9%	24.9%		Y0.00	Y0.00	50.0%	30.1%	15.1%	Y0.00	
5	防火滞后	Opened	Risk	Threat	Assigned to 7 tasks/resources	100.0%	24.1%	24.1%		Y0.00	Y0.00	100.0%	24.1%	24.1%	Y0.00	
6	安装过程中损坏、防腐滞后	Opened	Risk	Threat	Assigned to 7 tasks/resources	89.0%	0.0%	0.0%		Y0.00	Y0.00	89.0%	0.0%	0.0%	Y0.00	
7	设计变更、材料缺口	Opened	Risk	Threat	Assigned to 8 tasks/resources	78.3%	0.0%	0.0%		Y0.00	Y0.00	10.0%	10.0%	1.0%	Y0.00	

图 5-19 风险登记表

结果 2：分析得到的排名前三的风险事件如图 5-20 所示。

结果 3：工期结束时间预测。

1）项目有 55%的可能性在 2014 年 5 月前全部完成。

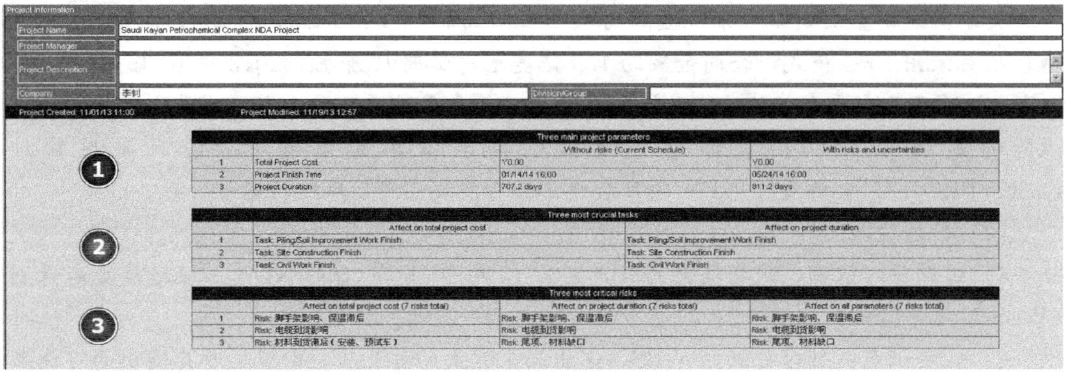
Project Information

Project Name: Saudi Kayan Petrochemical Complex NDA Project
Project Manager:
Project Description:
Company: 李钊　Division/Group:

Project Created: 11/01/13 11:00　Project Modified: 11/19/13 12:57

1

Three main project parameters			
		Without risks (Current Schedule)	With risks and uncertainties
1	Total Project Cost	Y0.00	Y0.00
2	Project Finish Time	01/14/14 16:00	05/24/14 16:00
3	Project Duration	707.2 days	811.2 days

2

Three most crucial tasks		
	Affect on total project cost	Affect on project duration
1	Task: Piling/Soil Improvement Work Finish	Task: Piling/Soil improvement Work Finish
2	Task: Site Construction Finish	Task: Site Construction Finish
3	Task: Civil Work Finish	Task: Civil Work Finish

3

Three most critical risks			
	Affect on total project cost (7 risks total)	Affect on project duration (7 risks total)	Affect on all parameters (7 risks total)
1	Risk: 脚手架影响、保温滞后	Risk: 脚手架影响、保温滞后	Risk: 脚手架影响、保温滞后
2	Risk: 电缆到货影响	Risk: 电缆到货影响	Risk: 电缆到货影响
3	Risk: 材料到货滞后（安装、预试车）	Risk: 尾项、材料缺口	Risk: 尾项、材料缺口

图 5-20 排名前三的风险事件

2）项目有35%的可能性在2014年2月前全部完成。

具体如图5-21所示。

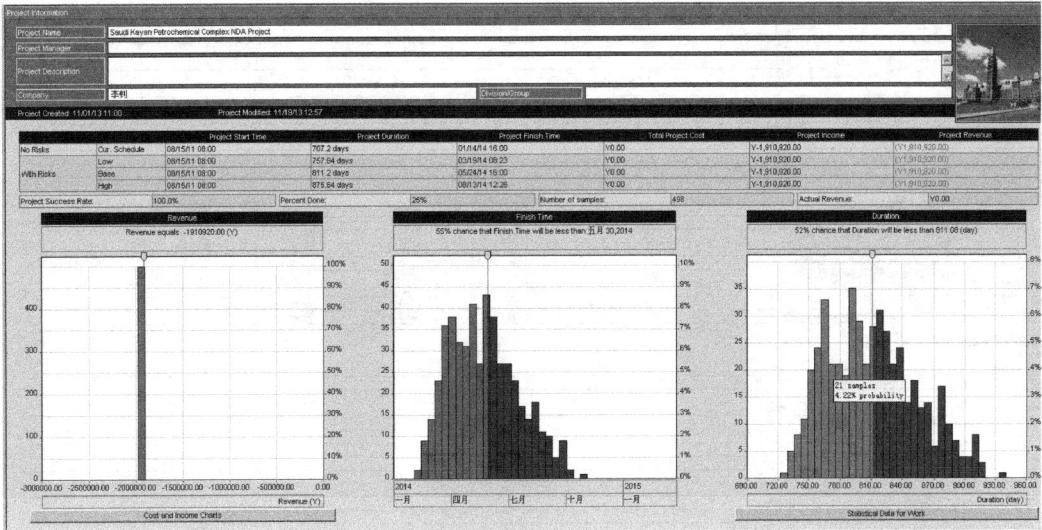

图5-21 工期结束时间预测

结果4：计划工期与风险加载后的工期比较。

1）目前计划工期完成时间：2013年12月31日。

2）加载风险后，最可能完成时间：2013年5月；最小可能完成时间：2014年3月；最大可能完成时间：2013年7月。具体如图5-22所示。

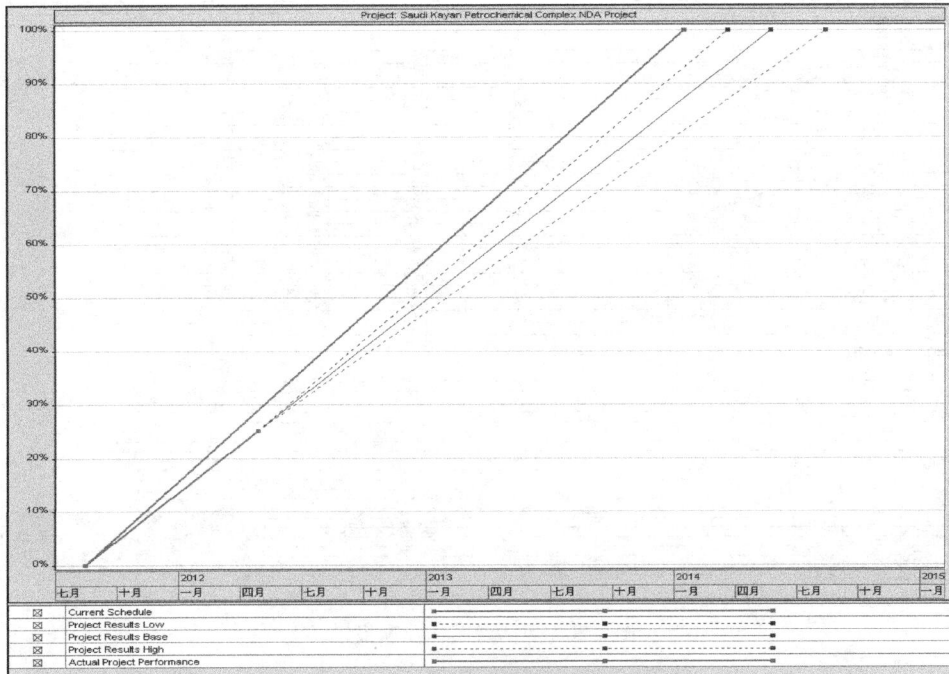

图5-22 计划工期与风险加载后的工期比较

结果 5：风险及其作业项报告，具体如图 5-23、图 5-24 所示。

Customize Report	Export Report	Risk Report

Risk: 脚手架影响、保温滞后
Open Risk; threat
Risk Properties:

Property Name	Property Value
Risk ID	R00000180
Threat Strategy (Avoid, Transfer, Mitigate, Accept)	Mitigate
Opportunity Strategy (Exploit, Share, Enhance, Accept)	Enhance
Date Identified	11/19/13 12:50
Recorded	11/19/13 12:50
Last Review	11/19/13 12:50
Review Frequency	Monthly
Next Review	12/19/13 12:50
Notification About Incoming Review (in days)	2.00
Start Time or Sunrise (Pre-mitigation)	11/19/13 12:50
Finish Time or Sunset (Pre-mitigation)	11/19/14 12:50

Risks are assigned to:

Assigned to:	Task or resource name	Enabled	Altern.	Chance	Outcome Type	Outcome
Task	Task 3765: Equipment Insulation (Unit691)	Yes		90.0 %	Relative delay	6.0 %
Task	Task 3767: Piping Insulation (Unit692)	Yes		90.0 %	Relative delay	20.0 %
Task	Task 3770: Piping Insulation (Unit693)	Yes		90.0 %	Relative delay	20.0 %
Task	Task 3773: Piping Insulation (Unit694)	Yes		90.0 %	Relative delay	21.0 %
Task	Task 3776: Piping Insulation (Unit695)	Yes		100.0 %	Relative delay	129.0 %
Task	Task 3779: Piping Insulation (Unit696)	Yes		100.0 %	Relative delay	20.0 %
Task	Task 3783: Piping Insulation (Unit697)	Yes		90.0 %	Relative delay	50.0 %
Task	Task 3784: Equipment Insulation (Unit697)	Yes		90.0 %	Relative delay	50.0 %

Risk: 电气到货影响
Open Risk; threat
Risk Properties:

Property Name	Property Value
Risk ID	R00000175
Threat Strategy (Avoid, Transfer, Mitigate, Accept)	Mitigate
Opportunity Strategy (Exploit, Share, Enhance, Accept)	Enhance
Date Identified	11/14/13 10:14
Recorded	11/14/13 10:14
Last Review	11/14/13 10:14
Review Frequency	Monthly
Next Review	12/14/13 10:14
Notification About Incoming Review (in days)	2.00
Start Time or Sunrise (Pre-mitigation)	11/14/13 10:14
Finish Time or Sunset (Pre-mitigation)	11/14/14 10:14

Risks are assigned to:

Assigned to:	Task or resource name	Enabled	Altern.	Chance	Outcome Type	Outcome
Task	Task 3696: Field Instrument Reinstatement (Unit696)	Yes		100.0 %	Relative delay	34.0 %
Task	Task 3702: Field Instrument Installation (Unit696)	Yes		100.0 %	Relative delay	22.0 %
Task	Task 3704: Branch Cabling_Termination (Unit696)	Yes		100.0 %	Relative delay	28.0 %
Task	Task 3705: Functional Testing_Control Loop (Unit696)	Yes		100.0 %	Relative delay	17.0 %
Task	Task 3706: Control Valve Installation (Unit696)	Yes		100.0 %	Relative delay	28.0 %
Task	Task 3718: Field Instrument Reinstatement(Unit697)	Yes		100.0 %	Relative delay	50.0 %

Risk: 材料到货滞后（安装、预试车）
Open Risk; threat
Risk Properties:

Property Name	Property Value
Risk ID	R00000153
Threat Strategy (Avoid, Transfer, Mitigate, Accept)	Mitigate
Opportunity Strategy (Exploit, Share, Enhance, Accept)	Enhance
Date Identified	11/06/13 09:56
Recorded	11/06/13 09:56
Last Review	11/06/13 09:56
Review Frequency	Monthly
Next Review	12/06/13 09:56
Notification About Incoming Review (in days)	2.00
Start Time or Sunrise (Pre-mitigation)	11/06/13 09:56
Finish Time or Sunset (Pre-mitigation)	11/06/14 09:56

Risks are assigned to:

Assigned to:	Task or resource name	Enabled	Altern.	Chance	Outcome Type	Outcome
Task	Task 3667: Air Pipe_Tubing Installation (Unit693)	Yes		100.0 %	Relative delay	237.0 %
Task	Task 3695: Air Pipe_Tubing Installation (Unit696)	Yes		100.0 %	Relative delay	79.0 %
Task	Task 3712: Field Instrument Installation (Unit697)	Yes		100.0 %	Relative delay	56.0 %
Task	Task 3714: Branch Cabling_Termination ((Unit697)	Yes		100.0 %	Relative delay	83.0 %
Task	Task 3715: Functional Testing_Control Loop (Unit697)	Yes		100.0 %	Relative delay	50.0 %
Task	Task 3716: Control Valve Installation(Unit697)	Yes		100.0 %	Relative delay	56.0 %
Task	Task 3781: Tank Insulation (Unit696)	Yes		90.0 %	Relative delay	112.0 %
Task	Task 3799: Punch out and Pre-comm. Completed of Section 103	Yes		100.0 %	Relative delay	22.0 %
Task	Task 3801: Punch out and Pre-comm. Completed of Section 105	Yes		100.0 %	Relative delay	40.0 %
Task	Task 3803: Punch out and Pre-comm. Completed of Section 110	Yes		100.0 %	Relative delay	22.0 %
Task	Task 3804: Punch out and Pre-comm. Completed of Section 111	Yes		100.0 %	Relative delay	21.0 %
Task	Task 3805: Punch out and Pre-comm. Completed of Section 112	Yes		100.0 %	Relative delay	22.0 %
Task	Task 3806: Punch out and Pre-comm. Completed of Section 113	Yes		100.0 %	Relative delay	17.0 %
Task	Task 3808: Punch out and Pre-comm. Completed of Section 210	Yes		100.0 %	Relative delay	19.0 %
Task	Task 3809: Punch out and Pre-comm. Completed of Section 230	Yes		100.0 %	Relative delay	46.0 %
Task	Task 3810: Punch out and Pre-comm. Completed of Section 240	Yes		100.0 %	Relative delay	46.0 %
Task	Task 3811: Punch out and Pre-comm. Completed of Section 250	Yes		100.0 %	Relative delay	46.0 %
Task	Task 3812: Punch out and Pre-comm. Completed of Section 260	Yes		100.0 %	Relative delay	46.0 %
Task	Task 3813: Punch out and Pre-comm. Completed of Section 270	Yes		100.0 %	Relative delay	71.0 %
Task	Task 3815: Punch out and Pre-comm. Completed of Section 300 (ISBL)	Yes		100.0 %	Relative delay	69.0 %
Task	Task 3818: Punch out and Pre-comm. Completed of Section102	Yes		100.0 %	Relative delay	44.0 %

Risk: 安装过程中损坏、防腐滞后
Open Risk; threat
Risk Properties:

Property Name	Property Value
Risk ID	R00000179
Threat Strategy (Avoid, Transfer, Mitigate, Accept)	Mitigate
Opportunity Strategy (Exploit, Share, Enhance, Accept)	Enhance
Date Identified	11/19/13 12:40
Recorded	11/19/13 12:40
Last Review	11/19/13 12:40
Review Frequency	Monthly
Next Review	12/19/13 12:40
Notification About Incoming Review (in days)	2.00
Start Time or Sunrise (Pre-mitigation)	11/19/13 12:40
Finish Time or Sunset (Pre-mitigation)	11/19/14 12:40

Risks are assigned to:

Assigned to:	Task or resource name	Enabled	Altern.	Chance	Outcome Type	Outcome
Task	Task 3725: Piping Touch up (Unit691)	Yes		100.0 %	Relative delay	40.0 %
Task	Task 3730: Piping Touch up (Unit692)	Yes		100.0 %	Relative delay	38.0 %
Task	Task 3735: Piping Touch up (Unit693)	Yes		100.0 %	Relative delay	100.0 %
Task	Task 3740: Piping Touch up (Unit694)	Yes		100.0 %	Relative delay	38.0 %
Task	Task 3745: Piping Touch up (Unit695)	Yes		100.0 %	Relative delay	63.0 %
Task	Task 3749: Piping Touch up (Unit696)	Yes		100.0 %	Relative delay	31.0 %
Task	Task 3758: Piping Touch up (Unit697)	Yes		100.0 %	Relative delay	48.0 %

图 5-23　风险及其作业项报告

Risk: 尾项、材料缺口

Open Risk; threat

Risk Properties:

Property Name	Property Value				
Risk ID	R00000171				
Threat Strategy (Avoid, Transfer, Mitigate, Accept)	Mitigate				
Opportunity Strategy (Exploit, Share, Enhance, Accept)	Enhance				
Date Identified	11/14/13 09:40				
Recorded	11/14/13 09:40				
Last Review	11/14/13 09:40				
Review Frequency	Monthly				
Next Review	12/14/13 09:40				
Notification About Incoming Review (in days)	2.00				
Start Time or Sunrise (Pre-mitigation)	11/14/13 09:40				
Finish Time or Sunset (Pre-mitigation)	11/14/14 09:40				

Risks are assigned to:

Assigned to:	Task or resource name	Enabled	Altern.	Chance	Outcome Type	Outcome
Task	Task 3495: Piping Hydrotest and Re-insta.(Unit691)	Yes		100.0 %	Relative delay	20.0 %
Task	Task 3499: Piping Hydrotest and Re-insta.(Unit692)	Yes		100.0 %	Relative delay	24.0 %
Task	Task 3503: Piping Hydrotest and Re-insta.(Unit693)	Yes		100.0 %	Relative delay	16.0 %
Task	Task 3507: Piping Hydrotest and Re-insta.(Unit694)	Yes		100.0 %	Relative delay	9.0 %
Task	Task 3511: Piping Hydrotest and Re-insta.(Unit695)	Yes		100.0 %	Relative delay	100.0 %
Task	Task 3515: Piping Hydrotest (Unit696)	Yes		100.0 %	Relative delay	59.0 %
Task	Task 3519: Piping Hydrotest (Unit697)	Yes		100.0 %	Relative delay	8.0 %
Task	Task 3523: Piping Hydrotest and Re-insta.(Unit698)	Yes		100.0 %	Relative delay	27.0 %

Risk: 防火涂后

Open Risk; threat

Risk Properties:

Property Name	Property Value				
Risk ID	R00000176				
Threat Strategy (Avoid, Transfer, Mitigate, Accept)	Mitigate				
Opportunity Strategy (Exploit, Share, Enhance, Accept)	Enhance				
Date Identified	11/19/13 11:58				
Recorded	11/19/13 11:58				
Last Review	11/19/13 11:58				
Review Frequency	Monthly				
Next Review	12/19/13 11:58				
Notification About Incoming Review (in days)	2.00				
Start Time or Sunrise (Pre-mitigation)	11/19/13 11:58				
Finish Time or Sunset (Pre-mitigation)	11/19/14 11:58				

Risks are assigned to:

Assigned to:	Task or resource name	Enabled	Altern.	Chance	Outcome Type	Outcome
Task	Task 3257: Road(ISBL)	Yes		100.0 %	Relative delay	33.0 %
Task	Task 3270: Steel Structure and Equipment Fireproof (Unit691)	Yes		100.0 %	Relative delay	28.0 %
Task	Task 3280: Steel Structure and Equipment Fireproof (Unit692)	Yes		100.0 %	Relative delay	37.0 %
Task	Task 3290: Steel Structure and Equipment Fireproof (Unit693)	Yes		100.0 %	Relative delay	40.0 %
Task	Task 3298: Steel Structure and Equipment Fireproof (Unit694)	Yes		100.0 %	Relative delay	39.0 %
Task	Task 3312: Steel Structure and Equipment Fireproof (Unit695)	Yes		100.0 %	Relative delay	325.0 %
Task	Task 3332: Steel Structure and Equipment Fireproof (Unit697)	Yes		100.0 %	Relative delay	150.0 %

Risk: 设计变更、材料缺口

Open Risk; threat

Risk Properties:

Property Name	Property Value				
Risk ID	R00000170				
Threat Strategy (Avoid, Transfer, Mitigate, Accept)	Mitigate				
Opportunity Strategy (Exploit, Share, Enhance, Accept)	Enhance				
Date Identified	11/14/13 09:39				
Recorded	11/14/13 09:39				
Last Review	11/14/13 09:39				
Review Frequency	Monthly				
Next Review	12/14/13 09:39				
Notification About Incoming Review (in days)	2.00				
Start Time or Sunrise (Pre-mitigation)	11/14/13 09:39				
Finish Time or Sunset (Pre-mitigation)	11/14/14 09:39				

Risks are assigned to:

Assigned to:	Task or resource name	Enabled	Altern.	Chance	Outcome Type	Outcome
Task	Task 3494: Piping Installation (Unit691)	Yes		100.0 %	Relative delay	20.0 %
Task	Task 3498: Piping Installation (Unit692)	Yes		100.0 %	Relative delay	25.0 %
Task	Task 3502: Piping Installation (Unit693)	Yes		100.0 %	Relative delay	23.0 %
Task	Task 3506: Piping Installation (Unit694)	Yes		100.0 %	Relative delay	12.5 %
Task	Task 3510: Piping Installation (Unit695)	Yes		100.0 %	Relative delay	95.0 %
Task	Task 3514: Piping Installation (Unit696)	Yes		100.0 %	Relative delay	27.0 %
Task	Task 3518: Piping Installation (Unit697)	Yes		100.0 %	Relative delay	13.0 %
Task	Task 3522: Piping Installation (Unit698)	Yes		100.0 %	Relative delay	35.0 %

图 5-24　风险及其作业项报告

5.3　EPC 总承包项目案例分析

5.3.1　项目背景

某石油炼化项目位于中东某国，预计投资额约 23 亿美元，计划于 2015 年投入运营，设计加工能力为 15 万桶/日，近期业主拟对其进行全球招标。竞标的过程中，来自欧洲 3 家公司、韩国 4 家公司与中国 1 家公司 B 企业共 8 家国际工程公司参与竞标。近几年韩国承包商炼化工程建设的战略重点在中东，以低价竞标与国际采购、政府大力扶持等诸多优势成为该地区的市场领先者，席卷中东地区的 EPC 总承包市场，市场份额已达 40%。因此，B 企业在自身设计、采购与项目管理能力不足、经验缺乏的情况下，要在竞标中击败强大的韩国与欧洲企业愈加艰难。

5.3.2　费用分解结构

根据投标报价的需要将总费用估算分为四层，第一层是按照项目合同形式划分为国际合同与国内合同两种形式，然后将国际合同按照不同的阶段划分为总部设计 & 采购、总部采购（散材）与总部项目管理，其中，散材部分进一步划分为设备、配管、电气、仪表与化学品等，最后将这几个专业再继续划分为第四层更细的专业。国内合同划分为现场设

计 & 采购、现场采购（散材）、施工、施工管理与其他费用等，最后将这几个费用按不同的专业继续划分。

5.3.3　传统专家经验的评审意见

为了提高项目投标的中标率，并保持合理的经济利润，总部 A 专家组与公司投标企业 B 专家组对该项目的费用估算进行评审，评审主要依据以往项目执行的经验、国内项目执行的经验与专家的经验数据，具体流程如图 5-25 所示，评审意见如下。

1. 专家组 A

（1）项目总报价明显偏高，建议降价 10％左右（即 2 亿美元），总报价确定在 19 亿

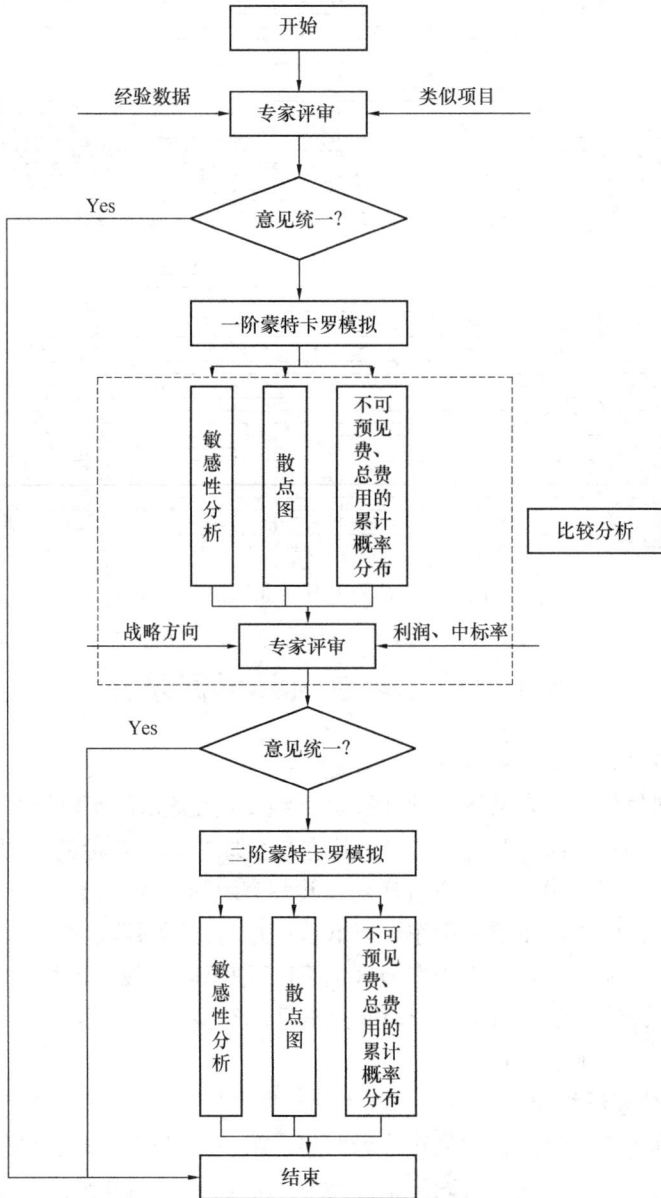

图 5-25　基于专家经验评审方法与蒙特卡罗模拟的
集成投标价格评审方法流程

美元左右，唯有这样才能既提高中标率，又能保证一定的利润。

（2）鉴于国际采购非常复杂，这部分费用由于估算人员过于担心风险而偏高，建议降低10%。施工与施工管理部分费用偏高，B企业类似项目的施工经验丰富，完全可以将施工费用控制在预算范围内，也可以将这部分工作分包给当地施工方。因此，这部分的费用可以大幅下调。

2. 专家组B

B公司在中东地区执行的EPC项目较少，当地项目执行的经验非常匮乏，风险较高，该项目的报价已经非常低，基本上没有降价的空间。特别地，专家组B指出目前企业的战略是先采取低价策略以进入该地区，该价格水平基本上没有盈利的空间，已属于赔本报价。因此，21亿美元的报价水平已属于低价竞标，中标率较高。国际采购比较复杂，主要是因为很多国际采购商对B企业的询价没有积极响应，直接导致这部分费用无法估算，项目进度滞后、人工成本增加，因此认为在项目执行过程中发生的费用会更高。如果按照A专家意见，将报价降低10%，B企业根本无法在预算范围内顺利完成该项目。

5.3.4 基于专家经验评审方法与蒙特卡罗模拟的集成评审分析方法

针对上述两组专家意见不一致的实际情况，独立专家组C在独立于专家组A与专家组B的情况下，根据费用估算五级精度标准，考虑到项目所面临的经济、国情、类似项目经验少等风险因素，引入基于专家经验评审方法与蒙特卡罗模拟的集成评审方法对项目投标的价格水平进行评审。

1. 一阶蒙特卡罗模拟分析

（1）概率分布函数的确定

将各输入量（费用子项）的概率分布函数选为BetaPert分布，并确定费用项的最小值与最大值。由于B企业在中东地区尚未执行过类似项目，在国内执行类似项目的经验数据也不适合，故采用基于AACE推荐的五级费用估算精度要求，下限为基准值的$-20\%\sim-15\%$，上限为基准值的$5\%\sim15\%$，结合MAIMS（Money Allocation is Money Spent）规则，为了使最可能值更加接近于最大值，将最小值确定为最可能值的85%，最大值确定为最可能值的108%。

（2）相关系数的确定

通过静态飓风图分析得到较大的几个费用子项分别是：动设备、静设备、施工管理、间接费、结构、钢结构、混凝土、临时设施、仪表、采购电气、采购仪表等，依据20：80规则与相关系数费用不超过15组的规则，选择动设备、静设备、施工管理、间接费、结构、钢结构、混凝土、临时设施、仪表这9个费用子项建立相关系数矩阵。依据以往项目费用估算分析的经验，采用专家经验确定相关系数，即专业内费用子项相关系数设定为0.6，专业间费用子项相关系数设定为0.3。

确定费用子项的概率分布与相关系数后，采用风险量化分析软件对费用估算进行10000次模拟，得到相对于总费用的敏感性分析、总费用的累积概率分布曲线、费用子项与总费用的相关系数关系、不可预见费的分析等一系列结论。

2. 二阶蒙特卡罗模拟投标价格评审方法

由于两组专家对一阶蒙特卡罗模拟费用估算分析结果仍达不成一致意见，由此可见该项目的费用估算过程非常复杂，故独立专家组C对该项目的费用估算进行二阶蒙特卡罗模拟分析。

（1）确定需进行二阶蒙特卡罗模拟的费用子项

依据敏感性分析结果，结合 20：80 法则，筛选出对总费用影响程度累积超过 80% 的较大的 9 个费用子项，分别是：动设备、静设备、结构、间接费、临时设施、施工管理、钢结构、混凝土以及仪表。考虑到两组专家均认为国际设备采购部分的费用估算不明晰，争议较大，面临的风险较高，因此将动设备与静设备费用项的最可能值定义为三角分布来进行二阶蒙特卡罗模拟分析。将这两个费用子项 $C_{ij}(i=1,2;j=1,2)$ 的最可能值 $P_{\mathrm{m}}^{ij}(i=1,2;j=1,2)$ 定义为三角分布，即 $P_{\mathrm{m}}^{ij} \sim \mathrm{Triangular}(a_{ij},b_{ij})$，精度要求假定为 −5%，即最小值为 P_{m}^{ij} 的 95% 倍数；最大值为 P_{m}^{ij} 的 105% 倍数。

（2）模拟分析

根据前文的模拟分析步骤，将费用子项全部定义为具有可变性特征的随机变量，两个费用子项的最可能值定义为具有不确定性特征的随机变量，建立内外双环。内环是完成对费用子项可变性的一阶迭代过程，迭代次数设为 5000 次；外环是完成筛选的最可能值不确定性的二阶迭代过程，迭代次数设为 50 次，通过风险定量分析软件将费用估算迭代 250000 次，得到 50 个总费用的累积概率分布曲线与敏感性分析结果，根据总费用的累积概率分布曲线得到一定置信水平下的不可预见费分析结果。

5.3.5　模拟结果比较分析

1. 敏感性结果比较分析

将专家意见、一阶蒙特卡罗模拟与二阶蒙特卡罗模拟得到的敏感性分析结果进行比较，可以得到如下结论：

（1）专家意见：国际采购部分费用估算的正确与否对总费用影响较大，但得不到这部分对总费用影响程度的量化值。

（2）两次模拟分析结果：影响总费用估算正确与否最敏感的几个费用子项均是结构、施工管理、间接费、临时设施，影响程度累计超过 50%。之后敏感性较强的费用项排序有所变化，第一种模拟方法得到的敏感费用项依次为：钢结构、混凝土、动设备与静设备，影响程度基本维持在 10% 左右；第二种模拟方法得到的敏感费用项依次为：动设备、混凝土、钢结构与静设备，影响程度均低于 10%。

综上所述，基于二阶蒙特卡罗模拟的费用估算方法进一步强化了动设备的敏感性，与专家的评审意见有接近的地方。但是，专家组一味地强调设备的国际采购对总费用估算的正确与否影响较大，显得有些偏颇，后面的模拟分析结果也验证了此结论。因此，估算人员应重点关注与国内施工相关的一些费用子项估算，核实它们估算的合理性与正确性。

2. 相关系数结果比较分析

为了分析第三层级的费用子项与总费用之间的相互依赖关系，可以通过蒙特卡罗模拟得到各费用子项之间的相关系数（散点图），找出那些相关系数较大的费用子项，便于估算人员重点核算这些费用子项估算的准确程度，提高整个项目费用估算的精度。

（1）专家意见：同上，认为国际采购部分费用估算对整个项目费用的估算影响较大，总费用对其依赖性较强。

（2）两次模拟结果：均认为国际设备与大宗材料采购、国内施工与总费用之间的相互关系最大，为 0.6 左右。相关系数理论表明，这几个费用项与总费用之间的相互依赖性并不是很强，属于中等级别。

综上所述，专家组与两种模拟分析方法得到的结论基本相似，但是专家过多地强调国际设备与采购部分的重要性，显然该结论有点偏离项目的实际情况。

3. 总费用累积概率分布比较分析

一阶蒙特卡罗模拟在一定置信度水平下仅是单点估计，而二阶蒙特卡罗模拟可以提供一定置信度水平下的概率分布或范围值，为估算人员提供更多的信息。例如，根据 AACE 关于不可预见费确定的规则，该项目的总报价应该以 P_{50} 点所对应的 20.8 亿美元投出较为理想，而二阶蒙特卡罗模拟结果显示投出的理想价格应该在 20.7 亿～20.96 亿美元之间，决策者可以根据公司的实际状况与抗风险能力决定合理的价格水平。值得一提的是，二阶蒙特卡罗模拟提供的 P_5、P_{10}、P_{90}、P_{95} 等一定置信度水平下的概率分布对于科学决策也具有较强的参考价值，可以给出各种决策结果所面临的量化风险。

（1）专家组 A 意见：项目总报价明显偏高，建议降价 10% 左右（即 2 亿美元），总报价确定在 19 亿美元左右，国际采购部分建议降低 10%。施工与施工管理部分费用偏高，可以大幅度降低。

（2）一阶蒙特卡罗模拟结果：原先项目的总报价水平低于 21 亿美元的概率有 83%，说明原来的项目报价水平偏高。根据 AACE 推荐的规则，如果项目报价水平在 P_{10} 的时候，在完全竞争并且以低价中标的市场中，该报价水平有 90% 的可能性中标，即中标率为 90%，项目报价水平最可能的值约为 20.8 亿美元，且以 80% 的可能性介于 20.48 亿～21.15 亿美元之间。

（3）二阶蒙特卡罗模拟结果：原先项目的报价水平低于 21 亿美元的概率在 57%～78% 之间，虽然概率有所下降，但说明报价价格水平仍然偏高。依据 AACE 推荐标准，为了使项目能够顺利中标，可以将定价水平确定在 P_{10} 左右。由于本次模拟会产生 P_{10} 值对应的概率分布曲线，如图 5-26 所示，价格有 80% 的可能性介于 20.3 亿～20.45 亿美元之间，选定 P_{50} 对应的 20.37 亿美元作为最终的报价水平，在第一次模拟得到的 20.8 亿美元的基础上继续降低 4 千万美元，但中标率仍维持在 90%。

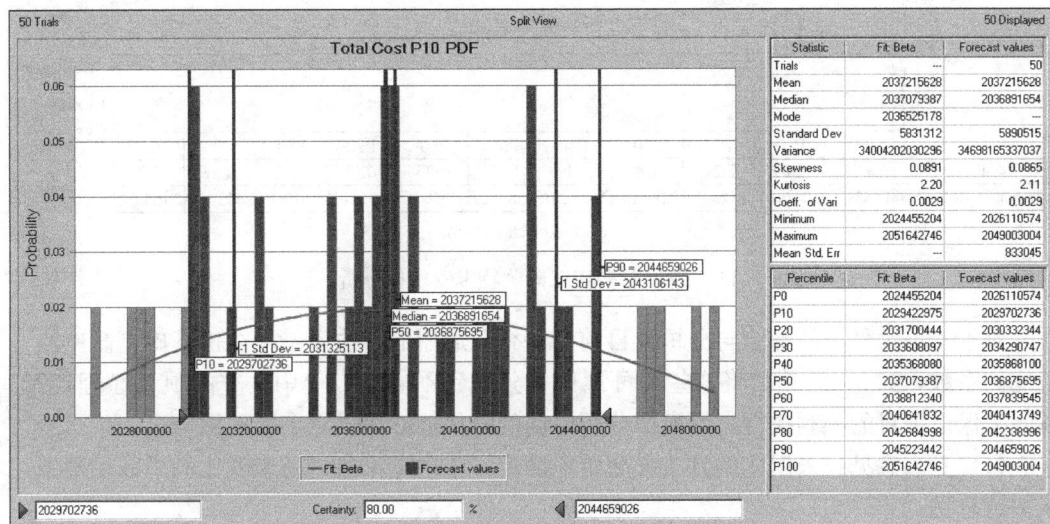

50 Trials		Split View	50 Displayed

Total Cost P10 PDF

Statistic	Fit Beta	Forecast values
Trials	---	50
Mean	2037215628	2037215628
Median	2037079387	2036891654
Mode	2036525178	---
Standard Dev	5831312	5890515
Variance	34004202030296	34698165337037
Skewness	0.0891	0.0865
Kurtosis	2.20	2.11
Coeff. of Vari	0.0029	0.0029
Minimum	2024455204	2026110574
Maximum	2051642746	2049003004
Mean Std. Err		833045

Percentile	Fit Beta	Forecast values
P0	2024455204	2026110574
P10	2029422975	2029702736
P20	2031700444	2030332344
P30	2033608097	2034290747
P40	2035368080	2035868100
P50	2037079387	2036875695
P60	2038812340	2037839545
P70	2040641832	2040413749
P80	2042684998	2042338996
P90	2045223442	2044659026
P100	2051642746	2049003004

图中标注：P90 = 2044659026；1 Std Dev = 2043106143；Mean = 2037215628；Median = 2036891654；P50 = 2036875695；-1 Std Dev = 2031325113；P10 = 2029702736

Certainty: 80.00 %　2029702736　2044659026

图 5-26　总费用二阶蒙特卡罗模拟 P_{10} 概率分布图

综上所述，无论是专家组 A 还是专家组 B 简单的根据以往项目执行的情况或经验数据来降价 10％都是不可行的。两种模拟分析方法不仅可以降低整个项目的报价水平，以 20.8 亿美元报价较之于直接降至 19 亿美元明显有利可图，而且可以保证中标率仍在 90％的情形下达到 2％～3％的经济利润。

5.3.6　不可预见费比较分析

根据 AACE 确定不可预见费的规则，理想的价格水平应该在 P_{50} 附近，即总费用的累积概率分布曲线与相应的不可预见费（溢价）曲线的交点应该位于 P_{50} 附近。通过图 5-27、图 5-28 可以发现，无论是一阶蒙特卡罗模拟还是二阶蒙特卡罗模拟，两条曲线的交点都远远偏离 P_{50} 这一点，进一步验证了该项目费用估算的不合理性。造成费用估算出现如此大偏差的原因主要包括：①估算人员对中东炼化工程的价格体系不清晰；②对该地区大型项目缺乏较为全面的项目参考数据；③对业主招标文件中要求的费用估算计价规则理解不准确。

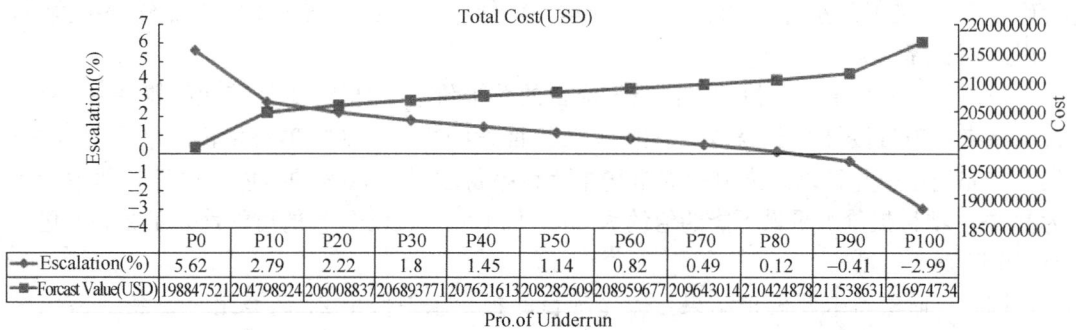

Total Cost(USD)

	P0	P10	P20	P30	P40	P50	P60	P70	P80	P90	P100
Escalation(%)	5.62	2.79	2.22	1.8	1.45	1.14	0.82	0.49	0.12	−0.41	−2.99
Forcast Value(USD)	198847521	204798924	206008837	206893771	207621613	208282609	208959677	209643014	210424878	211538631	216974734

Pro.of Underrun

图 5-27　总费用一阶蒙特卡罗模拟分析

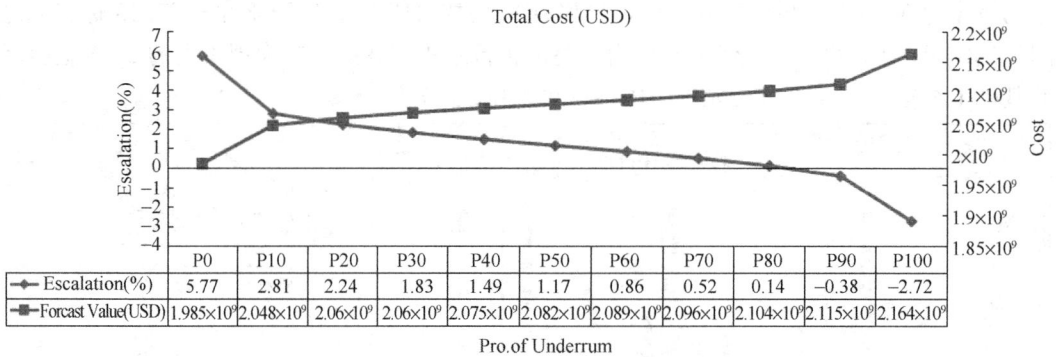

Total Cost (USD)

	P0	P10	P20	P30	P40	P50	P60	P70	P80	P90	P100
Escalation(%)	5.77	2.81	2.24	1.83	1.49	1.17	0.86	0.52	0.14	−0.38	−2.72
Forcast Value(USD)	$1.985×10^9$	$2.048×10^9$	$2.06×10^9$	$2.06×10^9$	$2.075×10^9$	$2.082×10^9$	$2.089×10^9$	$2.096×10^9$	$2.104×10^9$	$2.115×10^9$	$2.164×10^9$

Pro.of Underrun

图 5-28　总费用二阶蒙特卡罗模拟分析

对于不可预见费的确定与分析，目前国内企业通用的方法还是在总价基础上简单取一个比例系数，如 5％，然后将这些不可预见费分配到不同的专业中，并由项目经理控制，以此来保证项目的顺利执行，但模拟分析得到的结果能够提供更多的有用信息。

（1）专家意见：采用比例方法来简单地确定，本次专家研讨尚未就比例系数的确定达成一致意见。

（2）一阶蒙特卡罗模拟分析结果结论：①若项目以 P_{10} 对应的数值进行定价，项目执行较好，对应的利润达到 2%，如果以这种价格水平投标，中标率为 90%，但在项目执行阶段有 73% 的概率亏损 5879 万美元（基准报价：21.1 亿美元），相应的 80% 置信区间为 0%/3.29%，表示在这种报价水平下，有 80% 的可能性最少盈亏平衡，最多可以盈利 3.29%；②若项目以 P_{50} 对应的数值进行定价，中标率为 50%，对应的利润达到 3.5%，在项目执行阶段有 33% 的概率亏损 2395 万美元（基准报价：21.1 亿美元），相应的 80% 的置信区间为 −1.67%/1.56%，表示在这种报价水平下，有 80% 的可能性最少亏损 1.67%，最多盈利 1.56%；③若项目以 P_{90} 对应的数值进行定价，中标率为 10%，对应的利润达到 4%，在项目执行阶段有 7% 的概率盈利 860 万美元（基准报价：21.1 亿美元），相应的 80% 的置信区间为 −3.2%/0%，表示在这种报价水平下，有 80% 的可能性最少亏损 3.2%，最多盈亏平衡。

（3）二阶蒙特卡罗模拟分析结果结论：①若项目以 P_{10} 对应的数值进行定价，项目执行较好，对应的利润达到 2%，如果以这种价格水平投标，中标率为 90%，但在项目执行阶段有 75% 的概率亏损 5913 万美元（基准报价：21.1 亿美元），其对应的 80% 置信区间为 0%/3.28%，表示在这种报价水平下，有 80% 的可能性最少盈亏平衡，最多可以盈利 3.28%；②若项目以 P_{50} 对应的数值进行定价，中标率为 50%，对应的利润达到 3.5%，但在项目执行阶段有 35% 的概率亏损 2470 万美元（基准报价：21.1 亿美元），对应的 80% 的置信区间为 −1.65%/1.57%，表示在这种报价水平下，有 80% 的可能性最少亏损 1.65%，最多盈利 1.57%；③若项目以 P_{90} 对应的数值进行定价，中标率为 10%，对应的利润达到 4%，在项目执行阶段有 5% 的概率盈利 795 万美元（基准报价：21.1 亿美元），对应的 80% 的置信区间为 −3.17%/0%，表示在这种报价水平下，有 80% 的可能性最少亏损 3.17%，最多盈亏平衡。

综上所述，专家经验评审方法不能对不可预见费进行深入分析，而模拟分析能够得到一些非常有用的信息，使项目经理对要执行的项目未来所需的管理储备金做到心中有数，并且能够根据自身抗风险能力的需要来确定项目执行过程中的费用控制力度。

5.3.7 项目授标结果

A 专家组与 B 专家组根据独立 C 专家组模拟分析方法得到的一系列结论，结合类似项目的工程实践，将最终的投标价格水平确定为 20.2 亿美元。B 企业以此价格水平最终打败了实力强大的韩国与欧洲工程公司，赢得了此项目，为 B 企业在中东地区炼化工程承包领域树立了新的里程碑。

复 习 思 考 题

1. 简述 EPC 总承包模式的含义。
2. EPC 项目风险的宏观风险包括哪些？
3. EPC 项目全生命周期风险管理主要包括哪三个阶段？各阶段的管控目标有何不同？
4. EPC 项目执行阶段的风险管控包括哪些流程？
5. EPC 项目执行阶段如何进行工期和费用风险定量分析？

5-复习思考题
参考答案

第6章　工程投资项目风险管理

6.1　投资项目风险管理概述

投资项目未来能否实现预期投资目标，面临着内外部各种不确定性因素的影响，投资项目风险管理是对这些不确定性因素进行动态识别、分析、应对、监控的过程。投资项目风险管理是投资项目管理的核心内容，是各级投资项目管理组织的核心职责，对投资项目进行管理的过程就是对投资项目风险进行管理的过程。投资项目风险管理工作的效率和效果直接影响投资项目的成败。

6.1.1　定义及性质

投资是以货币资金、实物资产、无形资产等不同资产形式，投资于项目、股权、债权等，形成资产或权益以期未来获得回报的资本性支出行为，类型包括固定资产投资、股权投资、债权投资等，投资项目是投资的载体。

按照项目阶段，投资项目可划分为规划与计划、项目建议书、预可行性研究、可行性研究、初步设计、最终投资决策、实施、竣工验收（投资退出）、项目运营、后评价等环节。全周期的投资项目管理如图 6-1 所示。

投资项目风险是指未来影响投资项目目标实现的不确定性因素，是投资项目风险管理的对象，具体包括但不限于各类实现程度存在不确定性的投资前提条件、假设条件和管理

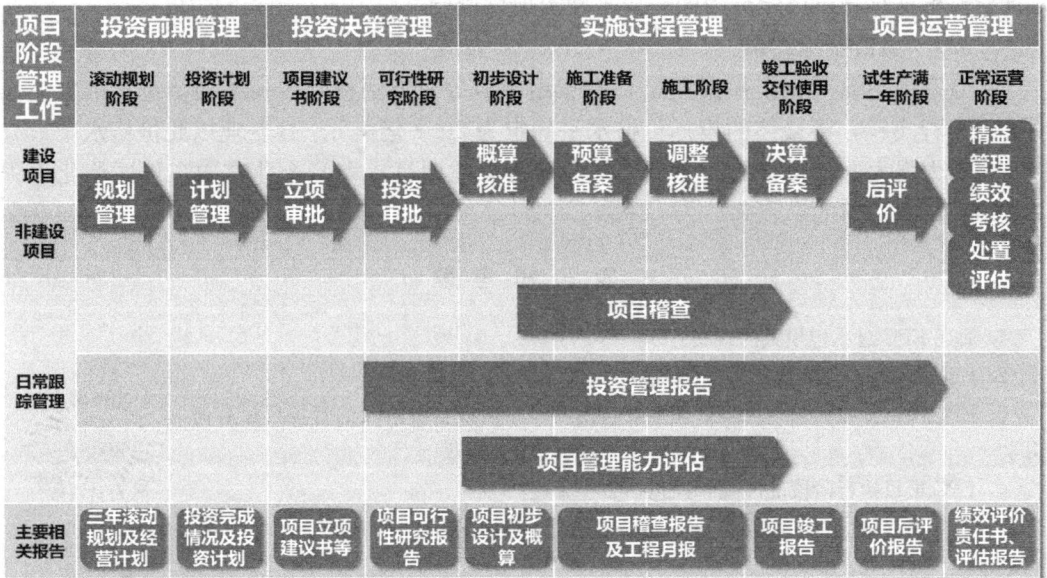

图 6-1　全周期的投资项目管理示例

要求等，有的是项目特有的风险，有的是系统性风险。这些不确定性因素既可能对投资目标产生负面影响，也可能对投资目标产生正面影响，而且随着时间及内外部环境、条件的变化，这些不确定性因素对投资目标的影响可能会在正负面影响之间互相转化。投资项目目标如表 6-1 所示。

投资项目目标示例　　　　　　　　　　　　　　　　　　　表 6-1

项目类型	固定资产投资		股权类投资			综合
	新开发	改扩建	股权收购	增资	新设公司	
资源开发	1. 获取资源 2. 利用现有资源开发	1. 增加产能 2. 资源的可持续性经营	获取资源	获取资源	获取资源	1. 获取资源 2. 增加产能 3. 资源的可持续性经营 4. 利用现有资源开发
工业建设	1. 提供产能 2. 获取资源	1. 扩大产能 2. 经济效益 3. 生产安全 4. 环保 5. 利用低成本优势（获取经济效益）	1. 开拓新市场 2. 获取资源 3. 核心业务扩张（扩大产能）	1. 开拓新市场，增加业务规模 2. 获取资源 3. 扩大产能	提供新服务，经济效益	1. 提供或扩大产能 2. 经济效益 3. 开拓新市场 4. 生产安全及环保 5. 获取资源
房地产	实现房地产业务可持续发展，实现经济效益					实现房地产业务可持续发展，实现经济效益
风险勘探	寻找重要战略资源					寻找重要战略资源

投资项目风险源于投资项目内部管理的薄弱环节和外部不确定性因素。投资项目内部管理上的薄弱环节包括但不限于：职责分工的合理性；项目管理的经验和能力、使用的方法与技术、管理机制等。管理上的薄弱环节引发的风险可以通过专业手段进行管理诊断和改进，可控性较大。外部不确定性因素包括：国内外经济社会政治环境的变化、行业政策调整、利率汇率变化、合作伙伴的合作意向发生变化等。外部不确定性因素可以通过专业手段进行风险评估，具体体现其大小和影响，若可控性差，可以通过一些管理手段予以规避、减缓、转移等，但有些需要选择自留。投资项目风险具有如下性质：

（1）投资项目风险是客观存在的。其不会因个人主观上的否定或忽视而消失，也不会因个人的凭空臆造而增加，不管是否去主动识别，风险都在那里，时刻影响着投资项目回报的实现。风险的客观性决定了要想实现投资回报，就需要坦然面对并主动管理投资项目风险。

（2）投资项目风险之间不是孤立存在的，而是以网状的关联关系或更复杂的形式存在。风险的复杂性决定了需要使用系统化的、专业的方法对投资项目风险进行有效分析管理，经验式、零散、各自孤立的分析管理方法往往是无效的，甚至会引发新的管理风险。

（3）投资项目风险是动态变化的。投资项目面临的是动态变化的内外部环境。风险依存的内外部条件一直在变化，进而风险的表现形式、发生可能性、影响、风险之间的关系也时刻在变化，差异只在于变化的形式和速度。风险的动态性决定了投资项目风险管理需要持续进行，而不是一阵风、运动式的开展。

（4）投资项目风险也具有较强的主观色彩。投资项目风险虽然是客观存在的，但对于风险的分析、管理却是主观的。投资项目风险管理是一个除了需要客观数据、方法支撑之外，还需要投资项目关键人员广泛参与、输入主观判断的综合性的管理活动。每个关键人因掌握的信息不同、能力差异、追求的目标不同，对风险的分析理解可能完全不一样；每个投资项目因所处的行业环境、业务模式、管理资源条件、风险偏好等方面的差异，对风险的管理方式自然也不一样。风险的主观性决定了投资项目风险管理需要重视人的作用，需要明确服务对象，需要组织各类专家广泛参与，需要结合投资项目进行管理模式的本地化。

投资项目风险管理是围绕投资项目目标，在投资项目的各个环节识别、分析、应对、监控风险，为投资项目目标实现提供合理保证的过程。投资项目风险管理的过程也是使用风险管理的思维和方法进行投资项目管理的过程。投资项目风险管理不是在现有投资项目管理活动中增加一个新的管理活动，而是对于因管理要求不具体、技术方法不成熟、能力不足等原因没有做到位的投资项目风险管理工作，通过持续的明确要求、规范方法、补齐短板、增强能力，提高投资项目的管理效率和资源配置效率，合理保障投资目标实现。

投资项目风险管理既要强化投资前期的风险评估和风控方案制订，也要做好项目实施过程中的风险监控、预警和处置，防范投资后的项目运营、整合风险，做好项目退出的时点与方式安排。

6.1.2　投资项目风险管理的原则

投资项目风险管理是为了创造和保护投资项目的价值及利益相关者的权益、规范投资项目操作、支持投资决策和资源配置、改善投资项目绩效、鼓励创新、合理保障投资项目目标的实现。投资项目风险管理应遵循以下原则：

1. 整合性原则

投资项目风险管理是投资项目管理的重要组成部分，投资项目风险管理应避免与投资项目管理活动脱节，以投资项目管理权限、职责分工、各类管理制度流程为载体，与投资管理活动同步、同时开展，实现无缝衔接。投资项目风险管理是各级投资管理部门职能和岗位职责的重要组成部分。投资项目风险管理为投资决策提供基于风险的信息，是投资决策的一部分。投资项目风险管理应保障相关方的利益，需要决策者的恰当、及时参与。

2. 全面性原则

投资项目风险管理应贯穿投资项目全生命周期。组织应明确提出投资项目风险管理的工作标准与要求，承担投资项目相关工作的各方应按照工作标准与要求，执行并定期汇报投资项目风险管理的开展情况。组织对于投资项目风险的分析应考虑风险之间的关联关系，系统地设计风险应对措施。

3. 动态性原则

在投资项目的不同阶段，应动态识别、分析投资项目内外部风险的变化情况，动态监控风险应对措施的执行情况，根据项目主体承受度动态调整决策和资源配置。通过持续的学习和实践，不断改进投资项目风险管理。

4. 可获得性原则

投资项目风险管理所需的历史信息、现状信息以及未来预测信息应是及时、清晰、完整并且可获得的。

5. 经济性原则

投资项目风险管理应注重投资项目所承担的风险与收益的平衡，防止和纠正忽视风险、片面追求收益而不讲条件和范围、认为风险越大收益越高的观念和做法。同时，也要防止单纯为规避风险而放弃发展机遇。

6.1.3 职责分工

投资项目风险管理工作应以现有投资项目管理组织及职责为依托，明确现有投资项目管理组织的投资项目风险管理分工与职责。

组织应建立"投资业务谁主管、投资风险谁管理"的投资项目风险管理文化，并通过经验分享、国际国内对标、培训宣贯等方式，持续提升投资项目风险管理能力，统一对投资项目风险管理的认识，促进投资项目风险管理与投资项目管理的同步实施与融合。

投资决策机构负责确定投资风险偏好，并基于风险偏好进行投资项目的各类决策。

投资管理部门和实施单位负责在投资管理活动中执行投资项目风险分析与风险应对，具体管控投资项目中面临的各类风险。

风险管理部门负责规范、协调、监督投资项目风险管理工作。

各类专业研究机构负责为组织的投资项目风险管理提供技术支持和服务。

后评价、监督与考核等部门负责对投资项目风险管理进行监督评价。

图6-2为某集团公司组织结构图及其中负责投资风险管理工作的机构示意图。其中，董事会中的战略与投资委员会、党委/总经理部下属的投资审查委员会为投资决策机构，法务办公室/战略投资部为投资管理部门，经营计划部为风险管理部门，财务资产部、人力资源部以及纪检审计部为监督考核部门，通过多部门分工协作管理投资风险。

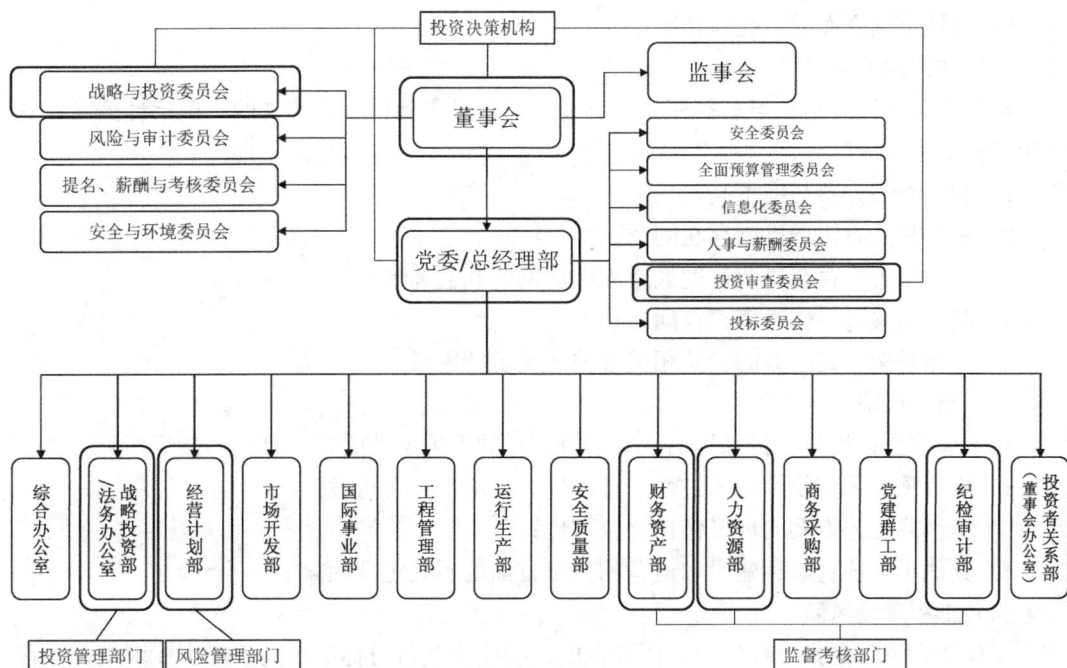

图 6-2 投资项目风险管理职责分工示例

6.2　投资项目主要风险

投资项目的项目类型、项目目标、所处地点、项目阶段、项目管理能力和激励机制等方面存在的天然差异，使得不同类型的投资项目面临的主要风险也不相同。

6.2.1　固定资产投资项目常见风险

固定资产投资项目是指以新建、改扩建等形式形成固定资产的投资项目。固定资产投资项目根据地域不同可分为境内投资项目和境外投资项目，面临的风险也有所不同。

1. 境内投资项目常见风险

境内投资项目常见风险包括但不限于市场风险、利益相关方风险、技术风险、工程建设风险、财税风险、合同和法律合规风险、社会稳定风险等。

（1）市场风险

市场风险是指市场方面存在的影响投资项目目标实现的不确定性因素，具体包括但不限于：

1）原材料供应量和质量方面的不确定性；

2）原材料采购价格方面的不确定性；

3）产成品销量和质量方面的不确定性；

4）产成品销售价格方面的不确定性；

5）利率、汇率及外汇管制政策的调整与变化；

6）国家行业或区域政策的变化与调整；

7）宏观经济环境的变化；

8）市场竞争的程度；

9）其他市场方面的不确定性因素。

（2）利益相关方风险

利益相关方风险是指与利益相关方有关的影响投资项目目标实现的不确定性因素，具体包括但不限于：

1）利益相关方参与度不高；

2）利益相关方协调机制存在问题；

3）利益相关方存在协调难度大或无法协调的利益冲突；

4）利益相关方协作效率存在问题；

5）其他影响项目收益的利益相关方的不确定性因素。

（3）技术风险

技术风险是指投资项目采用的技术本身存在的不确定性因素，具体包括但不限于：

1）投资项目采用技术的先进性、可靠性、适用性和可得性；

2）工程或工艺方案的可操作性、合理性；

3）其他影响项目顺利建设和运营的技术方面的不确定性因素。

（4）工程建设风险

工程建设风险是指工程建设方面存在的影响投资项目目标实现的不确定性因素，工程建设过程中面临的不确定性因素主要包括：

1）自然环境、到货周期、审批进度等方面影响项目进度的不确定性因素；

2）价格上涨、设计变更、进度变更等影响项目投资额的不确定性因素；

3）影响项目质量的不确定性因素；

4）影响人员安全、环保方面的不确定性因素；

5）由承包商传递给投资方的不确定性因素；

6）其他工程建设过程中面临的不确定性因素。

（5）财税风险

财税风险是指财税方面存在的影响投资项目目标实现的不确定性因素，具体包括但不限于：

1）财税政策和法规的健全性、稳定性；

2）财税政策和法规的清晰度；

3）融资来源及成本发生变化；

4）其他影响项目成本和收益的财税方面的不确定性因素。

（6）合同和法律合规风险

合同和法律合规风险是指在合同和法律合规方面存在的影响投资项目目标实现的不确定性因素，具体包括但不限于：

1）国内外与本投资项目相关的法律条款与环境的不确定性；

2）影响投资项目的新法律法规和政策；

3）道德不端行为、法律或监管上的不合规行为；

4）本投资项目签订的重大协议和有关贸易合同的合规性和权责分配的合理性；

5）类似项目发生的重大法律纠纷案件的情况；

6）本投资项目和竞争对手的知识产权情况；

7）其他需要关注的合同和法律合规方面的不确定性因素。

（7）社会稳定风险

社会稳定风险是指与社会稳定相关的影响投资项目目标实现的不确定性因素，对社会影响较大的投资项目，应关注影响社会稳定的不确定性因素，重点关注以下几方面：

1）合法性。投资项目是否享有相应的决策权并在权限范围内进行决策，决策内容和程序是否符合有关法律法规和政策规定。

2）合理性。投资项目是否符合大多数群众的利益，是否兼顾了群众的短期利益和长远利益，会不会给群众带来过重的经济负担或者对群众的生产生活造成过多不便，会不会引发不同地区、行业、群体之间的攀比。拟采取的措施和手段是否必要、适当，是否尽最大可能维护了所涉及群众的合法权益。政策调整、利益调节的对象和范围界定是否准确，拟给予的补偿、安置或者救助是否合理、公平、及时。

3）可行性。投资项目是否与本地经济社会发展水平相适应，实施是否具备相应的人力、物力、财力，相关配套措施是否经过科学、严谨、周密的论证，出台时机和条件是否成熟。投资项目是否充分考虑了群众的接受程度，是否超出大多数群众的承受能力，是否得到大多数群众的支持❶。

---

❶ 《中央办公厅、国务院办公厅关于建立健全重大决策社会稳定风险评估机制的指导意见（试行）》.

4）可控性。投资项目是否存在公共安全隐患，会不会引发群体性事件、集体上访，会不会引发社会负面舆论、恶意炒作以及其他影响社会稳定的问题。投资项目可能引发的社会稳定风险是否可控，能否得到有效防范和化解。是否制定了社会矛盾预防和化解措施以及相应的应急处置预案，宣传解释和舆论引导工作是否充分。

5）其他影响项目顺利建设、运营和退出的社会稳定方面的不确定性因素。

【案例 6-1】❶

某房地产投资项目位于昆明市，项目类型为住宅小区，开发商准备将其打造成中高档的低层高密度住宅区。房地产项目受政策影响较大，时值央行连续加息、征收物业税等调控政策出台，以抑制投资性置业者的购房动力，缓解房价过快增长。但对于本项目而言，由于主要目标客户以自住为主，且当地政府较为支持此开发项目，因此项目政策风险和利益相关方风险较小。在市场风险方面，该项目距昆明市区 21km，对于项目的主要潜在客户群昆明人来说缺乏认同度，且该地区未来将有几个大型地产同质项目推出，未来市场竞争将比较激烈。在财务风险方面，本项目 35% 的开发建设资金为建设单位自筹资金，其余不足部分由预售房款及银行贷款解决，资金回笼压力较大，带来比较大的财务风险。此外，该项目用地是"北高南低"的山坡地，预计存在山地、林地和雨期施工的安全隐患，另外项目处于普渡河断裂段，地震活动较为频繁，由此导致的技术风险需得到重视。

2. 境外投资项目常见风险

境外投资项目除了需要关注境内项目常见风险之外，还应特别关注政治风险、经济风险和经营风险。

（1）政治风险

政治风险是指境外政治方面存在的影响投资项目目标实现的不确定性因素，具体包括但不限于：

1）政府更迭频繁程度；

2）政府领导人变动频繁程度；

3）不同政治派别的冲突方式；

4）宗教矛盾及表现形式；

5）与邻国战争的可能性；

6）项目被没收或国有化的概率；

7）其他引起东道国政治不稳定的因素。

（2）经济风险

经济风险是指境外经济方面存在的影响投资项目目标实现的不确定性因素，具体包括但不限于：

1）东道国经济发展的总体情况；

2）东道国的土地政策；

3）东道国的汇率变化情况；

4）东道国的通货膨胀程度；

5）东道国的法律法规情况；

---

❶ 改编自：邵超群. 房地产投资风险分析与综合评价［D］. 长沙：中南大学，2008.

6）国际市场价格变化；

7）其他引起投资项目收益不稳定的因素。

（3）经营风险

经营风险是指境外项目运营方面存在的影响投资项目目标实现的不确定性因素，具体包括但不限于：

1）国际化经营战略方式的选择；

2）技术能力；

3）其他引起投资项目收益不稳定的因素。

【案例6-2】❶

某境外水电站投资项目位于柬埔寨，是柬埔寨恢复和平后的第一个引进外资水电项目。中国与柬埔寨双边关系良好，且中国在政治上和经济上给柬埔寨的战后恢复提供了许多援助，有效降低了该项目的政治风险。然而，虽然柬埔寨市场经济改革吸引了大量投资商进入水电投资领域，但相应的配电网发展缓慢，导致发电量过大电网难以消纳的问题，这是投资者需要面对的市场风险。在汇率方面，人民币和美元以及当地货币瑞尔的汇率不确定性大，汇率风险凸显。此外，在建设运营方面，对本地化用工的理解不够透彻，以及期间涉及的各类风险不够明晰等，带来了一定的经营风险。

6.2.2 股权投资项目常见风险

股权投资项目是指通过控股、参股或新设、并购等形式取得投资标的股权或其他相关权益的投资项目。股权投资项目常见风险包括但不限于以下五类。

1. 宏观经济风险

（1）宏观经济总体状况；

（2）宏观经济政策、产业政策、法律法规、监管环境、税收政策等因素。

2. 拟投资行业风险

（1）拟投资行业成熟度；

（2）拟投资行业的市场供需状况。

3. 拟投资对象风险

（1）拟投资对象的市场竞争状况，包括拟投资项目的行业排名、市场份额、现有竞争者及新进入者的实力、行业进入门槛等因素；

（2）拟投资对象的生产要素市场供给水平；

（3）拟投资行业所处产业链条上下游行业的供给能力及下游行业的市场竞争力，拟投资项目在整个产业链条中的地位；

（4）拟投资对象的股东、实际控制人的个人诚信状况、违约记录以及是否有不良嗜好等；

（5）拟投资对象的股东、实际控制人的个人财产、负债情况；

（6）出资瑕疵；

（7）拟投资对象管理团队的经营战略及管理风格；

（8）拟投资对象的公司治理及内部控制状况；

---

❶ 改编自：黄和. 海外水电站 BOT 项目投资与管理风险案例分析［J］. 建设科技，2016（23）：86-87.

（9）拟投资对象持续合法经营情况；

（10）拟投资对象的偿债能力、财务效益、资金营运能力、发展能力等。

4. 拟投资项目风险

（1）对拟投资项目的证照取得、规划设计、施工建设、销售计划进行了解，重点关注特殊行业的行业监管要求；

（2）对拟投资项目周边的配套设施（如水、电、运输等）进行了解，关注项目建设、投产阶段所必需的配套设施的供给能力；

（3）投资项目的销售进度；

（4）拟投资项目的历史安全事故和环保措施；

（5）拟投资项目生产技术、工艺技术成熟度；

（6）拟投资项目抵押、质押所涉及的标的资产来源的合法性及权属关系的清晰性；

（7）资本市场利率水平变动情况；

（8）外汇市场汇率变化情况；

（9）投资项目抵押、质押涉及的标的资产的市场价值波动情况。

5. 合规风险

（1）第三方机构勤勉尽职情况；

（2）有效管理签署主体无权限、印章使用不规范、文件签署不适时等特定操作；

（3）法律文件签署至股权交割期间投资对象相关条件变化、担保措施未落实产生的"权利悬空"；

（4）股权变动审批及交割违规行为。

【案例 6-3】❶

某信托公司拟参与某 PPP 模式基础设施建设项目（文旅类），该信托公司以股权直投形式进入此项目，出资 6.08 亿元，占项目公司 60% 的股本，另 40% 为政府出资。该项目响应国家推广采用 PPP 模式进行基础设施建设的政策，政策风险较小。项目属于公益类项目，故对于政府补贴的依赖较大，受政府财政状况影响较大。在市场风险方面，由于项目的主要营收来自于门票收入，市场需求不足风险对项目影响较大。在建设风险方面，本项目对于相关场馆设施及景观的设计要求较高，因此存在较高的设计缺陷风险。园区内有大量移栽投放的植物，可能会随风或随水飘逸出园区，导致外来物种入侵影响生态环境，由此带来一定的生态环境风险。此外，在 PPP 项目实施过程中还应特别注意贪污腐败风险。

6.3　投资项目风险分析

开展投资项目风险分析前应明确投资项目的背景，包括但不限于项目类别、预期目标、决策标准、管理权限、利益相关方、相关法律法规、风险评估费用预算等。

明确风险分析的职责分工，制定投资项目风险评估标准，包括风险发生可能性评估标准（表 6-2）、风险影响程度评估标准（表 6-3）和风险等级标准（表 6-4）。

---

❶　改编自：杨雪 . 信托公司参与 PPP 项目的股权直投模式及风险防范［D］. 北京：北京交通大学，2017.

风险发生可能性评估标准示例 表 6-2

可能性	可能性种类			可能性分值
	发生概率	大型灾害/事件类	日常运营	
极小	概率≤5%	10 年内发生可能少于 1 次	一般情况下不发生	1
不太可能	5%＜概率≤30%	5～10 年内可能发生 1 次	极少情况下发生	2
有可能	30%＜概率≤50%	2～5 年内可能发生 1 次	某些情况下发生	3
很可能	50%＜概率≤95%	1 年内可能发生 1 次	较多情况下发生	4
基本确定	概率＞95%	1 年内至少发生 1 次	常常会发生	5

风险影响程度评估标准示例 表 6-3

影响程度	影响方面					影响程度分值
	财务损失	企业声誉	法律法规及规章制度	安全环境	日常营运	
极低	较低的财务损失	负面消息在企业内部流传，企业声誉没有受损	可能存在轻微的违反法规的问题	一般事故 B 级、C 级；对环境或社会造成短暂的影响，可不采取行动	对营运影响微弱	1
低	轻微的财务损失	负面消息造成较大社会影响和企业声誉影响，由企业自行处理，但需报集团公司备案；资本市场：个别媒体出现敏感性报道	违反法规，伴随着罚款或诉讼	一般事故 A 级；对环境造成中等影响，需一定程度的补救措施；或需 6 个月或 6 个月以内的时间才能恢复	对营运影响轻微，情况立刻受到控制，不影响企业的日常业务	2
中	中等的财务损失	负面消息造成较大社会影响和企业声誉影响，由企业自行处理，但需报集团公司备案；资本市场：媒体报道增多	违反法规，导致地方政府的调查或诉讼；因环境污染造成跨县级行政区域纠纷	较大事故；环境污染需执行重大的补救措施，且要 6 个月～1 年的时间来恢复	减缓营业运作，情况需要一段时间才能得到控制；企业日常业务受到一些影响，但可以较小的代价恢复	3
高	重大的财务损失	负面消息造成较大社会影响和集团公司声誉影响，需由集团公司出面处置；资本市场：媒体报道量显著增加	严重违反法规，导致中央政府的调查和重大的诉讼或大规模的公众投诉；因环境污染造成跨地级行政区域纠纷，使当地经济、社会活动受到影响	重大事故；环境污染需执行重大的补救措施，且要 1～3 年的时间来恢复	企业失去部分业务能力，需要付出较大的代价才能控制情况，但对企业存亡无重大影响；受风险影响的部门/单位无法实现部分关键营运目标或业绩指标	4

续表

影响程度	影响方面					影响程度分值
	财务损失	企业声誉	法律法规及规章制度	安全环境	日常营运	
极高	极大的财务损失	负面消息造成重大社会影响和集团公司声誉影响，由国家政府部门出面处置，集团公司协助处理；资本市场：媒体报道强度和规格不断升级；交易所强制公司停牌做出澄清公告；权威分析师评级骤然调整	严重违反法规，导致中央政府和监督机构的调查，重大的起诉和罚款，非常严重的集体诉讼	特别重大事故；区域生态功能部分丧失或濒危物种生存环境受到污染；因环境污染造成重要河流、湖泊、水库及沿海水域大面积污染或县级以上城镇水源地取水中断；环境污染使当地经济、社会活动受到较大影响，疏散转移群众 1 万人以上	重大的业务失误，情况失控，并给企业存亡带来重大影响；或受风险影响的部门/单位无法实现关键营运目标或业绩指标	5

风险等级标准示例　　　　　　　　　　　　　　　　　　表 6-4

风险等级	风险等级分值(R)	备注
极低	$1 \leqslant R \leqslant 3$	风险很小，日常工作中极少关注或忽略
较低	$3 < R \leqslant 5$	风险较小，日常工作中偶尔关注
中度	$5 < R \leqslant 12$	一般风险，需要引起一般关注
较高	$12 < R \leqslant 20$	风险较大，需要引起高度关注
极高	$20 < R \leqslant 25$	风险很大，需要引起极大关注

　　根据风险分析人员的业务能力、技术水平或工作经历等对参与风险分析人员划分类别，对每类人员的打分设定权重，可采用加权平均的方法计算风险等级分值。风险等级分值计算公式示例如下：

$$R = \sum_{i=1}^{n}(A_i \times C_i) \times \sum_{i=1}^{n}(B_i \times C_i) \tag{6-1}$$

式中　R——风险等级分值；

　　　A_i——第 i 类人员风险发生可能性平均分值；

　　　B_i——第 i 类人员风险影响程度平均分值；

　　　C_i——第 i 类人员权重；

　　　n——人员类别总数。

风险分析工作应考虑的原则：

（1）合理考虑定性及定量风险分析实施所需的队伍、技术、时间等条件；

（2）投资项目利益相关方，尤其是决策者要充分参与投资项目风险评估；

（3）定性及定量风险分析的计划安排应与投资管理业务流程相一致；

（4）风险分析前期准备工作应及时与相关方沟通，形成常态化沟通机制；

（5）明确工作背景、任务及目标，落实职责分工，协同工作。

6.3.1 定性分析

定性风险分析是对识别出的风险确定其发生可能性、影响程度、风险值，梳理风险之间的传递关系，将风险分析的结果与风险评估等级标准进行比较来确定风险等级，从而为后续分析或风险应对提供基础的过程。

定性分析之前应开展风险识别。风险识别是对可能影响投资项目目标实现的风险类别、风险主要表现、风险源、已采取的风险应对措施等进行判断并记录的过程。

风险识别常见方法包括头脑风暴法、德尔菲法、检查表法、情景分析法等，在本书第2章已有介绍，也可参见《风险管理—风险评估技术》ISO 31010—2017。

1. 风险识别原则

投资项目风险识别应遵循的原则如下：

（1）早期风险识别，应在投资项目前期开展；

（2）动态风险识别，应在投资项目过程中重复循环开展；

（3）紧急风险识别，任何时候都可以开展；

（4）综合风险识别，注意与法律风险、社会稳定风险、健康安全环保风险、节能风险等专项风险识别工作的衔接，广泛考虑投资项目的内外部风险来源；

（5）清晰识别机会，应合理保证投资项目机会被正确识别；

（6）多视角识别，考虑和呈现众多利益相关方的意见和观点；

（7）与投资项目目标关联，保障风险识别的针对性和全面性；

（8）完整的风险描述，包括风险类别、风险主要表现、风险源和已采取的应对措施；

（9）避免偏见，风险识别过程中应采取措施避免风险识别参与人的动机偏见和认知偏见。

定性风险分析应结合历史数据、项目资料、专家经验等信息，充分考虑本专业风险源、风险事件的正面和负面后果，及与其他相关专业风险的相互关系；充分考虑现有的风险分析技术水平、管控措施及效果和效率；充分考虑参与风险分析的专家数量、专家随机性及权重设置的合理性。常见方法包括头脑风暴法、德尔菲法、情景分析等，具体方法在本书第2章已有介绍，也可参见《风险管理—风险评估技术》ISO 31010—2017。

2. 定性风险分析原则

投资项目定性风险分析应遵循的原则如下：

（1）各专业使用可比较的风险分析方法；

（2）各专业使用一致的风险分类和描述规则；

（3）通过访谈、研讨会等方式收集高质量的风险信息和数据；

（4）根据需要在不同项目阶段重复进行风险分析；

（5）风险分析过程中应避免动机偏见和认知偏见；

（6）风险分析过程中应重点关注风险之间的相互关系；

（7）多方面分析，综合考虑各专业评估结果、管理层分析结果、历史数据等进行分析。

6.3.2　定量分析

定量分析是在定性分析的基础上，量化定性分析出的等级较高的风险对投资项目目标影响的过程。常见的投资项目决策指标包括投资估算、进度估算、净现值、内部收益率、（动态）投资利润率、（动态）投资回报周期等，根据项目类型以及重点关注内容的不同，可有针对性的选择定量分析输出指标。

1. 定量风险分析原则

投资项目定量风险分析应遵循的原则如下：

（1）以定性风险分析结果为基础；

（2）收集合适的投资项目模型，如进度模型、费用模型、经济评价模型等，模型的完整性和准确性在很大程度上会影响量化风险分析的结果；

（3）输入变量分布和相关性系数设置过程应公开透明，避免动机偏见和认知偏见；

（4）关注风险之间的相互关系及风险与目标之间的对应关系。

2. 风险量化步骤

风险量化具体步骤如下：

（1）根据投资项目定性风险分析结果，选择风险等级较高的，如与"中度""高度"和"极高"风险相关的技术经济评价参数作为输入变量，使用专家经验、数据拟合等方法定义输入变量的概率分布和相关性系数；

（2）将投资项目的投资估算、进度估算、内部收益率、净现值等投资决策指标作为输出变量，使用蒙特卡罗模拟等方法（蒙特卡罗方法在本书第 2 章已有介绍，也可参见《风险管理—风险评估技术》ISO 31010—2017）进行模拟测算，得出输出变量的概率分布；

（3）根据输出变量的概率分布，获取投资项目决策指标未来的波动范围，进而量化出投资项目未来面临的整体风险；

（4）开展多因素敏感性分析、情景分析、压力测试等工作，根据自身的风险偏好，使用风险导向的决策标准进行决策。

"某项目内部收益率（IRR）的定量风险分析过程"示例如下：

（1）经过风险评估，本项目的土地价格波动风险、建设工期延长风险、销售量波动风险等级较大，值得关注，未来土地费用、工程费用、产品销售量等指标受到上述风险的影响，可能存在较大变动。

（2）根据专家研讨及数据分析，综合分析确定输入变量的概率分布及相关性，具体见表 6-5。

输入变量的概率分布表　　　　　　　　　　　　　　　　表 6-5

序号	重点关注的风险名称	影响的输入变量名称	输入变量概率分布
1	土地价格波动风险	土地费用	三角分布(2000，3000，4000)
2	建设工期延长风险	工程费用	三角分布(1100，1174，1300)
3	销售量波动风险	产品销售量	三角分布(3500，3780，4000)

（3）使用量化分析软件，模拟内部收益率未来可能的分布情景。

如图 6-3 所示，本项目未来税后内部收益率（IRR）的均值是 8.26%，大于 8% 的可能性是 72.8%，低于 7.72% 的可能性是 5%。

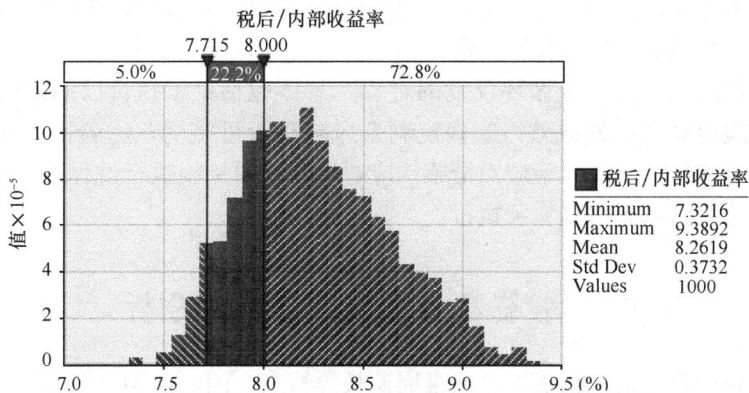

图 6-3　内部收益率量化分析结果示例

6.4　投资项目风险应对

根据定性和定量分析确定的超出承受度的风险，应研究制定风险应对措施。选择风险承担、风险规避、风险转移、风险转换、风险对冲、风险补偿、风险控制等方式❶，并确定风险应对所需人力和财力资源的配置原则。

一般情况下，对于战略、财务、运营和法律风险，可采取风险自留、风险规避、风险转换、风险控制等方式；对于能够通过保险、期货、对冲等金融手段进行理财的风险，可以采用风险转移、风险对冲、风险补偿等方式。

投资项目应当根据自身风险承受能力，充分利用政策性出口信用保险和商业保险，将保险嵌入投资项目风险管理，按照国际通行规则实施联合保险和再保险，减少风险发生时所带来的损失。

投资项目应统一确定风险偏好和风险承受度，即投资者愿意承担哪些风险，明确风险的最低限度和不能超过的最高限度，并据此确定风险的预警线及相应采取的对策。应当注意，确定风险偏好和风险承受度时，要正确认识和把握风险与收益的平衡。

投资项目风险具体应对措施一般包括：所需的组织领导；所涉及的管理及业务流程；所需的条件、措施等资源；风险事件发生前、中、后所采取的具体应对措施以及风险管理工具（如关键风险指标管理、损失事件管理等）。

制定风险应对措施的原则包括：

（1）应反复沟通确保风险应对措施得到利益相关方的支持和认可；

（2）合理确定风险应对措施的责任主体，明确执行的时间节点；

（3）明确风险应对措施需要的资源、预算和执行进度要求；

（4）关注风险应对措施可能衍生出的其他风险；

（5）确保风险应对措施是合适、及时、经济、可被分配和接受的。

应将已制定并审核通过的投资项目风险应对措施纳入相关责任主体的职责、工作计划

---

❶　国务院国有资产监督管理委员会，中央企业全面风险管理指引，2006.

和绩效考核，由各责任主体在投资项目管理过程中，按计划执行风险应对措施，管理项目风险，最小化项目威胁，最大化项目机会。

投资项目风险应对是一个循环反复的过程，具体包括：①执行已制定的风险应对措施；②评价风险应对措施的成效；③确定剩余风险是否可接受；④若不可接受，调整决策，进一步制定和执行新的风险应对措施。应对风险应对措施执行过程进行监督检查，确保已制定的风险应对措施得到实际执行。

6.5　投资项目风险管理案例分析

投资项目往往具有前期投资大、回报周期长等特点，因此前期决策阶段对投资项目能否取得成功影响深远，该阶段的风险管理至关重要。本节分别对境内外两个处于决策阶段的投资项目的风险管理过程进行了介绍，在阐明案例风险管理内容与方法的同时，也体现了境内外投资项目风险管理的不同侧重。

6.5.1　境内投资项目风险管理案例

1. 项目背景介绍

HB 项目的项目目标为通过投资开发本项目加快 HT 集团旅游事业发展，推进健康养生与旅游休闲度假的融合，促进 HT 集团养生地产的发展；通过该项目开拓 HT 集团新的利润增长点和文旅地产开发的新名片；本项目投资要满足合法合规、绿色节能、安全环保、各级监管的要求。

本项目整体分为"一中心四区"五大组群，包括博养中心、景养区、文养区、居养区、休养区。项目地上总建筑面积××万 m^2，主要建设全养生活社区、民宿、游客中心、酒店、美食街、有机生活超市、运动学校、餐厅以及其他配套公建，并配套建设景区道路、景观、基础设施。项目估算总投资××亿元，资金来源主要为企业自筹及银行贷款。

2. 定性分析及风险应对

经过定性分析，本项目面临的主要风险及应对措施如下。

（1）战略方面：宏观经济与政策风险、开发盈利模式风险

1）宏观经济与政策风险

健康养生地产是房地产业和健康养生产业的结合体，作为房地产业的细分开发业态之一，具有一般房地产开发的基本属性。其在土地获取、资金投入、项目建设、市场营销和物业经营管理等各个环节，以及开发的基本流程、外部环境、限制因素等方面与一般房地产开发项目具有相同之处。

与房地产行业相同，健康养生地产与宏观经济增长的关联度较大，其市场空间、收入利润与宏观经济具有明显的相关性，并互为影响。未来国家经济改革的方向力度与房地产行业政策调整的不确定性依然存在，国内外宏观经济形势的波动会影响健康养生房地产行业从融资、土地获取、原料采购、房产建设到产品销售等的各个环节。一方面其会改变社会整体消费需求，从而直接或间接影响消费者对房屋的购买能力；另一方面，其会导致国内金融及货币政策的改变，从而给 HB 项目的融资及资金管理带来影响。此外，行业生产资料等大宗商品的价格也会受到国内外宏观经济的影响，导致项目建设成本、预期盈利发生改变。

与此同时，虽然国家及地方经济在改革过程中存在一系列不确定性因素，国家和地方政府将来还可能会出台或调整土地、房地产及钢铁等原材料相关政策，或对房地产行业进行管控，但基于目前的经济环境和房地产行业调控力度以及国家对健康养生产业的支持力度，我们判断未来对健康养生地产进行力度更大的政策调整的可能性不大，该风险发生的可能性小，影响程度可控，因此宏观经济及政策风险等级为"较小"。

风险应对措施如下：

a. 密切关注经济调控政策。政府行为对健康养生房地产行业的发展影响很大，因此未来对项目进行动态风险评估的过程中，应当将现行政策以及未来政策走向作为重要的依据。

b. HTF 公司（HT 集团的子公司，落实执行项目的单位）应与 HT 集团、市政府等相关部门保持密切沟通，及时了解政策的最新动态，加强对宏观政策、行业政策及其变化趋势的跟踪研究。

c. 建议未来通过与成熟企业合作开发等方式，与合作伙伴分担宏观经济及政策风险。

d. 持续降本增效，通过框架协议等方式，保持主要大宗生产物资的采购价格稳定，提高成本管理的精细程度，防止宏观因素变化带来建设和运营成本的大幅波动。

2）开发盈利模式风险

健康养生地产的开发盈利模式包括产权销售、会籍销售、租赁、自持经营等。不同的开发盈利模式带有不同的项目投资风险。以产权销售为主的盈利模式，项目的投资回报率较高，资金回笼的速度相对较快，但住宅产品售价较高，可能带来较大的市场需求不足风险，并且该种模式与普通商品房开发一样，需要通过招拍挂方式获取土地，开发成本较高。以租赁经营和会籍销售为主的盈利模式，有利于降低消费门槛，吸引以健康养生自住为主的群体，且由于该类健康养生产品无需办理产权，在土地获取方式上比较灵活，成本较低，但是项目的投资回收期较长，资金成本和机会成本较高，并且在投资回收期内容易受到外部经济、社会条件变化的影响，不确定因素也较多。

从 HB 项目提供的资料来看，未来该项目的主要销售收入来源是产权销售，基于对健康养生地产行业特点和市场需求的理解，我们综合判断开发经营模式风险发生的可能性为中等，影响程度部分可控，因此开发经营模式风险等级为"中等"。

风险应对措施：

a. 预先设计、对比多种开发盈利模式，并据此测算项目未来的盈利效果，做好调整预案。

b. 在未来的项目销售过程中，根据市场反应情况，灵活调整开发盈利模式，实现利益最大化。

c. 适当承担该风险。

（2）法律方面：合规风险

在 HB 项目的建设及销售过程中，合法合规是最基本的要求，如果项目未来对国家及当地相关法律法规和管理要求的理解产生偏差，可能导致违法违规行为，将给 HTF 公司及 HB 项目带来经济和声誉上的不良影响。

2017 年 A 县住房和城乡建设局曾就相关房地产项目未取得相关许可证发布了风险提示，对相关房地产项目的销售和声誉产生了不良影响。

2017 年 5 月 19 日，A 县住房和城乡建设局曾对外发布信息："为了进一步规范 A 县房地产市场秩序，维护购房群众的合法权益，防止群众上当受骗，A 县住房和城乡建设局对 7 个房地产项目进行风险提示，特提醒广大购房群众不要购买。A 县住房和城乡建设局郑重提醒广大购房群众防范购房风险，购房前可向房管部门咨询要购买的楼盘是否取得《商品房预售许可证》，以免给您带来不必要的经济纠纷和损失。同时，也告诫各开发企业、中介机构：要守法诚信经营，未取得许可的项目一律不得预售，一律不得提供中介服务，对开发企业、中介机构的违法违规行为，我局将依法予以查处。"

未来，A 县的相关政府部门仍将持续关注房地产行业的合法合规经营，仍有可能发布违规风险提示，处罚违规行为。鉴于 HTF 公司的国资属性、HTF 公司的法律合规管理水平以及 HTF 公司对 HB 项目的要求，综合判断该风险发生的可能性小，影响程度可控，因此合规风险等级为"较小"。

风险应对措施：

a. 加强 HTF 公司及 HB 项目法律合规队伍建设。高素质的法律合规队伍是应对法律合规风险的组织保障，建议通过招聘、内部培养等方式吸引高素质的法律合规人才加入。

b. 加强 HB 项目法律合规制度建设。制度是应对法律合规风险的重要基础。建议 HB 项目建立适应项目要求的法律合规制度，并在制定发布其他业务管理制度前，通过法律合规部门审核。

c. 加强与外部机构在法律合规事务方面的交流与合作。通过与 HT 集团及兄弟单位、先进律师事务所、同行业企业、法律行业协会、立法及执法机构等组织的交流探讨，借鉴有益经验，吸取经验教训，提高合法合规意识。

（3）市场方面：市场需求风险、市场竞争风险

1）市场需求风险

伴随着人们物质生活水平的提高，健康养生地产所营造的健康人居理念越发受到各界追捧。科学规范的市场引导，也使得以健康和养生为主题的中国健康养生地产开发形式逐渐走进人们的视野并逐步崛起。

亚健康群体的高比例和社会老龄化的发展趋势，使得中国社会在城市化推进过程中的住宅需求呈现多元化，健康养生地产已经被列为住宅产业的稀缺产品，市场需求群体主要包括：

a. 亚健康人群

联合国健康组织的调查显示：商业社会的人群中有 20% 的人是患者，75% 为亚健康人群，只有 5% 是健康人。

b. 处在环境污染中的人群

当前我国环境污染主要包括大气污染、水体污染和土壤污染三种。虽然环境污染的治理力度不断加大，但短时间内仍会持续存在。

c. 老人

中国人口中 60 岁及以上的有 1.6 亿人，约占全国总人口的 12%。

d. 追求生活质量的人群

我国经济发展正在由粗放型向可持续型转变，随着产业转型成功，一批新的高收入群体又将产生，这些人大部分可能是 70 后、80 后，他们对生存环境和生活质量有着更高的

要求。加上 40 后、50 后和 60 后的高收入群体进入老年阶段，其身体健康会在不可避免的衰老中日益受到重视。

从上述 4 条来看，基数巨大的人口对健康养生地产会有强烈需求，而其中有购买力的人群也是相当可观的。此外，目前尚未发布针对 A 县的房地产限购政策，有利于吸引外部人群对健康养生地产的需求。

值得关注的是，健康养生地产的客户群一般都是高收入群体，来源分散，因此销售费用高。此外，广告内容传送到目标客户的周期可能较长，效果也慢，销售周期也难以把握。

因此，未来的市场需求量能发掘多少还是有较大的不确定性，市场需求波动风险发生的可能性较大，影响较大，所以市场需求风险等级为"较大"。

风险应对措施：

a. 做好全面的市场调研，准确把握市场定位。市场调研工作的开展能够让房地产企业在进入市场之前找准切入点，并在对自身市场定位做出准确把握的基础上，正确选择项目的目标定位，适应房地产市场以价格为主导的竞争体制。

b. 利用 HT 集团与 A 县地区建立的合作开发关系，积极争取 A 县政府的各项政策支持。

c. 适度承担市场需求风险，并根据市场变化在销售过程中调整销售模式和销售价格，以开发市场需求。

2）市场竞争风险

根据中国土地市场网公布的 2017 年 A 县国土资源局国有土地使用权挂牌出让公告，A 县 2018 年计划开工的项目包括：

基于 HB 项目的开发计划和其他开发商在当地计划开发的楼盘信息，A 县房地产市场未来的供应量较大，未来 HB 项目可能会与其他开发商的楼盘产生销售竞争，影响未来HB 项目的土地购置费用及市场份额。综上，市场竞争风险发生的可能性较大，影响较大，因此市场竞争风险等级为"较大"。

风险应对措施：

a. 充分依托 A 县的文化和旅游等资源，深入挖掘项目特色与优势，融入文化旅游元素，将项目打造成健康养生与休闲为一体的新型文旅项目。引入养生、度假、休闲方面的合作伙伴，增强项目的市场吸引力。

b. 建立适应市场变化的经营与营销机制。研究推进区域市场培育开发和营销体系建设，整合资源，充分利用 HT 集团的板块优势，与 HT 集团现有的旅游开发、绿色农业等产业有机结合，打造出健康、安全的康养环境；与 HT 集团成员企业建立协同合作机制，进一步加强市场统筹，形成营销合力，提高市场竞争力。

c. 加强对竞争对手的分析和应对，优化竞争环境。建立收集竞争对手经营及营销信息机制，为开拓和培育市场提供科学依据，加强对竞争对手的分析，努力提高市场份额。

d. 利用 HT 集团与 A 县建立的合作关系，积极争取政府的各项政策支持，提高行业竞争力。

（4）运营层面：融资风险、开发风险、服务运营风险

1）融资风险

　　房地产投资量大的特点使得各类投资者都要借助于各种融资工具。据有关资料分析表明，大部分房地产投资中，贷款一般都占总投资的 50% 以上，有时甚至占 80% 或 90% 以上。在融资环节所面临的风险主要发生在借款的取得和利息的偿还这两个阶段，一旦企业本身债务的存量已经较大，其在企业运转需要资金来源时再去进行借款，便会由于已有的借款资金数额较大而受到潜在借款方相应借款条件的限制，导致难以筹集到所需资金进行业务开展，资金链的运转难以为继，而利息偿还的压力依然存在，使得公司的经营每况愈下。

　　本项目的融资比例只有 20% 左右，根据 HT 集团的资金实力以及其对 HTF 公司的支持力度，我们综合判断项目融资风险发生可能性较小，影响程度部分可控，因此融资风险等级为"较小"。

　　风险应对措施：

　　a. 拓宽筹资渠道，优化筹资方案，降低筹资成本。筹资前须对投资项目进行可行性研究，投资项目是否可行直接关系到筹资能否安全收回，关系到企业的成败。在投资项目确定后，要制订若干套筹资方案，科学、充分地论证各方案的成本率、风险和效益，选择出一套最佳的方案予以实施。应注意将偿债风险分散化，在筹资渠道和方式上、筹资期限结构上应优化组合，避免债务风险过于集中而带来危机。

　　b. 建议定期组织召开资金调度会或资金安全检查，对预算资金执行情况进行综合分析，发现异常情况，及时采取措施妥善处理，避免项目资金冗余或资金链断裂。

　　2）开发风险

　　项目的开发风险主要包括进度风险、费用风险、质量风险和安全风险。

　　a. 进度风险

　　在项目开发建设阶段，施工进度风险是一种常见的风险，导致施工进度风险产生的原因包括：征地拆迁进度、土地、规划、建设等相关手续可能不如预期的顺利；施工资金注入不足或者不及时；施工队伍专业素养难以满足施工进度要求；施工质量问题所导致的返工现象引发工期拖延以及一些不可抗力因素。另外，从房地产产品销售来看，施工进度风险的产生也会导致房地产企业面临更多的具备不可控特点的市场环境变化因素，而这很可能会挤压房地产企业的获利空间。

　　b. 质量风险

　　施工质量是房地产企业开展工程建设项目中的生命线，这是因为施工质量不仅会影响施工企业和房地产企业的获利空间，而且会对房地产企业的企业形象、企业文化等产生不容忽视的影响，继而直接关系到房地产企业核心竞争力的提升。因此，在施工过程中，无论是开发商还是施工监理方，都应当将施工质量管控放在至关重要的位置，通过做好投标方与施工方资质验证、施工设计、施工组织、材料商优选、竣工验收等工作，来确保施工质量能够始终处于可控范围。

　　c. 费用风险

　　土地购置费用超出预期、项目建设前期的征地拆迁费用调整、项目进度滞后、原材料价格上涨、资金成本上升、人员成本上涨、设计变更等可变因素均可能导致项目建设费用增加。

　　d. 安全风险

由于受原材料、施工方法、组织管理、人员组成、当地的施工环境、自然灾害以及工期等不确定性因素的影响，项目在建设过程中可能会发生安全事故以及人员伤亡。

根据 HTF 公司的房地产开发经验和管理能力，我们认为该项目开发风险发生的可能性较小，影响程度部分可控，因此开发风险等级为"较小"。

风险应对措施：

a. 通过与地产行业内的成熟企业合作，提高项目开发管理水平，降低项目开发和运营风险。

b. 制订严格的项目开发进度计划，并通过考核等方式确保落实；通过协调外部资源，控制影响进度的外部风险源。

c. 建立健全的成本费用管控相关制度及流程，明确关键风险点，制定切实有效的风险防范措施；将其纳入绩效考核体系，通过奖惩完善成本费用管控工作。

d. 建议将施工质量管控放在至关重要的位置，通过做好投标方与施工方资质验证、施工设计、施工组织、材料商优选、竣工验收等工作，来确保施工质量能够始终处于可控范围。

e. 建立健全 HSE（健康、安全与环境）管理体系。按照第一责任人、全员参与、重在预防及以人为本的原则建立 HSE 管理体系，明确组织机构及职能分工。建立健全隐患排查治理长效机制，落实安全生产责任制。预提健康安全环保保证金，防范风险。

3）服务运营风险

对于健康养生地产项目而言，除了产品销售外，最关键的是要做好健康养生设施运营维护，为住户持续提供专业、便捷、优质的健康养生服务和公共设施。健康养生服务的质量最终决定了项目能否获得良好的口碑和客户信任，能否顺利实现投资项目的经济效益和社会效益。

HTF 公司以往在健康养生项目方面的运营经验较少，我们判断服务运营风险发生的可能性为中等，影响程度部分可控，因此服务运营风险等级为"中等"。

风险应对建议：

房地产开发企业一般不具备提供专业健康养生服务的人才、设备以及经营管理能力，建议 HB 项目引入具有一定经验的专业健康养生运营机构进行健康养生文化和配套设施的运营。

a. 养生文化的营造

首先，建立一系列专门养生配套，与环境共同打造养生生活，达到健康怡情的效果。这些配套包括一般意义的健身体育场地设施（如各类球场、太极练习场等）和具有中华养生特色的养生场馆（比如引进一些养生馆、国医馆、书画馆、养生食坊等，将会所开发成为养生活动服务的场所，如果有条件可以开发温泉疗养等）。服务设施要在满足老龄化和亚健康群体的健康保健需求方面做出最具有人性化的设计和配置，如健身广场、有氧运动设施、健身房、音乐房、氧吧、休养室等。而物业管理的服务标准也要在养生和保健内容设置上体现极强的人性化，如太极拳俱乐部、瑜伽馆、温泉洗浴馆、养生药膳餐厅、保健中心、心理咨询中心等，既要满足业主的养生消费，还要创造性的将养生产业进行商业运营，提高养生产业链的就业功能和创业功能，使得养生社区开发与养生产业完美结合，创造出养生地产独特的产业运营优势。

其次，与专业的医学机构合作，优势互补，将养生医疗服务送到业主家门口，共同探讨健康生活方式的新方向。

第三，在建筑、户型、景观设计上，以地形为根据，体现人与自然的融合，彰显养生休闲价值，达到天人合一的境界。

b. 配套齐全现代化设施

在符合自然资源的条件下，依托发达的交通系统，与现代都市生活尽可能达到无缝融合，悠闲而不封闭，自在而不出世。配套建立集商务、会议、娱乐、社交、购物为一体的多元化养生生活中心。

c. 后续服务投入

健康养生不仅是居住，其他服务功能都需要开发商统一管理。如果后续服务好，形成口碑，可为本项目带来新客户。

（5）财务方面：利率风险

货币利率波动对项目的建设成本影响较大，直接关系到项目盈利水平的高低。当利率上升时，房地产开发商和经营者的资金成本会增加，消费者的购买欲望随之降低。因此，利率上升会使整个房地产市场一方面生产成本增加，另一方面市场需求降低。这将给投资者、经营者带来损失。当利率下降时，房地产开发商和经营者的资金成本会降低，消费者的购买欲望随之增加。因此，利率下降会使整个房地产市场一方面生产成本降低，另一方面市场需求增加。这将给投资者、经营者带来机遇。

根据目前的宏观经济形势和中国经济所处的发展阶段，HTF 公司已经在融资成本估算上按照利率上浮 50% 的标准计算融资成本，本项目利率波动风险发生的可能性较小，影响程度部分可控，因此利率风险等级为"较小"。

3. 定量分析及风险应对

实现投资效益是 HTF 公司开发 HB 项目的直接目标，未来可能因为宏观经济与政策变化风险、开发盈利模式风险、合规风险、市场需求变化风险、市场竞争风险、融资风险、开发风险、服务运营风险、利率风险等不确定性因素的影响，导致 HB 项目的土地购置费用、建造费用、投资费用估算、销售价格、销售量等偏离预期，进而导致投资收益与预期不符。

根据对宏观经济及政策变化风险、开发盈利模式风险、合规风险、市场需求变化风险、市场竞争风险、融资风险、开发风险、服务运营风险、利率风险的分析和历史数据拟合，我们对未来各类型产品的销售价格、销售面积、土地购置费用、建造费用等关键的不确定性变量进行了量化模拟，对体现项目收益的各类指标进行风险分析的结果如下。

（1）税后利润

根据图 6-4，未来投资税后利润有 90% 的可能性在 76.125 亿～98.024 亿元之间，众数是 83.693 亿元，中位数是 86.788 亿元，均值是 86.938 亿元。

在销售价格低、销售面积少、土地购置费用高、建造费用上涨的悲观情况下，有 5% 的可能性税后利润小于 76.125 亿元。

在销售价格高、销售面积多、土地购置费用低、建造费用下降的乐观情况下，有 5% 的可能性税后利润大于 98.024 亿元。

根据图 6-5，对税后利润影响较大的不确定性因素有：合院销售面积、高层销售面

税后润额/分析指标

	税后润额/分析指标
单元	指标表!D9
最小值	63987.46
最大值	114403.28
平均值	86938.44
90% CI	±157.28
众数	83693.31
中位数	86787.58
标准差	6760.18
偏度	0.0615
峰度	3.0597
值	5000
错误	0
已筛选	0
左X	76125
左P	5.0%
右X	98024
右P	95.0%
不同X	21899.22
不同P	90.0%

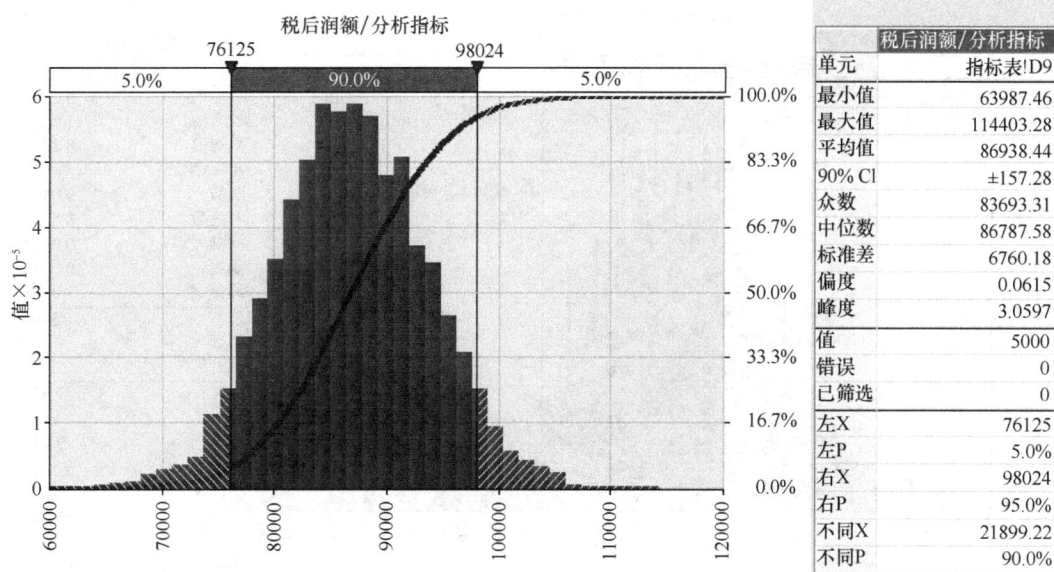

图 6-4 税后利润模拟（横坐标单位：十万元）

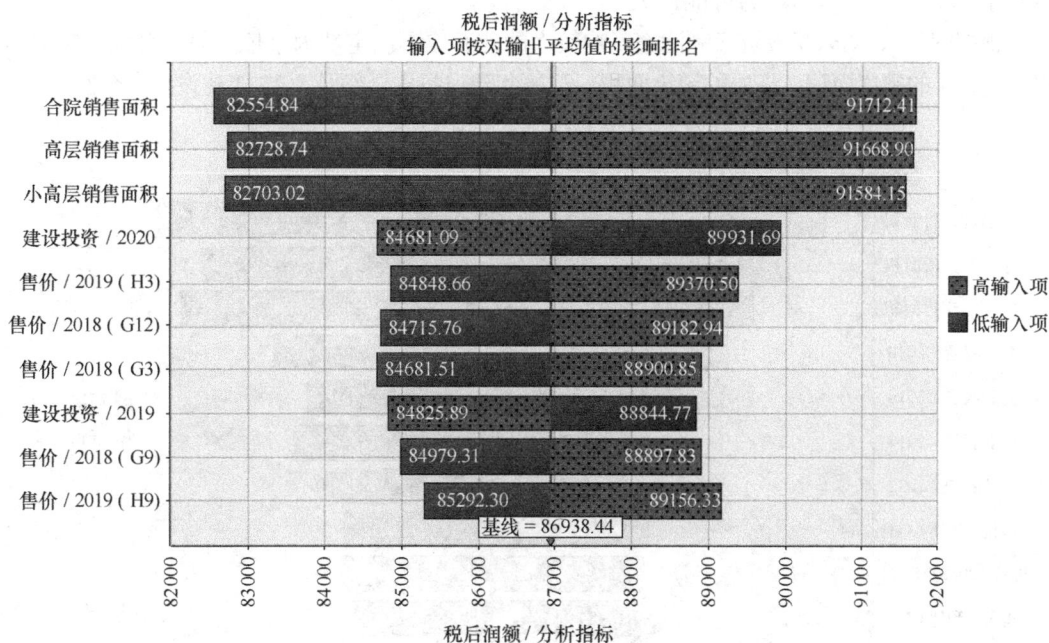

税后润额/分析指标
输入项按对输出平均值的影响排名

图 6-5 敏感性分析（横坐标单位：十万元）

积、小高层销售面积、包括土地购置费用在内的建设投资、2018～2019年合院的销售价格及高层小高层的销售价格。

（2）投资净利润率

根据图6-6，由于HB项目面临上述风险的影响，未来投资净利润率有90%的可能性在7.77%～9.89%之间，众数是9.04%，中位数是8.82%，均值是8.82%，有5%的可

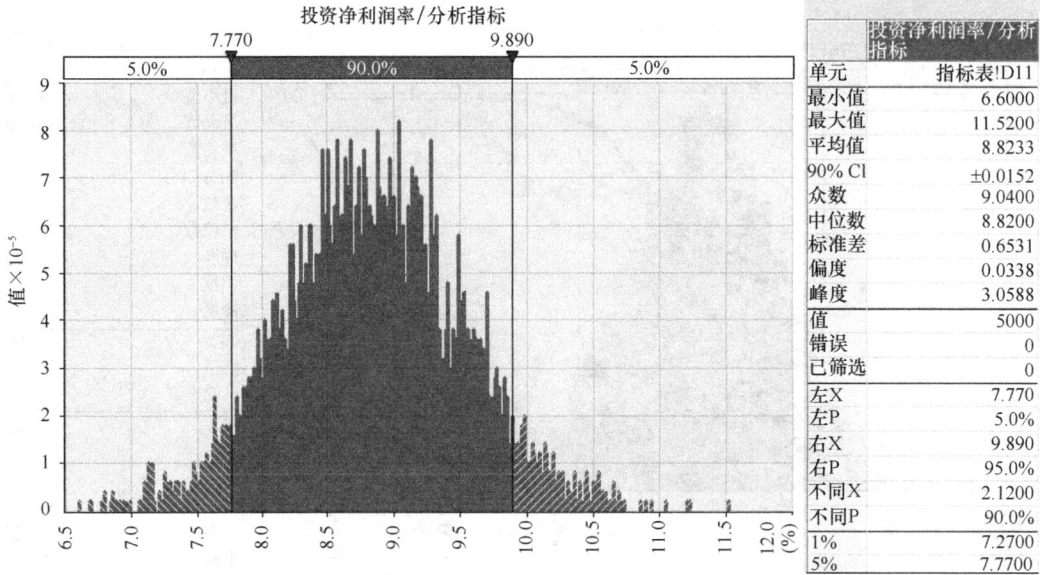

图 6-6　投资净利润率模拟

能性小于 7.77%，有 5% 的可能性大于 9.89%。

根据图 6-7，对未来投资净利润率影响较大的前五位不确定性因素依次是：合院的销售面积、小高层的销售面积、高层的销售面积、2020 年建设投资金额及 2019 年建设投资金额。

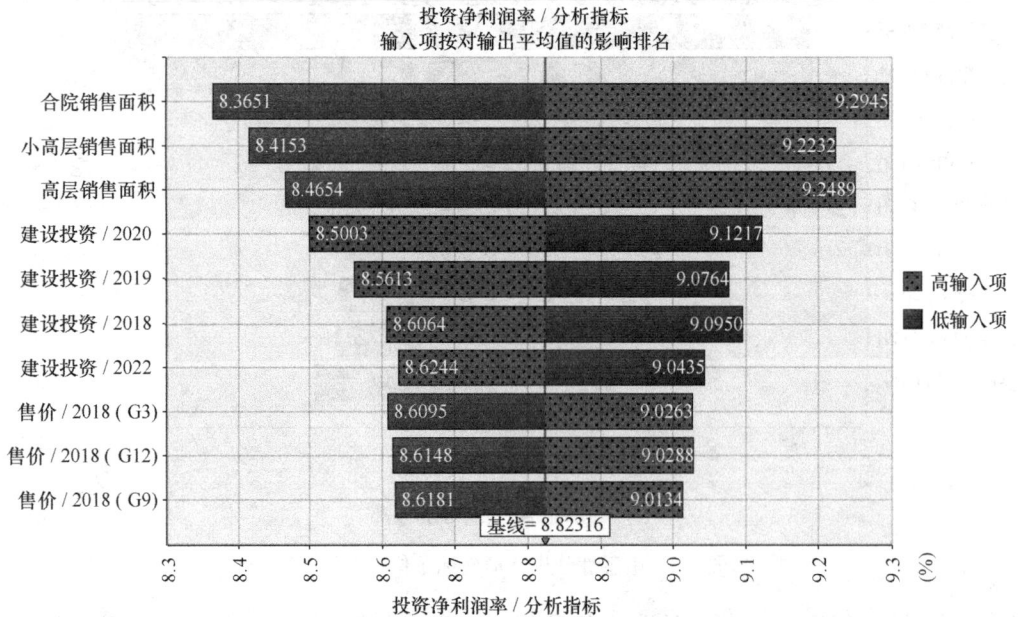

图 6-7　敏感性分析

（3）年化自有资金投资回报率

根据图 6-8，由于 HB 项目面临上述风险的影响，未来年化自有资金投资回报率有

年化自有资金投资回报率/分析指标

	年化自有资金投资回报率/分析指标
单元	指标表!D12
最小值	7.5800
最大值	14.8600
平均值	10.5295
90% CI	±0.0225
众数	10.1200
中位数	10.5200
标准差	0.9661
偏度	0.2030
峰度	3.0738
值	5000
错误	0
已筛选	0
左X	8.99
左P	5.0%
右X	12.14
右P	95.0%
不同X	3.1500
不同P	90.0%
1%	8.4500
5%	8.9900

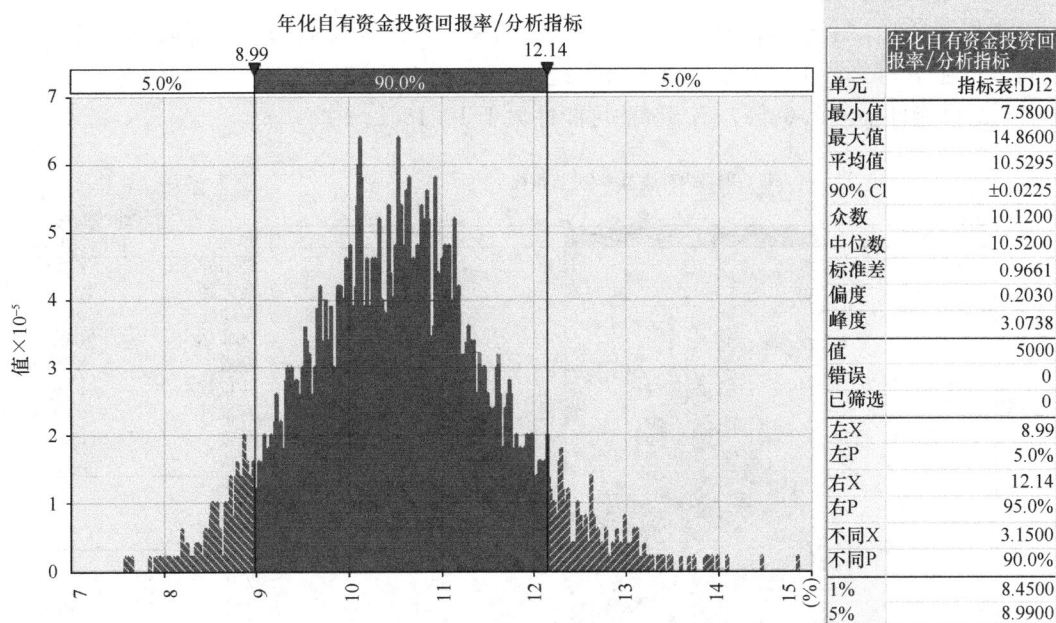

图 6-8　年化自有资金投资回报率模拟

90%的可能性在 8.99%～12.14% 之间，众数是 10.12%，中位数是 10.52%，均值是 10.53%，有 5% 的可能性小于 8.99%，有 5% 的可能性大于 12.14%。

根据图 6-9，对未来年化自有资金投资回报率影响较大的前五位不确定性因素依次是：2020 年建设投资金额、2018 年建设投资金额、2019 年建设投资金额、2022 年建设投资金额及 2021 年建设投资金额。

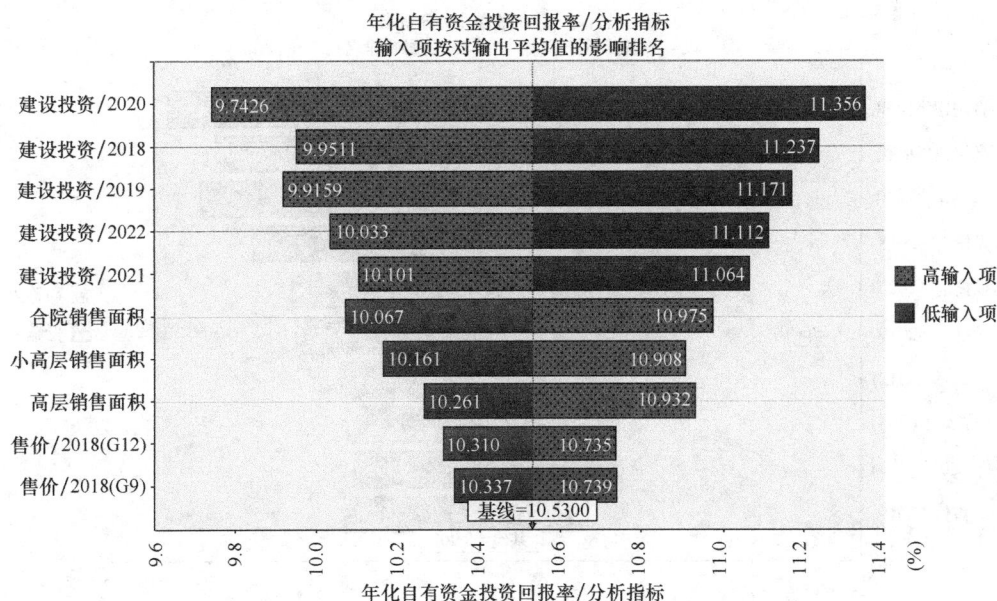

年化自有资金投资回报率/分析指标
输入项按对输出平均值的影响排名

图 6-9　敏感性分析

（4）税后财务内部收益率

根据图 6-10，由于 HB 项目面临上述风险的影响，未来税后财务内部收益率有 90%的可能性在 7.68%～10.18%之间，众数是 8.56%，中位数是 8.89%，均值是 8.90%，有 5%的可能性小于 7.68%，有 5%的可能性大于 10.18%。

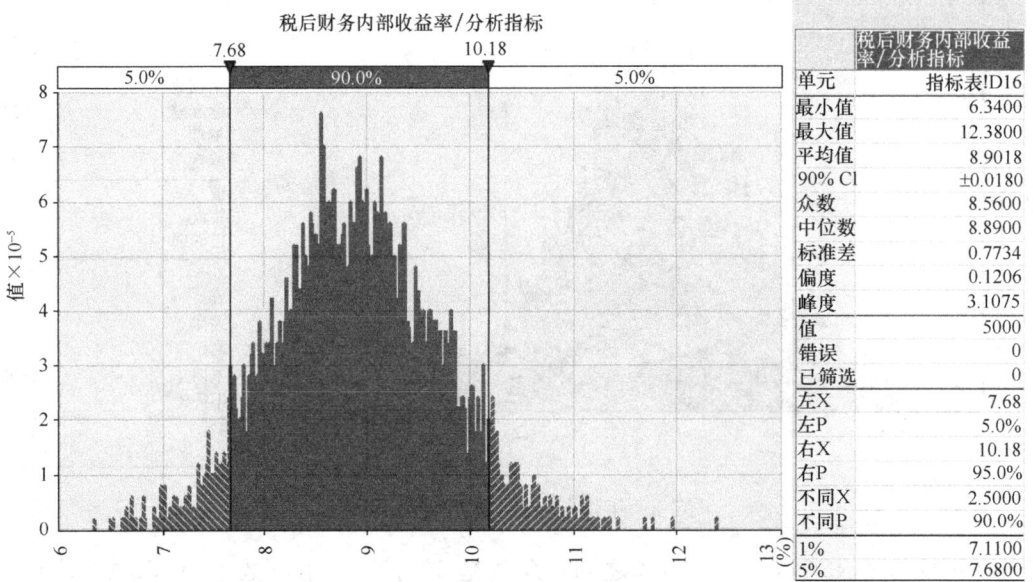

	税后财务内部收益率/分析指标
单元	指标表!D16
最小值	6.3400
最大值	12.3800
平均值	8.9018
90% CI	±0.0180
众数	8.5600
中位数	8.8900
标准差	0.7734
偏度	0.1206
峰度	3.1075
值	5000
错误	0
已筛选	0
左X	7.68
左P	5.0%
右X	10.18
右P	95.0%
不同X	2.5000
不同P	90.0%
1%	7.1100
5%	7.6800

图 6-10　税后财务内部收益率模拟

根据图 6-11，对未来财务内部收益率影响较大的前五位不确定性因素依次是：合院的销售面积、小高层的销售面积、高层的销售面积、2018 年建设投资金额及 2020 年建设

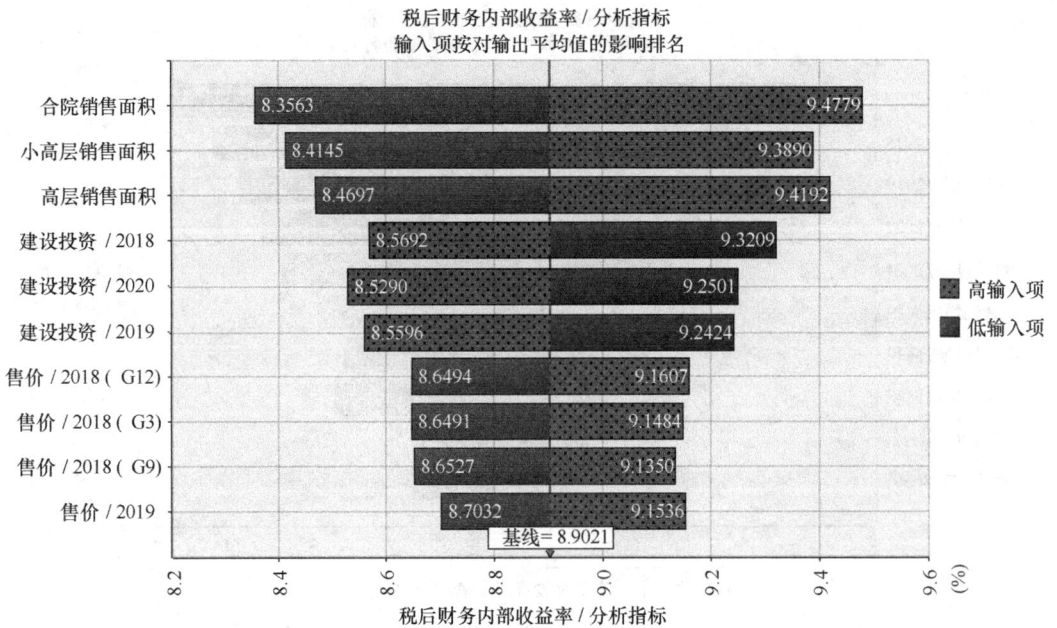

图 6-11　敏感性分析

投资金额。

（5）动态投资回收期

根据图 6-12，由于 HB 项目面临上述风险的影响，未来动态投资回收期有 90% 的可能性在 6.9～7.2 年之间，众数是 7.0 年，中位数是 7.0 年，均值是 7.0 年，有 5% 的可能性小于 6.9 年，有 5% 的可能性大于 7.2 年。

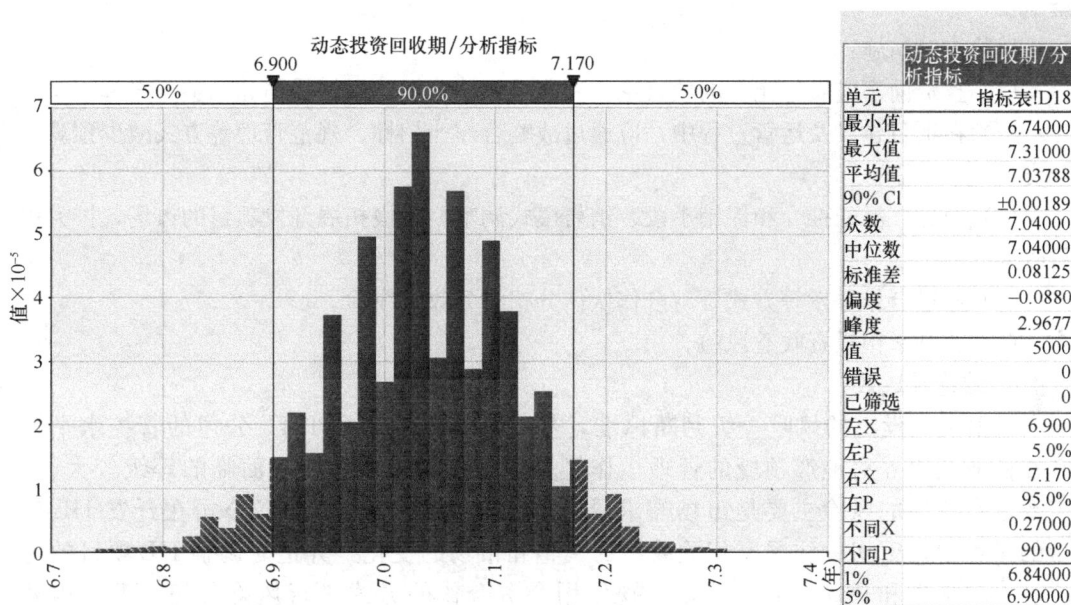

动态投资回收期/分析指标	
单元	指标表!D18
最小值	6.74000
最大值	7.31000
平均值	7.03788
90% CI	±0.00189
众数	7.04000
中位数	7.04000
标准差	0.08125
偏度	−0.0880
峰度	2.9677
值	5000
错误	0
已筛选	0
左X	6.900
左P	5.0%
右X	7.170
右P	95.0%
不同X	0.27000
不同P	90.0%
1%	6.84000
5%	6.90000

图 6-12 动态投资回收期模拟

根据图 6-13，对未来动态投资回收期影响较大的前五位不确定性因素依次是：合院

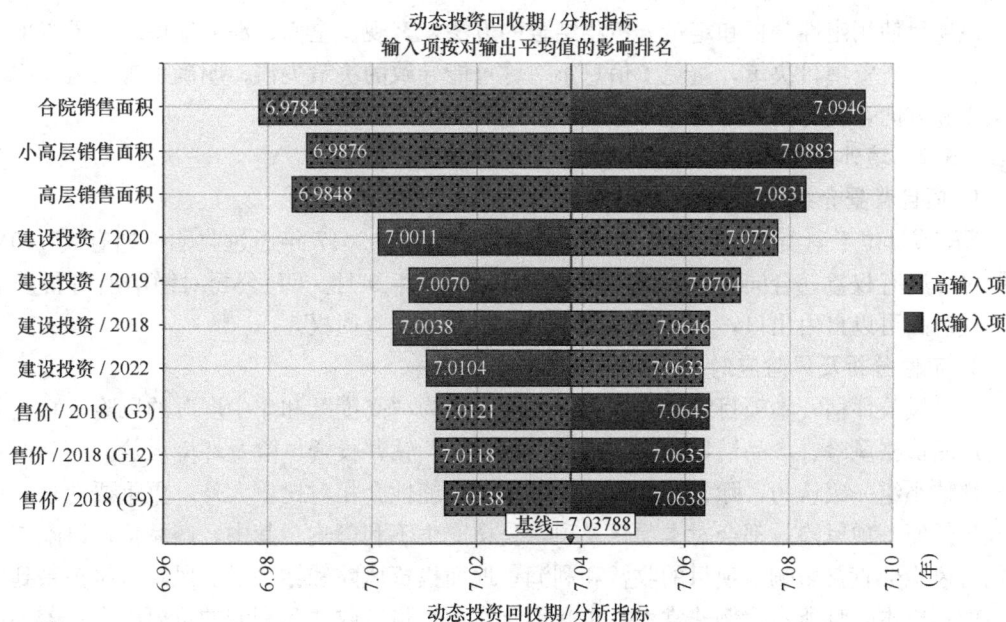

图 6-13 敏感性分析

的销售面积、小高层的销售面积、高层的销售面积、2020 年建设投资金额及 2019 年建设投资金额。

综上，合院的销售面积、小高层的销售面积、高层的销售面积、2018～2022 年的建设投资是影响 HB 项目各个收益指标的关键不确定性因素。这些不确定性因素的变化主要受市场需求风险、市场竞争风险、宏观经济及政策风险、开发盈利模式风险的影响。

风险应对措施：

(1) 投资前都应做好充分的项目论证和收益测算，提前做好止损和调整预案。

(2) 在项目建设及运营过程中，应通过战略合作、招标、规范管理等方式减少预算外开支。

(3) 通过广泛的推介和促销手段、销售模式调整，积极拓展开发项目的市场，扩大项目收入。

(4) 通过合作开发等方式，与合作伙伴分担财务收益风险。

(5) 适度承担投资收益风险。

4. 结论及成效

根据预先设定的风险等级判断标准，基于已知的信息和 HTF 公司的管控水平及其在商业及康养房地产领域的管理运作经验，投资开发 HB 项目面临的等级较大的、需要重点关注的风险主要是市场需求风险和市场竞争风险。HTF 公司在开发 HB 项目的过程中，密切关注国家相关政策的调整和市场的变化，并适时调整 HB 项目的定位、发展规划和开发盈利模式，重视使用合资合作的方式进行风险分担。根据内外部环境的变化，动态开展风险评估和风险预警，并重点关注市场需求风险、市场竞争风险和投资收益风险，吸收借鉴国内外康养地产的先进管理经验，不断提高项目管理水平。

该项目使用定性分析和定量分析相结合的方法，客观、全面、深入地揭示了投资项目风险；支持投资项目决策，避免了信息不对称可能导致的决策失误；明确了未来风险应对的重点和方向，支持高效地配置管理资源。

6.5.2　境外投资项目风险管理案例

1. 项目背景介绍

NR 项目位于南美洲亚马逊热带雨林区。CP 公司于 2017 年通过收购，拥有其 100% 的股份和所有权益。合同期限为 2017 年 7 月～2047 年 9 月。CP 公司对缴纳所有税费后的油气产品可以自由出口，从销售油气的利润中获取投资回报。

2. 定性分析及风险应对

经过风险评估，本项目需要重点关注风险等级为"高度"和"中度"的风险，它们分别是产品价格风险、产品销售风险、地面投资风险、钻井投资风险及环境风险。

评估小组一致认为，除了这 5 项风险发生的可能性会相对比较大外，更重要的是，一旦发生任何一项风险，都会对本项目及项目公司产生不利影响。其中，产品价格风险和产品销售风险会直接影响本项目的收益和利润；地面投资风险和钻井投资风险直接关系到本项目的总成本，且所占比例非常大，也是影响本项目最终收益和利润的重要因素；若环境风险发生，既会招致东道国的大额或巨额罚款，也会对项目公司的声誉造成损害，带来诸多不利影响。风险登记清单见表6-6。

风险登记清单   表6-6

序号	风险名称	风险具体表现	关键风险动因	发生可能性	影响程度	风险等级分值	风险等级
1	产品价格风险	产品价格持续低迷	1. 国内外市场供大于求； 2. 国际原油价格低迷，也影响了清洁能源价格； 3. 因基础设施不健全，液化天然气产品运输成本高	/	/	/	高度
2	地面投资风险	地面工程投资超出预期	地面规模或技术方案调整	/	/	/	高度
3	环境风险	主要为三废排放超标、污染环境，具体表现： 1. 钻井过程中，钻井废水、生活污水；柴油机烟气、烃类挥发；废弃钻井泥浆、钻井岩屑； 2. 井下作业过程中，修井废水、洗井废水、压裂液、落地油；噪声； 3. 采油和油气集输过程中，采油废水、生活污水；加热炉烟气、烃类气体；天然气和原油泄漏等	1. 员工环保意识不强； 2. 违规作业，出现工程事故； 3. 防护不当	/	/	/	中度
4	产品销售风险	1. 设备/设施/原材料价格、人工成本变化； 2. 产品市场不畅	1. 国内、国际液化天然气市场竞争激烈，市场不确定性造成产能受限； 2. 管道设施不健全，运输能力有限	/	/	/	中度
5	钻井投资风险	钻井投资超出预期	钻井方案调整	/	/	/	中度

　　针对本项目存在的产品价格风险、地面投资风险两项重大风险，风险应对措施见表6-7。

风险应对措施列表   表6-7

序号	重大风险名称	风险管理策略	风险解决方案	责任单位/部门	时效
1	产品价格风险	风险自担	1. 提高天然气产量，并力求降低生产成本； 2. 积极拓宽销售渠道； 3. 完善天然气基础配套设施建设； 4. 根据天然气季节消费的市场特点，天然气生产要有一定的"调峰能力"。在价格过低或市场需求不足时，调整生产经营策略，对产量做相应的调整	CN项目公司	项目全生命周期内

续表

序号	重大风险名称	风险管理策略	风险解决方案	责任单位/部门	时效
2	地面投资风险	风险分担	采取分阶段控制法： 1. 前期策划和决策阶段的投资控制，必须保证建设规模与气田生产需要相互匹配； 2. 设计阶段的投资控制，实施勘察设计，推行限额设计，确保整个工程项目的规模、资金流的具体走向与使用量； 3. 施工阶段的投资控制，有效进行工程变更和现场签证的控制监管，加强物资设备采购及供应的控制； 4. 竣工决算阶段的投资控制，现场核对，重点审查工程款的使用情况。 鉴于地面建设项目多，项目公司可采用风险转移措施，利用合同约束项目承包方	CN项目公司	项目全生命周期内

3. 定量分析及风险应对

该项目需要重点考虑的风险包括产品价格风险、产品销售风险、地面投资风险、钻井投资风险及环境风险，它们所影响的经济评价输入变量主要有产品率、油气销售价格、地面投资及弃置费用。钻井投资由于在整个项目投资中体量小，所占比例很小，所以不计入经济评价影响变量中。

综合考虑变量之间的相关性及分布，见表6-8。

输入变量的概率分布情况　　　　　　　　　　　　　　　　表6-8

序号	重点关注的风险名称	影响的输入变量名称	输入变量分布
1	产品销售风险	产品率	三角分布，（92%，94%，100%）
2	产品价格风险	油气价格	三角分布，（−10%，0，+10%）
3	投资风险	地面投资	三角分布，（−10%，100%，+20%）
4	环境风险	弃置费用	三角分布，（300，400，600）

根据图6-14，本项目内部收益率均值为13.67%，标准差为0.43%。未来收益率 IRR

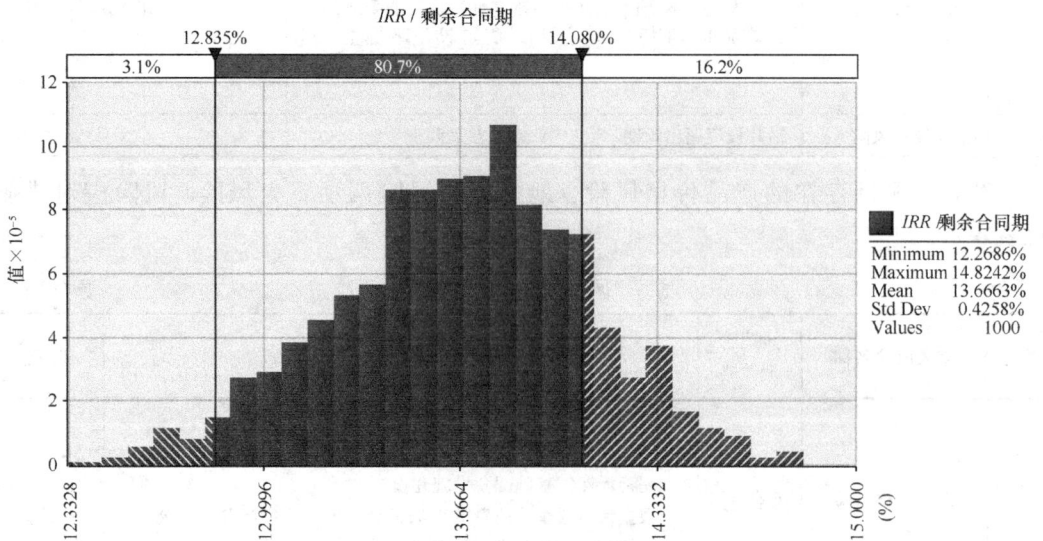

图6-14　内部收益率模拟

有 80.7% 的可能性在 12.84% ~ 14.08% 之间，收益率小于 12.84% 的可能性为 3.1%，收益率大于 14.08% 的可能性为 16.2%。

根据图 6-15，项目 NPV 均值为 3385 万美元，标准差为 333 万美元。未来 NPV 有 79.6% 的可能性在 2792 万~3720 万美元之间，NPV 小于 2792 万美元的可能性为 5.0%，NPV 大于 3720 万美元的可能性为 15.4%。

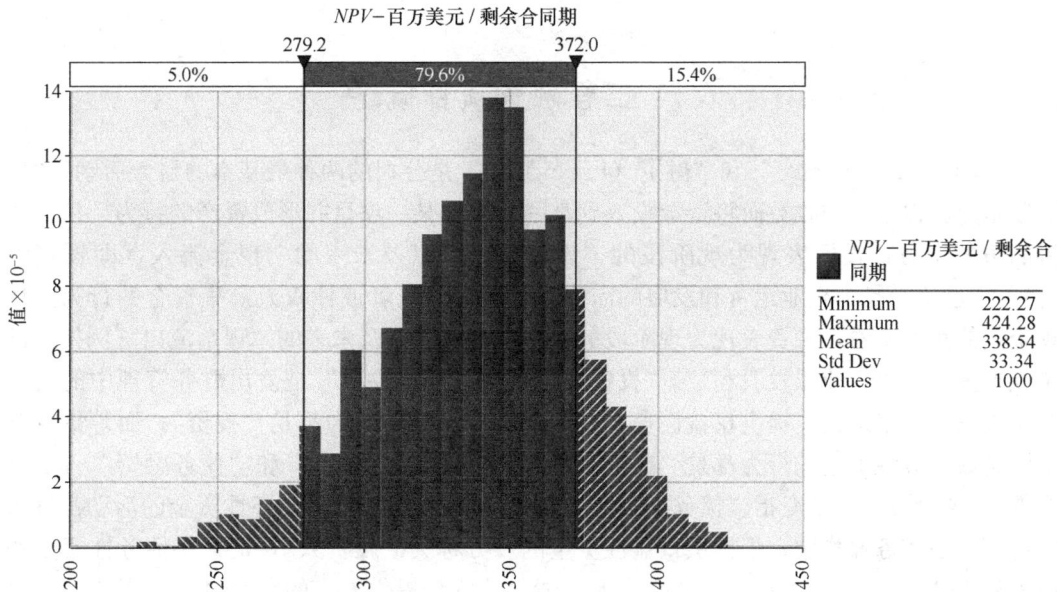

图 6-15　NPV 模拟（横坐标单位：十万美元）

结论：该产能开发投资项目面临的风险未超出承受度，风险可接受。

4. 结论及成效

CN 项目根据审批后的风险评估方案进行日常工作的实施，有效地开展了项目各专业安全风险评估和管理工作，深入现场调查研究，制定和落实合理安全保障措施，加强监控力度，做好风险预测和应急预案，做好风险动态管理，从而达到控制风险、减少损失，实现该项目的经济有效开发，同时实现储层保护、保障产量、控制投资额、控制运营成本、实现健康安全环保生产的目标，实现了预期投资回报。

复 习 思 考 题

1. 投资项目风险具有哪些特点？
2. 投资项目风险管理的原则是什么？
3. 简要概述投资项目风险管理的职责分工。
4. 固定资产和股权投资项目常见的风险有哪些？
5. 简要概述投资项目定性风险分析方法和定量风险分析方法。
6. 投资项目风险常见的应对方式有哪些？制定风险应对措施的原则包括哪些？

6-复习思考题
参考答案

第7章 工程融资项目风险管理

7.1 工程融资项目概述

"投资（Investment）"和"融资（Financing）"是公司的两种最基本的财务活动。"投资"是为获得未来的收益而将资金投入到某一领域或某一项目并形成资产的行为。从现金流的角度来看，投资表现为现阶段的"现金流出"以及未来的"现金流入（即投资收益）"。"融资"是为企业运营和发展的需要向公司的投资者或债权人筹集资金的行为。从现金流的角度来看，融资表现为现阶段的"现金流入"以及未来的"现金流出（例如偿还贷款本金和利息，或派发股利）"。"投资决策"和"融资决策"是公司财务管理中的两大基本决策。严格地说，提供权益性资金或者债务性资金的行为都是"投资"；而筹集权益性资金或债务性资金的行为都是"融资"，分别称为"股权融资"和"债务融资"。但是，习惯上，"融资"常常专指"债务融资"，并且常常把筹集和提供债务性资金的活动都称为"融资"。在实务操作中，把提供权益性资金的一方称为"投资人"，把提供债务性资金的一方称为"融资人"。本章主要从融资人（债务性资金提供方）的角度讨论工程建设项目的债务性融资及其风险管理。

工程建设项目往往需要大量的资金。工程建设项目的建设单位或者开发商（业主）为项目建设的需要，除了向股东（投资人）筹集权益性资金以外，还常常需要从融资机构（融资人）筹集债务性资金。

对于融资人来说，为业主的某一项工程提供债务性融资的一系列活动可以视为一个"项目"，我们称之为"工程融资项目"。工程融资项目可以定义为：融资人以获得资金收益为目的，为特定的建设工程提供债务性资金的一系列活动。工程融资项目的实施主体是融资人，如商业银行、开发银行、基金等。

工程融资项目和工程咨询项目、工程承包项目等一起构成一个由不同主体实施的"项目群"，各项目的实施主体通过协同努力使项目群中的每一个项目成功完成，共同实现业主建设项目的成功。

7.1.1 工程融资项目的类型

根据提供融资渠道和接受融资主体的不同可以将工程融资项目分成不同的类型。不同类型的工程融资项目具有不同的风险特征和适用条件。

1. 间接融资和直接融资

工程融资项目根据提供融资渠道的不同，可以分为间接融资（Indirect Financing）和直接融资（Direct Financing）。

（1）间接融资

间接融资是指通过银行等"中间机构"提供的融资。银行通过吸收存款或其他方式获得资金，然后为公司或项目提供融资，充当"资金提供者"和"资金使用者"之间的中间机构。银行贷款是工程建设项目间接融资的常见方式。例如，中国进出口银行为发展中国家的建设项目提供的优惠贷款。

除了政策性银行和商业银行以外，国际多边开发金融机构融资也是常见的工程项目融资主体。世界银行、亚洲开发银行以及近年成立的亚洲基础设施投资银行都是这类金融机构。从国际多边开发银行获取融资，除了具有融资成本低和期限长的优势，还有很重要的一点，是可以利用这些机构的多边性质和政治影响力，来有效减轻和缓解项目的政治风险。获得国际多边银行融资的项目，也往往能更有效地带动国际银团的参与。

（2）直接融资

除了间接融资，企业可以通过在证券市场上发行债券的方式，直接吸收、利用社会资金，称为"直接融资"。跟银行贷款相比，企业发债审批要求更加严格，审批手续更复杂，并且在额度上有明确限制。

2. 公司融资和项目融资

工程融资项目根据接受融资主体的不同，可以分为公司融资（Corporate Financing）和项目融资（Project Financing）。

（1）公司融资

公司融资是指公司依据其资产负债及总体信用状况筹措资金，再将筹集到的资金投入到公司发起的项目上。这类由公司背书的融资，依赖于公司总体的资产负债表及现金流状况，而非项目自身的情况。从追索的角度，将会追索到公司层面，公司运营产生的现金流和所属资产实质上都作为债务融资的担保。这类融资方式的优点是审批速度较快，适用于为风险较高的项目筹集资金。它的缺点是会增加公司的负债/资产比率。

（2）项目融资

项目融资是指以项目的资产、预期现金流或权益作为抵押，为基础设施、工业、物业等项目提供资金的一种融资方式。这种融资以项目本身的偿付能力为基础，不依赖于项目投资人的资信，对于项目投资人无追索权或仅有有限追索权。在工程建设领域，项目融资得到了广泛的应用。

为了进行项目融资，通常需要设立一个"特殊目的机构（Special Purpose Vehicle，SPV）"，也称"项目公司"，用来将项目风险"屏蔽"在项目公司范围内，而不会传导到投资人。在项目融资中，融资人向"特殊目的机构"（项目公司）提供贷款，融资人一般对于SPV的股东（项目投资人）没有追索权利或者仅有有限追索权利。特殊目的机构除了项目之外没有其他任何资产。为了获得融资人的信心，项目投资人通常需要投入一定的资本金，并采取一系列的增信措施。项目融资通常比其他融资方式更加复杂。项目融资应用最为广泛的领域是发电设施、高等级公路、桥梁、隧道、铁路、机场、城市供水等投资巨大、具有长期稳定预期收入的大型基础建设项目。

由于项目融资的对象往往是资金量需求巨大的大型项目，因此项目融资通常由若干个银行或其他类型的融资人组成的"银团"提供。项目公司通常以所有资产（包括货物/服务销售合同）作为融资的担保，在项目公司无力履行贷款合同条款的情况下，项目融资人有权接管、控制项目公司。

　　项目融资对于项目公司及其股东的最大好处是实现了项目公司和股东之间的风险隔离。但是相对于公司融资而言，项目融资增加了融资人的风险，因此融资人需要采取更加全面、有效的风险管控措施。通常情况下，提供无追索的项目融资的融资人会提出如下要求：①项目有较强的长期商业可行性且现金流充沛；②项目所在国的主权评级及主要项目参与人的资信能力较强；③项目有合理的风险分担机制和缓释措施；④有足够的保险覆盖。这些条件将显著减少融资人的风险，增强融资人的信心，但是否一定能够给予无追索的项目融资，融资人还需结合项目的具体情况进行决策。

　　项目融资和公司融资主要有如下区别：

　　（1）接受融资的主体不同。公司融资一般是以项目发起人或投资人作为接受融资的主体，而项目融资则是以项目公司作为接受融资的主体。

　　（2）融资的依据不同。公司融资一般是依据项目发起人或者投资人的资信，而项目融资的依据是项目未来产生的现金流。由于项目融资人关注的是项目的财务实力，必然密切关注项目的可融资性和建设、运营状况，并建设项目的设计、采购、建设、运营进行全过程监控，从而控制融资人的风险，实现融资项目的成功。

　　（3）追索程度不同。公司融资中融资人对借款人有完全追索权。如果因公司发起的项目失败而导致公司无力偿还贷款，融资人有权占有或拍卖借款人资产，直到贷款本金和利息全部偿清为止。而项目融资中融资人对项目的投资人没有追索权或只有有限追索权。追索程度的不同是区别公司融资和项目融资的主要依据。

　　（4）风险分担不同。与公司融资相比，在项目融资中融资人承担更高的风险。

　　（5）融资成本不同。由于融资人在项目融资中承担更高的风险，项目融资的融资成本更高。

　　公司融资和项目融资的架构对比如图 7-1 所示。

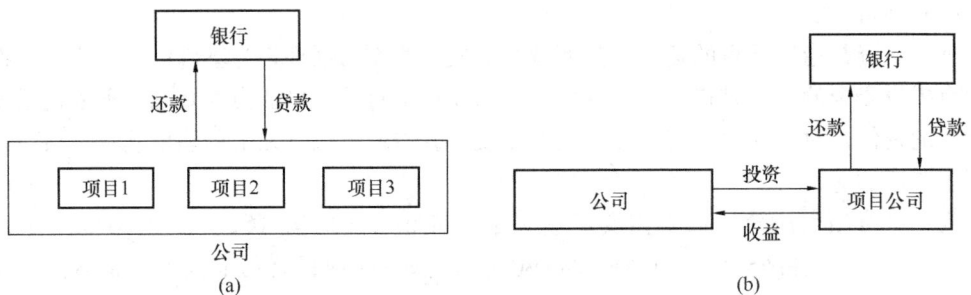

图 7-1　公司融资和项目融资架构比较

（a）公司融资架构；（b）项目融资架构

7.1.2　工程融资项目的特征

　　如前所述，工程融资项目的实施主体（融资人）通过为工程建设项目提供债务性资金获得收益。和其他类型的项目相比，工程融资项目具有如下特征：

　　（1）融资人优先受偿，但融资收益基本固定。由于债务性融资的特点，融资人拥有比投资人优先的受偿权。但是融资人的收益是基本固定的，例如"LIBOR+3%"❶，而投资人则拥有所有"剩余"的收益。因此，相对而言，融资人承担的风险比投资人小，同时预期收益也比投资人低。

（2）工程融资项目往往金额大、实施期限长。工程融资项目所服务的往往是大型基础设施投资项目，包括业主直接投资的工业或商业项目、政府投资项目、以 BOT、PPP 等模式实施的公共基础设施项目等。融资金额可能高达数亿美元，甚至数十亿美元，融资期限可能长达 20～30 年，甚至更长。一旦发生违约风险，将对融资人造成重大损失。

（3）信息不对称。融资人和投资人在对客户项目信息的占有方面是不对称的，融资人处于劣势地位。寻求融资的工程项目往往规模大，专业性和复杂性程度高，融资人往往需要专业顾问帮助获得、分析项目有关的信息。信息的不对称增加了融资项目的风险。

（4）政治、经济环境对项目的影响大。大型建设项目容易受到政治、经济环境的影响而发生延误、成本超支，甚至中止，导致借款人违约，使融资人蒙受损失。

（5）杠杆率高。项目公司的负债率通常高达 65%～80%，和低杠杆率融资相比，高杠杆率融资对于投资人和融资人的财务风险均更高。

（6）参与方多。一个大型的项目融资交易通常需要十多家不同相关方的参与。

（7）风险分配极为重要。工程建设项目包括很多风险，适宜的风险分配通常是项目能够向前推进的一个关键因素。风险分配一般通过项目公司和项目各参与方之间的一系列合同来确定。风险分配的原则是：将风险分配给最有能力管理该风险的一方，并使风险和回报相匹配。通过一系列严密的合同条款约定，将项目风险适宜地分配给建设承包商（通过签订固定价格、固定日期的建设总承包合同）、运营商（通过签订长期营运和维护合同）、原料供应商（通过签订长期供货合同）、产品购买方（通过签订照付不议（take-or-pay）合同）等，项目风险在各参与方之间实现合理分担，从而有利于最大限度地实现项目的价值。

（8）项目合同文件复杂。至少包括如下合同：

1）股东协议（Shareholder Agreement）；

2）特许权协议（Concession Agreement）；

3）贷款协议（Loan Agreement）；

4）EPC 总承包协议（EPC Construction Contract）；

5）供应协议（Supply Agreement）；

6）销售协议（Offtake Agreement）；

7）保险协议（Insurance Agreement）。

（9）融资成本较高。和公司融资相比，项目融资需要更多的信息，更高强度的监控和更严密的合同安排，这些都会增加交易成本。另外，对于融资人来说，项目融资形成的资产流动性较低，融资风险相对较高，从而使融资成本更高。

---

❶ LIBOR（London Interbank Offered Rate，简写 LIBOR），即伦敦同业拆借利率，是指伦敦第一流银行之间短期资金借贷的利率，也是国际金融市场中大多数浮动利率的基础利率。最经常使用的是 3 个月和 6 个月的 LIBOR。我国对外筹资成本即是在 LIBOR 利率的基础上加一定百分点。参照 LIBOR 建立的同业拆借利率，还有新加坡同业拆放利率（SIBOR）、纽约同业拆放利率（NIBOR）等。

（10）可以实现表外融资。当投资人是项目公司的小股东时，项目公司的资产负债表不会合并到投资人的资产负债表，项目公司的融资也不会体现在投资人的资产负债表中，从而实现了"表外融资"。

7.1.3　工程融资项目的主体和相关方

工程融资项目一般涉及多个参与方，互相之间的关系错综复杂。一个典型的工程融资项目（以项目融资为例）的架构如图 7-2 所示。各参与方的行为将对融资人的收益和风险产生影响。

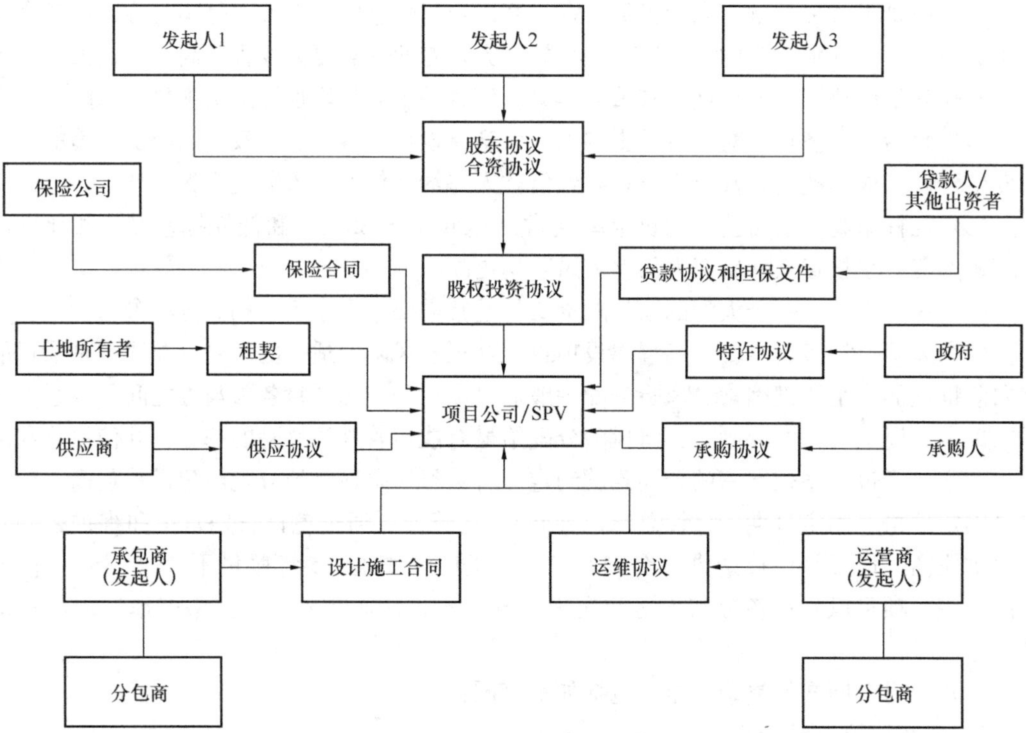

图 7-2　典型的工程融资项目架构

1. 工程融资项目的主体（融资人）

工程融资项目的主体是指为某一工程提供贷款的融资机构（如商业银行），通常称为融资人。对于融资金额较大的工程融资项目，一般由几个银行组成一个银团共同为客户项目提供融资，以分担风险并提升融资能力。为国际项目提供融资的机构主要包括如下几类：

（1）国内政策银行，如国家开发银行、中国进出口银行、中国农业发展银行等。

（2）国外政策银行，如美国进出口银行、日本国际协力银行等。

（3）国内商业银行。中国大型国有银行包括中国工商银行、中国银行、中国建设银行、中国农业银行、中国交通银行等。目前工商银行、中国银行、农业银行、建设银行四大国有银行均在海外设立了分支机构，为中国企业的海外项目提供多方面的融资服务。

（4）国外商业银行，如美国银行（Bank of America）、汇丰银行（The Hong Kong and Shanghai Banking Corporation Limited，HSBC）、花旗银行（Citibank，N. A.）、德意

志银行、法国兴业银行等。

（5）传统多边金融机构，如世界银行、国际货币基金组织、亚洲开发银行、非洲发展银行等。

（6）新兴多边金融机构，如亚洲基础设施投资银行、金砖国家开发银行等。

2. 工程融资项目的相关方

（1）项目发起人

项目发起人也称为项目主办方，是指项目的倡导者和投资者。项目发起人希望通过建设和运营项目获得投资收益。

（2）项目公司

项目公司是指为了项目建设和运营的需要，由项目发起人组建的独立经营的法律实体。项目发起人是项目公司的股东，承担的责任以其投入到项目公司的资本金为限。

（3）市场顾问

融资人可以聘请市场顾问对项目期限内的政治经济形势、市场需求和价格、材料能源供应、运营成本、竞争态势等进行深入的分析和研究，为融资决策提供依据。融资人、项目公司可分别聘请自己的市场顾问。

（4）工程/技术顾问（工程咨询公司）

融资人可以聘请工程/技术顾问对客户项目的技术方案、技术先进性、技术可行性、总体规划、概念设计、初步设计、实施方案等进行评估、审查，为融资决策提供依据，帮助融资人控制项目的可融资性风险。同时，在客户项目的建设、运营过程中，对其进行监督和控制，控制项目的建造和运营风险。工程/技术顾问还可以接受业主的委托为项目提供规划、可行性研究、概念设计、初步设计等工作。项目业主、融资人可分别聘请自己的工程/技术顾问。

（5）法律顾问

工程融资项目涉及众多相关方之间的复杂的法律关系，需要起草、签署一系列合同，构成一个"合同体系"或"合同群"。法律顾问的及时介入可以帮助融资人减轻合同、税务、合规性等方面的风险。

（6）保险公司和保险经纪人

保险是风险转移的重要手段，保险已经成为大型建设项目不可缺少的组成部分。保险公司主要包括两类：提供工程保险的商业保险公司和提供出口信用保险、政治保险等的政策性保险公司。保险经纪人是指为投保人提供投保风险评估、保险方案设计、保险招标投标、全程保单服务等专业服务的顾问。

（7）项目所在国政府

项目所在国政府在很多工程融资项目中发挥关键作用。例如，政府作为担保方为融资提供担保，为投资人提供项目特许经营权，为项目建成后项目公司提供的公共产品付费等。

（8）承包商/供应商

项目的承包商与项目公司签订合同，提供设计、采购、施工等服务，和融资人没有直接的合同关系。但是承包商的能力和绩效将影响项目的按时完工，从而影响项目公司的还款能力。

（9）运营商

项目建成后，项目公司可以选择自己直接运营，也可以委托外部运营商提供运营服务。

（10）项目担保方

项目担保方以自己的信用或资产向融资人做出项目公司按时还款的保证。

（11）项目使用方

项目使用方是指项目建成后提供的产品或服务的购买者或使用者。如果项目使用方和项目公司签订了项目产品或服务的长期购买合同，则可以保证项目现金流的稳定性，减少融资人的风险。

7.2　工程融资项目的主要风险

对于公司融资，工程融资项目中融资人的主要风险是借款人（即接受融资的公司）信用风险。对于项目融资，融资人的主要风险是项目公司的信用风险，可以进一步分解为项目可融资性风险、项目环境风险、项目相关方风险、项目建造风险、项目运营风险等。

7.2.1　信用风险

无论是公司融资还是项目融资，对于融资人来说，信用风险都是最大的风险。所谓信用风险，是指债务人未能履行融资合约规定的义务，或因信用质量发生变化使债权人遭受损失的风险。

信用风险和如下因素有关：

（1）融资期间的政治和经济环境；

（2）借款人的资产负债状况；

（3）借款人的盈利能力；

（4）借款人预期现金流；

（5）融资保险；

（6）担保安排等。

影响公司信用风险的主要财务指标包括：

（1）资产负债率（Debt Asset Ratio），即负债总额与资产总额的比率，是企业长期偿债能力的重要指标。企业以一定的资产负债率负债经营有多方面的好处：①可以增加净资产收益率；②因为利息费用可以在所得税前抵扣，可以减少税负；③可以弥补资金不足，扩大经营规模。但是对于融资人来说，借款人负债率越高，其偿还债务的能力就越低，融资人的风险就越高。

（2）流动比率（Liquid Ratio），即流动资产与流动负债的比率。流动比率反映了借款人以流动资产偿还流动负债的能力，是借款人短期偿债能力的重要指标。

【案例 7-1】巴哈马度假村项目破产危机❶

某大型海岛度假村项目（以下简称"项目"）位于大西洋西岸岛国巴哈马首都拿骚，项目公司的实际控制人为巴哈马当地富商（以下简称"实际控制人"），总承包商为中国某央企在巴哈马的子公司（以下简称"总承包商"），由中国进出口银行（以下简称"口行"）

---

❶　http：//www.chinca.org/CICA/info/65212.

提供项目融资。项目投资总额约为 35 亿美元，其中，口行提供约 25 亿美元抵押贷款，总承包商认购 1.5 亿美元优先股，实际控制人认购 8.5 亿美元普通股。

出于种种原因，项目建设过程并不顺利，完工日期被一再拖延。2014 年 5 月，项目公司就工期延误等问题向争议解决委员会提起裁决申请，请求确认总承包商违约。2015 年 3 月底，项目公司与总承包商冲突升级，在完工量达到 97％的扫尾阶段项目工程停工。

2015 年 6 月，项目公司通过其在美国的子公司向美国特拉华州破产法院提出了破产保护申请，并于次日向巴哈马最高法院提交动议请求，要求承认美国破产法院管辖权并协助执行相关法院命令。同时项目公司向英国高级法院针对总承包商提起履约保函索赔诉讼。

项目搁浅，项目公司濒临破产。为项目公司提供 25 亿美元融资的中国进出口银行面临巨额坏账损失的风险。

7.2.2　项目可融资性风险

项目可融资性风险是融资项目中融资人承受的、和项目"可融资性"（Bankability）相关的风险，主要和如下因素有关：

（1）项目选择和项目定义风险。主要包括项目的类型，项目所在的行业，项目是否符合项目所在国的宏观政策、发展趋势，项目是否能满足当地市场的需求，投资人是否拥有开发该项目所需要的核心能力，政府是否能保证项目的"唯一性"等。

（2）项目的技术风险。主要和项目的技术成熟度、项目团队的技术能力等相关。

（3）项目的经济强度。主要的经济强度指标包括：

1）内部收益率（Internal Return Rate，IRR），即项目净现值为零时的折现率，包括总资产内部收益率和净资产内部收益率两种。

2）偿债覆盖率（Debt Service Coverage Ratio，DSCR），即借款人在还款期内项目当期可用于还贷的现金流量与该年度应还本付息金额的比率。

$$DSCR = (EBITDA - T)/PD \tag{7-1}$$

式中　$EBITDA$（Earnings Before Interest, Tax, Depreciation and Amortization）——息税折旧摊销前利润；

T（Tax）——企业所得税；

PD（Principal and Interest of Debt）——当期应还本付息的金额。

（4）项目的审批和合规风险。融资人可能因项目遇到审批困难和合规性问题而遭受损失。

（5）项目担保和保险安排。项目获得的政府担保、股东担保、第三方担保、政治保险、信用保险等信用增强安排，将对融资人的风险产生重要影响。

对于项目融资而言，项目可融资性出现问题可能给融资项目和融资人带来灾难性的后果。为了更好地识别和减少融资人的风险，融资人最好在项目早期（例如项目投资合同的商务谈判阶段）就介入项目，对客户项目施加积极影响。

【案例 7-2】国家体育场（"鸟巢"）项目财务困境❶

北京 2008 年奥运会的主场馆——国家体育场（俗称"鸟巢"）采用 PPP 模式建设。

---

❶ "鸟巢"的遗憾：国家体育场 PPP 项目融资模式案例分析，http：//www.sohu.com/a/196492723_99929980.

北京市国有资产经营有限公司（受北京市政府的授权，代表政府）和中国中信集团联合体（作为企业）共同组建项目公司，分别占股 58% 和 42%。项目公司资本金约 10.4 亿元，从商业银行获得债务融资约 10 亿元。项目公司负责本项目的融资、建造和运营维护，并在 30 年特许经营期满后将项目资产移交北京市政府。项目公司聘请了法国万喜项目公司（VCGP）和法国布依格建筑公司（BYB）作为项目管理顾问。

该项目的可融资性风险受如下几方面因素的影响：

（1）项目技术难度大。国家体育场的三维钢桁架系统非常复杂，中国没有类似项目的施工经验。项目在施工技术方面面临巨大的挑战和不确定性。

（2）项目经济强度较弱。国家体育场的市场需求较小，加上面临北京工人体育场等同类设施的竞争，难以产生足够的现金流以实现合理的投资收益。虽然北京市发展与改革委员会承诺协调其他政府部门帮助项目公司取得利润，但是难以落到实处。

（3）另一方面，本项目是国家支持的重点项目，项目公司有政府的参与，因而必要的时候可以获得政府的支持。这大大减轻了项目的可融资性风险。

为了节省项目投资，业主决定取消体育场的可闭合顶盖，但依然导致成本超过概算约 4.6 亿元。奥运会后项目公司面临巨大的财务困难。2009 年 8 月，北京市人民政府与中信联合体签署协议，项目公司放弃对国家体育场的 30 年特许经营权，由北京市政府主导的国家体育场有限公司接手。国家体育场 PPP 项目遗憾地以失败告终。

7.2.3　项目环境风险

项目环境风险是指项目在建造和运营过程中，在政治、经济、社会环境等方面发生动荡、波动，从而使融资人遭受损失的可能性，主要包括政治风险和经济风险。政治和经济风险事件的发生，如政权动荡、国有化、法律变更、社会动乱、通货膨胀、金融危机、国际制裁等，可能使项目公司蒙受损失，进而可能导致项目公司违约、融资人受损。在一些政治局势不稳定的发展中国家，政治风险往往是在这些国家实施项目的国际投资人和融资人的头号风险。特别是基础设施等公共部门参与的项目往往依赖于政府的支持，因而更容易受到政治风险的冲击。经济风险包括经济形势波动、货币贬值、货币不可兑换、货币不可汇出等风险。

7.2.4　项目相关方风险

项目相关方，包括项目的投资人、当地政府等，他们可能对项目的顺利开发、建造、运营产生重大的影响，进而对融资人的收益产生影响。融资人在评估项目风险时，一般会高度关注项目投资人的资信和行业经验。能力强大的项目投资人能在资本金投入、技术支持、管理支持、人力资源支持、品牌影响、产品销售、原材料供应、担保、危机处理等方面帮助项目公司，而能力弱小的项目投资人则可能拖累项目公司。当地政府对项目的态度也会影响项目的推进，进而影响融资人的信用风险。

【案例 7-3】马来西亚东海岸铁路被迫中止❶

马来西亚东海岸铁路项目线路全长 688km，客运设计时速为 160km/h，货运设计时速为 80km/h。该项目是马来西亚东海岸经济区规划中的重要交通基础设施项目。中国进出口银行为该项目提供年利率 3.25% 的低息贷款。中国交通建设集团被授予 EPC 总承包

---

❶　中企承建马来西亚东海岸铁路项目开工，http://world.people.com.cn/n1/2017/0810/c1002-29460992.html。

合同，工作范围包括标准电气化铁路设计、采购和施工总承包。建设工期为 7 年，合同金额约 460 亿马币（折合人民币超 745 亿元）。2017 年 8 月，该项目正式开工，时任马来西亚总理的纳吉布出席了开工仪式。

2018 年 5 月，时年 93 岁高龄的马哈蒂尔·穆罕默德（Mahathir Mohamad）赢得马来西亚国会大选并出任马来西亚总理。2018 年 8 月，马哈蒂尔以国家债务负担过重为由宣布暂时取消东部铁路项目，项目被要求立即暂停施工。

2019 年 4 月，马来西亚政府和中国交建经过重新谈判后签署补充协议，双方同意大幅度削减合同金额，继续推进本项目建设。

在本案例中，由于项目所在国政府领导人的变更和政府对项目态度的转变，项目被迫中止，承包人遭受巨额经济损失，项目的融资人也面临严重的信用风险。

7.2.5 项目建造风险

项目建造风险是指项目在规划设计、施工过程中发生风险事件，导致项目无法完工、延期完工或者完工后无法达到预期运行标准，从而给融资人带来损失的可能性。它是项目融资中对于融资人的一项核心风险。项目建造风险包括如下方面：

（1）完工风险，即项目不能按照预先计划的工期顺利完工的可能性。项目建造工期的拖延意味着建造成本的上升和运营收入的损失，将损害项目公司的财务效益，并增加融资人的风险。

（2）成本风险，即项目建造成本超支的可能性。外部环境的不利变化、项目的变更、项目管理不善等都可能导致项目成本失控。项目成本的增加将给项目公司的现金流和财务效益带来不利影响，并增加融资人的风险。

（3）质量风险，即项目不符合要求、标准的可能性。项目质量问题往往将导致项目建造成本的上升和/或工期的拖延，或项目建成后性能参数低于设计标准，从而损害公司的财务效益，并增加融资人的风险。

在项目融资的整个生命周期中，项目建造阶段是最关键的、风险最密集的阶段。项目发生建造风险事件，将使项目公司建设期的现金流出增加，运营期的现金流入推迟，财务效益下降，从而使项目公司不能按期还款的概率增大。

【案例 7-4】英法海峡隧道项目建造风险❶

英法海峡隧道（Channel Tunnel）项目于 1987 年开始施工，于 1994 年投入运营。英法两国政府授权特许英国海峡隧道集团（CTG）——法兰西曼彻公司（FM）联合体投资、建设和运营英法海峡隧道，合同期限 55 年（包括计划为 7 年的建设期限）。项目公司计划筹资 60 亿英镑，其中 10 亿英镑为资本金，其余的 50 亿英镑为债权融资，由超过 220 家银行组成的一个庞大的辛迪加（Syndicate）提供融资。

项目在实施过程中遭遇了如下风险：

（1）建造成本突破预算。计划的总建造成本为 48 亿英镑，最后实际总成本大约为 105 亿英镑，超支近 120%。

（2）完工延迟。原计划开通时间为 1993 年 5 月，由于地质条件、施工后期隧道内信号系统技术标准的变更等原因造成施工延误，不得不延迟到 1994 年 5 月开通。

---

❶ 王守清，柯永建. 特许经营项目融资（BOT、PFI 和 PPP）[M]. 北京：清华大学出版社，2008.

（3）运营收入偏低。项目公司负责项目的运营，但是其股东均为承包商或金融机构，没有任何运营实体项目的经验。隧道开通后，轮渡和航空公司大幅度削减票价，引发了一场价格大战。另外，跨海峡的客运和货运需求并没有出现前期市场研究中预计的增长趋势。项目的收入大大低于预期。

7.2.6　项目运营风险

项目的运营风险也称为生产风险，是指在项目生产运营阶段在市场需求、能源和原材料供应、人力资源、财务资源、运营效率等方面发生风险事件的可能性。对于项目融资而言，项目的运营期可能长达 20 年甚至 30 年，运营阶段风险的管理极为重要。项目运营风险包括如下方面：

（1）市场风险，指运营阶段市场需求和项目所提供产品/服务的竞争力的不确定性。

（2）供应风险，指运营阶段项目原材料供应的不确定性。

（3）经济风险，指运营阶段汇率、外汇兑换、资金转移、税负等方面的不确定性。

（4）运营效率风险，指项目在运营效率方面的不确定性。

（5）突发事件风险，例如 2020 年初爆发的 COVID-19 病毒全球性蔓延，导致受影响地区经济活动减缓甚至停顿。疫情缓解后，运输、旅游、餐饮服务等行业的市场需求仍然低迷，某些人员聚集场所无法正常开放，有的企业不得不中止运营，甚至破产。

运营风险事件对于项目公司而言，意味着财务绩效的下降；对于融资人来说，意味着项目公司还款能力的下降。

7.3　工程融资项目风险分析

工程融资项目的风险分析评价包括定性分析评价和定量分析评价。定性分析评价方法包括常用于公司融资的专家判断法和信用评级法，及常用于项目融资的风险清单法和风险矩阵法。定量分析评价方法包括预期损失法和蒙特卡罗模拟法。

7.3.1　风险定性分析评价

1. 专家判断法

顾名思义，专家判断法是借助于行业内专家的专业经验来评估融资客户的信用风险。虽然专家判断法的主观性较强，但是操作简单、快捷，仍然常用于金融机构的决策过程。

银行业长期以来形成了通过对相关"因素"进行定性分析评估客户信用风险的基本框架。专家判断法主要考虑两方面的因素：一是与借款人有关的因素，如声誉、杠杆率、收益波动性等；二是与市场有关的因素，如宏观经济政策、经济周期等。

"5C"法是一种基本的定性分析框架，主要考虑如下五个方面的关键要素：Character（品格）、Capital（资本）、Capacity（能力）、Collateral（担保抵押品）、Cycle condition（周期状态）❶。

（1）品格

所谓品格，是对企业声誉的一种度量。重点分析借款人的真实目的、偿债意愿、偿债历史、企业存续时间等。

---

❶　茆训诚. 信用风险度量与管理［M］. 上海：上海财经大学出版社，2013.

（2）资本

资本主要是指借款人的资产和负债。杠杆率（负债/资产比率）高意味着企业破产的概率增加。

（3）能力

能力主要是指借款人还款的能力。重点分析借款人的收益能力、现金流以及收益和现金流的波动性。融资人希望借款人有能力产生充分的、稳定的现金流来偿还贷款。

（4）担保抵押品

担保抵押品可以有效地降低贷款的风险敞口。专家必须充分了解作为抵押品的资产的市场价值，以及抵押品的状态和可出售性。

（5）周期状态

融资项目在商业周期中所处的位置，是决定信用风险敞口的一个重要因素，这对于受周期影响较大的产业而言尤为如此。经济衰退导致的市场前景低迷、企业经营收入下降等，都会增加信用风险。

2. 信用评级法

和专家判断法类似，评级系统（Rating Systems）或称为评级方法，也是一种定性的信用风险评估方法。由评级机构进行的评级称为外部评级（External Rating）；由金融机构内部进行的评级称为内部评级（Internal Rating）。外部评级可以缓解融资市场上信息不对称的难题。这里主要介绍外部评级。

（1）评级机构

评级机构起源于美国，其早期形式是在美国出现的商业信用机构，主要对商人偿还债务的能力进行评估。美国最早的商业信用机构成立于1841年。现代的评级机构是一种提供诸多服务的组织，这些服务是基于"独立""客观""可信赖"和"透明"的评价原则之上的。标准普尔、穆迪、惠誉是最知名的全球性评级机构。中国目前已经出现了大公、中诚信等有一定影响力的评级公司。

（2）评级流程

评级机构一般采用如下评级流程：

1）评级机构收集来自各种渠道的公开和非公开信息，并进行分析。公开的信息包括宏观经济形势、行业信息、上市公司的年报等，比较容易获得。非公开的信息一般可以通过和被评级公司的高管访谈等方式获得。

2）评级机构使用定量和定性的方法分析公司的业绩，并与同行业中的其他公司进行比较，以测定信用风险。可以采用量化指标（如财务指标），也可以采用定性指标（如管理能力）。

3）评级机构召开评级委员会会议，通过投票得出一个评定等级。

（3）评级等级

根据债务的期限，信用评级可分为长期和短期两类[1]。

典型的长期信用评级包括：

1）AAA：最高等级，债务人偿还债务能力极强。

---

❶ 茆训诚. 信用风险度量与管理［M］. 上海：上海财经大学出版社，2013.

2）AA：债务人偿还债务能力很强。

3）A：债务人偿债能力较强。

4）BBB：债务人目前有足够的偿债能力，但在不利状况下偿债能力可能较弱。

5）BB：持续不利的条件会导致债务人没有足够的能力偿还债务。

6）B：比 BB 级债务更容易发生违约。

7）CCC：目前有可能违约。在不利条件下，债务人很可能违约。

8）CC：当前违约的可能性很高。

9）C：濒临破产，偿债能力极低。

10）D：债务人已经违约。

国际上三大评级机构长期信用评级定义比较如表 7-1 所示。虽然三大评级机构采用的评级因素和评级方法各有不同，但是三大评级机构都力图用简单的评级符号来表示各种评级因素对评级对象信用质量的影响。三大评级机构均认为，信用评级是对信用质量的相对评估，即对各评级对象的违约可能性提供相对排序（ordinal ranking，例如 AAA 级别评级对象的违约可能性低于 AA 级别评级对象），而不是对具体违约概率的预测。从表 7-1 可以看出，三大评级机构的符号体系和对各信用等级的定义是相似的。

三大评级机构长期信用评级定义比较表　　　　　　　　　　　　　　　　　　　表 7-1

标普		穆迪		惠誉	
符号	等级定义	符号	等级定义	符号	等级定义
AAA	偿还债务能力极强，为标准普尔给予的最高评级	Aaa	债务的信用质量最高，信用风险最低	AAA	信用质量最高，违约风险最低，表示偿还债务的能力极强，基本不受不利环境的影响
AA	偿还债务能力很强，与最高评级差别很小	Aa	债务的信用质量很高，只有极低的信用风险	AA	信用质量很高，违约风险很低，表示偿还债务的能力很强，受不利经济环境的影响不大
A	偿还债务能力较强，但相对于较高评级的债务/发债人，其偿债能力较易受外在环境及经济状况变动的不利因素影响	A	债务为中上等级，有低信用风险	A	信用质量较高，违约风险较低，表示偿还债务的能力较强，相比高级别，较易受不利商业和经济环境影响
BBB	目前有足够的偿债能力，但若在恶劣的经济条件或外在环境下其偿债能力可能较脆弱	Baa	债务有中等信用风险，这些债务属于中等评级，因此有某些投机特征	BBB	信用质量良好，违约风险一般。表示偿还债务的能力尚可，但不利商业和经济环境对其影响较大
BB	相对于其他投机级评级，违约的可能性低。但持续的重大不稳定情况或恶劣的商业、金融、经济条件可能令发债人没有足够的能力偿还债务	Ba	债务有投机成分，信用风险较高	BB	存在投机性，违约风险较大，尤其是在商业和经济环境发生持续性恶化时，但其业务和财务弹性仍可支撑债务的偿付

标普		穆迪		惠誉	
符号	等级定义	符号	等级定义	符号	等级定义
B	违约可能性较"BB"级高，发债人目前仍有能力偿还债务，但恶劣的商业、金融或经济情况可能削弱发债人偿还债务的能力和意愿	B	债务为投机性债务，信用风险高	B	投机性较高，违约风险较"BB"级高，但仍有一定的安全边际，即其偿还债务的能力依赖于良好的商业和经济环境
CCC	目前有可能违约，发债人须依赖良好的商业、金融或经济条件才有能力偿还债务。如果商业、金融、经济条件恶化，发债人可能会违约	Caa	债务信用状况很差，信用风险极高	CCC	违约可能性确实存在
CC	目前违约的可能性很高	Ca	债务投机性很高，可能或极有可能违约，只有些许收回本金及利息的希望	CC	违约风险很高，很可能已出现了某些违约事项
C	债务人已经提交破产申请或类似情况，但该债务的偿付仍然在继续	C	债务为最低债券等级，通常都是违约，收回本金及利息的机会微乎其微	C	违约风险极高
SD	发债人有选择地对某些或某类债务违约	—		RD	债务人对某项债务违约，但尚未进入申请破产或类似行动
D	债务到期而发债人未能按期偿还债务	—		D	违约，债务人已进入破产申请或类似的终结行动

典型的短期信用评级包括：

1）A-1：最高等级，短期债务偿债能力较强。

2）A-2：偿债能力易受到外部影响，但是债务人的偿债能力依旧令人满意。

3）A-3：债务人有足够的偿还保障，但不利的外部环境变化可能削弱债务人的偿债能力。

4）B：债务人当前有偿债能力，但持续的重大不确定性会导致债务人没有足够的能力偿还债务。

5）C：当前可能违约，债务人必须依托有利的外部条件才能履约。

6）D：已经处于违约状态。

3. 风险清单法

对于项目融资而言，可以通过专家会议、德尔菲等方法，对可融资性风险、建造风险、运营风险、环境风险等的发生概率和风险后果进行定性评估，得出风险清单（也称为"风险登记表"）。表7-2是一个风险清单示例。

风险清单示例　　　　　　　　　　　　　　　　　　表 7-2

序号	风险类别	风险名称	发生概率	风险后果	风险等级
1	项目可融资性风险	技术可行性风险			
		财务可行性风险			
		项目审批风险			
2	项目环境风险	政治风险			
		税收政策及法律变更风险			
		市场风险			
3	项目相关方风险	业主风险			
4	项目建造风险	完工风险			
		征地风险			
		排雷风险			
		材料设备价格风险			
5	项目运营风险	人力资源风险			
		合规风险			
		运营效率风险			

本章 7.5 节中的表 7-8 是某国际融资项目的风险清单。

4. 风险矩阵法

在风险清单的基础上，可以制作一个二维的风险矩阵，便于直观地了解各项风险的性质和严重程度。

本章 7.5 节中的表 7-9 是某国际融资项目的风险矩阵。

7.3.2　定量分析

融资项目的定量风险分析评价方法包括预期损失法和蒙特卡罗模拟法。

1. 预期损失法

预期损失法分析是通过估计每一个风险事件发生的概率和后果的具体数值，定量计算该风险对项目目标带来的影响的预期值。计算公式如下：

　　某一风险的预期损失＝风险发生的概率×风险发生情况下产生的损失　　　（7-2）

应该指出，预期损失法实质上是计算风险损失的"期望值"，并不反映损失的"离散程度"。当一个项目有多项风险，或一个组织内有多个项目时，其总的预期损失可以作为确定风险预备金的重要依据。

以信用风险为例，一般通过以下 4 个参数来度量信用风险：

（1）信用风险敞口（Credit Risk Exposure）。信用风险敞口是指借款人承诺在某一时间段内清偿的额度，是借款方违约时融资人可能损失的最大额度。

（2）违约概率（Probability of Default）。违约概率是指借款人在未来一段时间内不能按照合同要求偿付债务或履行其他义务的概率。违约概率在任何融资项目中都是存在的，并且在数值上大于零。

（3）回收率（Recovery Rate）。回收率是指借款人违约后融资人能够回收的金额占信用风险暴露的比率。

(4) 预期损失。预期损失是指借款人违约导致融资人损失的期望值。

其中，预期损失是一项综合性指标，也是较常用的融资项目风险定量评价指标。预期损失等于违约概率乘以违约损失，即：

$$预期损失＝违约概率×违约损失 \qquad (7-3)$$

或

$$违约预期损失＝违约概率×信用风险敞口×（1－回收率） \qquad (7-4)$$

例如，假设某融资项目的信用风险暴露是 2.5 亿美元，在未来一年内的违约率为 2%，违约后回收率为 60%，则融资人在该融资项目的违约预期损失＝2%×250000000×（1－60%）＝2000000 美元。

2. 蒙特卡罗模拟法

可以采用蒙特卡罗模拟法来分析评估借款人的偿债能力和信用风险。先假设借款人有关输入风险变量（例如产品价格、销量、可变成本、固定成本、所得税等）的概率分布，并建立这些输入风险变量和输出风险变量（例如可用于偿债的现金流）之间的逻辑关系，然后通过多次反复模拟，得出输出风险变量的近似概率分布。如果用于偿债的现金流小于当年应还本付息金额的概率大于某一临界值，则借款人存在不可接受的违约风险。

【案例 7-5】污水处理厂融资风险定量分析—蒙特卡罗模拟法

某污水处理厂采用 BOT（Build-Operate-Transfer）模式建设，采用项目融资方式融资。具体数据如表 7-3 所示。采用蒙特卡罗模拟分析借款人在本年的违约风险。

某污水处理厂 BOT 项目贷款数据 表 7-3

贷款总额（万元）	8000
贷款期限（年）	20
每年还款额（万元）	400
贷款余额（万元）	6000
当年应还利息（万元）	350
当年应还本金和利息之和（万元）	750

根据经验和历史数据，假设输入风险变量（工厂运营财务指标）的概率分布类型和概率分布参数如表 7-4 所示。

污水处理厂运营财务指标的概率分布 表 7-4

输入风险变量	概率分布类型	概率分布参数	期望值
单价（元/吨）	三角分布	Triang(0.7，0.85，0.95)	0.8
污水处理量（万吨）	正态分布	Normal(11000，1000)	11000.0
可变成本百分比（%）	三角分布	Triang(0.45，0.475，0.5)	47.50%
固定成本（万元）	三角分布	Triang(1400，1800，2300)	1833.3

输入风险变量和输出风险变量(用于偿债的现金流)之间的逻辑关系如表 7-5 所示。

运营财务数据和用于偿债的现金流之间的逻辑关系 表 7-5

参数	逻辑关系	期望值
营业收入（万元）	＝单价×销量	9166.7
可变成本（万元）	＝可变成本百分比×单价×销量	4354.2
固定成本（万元）		1833.3
EBITDA 息税折旧前利润（万元）	＝营业收入－可变成本－固定成本	2979.2
税（万元）	＝息税折旧前利润×25％	744.8
用于偿债的现金流（万元）	＝息税折旧前利润－税	2234.4

通过蒙特卡罗模拟（模拟次数 2000 次），得出用于偿债现金流的概率分布和累计概率曲线，分别如图 7-3、图 7-4 所示。从模拟结果可以看出，该借款人在本年度用于偿债的现金流大于当年应还本付息金额的概率接近 100％，因此本融资项目在本年度不存在实质性的违约风险。

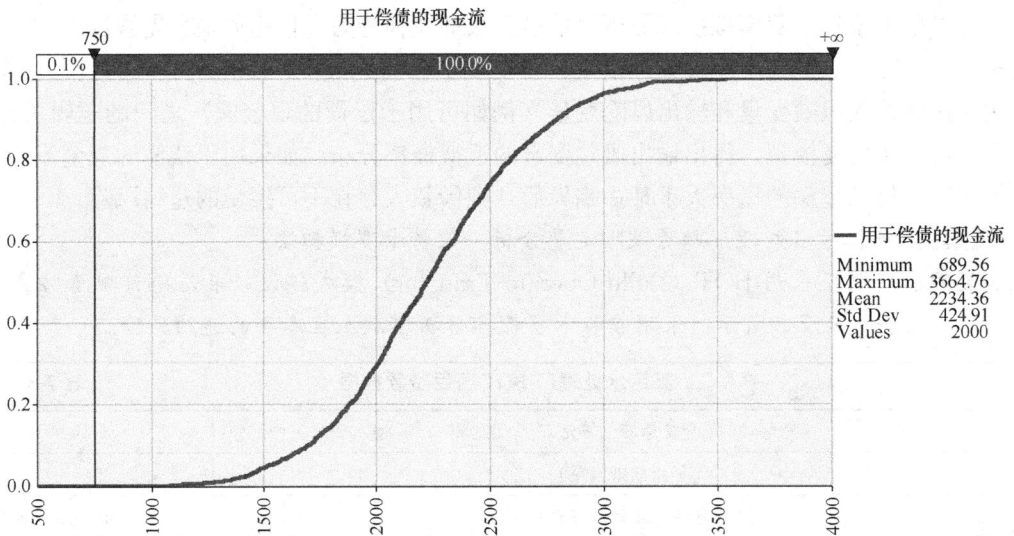

图 7-3 蒙特卡罗模拟结果—用于偿债现金流概率分布（横坐标单位：万元）

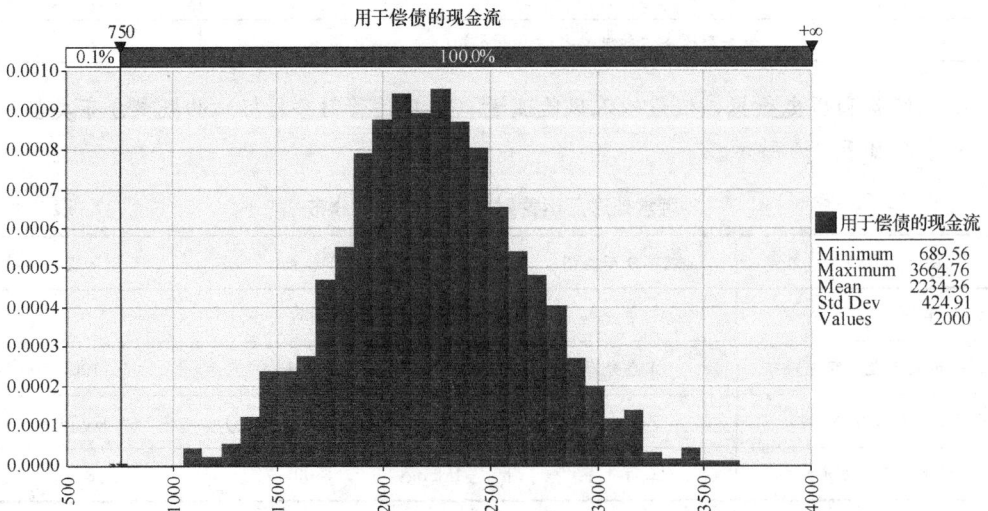

图 7-4 蒙特卡罗模拟结果—用于偿债现金流累计概率曲线（横坐标单位：万元）

图 7-5 蒙特卡罗模拟得出的"飓风图",表示当某一项风险变量在自己的变化范围内波动,而其他风险变量保持不变(为预期水平)时,用于偿债的现金流的波动范围。例如,固定成本在 1400 万～2300 万元之间波动,而其他风险变量保持在各自的预期水平不变时,用于偿债的现金流将在 1989.96 万～2450.72 万元的范围内波动。

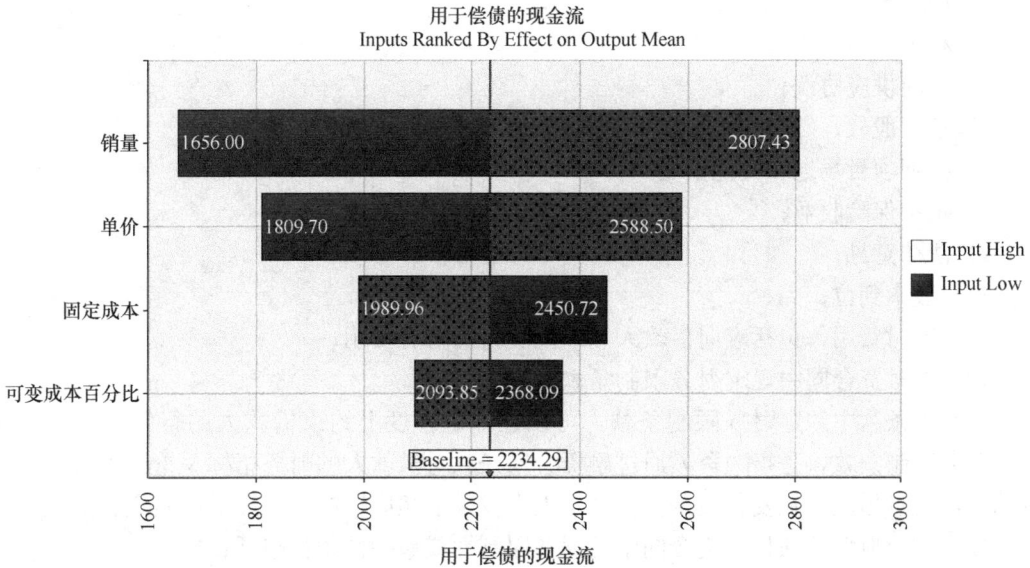

图 7-5 蒙特卡罗模拟结果—飓风图(横坐标单位:万元)

7.4 工程融资项目风险应对

7.4.1 信用风险应对

工程融资项目中的信用风险可采用风险回避、风险减轻、风险分担、风险转移等应对策略。

1. 风险回避

选择优质客户、回避劣质客户是从源头上管理信用风险。融资人在决定提供融资以前,应该对借款人的资信进行全面的评估。可以利用外部评级和内部评级数据,建立客户信用评级体系。同时,融资人应该按照其内部控制体系流程对融资用途或融资项目进行严格的评审。如果认为融资客户或融资项目的风险超过融资人承受的极限,则应该采用回避的策略,否决该项融资。

融资人对如下客户需要特别谨慎:

(1)新企业。新企业没有市场经验,也没有经过市场检验。

(2)新进入陌生领域的企业。企业进入一个新的领域时,由于缺乏经验,失败的概率很高。

(3)近期内发生大幅度变化的企业。企业某些指标大幅度变化的背后,可能是某些领域或某些环节出现了问题,通常是企业潜在风险的标志。

(4)高负债企业。企业的负债率越高,不能还款的概率越大。

2. 风险减轻

(1) 对于项目融资，融资人要求在第一次提款前提交的文件或证明材料通常包括：

1) 特许权协议；

2) 土地租赁协议（如果土地是租赁的）；

3) EPC 合同；

4) 相关的销售协议；

5) 原料供应协议；

6) 抵押股权；

7) 抵押项目场地和其他不动产；

8) 抵押保险收益；

9) 法律意见；

10) 股本到位；

11) 支付费用，包括应向借款人和顾问支付的所有费用；

12) 在融资合同中规定财务限制条款。

在融资条款中约定财务限制条款，可以在一定程度上约束借款人的行为，保护融资人。财务限制条款，是指融资人通过融资合同条款对借款人的财务指标及重大经营行为进行约束，一旦借款人触发相关条款，融资人有权采取相应措施，保证贷款安全。

(2) 一个典型的项目融资合同中的财务限制性或保护性条款包括：

1) 限制借款人股权变更。融资文件中通常包括项目公司所有权变更限制条款，要求项目公司股东维持一定额度的股权比例。

2) 限制借款人增加债务。

3) 限制借款人降低资产流动性。

4) 限制借款人不合理支付。

5) 限制借款人分配利润。

6) 限制借款人处置资产。例如，融资合同中可能包括如下条款：借款人不得订立任何交易以出售、租赁、出让或以其他方式处置任何资产，除非是正常经营活动所需。

7) 限制借款人合并。例如，融资合同可能包括如下条款：借款人不得进行任何合并、分拆或公司重组。

8) 限制业务变更。例如，融资合同可能规定借款人不得在贷款期间使其业务性质发生重大变更。

9) 限制对外放贷或提供保证。

10) 项目超支或延期完工限制条款。融资合同可约定：项目超支部分由股东增资解决；如需对外融资，则资本金比例不得低于原来的资本金比例。

11) 资金监管条款。融资合同可约定：开设资金监管账户；借款人销售收入按照一定比例归集监管账户；授权融资人对专用资金账户进行监管；资金监管账户优先用于偿还贷款本息。

12) 信息披露条款。融资合同可约定：借款人应及时向融资人提供财务报表和其他相关资料。

13) 违约通知。由于信息的不对称性，融资合同可要求融资人一旦知悉其自身任何违约的发生，应尽快将有关违约（以及补救该违约的措施）通知贷款人。

14）配合检查。融资合同可约定：在融资人合理通知后，借款人应当允许贷款人及其会计师或其他专业顾问进入借款人的场地检查其财务、技术等资料，以及与借款人高层管理人员讨论。

15）公平交易。融资合同可要求借款人承诺以公平的条件、按照公允的价值进行交易活动。

16）购买保险。融资合同通常要求借款人就其业务和资产购买必要的保险。

17）违约救济。融资合同中的违约救济条款规定，当违约事件发生后，融资人有权采取的措施包括：宣告融资合同项下的任何贷款本金、累计利息以及所有其他累计或尚未归还的款项立即到期应付，立即生效；行使融资合同中约定的其他权利，例如救济权、裁量权。

18）通过贷款发放和贷后管理减轻风险。

（3）贷款发放和贷后管理包括如下重点环节：

1）严格落实融资条款中提出的放款前提条件和要求。

2）确保资金支付符合监管规定和融资合同要求。

3）确保按照合同约定办妥抵押登记手续和/或质物转移手续，并做好押品的动态管理。

4）密切监控借款人的风险预警信号，及时采取措施降低损失。例如，资金用途异常、信贷欺诈、财务状况恶化、客户过度融资、项目建设异常、担保异常、企业出现不稳定因素、企业涉及纠纷或诉讼等。

5）管理贷款偿还。贷款到期前，融资人应按约定通知客户准备资金还款。一旦借款人违约，应立即启动应对程序。

3. 风险分担

对于资金需求量大、风险高的重大项目，常常由多个融资人联合组成"银团"提供融资。银团贷款是一种典型的风险分担的方式。

在银团贷款中，多家银行按一定的比例以相同的贷款条件向借款人提供贷款。所有参与银团贷款的贷款人往往被统一定义为融资方（Financing Parties）。每一融资方都是在独立的基础上提供融资，如果某一融资方没能按约定提供融资，其他融资方没有义务弥补那一部分融资额。

4. 风险转移

（1）担保

《中华人民共和国担保法》规定的担保方式包括保证、抵押、质押、留置和定金。在融资实践中常用的担保方式为前三种。融资人可以通过担保将部分风险转移至担保人，担保在借款人违约的情况下提供一种事后补偿，以降低融资人的损失。例如，在借款人违约后，通过处理质押品和追索保证人，可以降低融资人的损失率。

项目融资中常通过如下担保实现借款人的资信增级：

1）项目投资人担保，包括投资人完工担保、投资人新增股本承诺等。

2）东道国政府担保，包括东道国政府承诺放弃主权豁免，提供支付担保，提供减免税负等财政激励；担保外汇可获得、可兑换、可汇出；保证项目不被没收、征用或国有化；承诺提供审批合作，承担政治不可抗力责任等❶。

3）多边国际金融机构提供的担保。世界银行提供两种形式的项目担保（Project-based guarantee）：①贷款担保（Loan guarantee），用于当借款人违背还款义务时保护融资人；②支付担保（Payment guarantee），用于当政府违背支付义务时保护项目公司。除此以外，世界银行集团下属的多边投资担保机构（Multilateral Investment Guarantee Agency，MIGA）提供对政治风险的担保，包括外汇兑换和转移限制、政府征收、战争和内乱、政府违约等。MIGA 提供的政治风险担保和政治保险很相似，有时也被称为政治保险❷。

（2）信用保险

信用保险（Credit insurance）是指权利人向保险人投保债务人信用风险的一种保险。其原理是把债务人的保证责任转移给保险人，当债务人不能履行其义务时，由保险人承担赔偿责任。引发债务人违约的原因可能包括政治风险和商业风险。

目前主要有两类信用保险机构：①出口信用保险机构，我国的出口信用保险机构为中国出口信用保险公司；②商业保险公司，国际上的商业性信用保险公司有 Euler Hermes、Atradius、Coface 等。

信用保险公司可以承保商业风险和政治风险。商业风险包括借款人破产、解散，借款人拖欠贷款协议项下应付的本金、利息或其他应付款项等。政治风险包括战争、军事政变、革命、动乱、恐怖行动、征用、冻结资产、货币兑换限制等。

图 7-6 是某海外 BOT 项目的担保及保险安排。投资人出资设立项目公司，项目公司从中国进出口银行获得债务融资。为了降低项目公司的信用风险，项目公司从商业保险公司购买了商业保险，从中国出口信用保险公司购买了投资保险；同时项目公司将保险权益、项目合同（项目实施协议、特许经营协议、购电协议）权益、指定银行账户下的权益及股权质押给融资人；将土地权益，以及厂房及建筑物、机器设备等财产抵押给融资人。

（3）资产证券化

资产证券化是指以基础资产在未来所产生的现金流为偿付支持，通过结构化设计进行信用增级，在此基础上发行资产支持证券（Asset-Backed Securities，ABS）的过程。

信贷资产证券化，就是将一组流动性较差的信贷资产，如银行的贷款、企业的应收账款，经过重组形成资产池，使这组资产所产生的现金流收益比较稳定，再配以相应的信用担保，在此基础上把这组资产所产生的未来现金流的收益权转变为可以在金融市场上流通的、信用等级较高的债务型证券，并向投资人发行。

融资人通过资产证券化，将信用风险转移至证券持有人。

7.4.2　项目可融资性风险应对

项目可融资性风险管理的核心是融资人选择"正确"的项目，并通过改善项目架构和投资安排等措施提升项目的可融资性，以减轻风险或和其他方分担融资风险。项目可融资性风险的主要应对策略包括风险回避、风险减轻、风险分担和风险转移。

---

❶ ［美］M. Fouzul Kabir Khan 等．大项目融资：项目融资技术的运用于实践（第 1 版）［M］．朱咏等译．北京：清华大学出版社，2005.193-195.

❷ World Bank Group Guarantee Products-Guidance Note. World Bank. 2016.

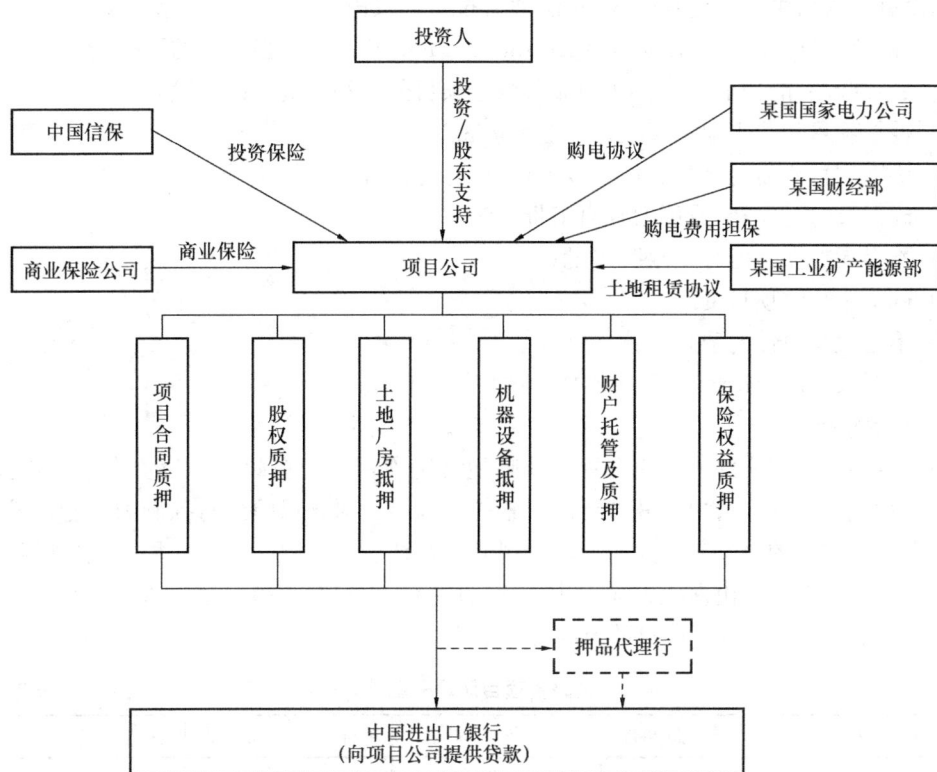

图 7-6　某海外 BOT 项目的担保及保险安排

1. 风险回避

融资人在进行融资决策之前需要对项目的"可融资性（Bankability）"进行审慎的研究。这些研究通常委托外部专业顾问公司进行，研究内容主要包括如下方面：

（1）技术可行性。一般由技术顾问进行技术可行性评审，对项目的技术可行性进行审核、评估，对任何重大的技术可行性风险提出警示。

（2）财务可行性。一般由财务顾问进行财务可行性评审，对项目的财务状况进行审核，检视项目的经济强度、财务风险。

（3）项目环境。对项目环境进行尽职调查，包括法律、财务、税务、环境、合规、劳务等方面，一般分别委托具备专业能力的外部专业顾问进行调查，并对项目环境风险提出警示。

如果项目在"可融资性"方面存在不可承受的风险，或者预期收益和风险不匹配，则融资人应该采取风险回避策略，即放弃本项目，转而寻找其他的融资机会。

2. 风险减轻

融资人可以要求采取措施改善项目的可融资性，从而降低可融资性风险。具体包括：

（1）通过更深入的研究，改进项目的技术方案，提升项目的技术可行性，降低项目的技术风险。

（2）改善项目的投资条件，提升项目的经济强度，减低项目的财务风险。

（3）获得相关方的支持。例如，一些发展中国家的政府在支持大型建设项目的成功交付方面没有令人信服的"记录"，潜在的项目投资人及融资人可以坚持要求政府签订"东道国政府协议（Host Government Agreement，HGA）"，以增强项目的可融资性。该协议可规定东道国政府的如下义务，从而显著减轻项目公司和融资人的风险：

1）授予项目公司土地购买权；

2）协助项目所需的材料、设备以及项目产品的进出口；

3）确保及时完成和/或更新政府审批；

4）不得无故撤销已有的政府审批；

5）确保不征收项目资产；

6）不建设竞争性的项目；

7）不对项目的建造、运营、维护进行不利的干预。

3. 风险分担

在项目融资合同文件中应该合理、清晰地规定项目风险在政府、投资人、项目公司、融资人、承包商、保险公司之间的分配。根据"风险由对该风险最有控制力、管理成本最低的一方来承担"的风险分配原则，政治风险、法律变更风险、税种和税率变更风险主要由政府承担；自然风险由保险公司承担；建造风险由承包商承担；运营风险主要由项目公司承担等。表 7-6 是某融资项目的风险分配示例。

某融资项目风险分配表　　　　　　　　　　　　　　　表 7-6

编号	风险名称	风险事件	政府	项目公司	承包商	融资人	保险公司
1	政治风险	国有化、取消、扣押、没收					
2		法律变更					
3		税率提高					
4		政治不可抗力					
5	经济风险	通货膨胀					
6		利率					
7	市场风险	收费/收益不足					
8		其他收入不足					
9		市场需求变化					
10		燃油/煤供应和价格变化					
11	建造风险	土地拆迁与补偿					
12		成本超支					
13		工期/质量风险					
14		施工不可抗力					
15		考古和历史文物的保护					
16	运营风险	运营不可抗力					
17		技术风险					
18		设备维护状况/停机时间					

4. 风险转移

对于项目融资，可以通过一系列的担保和保险来将一部分风险转移至担保人或保险人，从而降低融资人的风险，包括股东担保、主权担保（Sovereign Guarantee）、信用保险、安慰函等。

在某些情况下，投资人不能或不愿意提供担保，但是可以提供安慰函，在某种意义上也具有一定的增信作用。安慰函包括知悉函（Letter of Awareness）和维好协议（Keep Well Agreement）。知悉函只是确认投资人知晓项目公司的融资行为，通常不创设任何法律义务。维好协议通常承诺投资人将提供资金等方面的支持，以确保借款人处在良好的财务状况，因而具有法律约束力。

【案例 7-6】东南亚燃煤电厂项目可融资性风险应对

某中国大型国有企业投资某东南亚国家燃煤电厂项目，装机容量 600MW，总投资约 50 亿元人民币。投资人在项目所在地设立了一家项目公司，中国某大型商业银行的分行提供项目融资。

在融资关闭以前，融资人委托各专业顾问开展了以下尽职调查，以深入评判项目的可融资性及相关风险。

（1）技术尽职调查，包括工艺技术、土地租/买、设计、施工、造价、质量、合同的技术评审等方面的内容。

（2）市场尽职调查，包括电力市场规制、电力市场现状、燃料供应（燃煤的数量、品级、价格）分析与预测、电力需求（数量、价格）分析与预测等。

（3）法律尽职调查，包括当地法律环境、适用法律、合规要求、合同的法务评审等。

（4）财务，包括建设成本、运营成本、财务分析、敏感性测试等。

（5）税务尽职调查，包括税务政策、税务筹划等。

某工程咨询公司被聘请担任融资人的技术顾问（Lender's Technical Advisor），服务范围包括：

（1）评审项目的架构，以及投资人、项目公司、承包人、业主工程师、运营商等各方的合同义务，识别任何不当之处；评估承包商的资质、经验和能力。

（2）审核现有设计文件，评估电厂概念设计与现场条件、燃料品级、运营要求、政府强制要求等的一致性。

（3）通过现场考察，评估项目场地的适宜性，包括地质、地形、交通、原材料供应、电网接入、劳动力供应、气候、地震、自然灾害等。

（4）评估电厂接入电网系统的相关安排。

（5）评估施工和调试计划。

（6）评估 EPC 合同的主要技术和商务事项，评估承包商提议的设计技术标准、设备参数、施工计划等。

（7）评估燃煤供应计划，包括燃煤品级的充分性。

（8）评审电力购买合同（Power Purchase Agreement，PPA）中有关技术的事项。

（9）评审电厂运营计划，包括运营团队技术能力、运营成本结构、运营可靠性和可用性、维护保养计划、运营团队的奖惩激励机制等。

7.4.3　项目环境和相关方风险应对

对于项目的环境和相关方风险，融资人的影响力有限，主要采用风险回避、风险减轻和风险转移策略。

1. 风险回避

融资人在做出融资决策之前应对项目环境和相关方进行尽职调查。如果项目的自然、社会、经济环境恶劣，或者相关方（包括政府、投资人、其他融资人、承包商、供应商、客户、运营商等）的声誉、资信差，环境风险和/或相关方风险超过承受极限，则选择放弃本项目。

2. 风险减轻

通过引入有影响力的相关方参与项目，获得参与方的支持，可以减轻项目的环境和相关方风险。

（1）在政府和社会资本合作（Public Private Partnership，PPP）项目中，政府（或代表政府的国有机构）通常作为股东加入项目公司，不但可以分担风险，而且有利于降低项目的政治风险，并改善项目的治理。

（2）融资人引入世界银行、亚洲开发银行、亚洲基础设施投资银行等多边国际金融机构参与项目，不但可以分担风险，还可以通过其政治影响力降低项目的政治、经济风险。

融资人还可以通过对相关方积极施加影响，降低相关方风险。例如，亚洲开发银行（Asian Development Bank）在为项目提供贷款的同时，常常要求安排一部分贷款资金或提供赠款（Grant）用于为借款人提供能力提升、制度建设等方面的咨询和培训。世界银行、亚洲开发银行在提供贷款时，通常会要求借款人遵循规定的项目管理程序和要求，使用规定的合同范本，并委托咨询专家对借款人项目的实施过程进行审查、监督。

3. 风险转移

融资人可以投保信用保险和要求借款人股东提供担保，将借款人违约风险转移至保险人或担保人；通过融资合同条款将汇率波动、法律变更等经济风险转移给借款人。

【案例7-7】印尼燃煤电站项目中信用保险的作用

印尼政府自 2006 年开始重点规划建设 10GW "一揽子燃煤电站项目"，合同总金额逾40 亿美元。然而由于印尼政府存在历史违约记录，政治风险较高，中资银行对提供融资持犹豫态度。而如果没有中国融资的支持，中国承包商将面临更为严峻的市场竞争。

中国出口信用保险公司（以下简称"中国信保"）和中国某大型国有银行积极介入，多方沟通。首先通过谈判成功说服印尼财政部为"一揽子燃煤电站项目"出具主权担保；以此为基础，中国信保为中国融资银行承保政府违约、征收等政治风险。得益于中国信保的参与，以中资银行为主的国际银团最终成功地为该项目提供融资。由于中国融资的助力，中国承包商在印尼"一揽子燃煤电站项目"的 10 个主要项目中成功中标 9 个项目，成功打入印尼电力建设市场。

7.4.4　项目建造风险应对

对于项目建造风险，可以采取风险分担、风险减轻、风险转移等策略降低项目公司的风险，从而降低融资人的风险。

1. 风险分担

项目公司通过项目设计合同和建造合同条款实现风险在项目公司、设计商、承包商等之间的分配。例如，项目公司通过和有履约能力的承包商之间签订固定总价的设计—采购—施工总承包（EPC）"交钥匙"合同将大部分与建造相关的风险分配给承包商，包括地质风险、技术风险、工期风险、成本风险、质量风险等。EPC 合同模式大大降低了项目公司承受的建造风险，同时也降低了融资人承受的建造风险。

对于一些特别复杂的、大规模的项目，可以将工程施工任务分成若干个工作包发包，由不同承包商分担风险；还可以委托一家代建公司或项目管理承包公司（Project Management Contractor）提供项目管理服务，并分担一部分建造风险。

2. 风险减轻

融资人还可以向客户项目派遣第三方技术顾问（Lender's Engineer，融资人工程师），对项目的设计、建造过程进行监督，定期向融资人报告项目进展，监控现有风险并识别新出现的风险，建议风险应对措施，对较严重的风险发出预警。

3. 风险转移

项目建造风险的转移包括完工担保、履约担保、预付款保函、工程保险等方式。

（1）完工担保（Completion Guarantee）

完工担保是担保人（通常为项目的投资人）向融资人提交的保证项目在预算成本内、计划工期内完工的担保。一旦项目出现工期延误和成本超支现象，担保人应采取相应的行动履行其担保义务，包括：向项目公司追加资本金的投入；向项目公司提供次级债务融资（只有在高级债务得到偿还后，次级债务贷款方才有权要求清偿）等。

（2）履约担保（Performance Guarantee）

履约担保是承包人向发包人提交的保证履行合同义务的担保，担保金额通常为合同金额的 10% 左右，包括保证金和履约保函两种形式（Performance Bond，或 Performance Security）。履约保函是由商业银行开具的担保证明。和缴纳现金保证金相比，采用履约保函可以减少占用承包人的资金。

履约保函分为有条件的履约保函（Conditional Performance Bond）和无条件的履约保函（Unconditional Performance Bond）。对于有条件保函，发包人在向担保人申请收兑保函时，需要说明承包人违约的事实，并提供证明文件。对于无条件保函，发包人只需要说明承包人违约的事实和收兑履约保函的请求，担保人即无条件地支付担保金额。

无条件履约保函也被称为见索即付履约保函（Demand performance bond，或 On demand performance bond）。典型的见索即付履约保函文本措辞为：

"在保函申请人的请求下，我行，＊＊＊银行＊＊＊分行在此向贵司做出无条件及不可撤销的承诺，在担保期限内，我行将在收到贵司书面的付款要求以及一份包括如下所述内容的书面声明后 5 个工作日内，向贵司指定的银行账户支付在本保函担保范围内不超过＊＊＊元的金额（下称"担保金额"）：（a）贵司认为保函申请人已违反了施工合同项下的义务；（b）保函申请人所违反的内容；（c）贵司申请的金额。除了上述文件外，我行不要求任何其他文件。"

（3）预付款保函（Advance Payment Bond）

预付款保函是指银行根据承包人申请，向发包人出具的、保证承包人在发包人支付预付款后履行合同义务的书面担保文件。典型的预付款保函文本措辞为：

"我行，＊＊银行在收到你发包人的第一次书面要求时即不可撤销地向发包人支付总额不超过＊＊元的金额。该书面要求应包含一份书面陈述，说明承包人因为将预付款用于本合同规定的工作范围以外的其他活动而违背了合同义务的事实。"

（4）延迟完工保险

延迟完工保险是商业保险公司提供的一种工程保险，承保因发生自然灾害或意外事故而导致工程项目的延期完工而造成的预期利润损失，包括营业额减少或营业费用增加所导致的毛利润损失。

（5）建筑/安装工程一切险

建筑/安装工程一切险是一种典型的工程保险，覆盖自然灾害、意外事故、外来原因或人为过失所造成的工程本身、工程设备、施工机械和器具的损失，以及给第三者造成的人员伤亡和物质损失。

（6）建造阶段的其他保险

建造阶段的其他保险包括职业责任险、第三者责任险、雇主责任险及工伤保险等。

【案例 7-8】世界银行融资鲁布革水电站项目引发"鲁布革冲击"❶❷

鲁布革水电站位于云南罗平和贵州兴义交界的黄泥河下游，整个工程由首部枢纽拦河大坝、引水系统和厂房枢纽三部分组成。项目总投资 8.9 亿美元，总装机容量 600MW，年发电量 28.2 亿 kW·h。鲁布革电站从 1976 年就开始施工准备，但是由于国家缺乏资金，迟迟未能正式开工。1984 年 4 月，水电部决定鲁布革工程采用世界银行贷款。鲁布革工程成为我国第一个利用世界银行贷款的基本建设项目。

根据与世界银行签订的贷款协议，世界银行在本项目引入一系列当时在计划经济体制下的中国堪称"惊世骇俗"的做法：

（1）事前对项目进行深入评估。世界银行对于由其融资的项目有一整套完善的评估体系和监督审查制度，包括：通过项目预评估和项目评估，详细、准确地考察项目的经济技术可行性，对项目的技术、管理、经济和财务等方面进行评价，考察项目成功实现的可能性，以及如何才能保证项目的顺利实施，为世界银行最终决定发放贷款提供可靠依据。同时，也为以后对项目的监督和总结评价提供比较的基础。

（2）工程采购实行公开竞争性招标。采用严格资格预审条件下的低价中标原则。

（3）在中国第一次采用国际化的合同管理制度，第一次采用 FIDIC 合同条件。

（4）出资人、融资人对招标过程乃至项目管理过程实行监督审查。具体的监督审查方式包括：

1）审查招标文件和合同文件；

2）审阅借款人（项目单位）所提供的各种报告、资料；

3）定期或不定期派遣项目官员或小组赴现场检查；

4）对咨询团队的咨询工作进行监督；

5）审查提款申请；

---

❶　汪小金．鲁布革经验的十个为什么［J］．项目管理评论，2017（14）．

❷　侯岷．我国水电建设改革开放的硕果——鲁布革水电站基建体制改革试点综述［J］．水利发电，1988（12）．

6）通过与借款国的联合检查行动进行监督。

（5）委派国际工程咨询公司提供咨询服务并对工程进展情况进行检查。

当时的中国还处在计划经济体制下，基本建设领域长期处于"投资大、工期长、见效慢"的被动局面。由于世界银行的深度参与和积极影响，鲁布革工程无论是造价、工期还是质量都严格达到了合同要求。鲁布革工程对我国施工建设管理造成巨大震撼，被称为"鲁布革冲击"。

7.4.5 项目运营风险应对

融资人可以通过在融资协议中设置相应的条款，采用风险减轻、风险分担和风险转移策略来应对项目公司的运营风险，从而降低融资人的风险。

1. 风险减轻

（1）融资人在融资协议中要求将项目的运营委托给有能力、有声誉的运营公司。

（2）融资人在融资协议中要求参与运营公司的选择；要求有权更换业绩不好的运营商。

（3）融资人在融资协议中要求借款人建立并实施运营风险管理流程体系；要求借款人建立对运营管理团队的有效激励机制。

（4）项目融资合同中通常会授予融资人对项目的运营过程进行检查、监督的权利，并规定项目公司向融资人报告运营状况的义务。

2. 风险分担

项目公司可以选择自己进行运营或委托运营商进行运营。相对而言，融资人一般更倾向于委托第三方来负责运营，以利于运营风险的分担。融资人可以要求审查项目公司和运营商之间签订的运营维护合同，通过运营合同的风险分配条款、奖励和违约金条款等，实现运营风险和收益在项目公司和运营商之间的合理分配。

3. 风险转移

（1）签订长期销售合同。"或取或付"合同（Take-or-Pay Contract，也译为"照付不议"合同）是电力等行业常用的一种长期销售合同，买方不管是否需要合同项下的产品，均有义务向卖方支付合同规定的金额。这样合同项下产品的市场风险均被转移至买方。当然，对于照付不议合同未覆盖的部分产能，卖方需要自行承担市场风险，或寻求其他的风险应对措施。

（2）签订长期供应合同。长期供应合同有利于消减原料、燃料市场的波动带来的影响。国际上，与"或取或付"合同类似的还有一种"或供或付"合同（Put-or-Pay contract），规定供应方不管是否有能力供应合同项下的产品，均有义务向买方供应合同规定的原料、燃料。否则，供应方将赔偿向第三方采购短缺的原料、燃料所产生的额外费用，或由于原料、燃料的短缺所引起的运营收入损失。这样合同项下原料、燃料的市场风险均被转移至供应方。

（3）签订"价格传导"合同（Pass-Through Contract）。在这种合同中，原料、燃料的价格会"传导"到产品价格中，即产品销售的价格和原料、燃料的价格是联动的，从而大大减轻了项目公司的市场风险。

（4）购买运营相关的商业保险，主要包括财产一切险、机器损坏险、营业中断险、商业综合责任险、雇主责任险及工伤保险。

7.5　工程融资项目风险管理案例分析

本案例的背景信息系由实际工程项目改编而成❶。作者在此基础上对项目风险进行了定性和定量评估，并对案例进行了分析。

7.5.1　项目概况

某水电站项目（以下简称"A 项目"）位于某发展中国家（以下简称"B 国"），是以 BOT 方式开发的国际项目。中国某大型投资承包商（以下简称"C 公司"）通过投标和合同谈判，2007 年与 B 国工业矿产与能源部及 B 国国家电力公司正式签约。项目于 2008 年开工，于 2012 年末正式开始商业运营。

项目的基本情况：

(1) 投资项目：水力发电项目。

(2) 项目实施模式：建设—运营—转移（BOT）。

(3) 总投资：24 亿美元。

(4) 特许经营期：24 年，含 4 年建设期。

(5) 项目公司资本结构：C 公司拥有项目公司 100％股权。

(6) 融资方式：采用项目融资方式，由项目公司作为借款人。以项目公司及项目本身信用、全部资产、现金流为基础获得融资，对母公司无追索权。

(7) 融资人：中国进出口银行。

(8) 保险：由中国出口信用保险公司承保海外投资政治保险；由商业保险公司提供相关的商业保险，包括工程一切险、雇主责任险、机具设备险等。

(9) 担保：B 国政府提供主权担保。

(10) EPC 总承包商和运营商：均由 C 公司担任。

7.5.2　项目开发前期工作

项目开发前期工作包括：

(1) 2006 年，C 公司组织团队对项目进行了现场考察，对项目的背景、自然环境、社会环境、主要相关方等做了尽职调查，并收集了大量资料。

(2) 投标前，中国出口信用保险公司为 C 公司出具了项目海外投资保险兴趣函；中国进出口银行为 C 公司出具了项目贷款兴趣函。

(3) 投标前，C 公司聘请有丰富经验的团队对 A 项目的技术可行性进行了分析论证，得出国内类似项目经验丰富、技术上可行的结论。同时对原设计进行了优化。

(4) 投标前，C 公司对 A 项目的财务可行性进行了分析论证。初步确定资本金的基准收益率为 10％。得出只要电价合理，A 项目财务上可行的结论。

(5) 融资人聘请国际咨询公司分别作为技术顾问和市场顾问，并在投标前进行了现场考察。

7.5.3　项目融资方案

融资人经过和项目公司及其他相关方沟通协商，基于如下考虑，决定采取项目融资的

---

❶　周啸东. "一带一路"大实践：中国工程企业"走出去"经验与教训［M］. 北京：机械工业出版社，2016.

方式：

（1）B 国电力相关的法律、法规较为健全，法律环境较好。

（2）B 国政府在税收、土地征用、特许经营期方面给予多方面的优惠政策。

（3）B 国电力需求呈上升趋势，市场前景较乐观。

（4）双方签订了"照付不议"购电协议。

（5）B 国政府提供付款担保。

（6）项目拥有稳定的现金流作为还款来源。

初步考虑采用表 7-7 所示的融资方案：

融资方案　　　　　　　　　　　　　　　　表 7-7

固定资产投资（百万美元）	2400
流动资金（百万美元）	200
资本金（百万美元）	800
贷款额（百万美元）	1800
贷款期限（年）	20
每年偿还本金金额（百万美元）	90
利率	6 个月 $LIBOR$ ＋利率差

7.5.4　风险识别、评估及应对措施拟定

1. 风险识别

在现场考察和分析同类项目案例的基础上，借助风险核查表，通过专家会议、问卷调查等方法，识别出如下主要风险：

（1）项目可融资性风险，包括技术可行性风险、财务可行性风险、项目审批风险等。

（2）项目环境风险，包括征收或国有化风险、政府违约风险、政治动荡风险、税收政策及法律变更风险、市场风险等。

（3）项目相关方风险，主要是业主风险。

（4）项目建造风险，包括完工风险、排雷风险、征地风险、环保风险、材料设备价格风险等。

（5）项目运营风险，包括人力资源风险、合规风险、运营效率风险等。

2. 风险定性分析

在顾问的协助下，潜在融资人首先对识别出来的风险进行了定性评估。根据以往经验和类似案例，对风险事件的发生概率和风险后果进行定性评估（均分为 5 级），然后根据这两个参量的评估结果评定风险等级。在此基础上制作风险清单和风险矩阵，分别如表 7-8 和表 7-9 所示。

采取应对措施前的风险清单　　　　　　　　　　　　表 7-8

序号	风险类别	风险名称	发生概率（1~5）	风险后果（1~5）	风险等级
1	项目可融资性风险	技术可行性风险	1	4	4
		财务可行性风险	1	4	4
		项目审批风险	2	5	10

续表

序号	风险类别	风险名称	发生概率（1～5）	风险后果（1～5）	风险等级
2	项目环境风险	政治风险	3	5	15
		税收政策及法律变更风险	2	4	8
		市场风险	3	5	15
3	项目相关方风险	业主风险	3	5	15
4	项目建造风险	完工风险	1	4	4
		征地风险	2	4	8
		排雷风险	3	4	12
		材料设备价格风险	2	4	8
5	项目运营风险	人力资源风险	2	3	6
		合规风险	2	5	10
		运营效率风险	2	4	8

采取应对措施前的风险矩阵　　　　　　　　　　　　　　表 7-9

风险后果	5		项目审批风险；合规风险	政治风险；市场风险；业主风险		
	4	技术可行性风险；财务可行性；完工风险	税收政策及法律变更风险；征地风险；材料设备价格风险；运营效率风险	排雷风险		
	3		人力资源风险			
	2					
	1					
		1	2	3	4	5
		发生概率				

3. 风险应对措施

潜在融资人和项目公司协同工作，拟定了如表 7-10 所示的风险应对措施。

融资项目风险应对措施　　　　　　　　　　　　　　表 7-10

序号	风险类别	风险名称	风险等级	风险回避	风险减轻	风险转移
1	项目可融资性风险	技术可行性风险	4	在决策前对项目可融资性风险、环境风险、相关方风险、建造风险、运营风险等进行分析论证，如风险超过承受能力，或风险与收益不匹配，则放弃融资项目	通过优化设计方案，减少技术风险；融资人对项目公司在项目东道国开立的账户进行监管	1. 合同权益质押。将项目实施协议、特许经营协议、购电协议、土地租赁协议等的权益质押给融资人（中国进出口银行）； 2. 股权质押。将项目公司全部股权质押给融资人； 3. 账户质押。项目公司根据融资人的要求，在位于项目东道国的代理行开立若干账户，且同意将账户下的权益质押给融资人； 4. 项目公司将其与项目有关的所有保险合同项下的权利均质押给融资人； 5. 土地及厂房抵押。项目公司将其拥有的土地权益、厂房及建筑物、机器设备及其他财产抵押给融资人； 6. 股东支持协议。项目公司的股东承诺：按期投入项目公司注册资本；限制处置股权；提供完工担保。 7. 股东的母公司承诺。股东的母公司出具承诺函，承诺在股东支持不足时，提供担保支持
		财务可行性风险	4			
		项目审批风险	10			

序号	风险类别	风险名称	风险等级	风险回避	风险减轻	风险转移
2	项目环境风险	政治风险	15	在决策前对项目可融资性风险、环境风险、相关方风险、建造风险、运营风险等进行分析论证，如风险超过承受能力，或风险与收益不匹配，则放弃融资项目	融资人聘请具备当地经验的法律、税务、市场顾问	由中国出口信用保险公司承保政治保险，承保范围：征收、汇兑限制、违约
		税收政策及法律变更风险	8			B国政府承担税收政策及法律变更风险
		市场风险	15			签订"照付不议"售电协议；签订原材料长期供应协议
3	项目相关方风险	业主风险	15		聘请当地员工；加强和业主沟通、协作	B国政府提供担保
4	项目建造风险	完工风险	4		融资人聘请技术顾问，对项目进行监测、报告	采用EPC交钥匙总承包模式；承包人提供履约保函；项目公司股东提供完工担保；项目公司投保商业保险，包括建筑工程一切险、运输险等
		征地风险	8			B国政府承担征地风险
		排雷风险	12			B国政府承担排雷风险
		材料设备价格风险	8			提前签订供应协议
5	项目运营风险	人力资源风险	6		人员本土化；加强培训；加强文化建设	项目公司投保雇主责任险、人身意外伤害险等
		合规风险	10		建立、完善合规管理体系；加强培训；聘请具备专业能力的顾问	
		运营效率风险	8		建立、完善运营管理体系、流程；聘请有能力的运营团队	投保运营相关商业保险，包括火灾险、设备损坏险、设备损坏利润险、环境责任险等

7.5.5 残余风险的定性评估

对采取风险应对措施后的残余风险进行定性评估，得出残余风险清单和风险矩阵，分别如表7-11和表7-12所示。

残余风险清单　　　　　　　　　　　　　　　　表 7-11

序号	风险类别	风险名称	发生概率 (1～5)	风险后果 (1～5)	风险等级
1	项目可融资性风险	技术可行性风险	1	4	4
		财务可行性风险	1	4	4
		项目审批风险	1	3	3
2	项目环境风险	政治风险	3	4	12
		税收政策及法律变更风险	2	3	6
		市场风险	3	2	6
3	项目相关方风险	业主风险	3	3	9
4	项目建造风险	完工风险	1	3	3
		征地风险	1	2	2
		排雷风险	2	3	6
		材料设备价格风险	2	2	4
5	项目运营风险	人力资源风险	1	2	2
		合规风险	1	5	5
		运营效率风险	1	4	4

残余风险矩阵　　　　　　　　　　　　　　　　表 7-12

5	合规风险				
4	技术可行性风险；财务可行性风险；运营效率风险		政治风险		
3	完工风险；项目审批风险	排雷风险；税收政策及法律变更风险	业主风险		
2	征地风险；人力资源风险	材料设备价格风险	市场风险		
1					
	1	2	3	4	5

（表左侧纵向标注：风险后果；表下方标注：发生概率）

7.5.6　残余风险的定量评估

为了更精确地了解残余风险，以利于更科学地进行融资决策，融资人采用蒙特卡罗模拟对便于量化的风险输入变量和输出变量进行了定量评估。

首先，根据经验和专家判断，确定输入风险变量的概率分布，如表 7-13 所示。

输入风险变量的概率分布　　　　　　　　　　表 7-13

输入风险变量	概率分布类型	概率分布参数
销量	正态分布	Normal(5250,1000)
销量 V(百万 kWh)	三角分布	Triang(0.115,0.12,0.155)
单价 P(美元/kWh)	正态分布	Normal(0.49,0.02)
可变成本百分比 $VC\ ratio$（%）	正态分布	Normal(0.45,0.02)
固定成本 FC(百万美元)	三角分布	Triang(110,130,150)
建造成本 C(百万美元)	三角分布	Triang(650,700,800)

各输入风险变量和各中间变量及输出风险变量之间的逻辑关系如表 7-14 所示。

输入风险变量和中间变量及输出风险变量之间的逻辑关系　　　　表 7-14

编号	变量	逻辑关系
1	资本金 E 和贷款 L（百万美元）	
2	建造成本 C（百万美元）	
3	销量 V（百万 kWh）	
4	单价 P（美元/kWh）	
5	营业收入 R（百万美元）	$=V \times P$
6	可变成本百分比 $VC\ ratio$（%）	
7	可变成本 VC（百万美元）	$=VC\ ratio \times R$
8	固定成本 FC（百万美元）	
9	息税折旧前利润 $EBITA$（百万美元）	$=R-VC-FC$
10	每年偿还贷款本金金额 A（百万美元）	
11	贷款余额 B（百万美元）	
12	利息 i（百万美元）	
13	折旧 D（百万美元）	
14	所得税 T（百万美元）	
15	分红 DIV（百万美元）	
16	现金流 CF（百万美元）	$=EBITA-I-T-A-DIV$
17	现金余额 CB（百万美元）	$CB_n=CB_{n-1}+CF$
18	所需应急贷款金额 SL（百万美元）	
19	救急贷款（Solvency Loan）最高额 M（百万美元）	
20	需要救急贷款的年数 n（年）	

注：CB_n 表示第 n 年末的现金余额；CB_{n-1} 表示第 $n-1$ 年末的现金余额。

最后两个变量（救急贷款最高额和需要救急贷款的年数）为输出风险变量。由此可以构建项目期限内每年各风险变量之间关系的一个简化模型，如表 7-15 所示。

各年风险变量之间关系模型

表 7-15

编号	变量	1	2	3	4	5	6	7	8	9	10	11	12	13	14	15	16	17	18	19	20	21	22	23	24
1	资本金 E 和贷款 L（百万美元）	700	700	800	400																				
2	建造成本 C（百万美元）	550	717	817	408																				
3	销量 V（百万 kWh）					5250	5250	5250	5250	5250	5250	5250	5250	5250	5250	5250	5250	5250	5250	5250	5250	5250	5250	5250	5250
4	单价 P（美元/kWh）					0.13	0.13	0.13	0.13	0.13	0.13	0.13	0.13	0.13	0.13	0.13	0.13	0.13	0.13	0.13	0.13	0.13	0.13	0.13	0.13
5	营业收入 R（百万美元）					683	683	683	683	683	683	683	683	683	683	683	683	683	683	683	683	683	683	683	683
6	可变成本百分比 VC ratio（%）					45.0	45.0	45.0	45.0	45.0	45.0	45.0	45.0	45.0	45.0	45.0	45.0	45.0	45.0	45.0	45.0	45.0	45.0	45.0	45.0
7	可变成本 VC（百万美元）					307	307	307	307	307	307	307	307	307	307	307	307	307	307	307	307	307	307	307	307
8	固定成本 FC（百万美元）					130	130	130	130	130	130	130	130	130	130	130	130	130	130	130	130	130	130	130	130
9	息税折旧前利润 EBITA（百万美元）					245	245	245	245	245	245	245	245	245	245	245	245	245	245	245	245	245	245	245	245
10	每年偿还贷款本金额 A（百万美元）					90	90	90	90	90	90	90	90	90	90	90	90	90	90	90	90	90	90	90	90
11	贷款余额 B（百万美元）					1710	1620	1530	1440	1350	1260	1170	1080	990	900	810	720	630	540	450	360	270	180	90	0
12	利息 i（百万美元）					103	97	92	86	81	76	70	65	59	54	49	43	38	32	27	22	16	11	5	0
13	折旧 D（百万美元）					120	120	120	120	120	120	120	120	120	120	120	120	120	120	120	120	120	120	120	120
14	所得税 T（百万美元）					6	7	8	10	11	12	14	15	16	18	19	21	22	23	25	26	27	29	30	31
15	分红 DIV（百万美元）					14	17	20	23	27	30	33	36	40	43	46	49	53	56	59	62	66	69	72	75
16	现金流 CF（百万美元）	150	(17)	(17)	(8)	33	34	35	36	37	37	38	39	40	41	42	42	43	44	45	46	46	47	48	49
17	现金余额 CB（百万美元）	150	133	117	108	142	176	211	247	284	321	359	398	438	479	520	563	606	650	695	740	787	834	882	931
18	所需救急贷款金额 SL（百万美元）	0	0	0	0	0	0	0	0	0	0	0	0	0	0	0	0	0	0	0	0	0	0	0	0

设模拟次数为 2000 次，根据蒙特卡罗模拟得出救急贷款最高额的概率分布和累计概率曲线分别如图 7-7 和图 7-8 所示。从图中可以看出，救急贷款最高额等于零（即整个项目期限内不需要救急贷款）的概率为 95.9%，救急贷款最高额大于零（即整个项目期限内需要救急贷款）的概率为 4.1%。从图 7-7 还可以看出，需要的救急贷款最高额可能达到 8800 万美元，但该需求发生的概率很小。

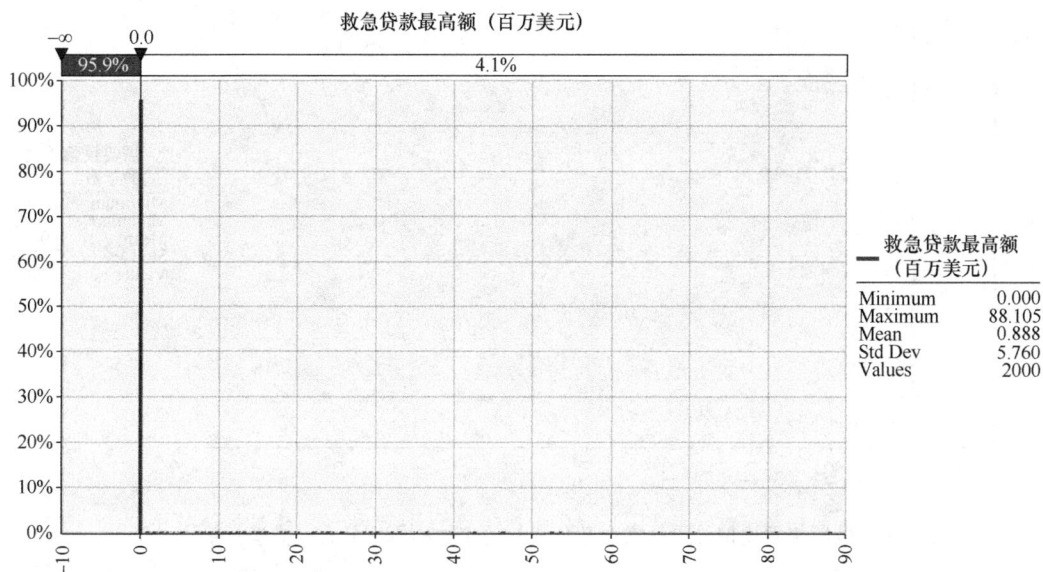

图 7-7 蒙特卡罗模拟结果—所需救急贷款最高额的概率分布
（横坐标单位：百万美元）

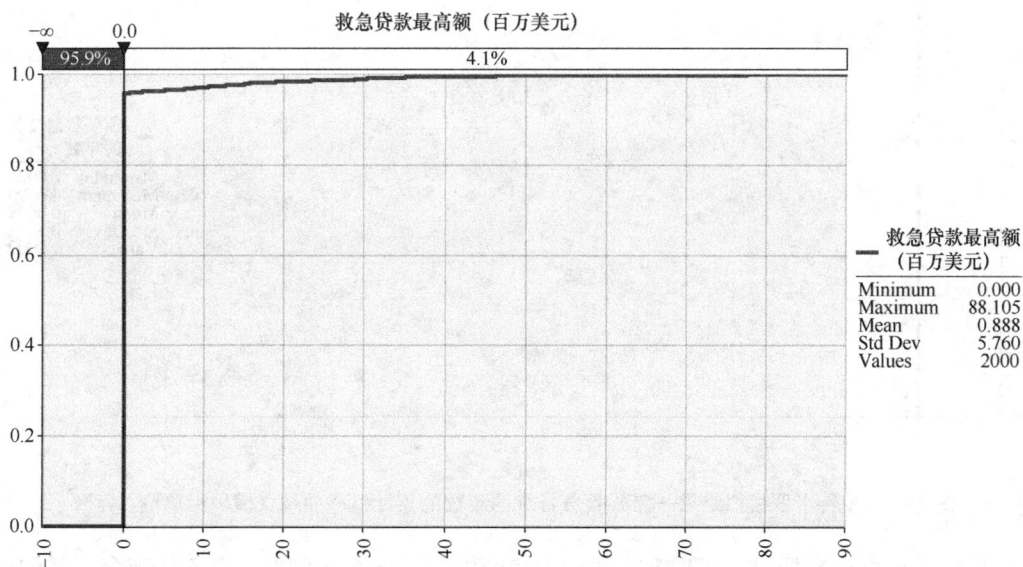

图 7-8 蒙特卡罗模拟结果—所需救急贷款最高额的累计概率曲线
（横坐标单位：百万美元）

蒙特卡罗模拟得出需要救急贷款的年数的概率分布和累计概率曲线分别如图 7-9 和图 7-10 所示。从图中可见，项目公司需要救急贷款的年数为 0 的概率为 95.6%，项目公司需要救急贷款的年数等于或大于 1 年的概率为 4.4%。

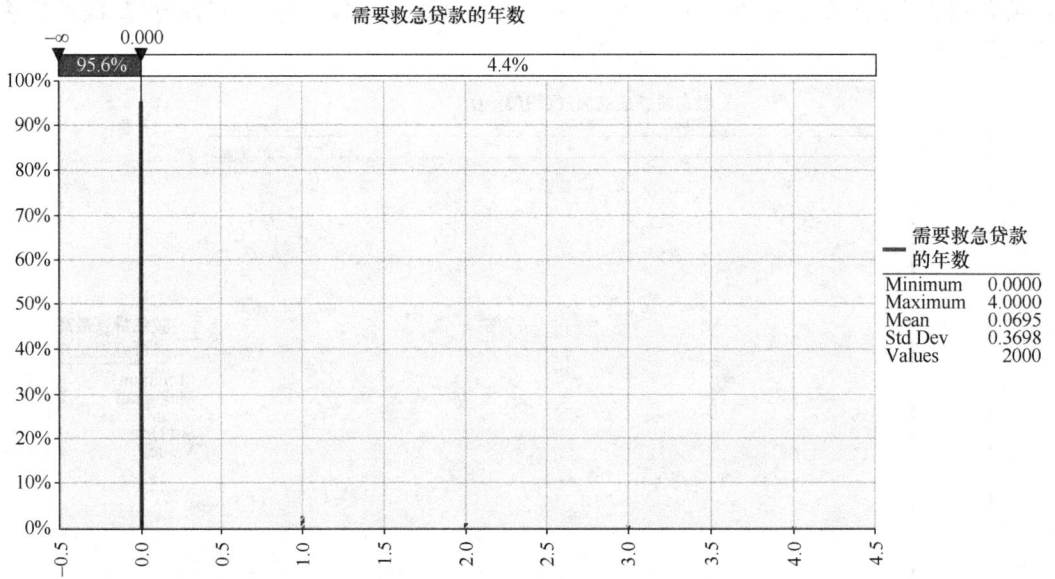

図 7-9　蒙特卡罗模拟结果—需要救急贷款的年数的概率分布（横坐标单位：年）

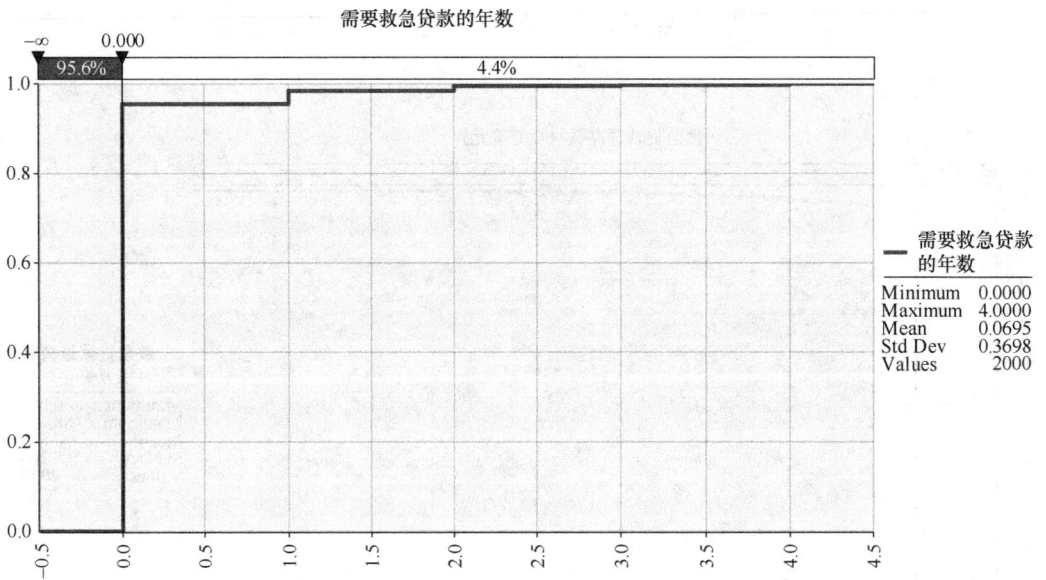

图 7-10　蒙特卡罗模拟结果—需要救急贷款的年数的累计概率曲线（横坐标单位：年）

另外，还可查看任何一年现金流和现金余额的概率分布。例如，第 5 年现金余额的概率分布和累计概率曲线分别如图 7-11 和图 7-12 所示。从图中可以看出，第 5 年中现金余额小于 0（即需要救急贷款）的概率为 0.7%。

风险量化分析结果可以为融资人决定最终是否为该项目提供融资，以及确定合理的融

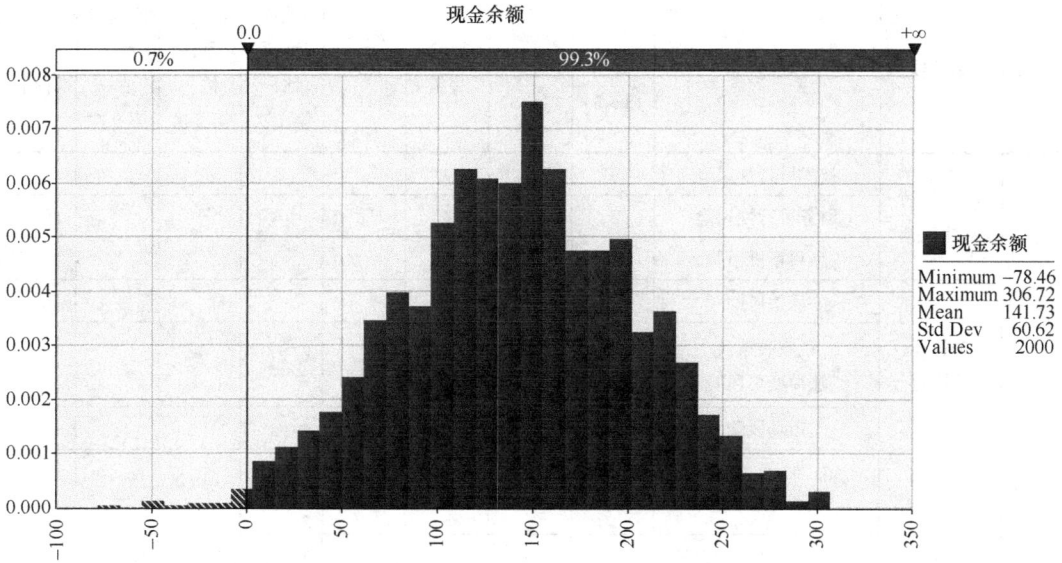

图 7-11　蒙特卡罗模拟结果—第 5 年现金余额的概率分布（横坐标单位：百万美元）

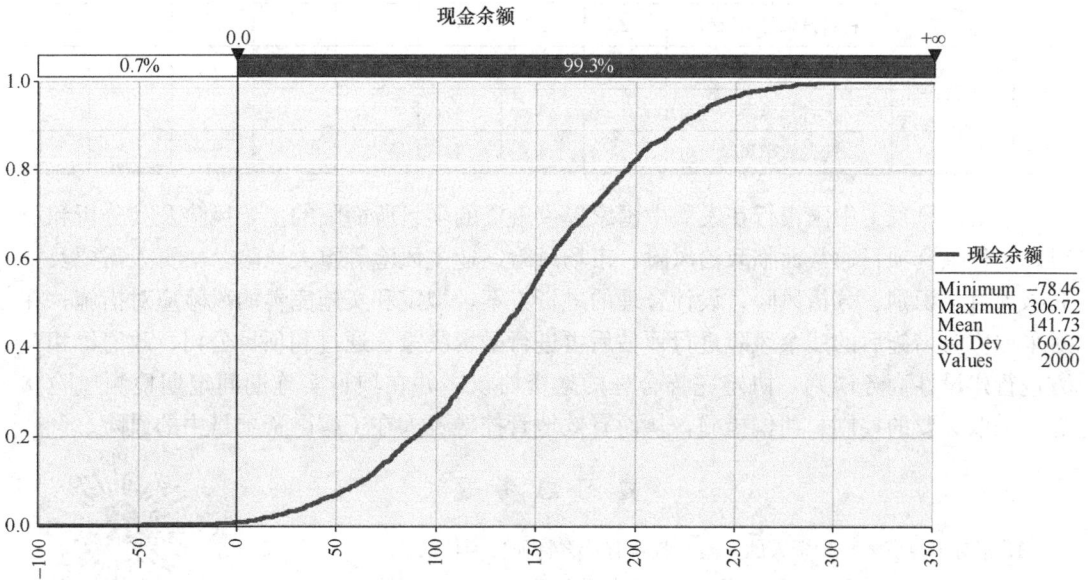

图 7-12　蒙特卡罗模拟结果—第 5 年现金余额的累计概率曲线（横坐标单位：百万美元）

资利率和合同条件提供更加深入、精确的依据。

7.5.7　风险监控

在项目实施阶段，融资人需要利用风险登记表（如表 7-16 所示）持续对融资风险状况进行检测和评估，考察风险应对措施是否有效，观察以前识别出的风险是否发生变化，是否出现新的风险等，并将收集到的新信息更新到风险登记表中。

风险监控用的风险登记表　　　　　　　　　　　　　表 7-16

序号	风险类别	风险名称	发生概率（1~5）	风险后果（1~5）	风险等级	风险管理责任人	定期检测评估—第1次	定期检测评估—第2次	定期检测评估—第n次	收尾评估
1	项目可融资性风险	技术可行性风险	1	4	4					
		财务可行性风险	1	4	4					
		项目审批风险	1	3	3					
2	项目环境风险	政治风险	3	4	12					
		税收政策及法律变更风险	2	3	6					
		市场风险	3	2	6					
3	项目相关方风险	业主风险	3	3	9					
4	项目建造风险	完工风险	1	3	3					
		征地风险	1	2	2					
		排雷风险	2	3	6					
		材料设备价格风险	2	2	4					
5	项目运营风险	人力资源风险	1	2	2					
		合规风险	1	5	5					
		运营效率风险	1	4	4					

　　本案例呈现了中国银行在发展中国家提供融资的项目所面临的主要风险及其分析和应对。工程融资项目通常面临政治风险、市场风险、业主风险等重大风险，融资人需要及早介入项目，识别、分析风险；设计合理的融资方案，拟定和实施完善的风险应对措施；在对采取应对措施后的残余风险进行评估后再进行融资决策；通过和项目公司、政府等相关方进行建设性商务谈判，协定完善合理的融资协议；并在项目实施期间定期检测风险状态，采取必要的控制、纠偏措施，从而有效地管控融资人在工程融资项目中的风险。

复 习 思 考 题

　　1. 相对于投资人，融资人的风险和收益有什么特征？为什么？

　　2. 相对于公司融资，项目融资对于融资人而言有什么优点和缺点？

　　3. 在一个典型的 PPP 或 BOT 项目中，项目风险在各参与方之间的合理分担能创造价值吗？为什么？

　　4. 请简述一个项目公司信用风险的主要影响因素。

　　5. 请简述融资人如何应对项目可融资性风险。

7-复习思考题参考答案

第8章 工程项目保险

工程项目保险在工程项目风险管理中扮演着举足轻重的角色。狭义的工程项目保险指的是"建筑工程保险"和"安装工程保险",包括其项下的物质损失保险、第三者责任保险及完工延迟保险。而凡是与工程项目施工相关的各个保险险种,都可以被称为广义的工程项目保险,如施工物料、设备的运输保险,施工人员人身意外伤害保险等。

本章将从保险的基本概念和基本原理入手,全面介绍工程项目保险及其在工程项目风险管理中发挥的作用。

8.1 保 险 概 述

保险是风险保障的一种特殊金融工具,保险的基本概念和基本原理是深入学习和理解各类保险,包括工程项目保险的重要基础。本节将对此进行重点介绍。

8.1.1 保险基本原理

保险的基本原理是保险运营的根本性指导原则,也是投保人/被保险人的投保、索赔和保险人的承保、理赔以及保险合同制定与履行的理论依据。

1. 保险定义

保险自萌芽、产生、形成到发展至今,曾经历了各种各样的形式,有古代初级形式的相互保险,也有现代高级形式的商业保险;有自愿性的商业保险,也有强制性的社会保险。本书所讲的保险特指商业保险。

《中华人民共和国保险法》(以下简称《保险法》)将保险的定义表述为:"保险,是指投保人根据合同约定,向保险人支付保险费,保险人对于合同约定的可能发生的事故因其发生所造成的财产损失承担赔偿保险金责任,或者当被保险人死亡、伤残、疾病或者达到合同约定的年龄、期限时承担给付保险金责任的商业保险行为。"

2. 保险基本原则

保险基本原则是保险原理的核心,是一切保险活动的基本准则,理解保险原则有助于更深刻、更准确地了解保险的含义。

(1) 保险利益原则

保险利益,是指投保人对投保标的所具有的法律上承认的利益,体现了投保人或被保险人与保险标的之间存在的利害关系,即倘若保险标的的安全,投保人可以从中获益;倘若保险标的的受损,被保险人必然会蒙受经济损失。正是由于保险标的的维系着被保险人的经济利益,投保人才会将保险标的的各种风险转嫁给保险人,而保险人则通过风险分摊保障被保险人的经济利益。根据保险利益原则,在签订和履行保险合同的过程中,投保人和被保险人对保险标的的必须具有保险利益。

(2) 最大诚信原则

在保险合同关系中，对当事人诚信的要求严格于其他民事活动，当事人必须履行最大诚信义务。最大诚信原则的基本含义是，当事人自愿向对方充分而准确地告知有关保险标的的所有重要事实，不允许存在任何虚伪、欺骗、隐瞒行为。不仅在保险合同订立时要遵守此项原则，在合同履行的整个期间也都要求当事人具有最大诚信。

（3）损失补偿原则

损失补偿原则的基本含义是，在补偿性保险合同中，当保险事故发生造成保险标的毁损致使被保险人遭受经济损失时，保险人给予被保险人的经济赔偿数额恰好弥补其因保险事故所造成的经济损失。由此可见，损失补偿原则包含两层含义：一是质的规定，即只有保险事故发生造成保险标的的毁损致使被保险人遭受经济损失时，保险人才承担损失补偿的责任；二是量的限定，即被保险人可获得的赔偿数额仅以其保险标的的遭受的实际损失为限，即赔偿恰好可以使保险标的在经济上恢复到受损以前的状态。损失补偿原则主要适用于财产保险以及其他补偿性保险合同。

（4）近因原则

所谓近因并非指时间或空间上与损失最接近的原因，而是指造成损失的最直接、最有效并起主导性作用或支配性作用的原因。当损失的原因有两个以上，且在各个原因之间的因果关系尚未中断的情况下，其最先发生并造成一连串损失的原因即为近因。近因原则是判明风险事故与保险标的损失之间因果关系，以确定保险责任的一项基本原则。按照这一原则，当被保险人的损失是直接由于保险责任范围内的事故造成时，保险人才给予赔付，即保险人的赔付限于以保险事故的发生为原因，造成保险标的的损失为结果，只有在风险事故的发生与造成损失结果之间具有必然的因果关系时，才构成保险人的赔付责任。当损失原因既包括保险风险，又包括非保险风险时，判断保险人是否应该负赔偿责任，必然涉及直接因果关系（即近因判断）和间接因果关系（即远因判断）。例如，船舶因遭受鱼雷的袭击而进水，使船舶沉没，若以海水的进入而沉没作为时间上最接近的事故而判定其损失的原因，则是不合理的。

3. 保险作用

从经济角度来看，保险是转移意外事故损失的一种财务安排。投保人通过缴纳保险费购买保险，实际上是将其不确定的大额损失变成固定的小额支出。保险人由于集中了大量同质风险，所以能借助大数法则来正确预见未来损失的发生额，并据此制定保险费率，通过向所有投保人收取保险费建立保险基金，来补偿少数被保险人遭受的意外事故损失。因此，少数不幸的被保险人的损失由包括受损者在内的所有被保险人分摊。这是一种非常有效的财务安排。

8.1.2　保险合同分类

保险合同，是指保险双方当事人为了实现保险经济保障的目的，明确双方权利与义务关系，设立、变更和终止这种权利与义务关系的协议。我国《保险法》第十条规定"保险合同是投保人与保险人约定保险权利义务关系的协议"。即在保险合同中，投保人与保险人是保险双方当事人，其权利与义务为：一方当事人根据约定收取他方保险费，并对于约定的事故发生造成损失时或约定的期限届满时，承担赔偿或给付保险金的义务。

保险合同可以按照不同标准，从不同角度进行分类。

1. 按照保险合同的性质分类

按照合同的性质划分，保险合同可分为补偿性保险合同与给付性保险合同。其中，工程险保险合同一般属于补偿性保险合同。

2. 按照保险合同保障的风险责任分类

按照合同保障的风险责任划分，保险合同可分为单一风险合同、综合风险合同和一切险合同。其中，工程险保险合同一般属于一切险保险合同。

3. 按照保险标的是否特定分类

按照标的是否特定划分，保险合同可分为特定式保险合同和统括式保险合同。其中，工程险保险合同一般属于特定式保险合同。

4. 按照保险标的的价值在订立合同时是否确定分类

按照标的的价值在订立合同时是否确定划分，保险合同可分为定值保险合同和不定值保险合同。其中，工程险保险合同一般属于不定值保险合同。

5. 按照保险人是否转移保险责任分类

按照保险人是否转移保险责任划分，保险合同可分为原保险合同与再保险合同。其中，工程险保险合同一般属于原保险合同。

6. 按照保险标的不同分类

按照保险标的划分，保险合同可分为财产保险合同与人身保险合同。其中，工程险保险合同一般属于财产保险合同。

8.1.3 保险市场

1. 保险市场的含义

保险市场是保险商品交换关系的总和，或保险商品供给与需求关系的总和。它既可以指固定的交易场所如保险交易所，也可以是所有实现保险商品让渡的交换关系的总和。在保险市场上，交易对象是保险人为消费者所面临的风险提供的各种保险保障。

较早的保险市场出现在英国的保险中心伦巴第街，后来随着劳合社海上保险市场的形成，参与保险市场交易活动的两大主体供给方与需求方渐趋明朗，但这种交换关系仍较简单。随着保险业的不断发展，承保技术日趋复杂化，承保竞争日趋激烈，保险商品推销日趋区域化与全球化，仅由买卖双方直接参与的交换关系已经远远不能适应保险业发展的需要，保险市场的中介力量应运而生，使得保险交换关系更加复杂，同时也使保险市场趋于成熟。尤其是在当今，互联网产业的高速发展使人们通过互联网足不出户就可以完成保险的交易活动。

2. 保险市场中的各方

（1）保险市场供给方

保险市场的供给方是指在保险市场上提供各类保险产品，承担、分散和转移他人风险的各类保险人。其以各类保险组织形式出现在保险市场上，通常必须是经过国家有关部门审查认可并获准专门经营保险业务的法人组织，如国有保险人、私营保险人、合营保险人、合作保险人等。根据我国《保险法》规定，保险人的组织形式只能是国有独资公司和股份有限公司，亦即只能是法人组织，不允许个人经营保险。因此，在我国提供保险产品的是各类保险公司，它们构成我国保险市场的供给方。

（2）保险市场的需求方

保险市场的需求方是指保险市场上所有现实的和潜在的保险产品购买者，即各类投保人。他们对保险保障都有各自独特的需求，也有各自特有的消费行为。例如根据保险消费者不同的需求特征，可以把保险市场的需求方划分为个人投保人与团体投保人；根据保险需求的层次，可以把保险市场的需求方划分为当前的投保人与未来的投保人；根据投保人的年龄结构，可以把保险市场的需求方划分为青年投保人、中年投保人和老年投保人。保险市场供给方（保险公司）要根据保险市场需求方（投保人）的不同保险需求提供与其相适应的保险产品。

（3）保险市场的中介方

保险市场的中介方既包括活动于保险人与投保人之间，充当保险供需双方的媒介，把保险人和投保人联系起来并建立保险合同关系的人，也包括独立于保险人与投保人之外，以第三者身份处理保险合同当事人委托办理的有关保险业务的公证、鉴定、理算等事项的人。保险市场的中介方主要有保险代理人（或公司）、保险经纪人（或公司）、保险公估人（或公司）等。

保险代理人（或公司）是指根据保险人的委托，向保险人收取保险代理手续费并在保险人授权范围内代为办理保险业务的个人（或机构），其所产生的权利和义务直接由保险人承担，是保险人的代理人。

保险经纪人（或公司）是指基于投保人的利益，为投保人与保险人订立保险合同提供中介服务并依法收取佣金的个人（或机构），是投保人和被保险人的代理人。

保险公估人（或公司）是指接受保险当事人的委托，专门从事保险标的的评估、勘验、鉴定、估损、理算等业务的个人（或机构）。被保险人和保险人都可委托保险公估人（或公司）办理公估事宜，保险公估的费用一般由委托人支付。

8.2　工程项目涉及的主要保险种类

工程项目涉及的保险险种既包括传统意义上的"建筑工程保险"和"安装工程保险"（狭义上的工程项目保险），也包括与工程项目施工相关的其他保险险种（广义上的工程项目保险），本节将对所有这些险种逐一进行介绍。

8.2.1　工程保险

工程保险历史悠久、险种丰富，最早的工程保险始于 1800 年，产生于曼彻斯特，源于蒸汽锅炉联合会为机械设备购买保险的需求。随着时间的推移，工程保险的种类越来越多。在 1872 年，第一份真正意义上的机器损坏险的保单成功出具。直至 20 世纪初，由火险分支出来的建筑工程一切险应运而生。

直至今日，工程保险已经是世界上非常常规的险种，覆盖面极广。现阶段的工程保险主要包含建筑工程一切险、安装工程一切险、施工机具保险、机器损坏险、土木工程完工财产保险、锅炉压力容器保险、电子设备保险、低压电器设备保险及冷藏库存物变质保险等。

目前在中国市场上，常见的工程保险主要有建筑工程一切险（Contractor All Risk Insurance policy），主要应用于土木工程项目中；另一种称之为安装工程一切险（Erection All Risks Insurance policy），主要应用于电气、通风、给水排水及设备安装等项目中。

1. 被保险人

工程保险具有联合被保险人的特殊性，也就是说，一个工程险保单通常涉及多个被保险人。一般来说，工程险保单中所包含的被保险人主要包括业主、总包商、分包商、设计师、融资方、监理、顾问以及其他相关利益方，例如，工程项目所在的当地政府也可以作为对应项目的被保险人。当损失发生时，赔款款项应支付给被保险人中的第一受益人。因此，在工程险保单中，一定要明确规定第一受益人，只有这样，才能确定赔款的优先支付顺序。一般来说，承包商常常作为工程险中的第一受益人。

2. 保险责任

工程保险的保障范围主要由物质损失、第三者责任和预期利润损失三个部分组成。

（1）物质损失

承保由于自然灾害或意外事故造成保险标的的直接物质损失。此外，在自然灾害或意外事故发生之前，为了防止损失发生而产生的必要而合理的费用，都在保单的保险范围之内。

（2）第三者责任

在保险期间发生的意外事故，引起工地内及邻近区域的第三者人身伤亡、疾病或财产损失，以及依法应由被保险人承担的经济赔偿责任。

（3）预期利润损失

由于物质损失的发生而导致项目不能按期交工进而产生的预期利润损失及相关维持费用的增加。

3. 保险标的

在工程险中，保险标的主要包括永久工程及临时工程，同时，还可能包括业主现有财产、清理残骸费用、专业费用以及扩展的承包商施工机具等。相反，文件档案、账户支票、有价证券或其他不属于工程保险承保范围的设备，如上牌的车辆等，均不可作为工程险中被保险的标的。

在保险标的识别过程中，其应遵循的基本原则是标的要在业主和承包商提供的工程量清单范围内，否则不被视为保险标的。业主和承包商另有申报的情况除外。

工程险保单主条款中不包含承包商的施工机具，但其可以作为附加险进行扩展。需要注意的是，施工机具的收费标准是按年度标准收费，与工程保险以工期费率收费的方式有所不同。

4. 保险金额

工程险的保险金额一般与工程量清单中的金额保持一致。但同时需要注意，保险金额中应扣除一些不可保或不可赔的部分，如征地费用、拆迁费用及不可预见费用等与实际工程物质损失不相关的金额。另外，由于工程险中所涉及的保险金额往往是不确定的，在工程项目开始之时，投保人只能向保险人告知工程的投资预算或概算，保险公司会根据预算或概算金额进行承保。在工程项目完工之后即竣工决算确定之后，被保险人应向保险人提供最终竣工决算的工程量，并通过多退少补的形式确定最终保险金额，避免不足额投保的发生。

5. 保险期限

工程保险的保险期限一般分为建设期、试车期、维护保养期三个部分。

工程险的保险期限通常指保险责任自工程在工地动工或工程材料设备运抵工程现场之时起，至工程所有人对部分或全部工程签发验收合格证明为止，或工程所有人实际占有、使用、接收该部分或全部工程之时终止，以先发生者为准。但在任何情况下，建筑期保险责任始终不得超过本保单所载明建筑保险期的范围。

因此，在工程项目中，即使没有完成项目收尾工作，若业主先签发了验收合格证明，或者已经交付业主或已经投入使用，则工程险的保险期限也视为结束，并自动进入保证期。

在安装工程险中，与建设期风险相比，试车期的风险相对较高。这是因为在试车期间，工程项目保险标的已达到其最大值。如果发生意外事故或自然灾害，则造成的损失是非常巨大的。另外，在试车期间，整套设备在联调试车过程中发生损失的可能性也相对较大，因此保险合同要明确规定试车期时间，不能超过施工进度表中所规定的期限。

工程项目在通过试车期并移交业主之后，自然进入保证期（或缺陷通知期），保证期条款有三种描述，分别为有限责任保证期、扩展责任保证期以及保证责任保证期。其中有限责任保证期主要承保的保险责任是承包商进行返厂维护过程中造成工程主体其他部分的损失或损坏；扩展责任保证期除了承保有限责任保证期的保险责任外，还增加了由于在工程项目进行过程中发生的损失或损坏，但在保证期内发现而造成的损失或损坏；保证责任保证期的条款主要承保在设备和原材料提供到现场之前已经有了损失或损坏，且在保证期内发现了相关的损失或损坏。下面用一个简单的图示来描述，见图 8-1。

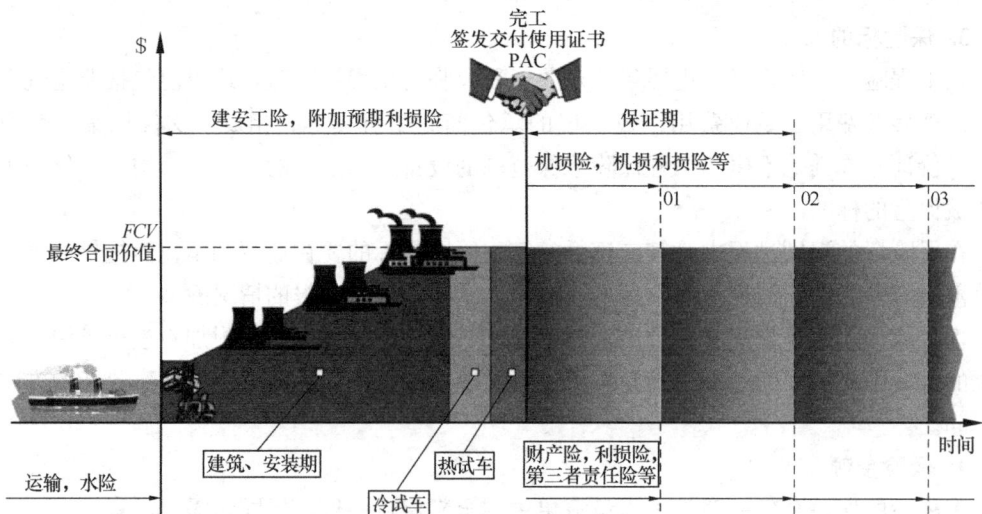

图 8-1　工程保险的保险期限

但无论保证期内的相关条款如何描述，都不能扩展自然灾害、意外事故及其他意外事故对保险标的本身造成的损失，这一部分责任在验收日后立即由财产保险承担。

6. 工程保险的除外责任

工程保险的除外责任分为一般除外责任和专项除外责任两种。

一般除外责任适用于整张保单，主要将一些常规保险中不能承保的保险责任或者其他保险中承保的保险责任除外。工程保险的一般除外责任主要包括：

（1）战争、类似战争行为、敌对行为、武装冲突、恐怖活动、谋反、政变引起的任何损失、费用和责任；

（2）政府命令或任何公共当局的没收、征用、销毁或毁坏；

（3）罢工、暴动、民众骚乱引起的任何损失、费用和责任；

（4）被保险人及其代表的故意行为或重大过失引起的任何损失、费用和责任；

（5）核裂变、核聚变、核武器、核材料、核辐射及放射性污染引起的任何损失、费用和责任；

（6）大气、土地、水污染及其他各种污染引起的任何损失、费用和责任；

（7）工程部分停工或全部停工引起的任何损失、费用和责任；

（8）罚金、延误、丧失合同及其他后果损失；

（9）保险单明细表或有关条款中规定的应由被保险人自行负担的免赔额。

专项除外责任主要为控制保险人与被保险人之间风险分配的平衡，将一些其他保险可以承保的部分除外，在实物操作中很多除外条款可以通过扩展条款的方式进行承保。工程保险的专项除外责任主要包括以下内容。

（1）物质损失保险的除外责任

1）设计错误引起的损失和费用；

2）自然磨损、内在或潜在缺陷、物质本身变化、自燃、自热、氧化、锈蚀、渗漏、鼠咬、虫蛀、大气（气候或气温）变化、正常水位变化或其他渐变原因造成的保险财产自身的损失和费用；

3）因原材料缺陷或工艺不善引起的保险财产本身的损失以及为换置、修理或矫正这些缺点错误所支付的费用；

4）非外力引起的机械或电气装置的本身损失，或施工用机具、设备、机械装置失灵造成的本身损失；

5）维修保养或正常检修的费用；档案、文件、账簿、票据、现金、各种有价证券、图表资料及包装物料的损失；

6）盘点时发现的短缺；

7）领有公共运输行驶执照的，或已由其他保险予以保障的车辆、船舶和飞机的损失；

8）除非另有约定，在保险工程开始以前已经存在或形成的位于工地范围内或其周围的属于被保险人的财产的损失；

9）除非另有约定，在本保险单保险期限终止以前，保险财产中已由工程所有人签发完工验收证书或验收合格或实际占有或使用或接收的部分。

（2）第三者责任部分的除外责任

1）保险单物质损失项下或本应在该项下予以负责的损失及各种费用；

2）由于震动、移动或减弱支撑而造成的任何财产、土地、建筑物的损失及由此造成的任何人身伤害和物质损失；

3）工程所有人、承包人或其他关系方或他们所雇用的在工地现场从事与工程有关工作的职员、工人以及他们的家庭成员的人身伤亡或疾病；

4）工程所有人、承包人或其他关系方或他们所雇用的职员、工人所有的或由其照管、控制的财产发生的损失；

5）领有公共运输行驶执照的车辆、船舶、飞机造成的事故；

6）被保险人根据与他人的协议应支付的赔偿或其他款项。

（3）预期利润损失部分的除外责任

1）除非特别约定，物质损失项下的扩展责任不适用延迟完工保障；

2）除非特别约定，地震、火山爆发和海啸；

3）施工机具（特殊的起重设备、船只等）及周边财产的损失引发的延迟；

4）材料、原材料等短缺；

5）公共当局的限制；

6）风险性质发生重大改变，尤其是损失发生后；

7）除非特别约定，任何原型性质的工程。

7. 免赔

与大部分保险一致，工程保险的免赔通常分为绝对免赔和相对免赔。由于工程保险需要适应不同标的的风险类型，因此其免赔通常分为以下几类：第一类是自然灾害，通常为绝对免赔和相对免赔结合使用；第二类是试车期，通常与自然灾害的情况相同，绝对免赔和相对免赔相结合；第三类是火灾爆炸或其他一些特殊的损失（如隧道、涉水施工等），需要根据工程类型确定；最后一种适用于其他所有类型，主要用于由于日常的意外事故而造成的损失，往往以绝对免赔为主。在工程保险的第三者责任保险（详见8.2.1）或延迟完工保险（详见8.2.1）中往往也要单独设立免赔，其中，第三者责任险部分设定的免赔通常有两种，一种是由于移动振动减弱支撑此类特殊风险设定的免赔，也结合了绝对免赔与相对免赔；另外一种是常规免赔，适用于所有部分，但人身伤亡部分往往不设置免赔。

【案例8-1】巴基斯坦 Diamer Bhasha 大坝项目

2020 年 5 月中国承包商与业主签署施工土建总承包合同，合同金额 195 亿元，建设期 103 个月。该大坝为碾压混凝土重力坝，最大坝高 272m，坝轴线长约 1030m，具有蓄水、防洪及发电等多项功能，蓄水量约 74 亿 m^3，总装机容量 450 万 kW。该项目大坝距下游奇拉斯镇 Chilas 约 40km，距上游吉尔吉特特区约 165km，位于普赫图赫瓦省和吉尔吉特省边界。中国承包商主要工作范围为：大坝及其附属结构包含导流工程、上下游围堰、272m 高碾压混凝土大坝、永久交通桥、电站进水口、引水洞、左岸冲砂洞以及 Tangir 水电站。巴基斯坦当地保险公司为该项目承保了建筑工程一切险，中国保险市场提供了有力的再保险支持。

8. 第三者责任保险

工程保险所承保的保险责任，还有一部分称为第三者责任。即在保险期间发生的意外事故，引起工地内及邻近区域的第三者人身伤亡、疾病或财产损失，以及依法应由被保险人承担的经济赔偿责任。第三者责任属于责任保险，承保侵权责任。在第三者责任保险中，保险公司通常还负责承保由被保险人（即承包商或业主）造成第三方的人身损害和财产损失以及由此产生的诉讼费用。第三者责任保险通常是以限额的形式出现在保单中，这与物质损失以保额形式出现有所不同。在第三者责任保险的保单中通常会有每次事故赔偿限额以及累计事故赔偿限额的要求，所对应的分别为每次赔付和累计赔付总金额。

工程保险中的第三者责任与通常所理解的场所责任、经营责任有所不同。第三者责任往往是由于在施工过程中，承包商的疏忽和过失引起的。例如，在工程建设过程中，由于承包商安排的降水及挡土墙措施不当，引发周边楼梯和其他建筑物的沉降，最终导致周边楼体的开裂和倒塌，这种责任在工程保险中是非常常见的，第三者责任保险可以通过附加条款的方式承保相关的保险责任。

【案例 8-2】 中国澳门轻轨延伸横琴线项目

该项目起于中国澳门境内高架站，并在横琴口岸设地下车站服务口岸，与广珠城际车站接驳换乘，共包含两座车站和一条区间线，全长约 2.2km，建成后将促进澳门融入国家铁路网络。该项目施工区域周边建筑物较多，包括莲花大桥匝道、莲花大桥桥基、地下停车场等。在此情况下，国内保险公司通过增加震动、移动、减弱支撑等附加条款的方式，扩展了第三者责任保险责任，缓解了承包商压力。

9. 预期利润损失保险/延迟完工保险

预期利润损失保险/延迟完工保险（Advance Loss of Profit/Delay in Start Up，简称 ALOP/DSU），出现于二战后的欧洲文艺复兴和欧洲大基建需要大量资金的背景下。预期利润损失保险的主要保险责任是由于物质损失的发生而导致项目不能按期交工而产生的预期利润损失及相关维持费用的增加。投保人需要重点关注以下内容：

（1）预期利润损失保险涉及的被保险人与常规工程险中物质损失和第三者责任部分的被保险人不同，预期利润损失保险的被保险人只能是业主、银行或运维商，而承包商、分包商、供货商等工程建设人员由于缺乏相关可保利益，不能被列为被保险人。

（2）预期利润损失保险的保险金额通常有两种，一种是毛利润（Gross Profit），一种是将毛利润拆分成净利润（Net Profit）及固定成本（Fix Cost）。在"一带一路"海外项目中，出于对本金和利息的安全考虑，贷款银行往往要求该保险单独承保固定成本的本金和利息，即"还本付息（Debt service）"。在实际操作中，承保"还本付息"是很多银行在 BOT 项目中的基本要求之一。

（3）预期利润损失保险的保额通常根据贷款银行的财务模型，或者项目投资中的财务模型计算。因此，保额的计算相对较为复杂，最终金额需要业主投融资部、外部投资银行或投资顾问共同商议并进行确认。除上述提到的两种保险金额外，预期利润损失保险还包括维持费用的增加（Increase Cost of Working，ICOW）。ICOW 承保在已经发生了可能导致预期利润损失或延期开工的物质损失的情况下，保险人为避免发生更长时间的延误，产生更大损失而花费必要且合理的费用。ICOW 属于额外费用，且必须是以必要而合理作为前提，其唯一目的是避免或降低延误发生从而降低损失，原则上花费 1 元 ICOW 至少应该挽救 1 元的延期损失。ICOW 支出的另一个前提是需要征求保险公司同意，即在未经保险公司同意的情况下，ICOW 赔偿将不予启动。

众所周知，工程项目延迟的原因不尽相同，而预期利润损失保险只承保其中小部分原因，即由于自然灾害和意外事故等造成的实际物质损失而导致的延期，由征地拆迁、资金不足、人手短缺或政府当局干预等其他因素导致项目延迟而产生成本的增加或利润的损失并不涵盖在预期利润损失保险之中。因此，在理赔过程中，应注意辨别不属于预期利润损失保险应该承担的损失。同时，在理赔过程中，还涉及关键线路延期这一概念，即在一个具体工程项目中包含很多的子项目和关键节点，如果延期没有发生在关键线路上，这种情况所导致的延期损失未必是最终的延期时间。因此，应当具体情况具体分析，准确判断延期是否发生在其工程建设的关键线路上，而这个过程需要由保险人、被保险人以及相关检测机构共同判断。

预期利润损失保险的免赔与物质损失或其他保险并不相同，工程项目仅产生一次延期，保险保障也是一次性的，因而免赔也只有一次，即一个累计免赔。在保单中通常以累计天数进行描述，即 30 天、60 天、90 天、120 天的累积免赔。

预期利润损失保险的赔偿期（最大赔偿时间）往往由被保险人确定，通常与最大损失呈正相关，即在发生 100％最大可能损失（PML）的情况下，为了重建或恢复工程需要的时间。具体来说，这个时间由以下几个要素共同决定：

（1）考虑项目是否还可以获得重建，最终是否与工程金额相等或超过工程最大的投资金额以及项目清理残骸的时间；

（2）了解设备重置的时间，很多项目设备是单独制造的，重置的时间往往超过正常预期时间；

（3）设备再次运输到现场的时间；

（4）项目中断后再重启建设的时间。

以上时长的累计总额是业主可以要求的最大赔偿期。

在预期利润损失保险的日常管理过程中，保险人与被保险人应当定期沟通和协调，了解项目实施方案及进度计划，确定是否有延期发生。只有在这种情况下，才能确保及时发现并处理项目的每一次延期，尤其是发生在关键线路节点上的延期。如果保险人从头至尾并未介入整个项目的管理过程，意味着保险人可能丧失处理延期的最佳时点，造成损失的扩大和加剧，在理赔过程会产生不可估量的严重后果。

【案例 8-3】越南富安陆上风电建工险及 DSU 项目

该项目位于越南中南沿海富安省，物质损失保额为 2.3 亿美金，保险期限 12 个月，总发电量为 200MW。由于项目将在当地台风季进行立塔施工，具有一定延期风险，承包商希望购买附加 DSU 的保单。在此情况下，国内保险公司为承包商提供了建筑工程一切险含 DSU 的保险，DSU 保额为 5300 万美金，赔偿期限 12 个月。

10. 工程保险的附加条款

工程保险的主条款年代久远且相对笼统，因此，根据时代发展及专业领域要求，工程保险附加条款逐渐创新和增加了许多内容。从分类上看，工程保险的扩展条款主要包括扩展类附加条款、限制类附加条款、规范类附加条款、特别约定类附加条款四类。

（1）扩展类附加条款

此类附加条款一般用于丰富和补充主条款，把原来部分除外责任通过扩展条款予以增加，弥补主条款的不足。常用的扩展类附加条款有：

1）罢工、暴动及民众骚乱；

2）内陆运输扩展；

3）设计师风险扩展；

4）工地外仓储；

5）保额自动增加条款；

6）突发意外污染条款；

　　7）交叉责任扩展条款；

　　8）施工机具附加条款。

　　（2）限制类附加条款

　　此类附加条款主要针对某些特殊工程领域，如隧道、涉水、石化等，通过在特种条件下加以限制，使风险分配更加均衡。常用的限制类附加条款有：

　　1）地下工程条款；

　　2）水工条款；

　　3）打桩及挡土墙条款；

　　4）漫坝条款；

　　5）农作物、森林、养殖除外条款；

　　6）沉降除外条款；

　　7）大坝、水库建筑工程除外条款。

　　（3）规范类附加条款

　　此类附加条款主要用于规范承保风险的特性，避免在理赔发生时由于保单中没有规定清楚而产生重大歧义和纠纷。常用的规范类附加条款有：

　　1）72h 条款；

　　2）工棚、库房条款；

　　3）地震区建筑物附加条款；

　　4）防火设施附加条款；

　　5）铺设供水管附加条款；

　　6）埋管查漏费用条款；

　　7）分段开挖条款；

　　8）运输保险、工程保险责任分摊条款；

　　9）工程进度条款。

　　（4）特别约定类附加条款

　　此类附加条款主要用于规范工程保单的一般性内容，但不涉及承保风险本身。常用的特别约定类附加条款有：

　　1）联合被保险人条款；

　　2）第一受益人条款；

　　3）分期付款条款；

　　4）汇率条款；

　　5）放弃代位求偿；

　　6）索赔控制条款；

　　7）直接赔付条款。

　　11. 工程保险的定价

　　工程保险的定价往往是多个相关因素相互作用的结果，不能单独或者割裂的去看。通过多个风险因子分析得出综合费率，费率乘以保额即得出保费金额。在国际市场上，工程保险的定价工具有很多，如慕尼黑再保险的 MRET、瑞士再保险的 PUMA 等，都是大型公司积累全球多年数据综合合成的计价体系。一般来说，影响工程保险价格的因素如下：

（1）工程性质和造价：大型项目的综合费率往往低于单个小型项目。

（2）危险程度：根据施工技术难度和设备安装调试难度，如果项目中含有原型机，则风险程度显著增加，费率会大大高于其他通用性设备。

（3）地理环境：决定了周边环境对工程造成的影响，属于先天性因素；

（4）工期长短和施工季节：工期长则风险程度增加，费率会相应提高；根据工程类型的不同受季节影响较大，比如受冬季施工和雨季施工的影响。

（5）巨大灾害的可能性：大型自然灾害对工程的影响非常巨大，自然灾害高发区的保险费率往往是其他地区的数倍。

（6）承包商的资信和管理水平：管理能力的高低往往决定工程中意外事故发生的概率，对定价的影响也较大。

（7）免赔额和特种风险的赔偿限额：在工程保险定价模型中，限额和免赔直接与费率挂钩，对费率条件的影响非常直接。

（8）赔付记录：过往项目的理赔记录也会对定价产生软性的间接影响。

（9）国际再保险市场行情：市场行情决定了承保能力的释放是否充足，资本对保险价格的影响也是考虑的关键因素。

（10）保费的支付：保费如果一次性支付，可能有相关优惠条件。

8.2.2　工程项目人员保险

在工程项目中，"人"是最不可或缺的要素，而对工程项目中"人"的保险保障，也是最应该受到工程项目管理者重视的内容。目前，工程项目所涉及的商业保险主要包括施工人员意外伤害保险和雇主责任保险。

1. 施工人员意外伤害保险

（1）建筑行业意外伤害风险与保险

建筑业是仅次于矿山采掘业的高风险行业，从业人员结构复杂、流动性大，且文化水平相对较低，安全意识不强。针对我国建筑行业安全生产的情况，国家一方面加大了安全生产管理的力度，另一方面推动建筑工程施工人员意外伤害保险工作，以切实维护广大从业人员，特别是农民工的切身利益。

（2）投保人与被保险人

一般而言，凡16～65周岁的人员均可投保。但因人员意外伤害保险属于团体意外险，投保人数要求应占单位在职人员总数的75%以上，且有最低的人数要求。凡具有符合国家规定的施工资格的施工企业，均可作为投保人，其管理人员、技术人员、施工人员均可作为被保险人。若被保险人名单发生变更，投保人应及时通知保险人，进行被保险人清单的批改。若被保险人变更较为频繁且投保人信誉较好、管理完善的，可每月定期批改变更被保险人。

保险人在承保此保险前，一般会告知投保人发生赔款时必须是被保险人或其受益人亲自来领取赔偿金；如果投保人已先行赔付给被保险人，则应与被保险人或其受益人签订权益转让书，避免出现不必要的法律纠纷。

（3）保险责任

1）主险责任范围

在保险期间，被保险人从事建筑施工及与建筑施工相关的工作，或在施工现场或施工期限内指定的生活区域内因遭受意外伤害，并因该意外伤害导致身故、残疾或烧伤的，保险人依照约定给付保险金。

2）附加险责任范围

附加险为建筑施工人员团体意外伤害医疗保险，保险人负责赔偿在每次意外伤害事故中所支出的医疗费用。

2. 雇主责任保险

（1）雇主责任

雇主责任是指雇主在经营过程中根据合同和法律规定对雇员应承担的各种责任。在雇主责任保险范围内，雇主责任则是指雇主在雇用合同期间，由于故意、过失甚至是无过失行为导致雇员的人身伤亡，依照合同或者法律的规定应当承担的经济赔偿责任。

（2）雇主责任风险

雇主责任风险是指雇主在经营过程中由于各种原因产生的雇主责任损失的可能性，包括对于雇员经济赔偿的民事责任和违反安全生产法规的刑事责任。

与其他生产性行业相比，建筑行业是一种高风险的行业，原因是其工作环境的非标准性，如包含大量露天、高空、水下和地下环境作业。另外，在施工过程中还会涉及一些爆破、超大件吊装、带电、明火、有毒、有害等危险作业。

（3）雇主责任保险

雇主责任保险承保的是被保险人（雇主）的雇员在受雇期间从事工作的过程中因遭受意外导致伤、残、死亡或患有与职业有关的职业性疾病而依法或根据雇用合同应当由被保险人承担的经济赔偿责任。

雇主责任保险的最大特点是，与雇主在经营中对于雇员的责任形成对应关系，这种责任包括依据合同产生的责任和依据国家相关法律产生的责任。它以雇主责任为保险对象，即雇主在经营企业的过程中由于各种原因可能产生的雇主责任及其导致的经济损失，均能够通过雇主责任保险的形式进行转移。

3. 雇主责任保险与施工人员意外伤害保险的异同

雇主责任保险与施工人员意外伤害保险最主要的不同在于保障对象不同。雇主责任保险以雇主对于雇员可能产生和承担的法律责任作为保障对象，其实质是以雇主的利益为保障对象。施工人员意外伤害保险以施工人员及其亲属在施工人员发生意外伤害事故时的经济损失作为保障对象，其实质是以施工人员及其亲属的利益为保障对象。

目前，我国建筑行业在建筑安全生产管理过程中，对于施工人员安全责任保障工作的主要法律依据是《中华人民共和国建筑法》（以下简称《建筑法》）。《建筑法》第四十八条规定："建筑施工企业必须为从事危险作业的职工办理意外伤害保险，支付保险费"。这一规定从根本上改变了以往一些建筑施工企业忽视职工生产安全的情况，从立法的角度强化了施工企业的安全责任意识，同时利用商业保险制度解决了施工人员安全利益保障的问题。

但是，《建筑法》第四十八条的规定也存在一些缺陷，包括：①保障对象范围太窄。规定仅明确了必须为"从事危险作业"的施工人员办理保险，而在施工过程中并不仅是"从事危险作业"的施工人员有风险，其他施工人员同样有风险。②保障范围不明确。意外伤害保险是保险产品的一个类别，在这个类别中可能由于产品的不同，其保障的范围也各不相同。③保障程度不确定。作为一种商业保险,决定其保障功能的指标之一是保险补偿的程度。《建筑法》并没有就建筑施工企业为职工办理意外伤害保险的补偿程度,即保险的金额,做出具体规定。

《建筑法》第四十八条的规定对于建筑施工企业的风险管理而言也存在一些问题,因为即使建筑施工企业为施工人员办理了意外伤害保险,一旦发生事故,保险合同关系的当事人是保险公司和施工人员及其亲属,所以施工人员及其亲属在获得保险公司的赔偿之后,如果他们认为建筑施工企业应当对他们的损害承担法律责任,他们仍然具有向建筑施工企业提出损害赔偿的权利,则建筑施工企业仍然可能面临风险和损失。

从理顺法律关系、规范行业管理的角度出发,应当是通过立法要求建筑施工企业必须在办理社会劳动保险的基础上,办理雇主责任保险并规定最低投保金额。只有将安排有效的雇主责任保险作为对建筑施工企业进行行政管理的一个重要内容,才能从根本上解决目前存在的问题。

【案例 8-4】哈萨克斯坦阿斯塔纳轻轨项目

阿斯塔纳轻轨(现称努尔苏丹)是哈萨克斯坦的首条城市轻轨,连接机场和新火车站,途径总统府、国防部等地标性建筑,全长 21.39km,为全世界最短的轻轨,全线采用高架敷设,是线网中一条连接东北、西南方向的轨道交通骨干线,建成之后轻轨两端的通勤时间缩短将近一半。该项目承包商为参与该项目的相关雇员投保海外人员意外伤害保险,并按照《工程承包合同》的要求,同时投保了雇主责任保险。

8.2.3　工程项目货运保险

建设项目的货运风险是指在项目建设过程中,业主或承包商的建设物资(材料和设备)和施工机具在运输途中由于自然灾害或意外事故可能遭到的损坏和灭失风险。

在项目建设中,材料和设备的价值通常可能会占到工程总价的60%以上,而这些材料和设备一般不可能在工地当地采购,需要从外地甚至是国外采购并运输到工地。另外,在项目建设中还必须应用大量施工机具,这些机具也需要从施工单位的基地或者上一个工地或者出租方仓储地点运输至工地。所以,货运风险是建设项目风险管理的一个重要内容,业主或者建设施工单位在进行项目建设过程中必须充分考虑货运风险的管理。

1. 货运风险承担主体

在不同项目中,由于合同内容不同,运输风险承担的主体也不同。

从采购合同的角度看,运输风险承担的主体可以是买方(业主或者承包商),也可以是卖方(供应商)。确定的依据是相应的合同条件,即采购合同中的价格条件。在进口设备合同中,若是以到岸价格(Cost, Insurance and Freight, CIF)条件成交的采购合同,则由供应商承担设备由生产厂家运输到目的港或者工地期间的运输风险;若是以成本加运费(Cost and Freight, CFR)或船上交货价(Free On Board, FOB)条件成立的采购合同,则由买家(业主或者施工单位)承担设备由出运港口至目的港或者工地期间的运输风险。

在国内采购中,通常以合同规定的交货地点确定:若以工地为交货地点,则由卖家承担运输风险;反之,若买家自行提货,运输风险则由买家承担。为此,业主或者承包商在签订采购合同的过程中应当意识到在价格条件背后的风险责任,注意控制价格条件,并通过价格条件转移运输风险。

施工机具的运输风险承担主体一般是承包商。但是，在施工机具属于租赁的情况下，则可能由出租方承担运输风险。

2. 货运风险分类

分类标准不同，货物运输风险种类则不同。按照风险区间，运输风险可以分为装卸环节的风险、运送环节的风险和储存环节的风险；按照风险的性质，运输风险可以分为自然灾害、意外事故和人为因素；按照运输方式，运输风险一般可以分为铁路运输风险、公路运输风险、水路（内河、沿海）运输风险、海洋（远洋）运输风险、航空运输风险和邮包运输风险。

3. 货运风险保障的衔接

在管理建设项目运输风险的过程中，应当特别注意的一个问题是保障的相互衔接，即保险的连续性。运输活动的实质是一种物的位移，而这种位移是以一个期间的形式体现的。在此期间可能采用不同的运输方式，如陆运、海运和空运，而不同运输方式之间的衔接是风险管理的一个重要内容。例如，在进口设备运输风险管理的过程中，人们往往容易忽视从港口到工地这一段的运输风险，结果恰恰就在这一段发生了损失。另外，对于一些大型设备，除了在运输途中的风险外，在不同运输方式转换时的装卸风险也是风险控制的一个重要环节。在转运过程中临时存放期间的风险，同样应当引起人们的重视。

总之，在进行建设项目运输风险管理的过程中，一个值得注意的问题就是各个阶段保障的相互衔接，避免出现保障的"真空"期。

4. 货物运输保险的种类

货物运输保险基本可以分成两大类：国内货物运输保险和进出口货物运输保险。

国内货物运输保险分为国内水路货物运输保险、国内铁路货物运输保险、国内公路货物运输保险和国内航空货物运输保险四类。这些险种又根据保障范围的不同，一般分为基本险和综合险两个险别。

进出口货物运输保险分为海洋货物运输保险、陆上货物运输保险、航空货物运输保险和邮包保险四类。其中海洋货物运输保险根据保障范围的不同，分为平安险、水渍险和一切险三个险别。

5. 进口设备运输保险

在一些建设项目中，尤其是大型项目建设过程中，往往涉及大量进口设备，这些设备的进口一般是通过远洋运输完成的。远洋运输的特点是运距大、周期长、运输环境相对恶劣，同时在这些进口设备中常常还有一些超大和超重部件。所以，进口设备的运输风险管理应当引起人们的充分重视。

在进口设备运输风险的管理过程中应当注意掌握以下三个问题。

（1）合同价格条件的选择

在进口设备的商务合同中，价格条件通常有三种，即 CIF、CFR 和 FOB，其实质除了费用的分摊外，更重要的是涉及风险的承担。

（2）合同价格条件中目的地的确定

采用 CIF 价格条件时，通常要明确目的地。在以往一些商务合同的签订过程中，业主由于缺乏知识和经验，在合同中接受以设备的卸货港作为目的地，这样根据合同规定，卖方办理的海洋货物运输保险的终点就是卸货港。根据海洋货物运输保险合同的规定，如果被保险货物到了目的港后，需要转运到非保险单所载明的目的地时，则保险公司的责任以货物开始转运时终止。这样在转运期间的运输风险就必须由业主来承担，意味着业主必须为内陆转运再办理一次保险并支付相应的保险费。解决这个问题的最好办法是在签订商务合同时，以工地作为价格条件的目的地，这样相应的海洋货物运输保险的目的地就是工地。

（3）货运风险与工地存放风险的衔接问题

这个问题的核心是采用同一家保险公司。业主在安排货物运输保险和工程保险的过程中，由于各种原因采用的不是同一家保险公司，这样当货物运抵工地时，如果不开箱检验，一旦日后发现问题，则货物运输保险的保险公司会以保险期限已经终止，或者损失可能是在工地存放期间发生的为由，而拒绝承担赔偿责任；如果开箱检验，开箱和重新包装的费用往往较高，更重要的是一些设备的包装采用了特殊方式，一旦拆开就难以恢复。解决这个问题的最好方法是将货物运输保险和工程保险向同一家保险公司投保，一旦发生类似的情况，就可以与保险公司协商，对于外包装有轻微破损的，在采取必要的保护措施之后，待安装时再开箱检验；如果发现有损失，则无论是在运输期间发生的，还是在工地存放期间发生的，均由保险公司负责赔偿。

【案例 8-5】巴基斯坦卡西姆燃煤电站项目

该项目位于卡拉奇附近的卡西姆海港，是"中巴经济走廊"的首个电力合作项目。卡西姆燃煤电站是中巴双方共同合作投资的 PPP 项目，该项目作为巴基斯坦南部的一个火电基地，建成后将持续每年发电约 95 亿 kW·h，将大大缓解巴基斯坦电力短缺的局面，并对国家调整电力及能源结构、缓解供需矛盾、优化投资环境产生积极影响。本项目作为一个 PPP 项目，在《供电协议》《融资贷款协议》以及《工程承包协议》中均要求项目公司（业主）为该项目的设备、物料、施工机具等投保货物运输保险，并保证保单持续有效至本项目不再需要货物（设备）运输为止。该货物运输保险保单签署后还要提交贷款银行以及购电公司审阅。

8.2.4　工程项目责任保险

一个工程项目所涉及的责任保险（Liability Insurance）包罗万象，如工程项目的第三者责任保险（见 8.2.1）、工程人员的雇主责任保险（见 8.2.2）、工程职业责任保险、完工操作责任保险、机动车辆责任保险以及与融资要求相关的其他责任类保险。本节主要介绍工程职业责任保险，该险种可以说是与承包商自身关系最为密切的保险。

1. 工程职业责任

工程职业责任是指从事与工程建设有关的，如勘察、设计、监理、咨询、顾问人员或机构在提供的专业技术服务过程中的职业责任。

工程职业责任属于专家责任。专家是指具有特定的专门技能和知识，并以提供技能或者知识服务为业的人员，这些人员应当采用合理的技能，谨慎而勤勉地工作。一般认为专家应当具有以下特征：

（1）专家的工作性质具有高度的专门性，其核心为精神的、脑力的而不是体力的工作；

（2）专家与顾客之间因有专家高度的职业道德，而存在特殊的信赖关系；

（3）具有从事专家服务的资格；

（4）具有较高的社会地位和收入水准。

专家责任是指提供专门技能或者知识服务的人员，因其在服务中的疏忽或者过失导致他人的人身伤亡和财产损失依法应当承担的民事责任。专家提供的服务不同于一般服务行业人员提供的服务，因此专家承担的责任是较为严格的责任，专家应当承担与其地位和服务相称的、以信赖责任为基础的高度注意义务。但是，应当注意的是，专家的高度注意义务并不是无过错责任或者严格责任，专家责任的基础仍然是过失责任。

通常工程职业责任的主体是除业主和承包商外，为工程建设项目提供技术服务的各种工程专业技术人员和机构。在工程项目的开发建设过程中，这些专业技术人员和组织涉及的工作内容是多方面的，其职业责任可以分为两大类：过失责任和合同责任。

（1）过失责任（Tort liability），是指专业技术人员没有履行其作为专业技术人员应该履行的责任，或是做了作为专业技术人员不应该做的事，而这些过失恰恰造成了业主或第三方的损失，因此必须承担相应的民事损害赔偿责任。

（2）合同责任（Contractual liability），是指专业技术人员作为技术服务合同当事人的一方违背了合同的规定，没有适当地履行合同规定的义务，从而给另一方造成了损害，因此必须依据合同承担相应的经济赔偿责任。

2. 工程职业责任风险

工程职业责任风险包括行为责任风险、工作技能风险、技术资源风险、管理风险和职业道德风险。从主体上看，行为责任风险、工作技能风险和职业道德风险更多地表现为一种个人职业风险，而技术资源风险和管理风险则多为单位职业风险。

（1）行为责任风险

工程职业的行为责任风险来自三个方面：

1）违反了有关委托合同规定的职责义务，超出了委托方委托的工作范围，从事了本不属于自身职责范围内的工作并造成了损失，就可能因此承担相应责任。例如，在监理合同执行过程中，对于工程中一些需要由设计人或其他专业技术人员确认的内容，若监理工程师利用自身的权力单方面指令承包商进行相应的作业，这就超出了他的职责范围，一旦工程因此发生损失，则监理单位必须承担相应责任。

2）未能正确地履行委托合同中规定的职责，在工作中发生了失职行为。例如，在设计合同执行过程中，对于设计工作中应该实行复核的项目，未进行复核或不按规定进行复核，使设计工作留下隐患或造成损失，设计单位或者个人就必须为此承担失职责任。

3）主观上的无意行为导致未能严格履行自身的职责并因此造成了工程损失。例如，在勘察合同执行过程中，由于疏忽大意，对勘察作业过程缺乏应有的检查监督，或者虽然进行了检查监督，却未能发现存在的问题，并因此造成勘察结果偏差，导致工程发生损失，勘察单位则要负相应责任。

（2）工作技能风险

工程专业技术服务工作是基于专业技能基础上的技术服务，因此尽管专业技术人员履行了委托合同中委托的工作职责，但由于其本身专业技能的限制，可能并不一定能取得应有的效果。例如，对于某些需要专门进行检查、验收的关键环节或部位，监理工程师虽按规定进行了相应的检查，其程序和方法也符合规定要求，但并未发现本应该发现的问题或隐患，原因是他在某些方面的工作技能不足，尽管主观上他并不希望发生这样的过错。同时，在工程技术日新月异，新材料、新工艺层出不穷的今天，并不是每一位专业技术人员都能及时、准确、全面地掌握所有的相关知识和技能，因此也就无法完全避免这类风险。

（3）技术资源风险

即使专业技术人员在工作中并无行为上的过错，仍然有可能承受由技术、资源带来的工作上的风险。例如，在混凝土工程施工过程中，监理工程师按照正常的程序和方法，对施工过程进行了检查和监督，并未发现任何问题，但仍有可能留有隐患，如某些部位因振捣不够留有孔洞等缺陷。这些问题可能在施工过程中无法及时发现，甚至在今后相当长的一段时间内仍无法发现。又如，某些工程在设计上质量隐患的暴露需要一定的时间和诱因，利用现有的技术手段和方法，并不可能保证所有问题都能及时发现。

（4）管理风险

明确的管理目标、合理的组织机构、细致的职责分工、有效的约束机制是专业技术服务机构组织管理的基本保证。尽管有高素质的人才资源，但如果管理机制不健全，在提供专业技术服务的过程中仍然可能面临较大的风险。这种管理上的风险主要来自两个方面：一是专业技术人员与机构之间的管理约束机制。一方面，机构必须要让专业技术人员有职有权，放手工作；另一方面，机构对专业技术人员的工作行为进行必要的监督和管理同样是非常重要的。也就是说，机构和专业技术人员之间应该建立完善、有效的约束机制。二是专业技术服务机构的内部管理机制。这些机构中各个层次的人员、职责分工必须明确，沟通渠道必须有效。如果不能在机构内部实行有效的管理，则风险仍然无法避免。

（5）职业道德风险

从事工程专业技术服务的人员应当是具有高素质的专业技术人才，接受过良好教育并具有丰富的实践经验。社会公众对专业技术人员和机构的服务存在较多依赖，因此专业技术人员在运用其专业知识和技能时，必须十分谨慎、小心，表达自身意见必须明确，处理问题必须客观、公正，同时必须廉洁自律、洁身自爱，勇于承担对社会、对职业的责任，在工程利益与社会公众利益相冲突时，优先服从社会公众利益；在专业技术人员和机构的自身利益与工程利益不一致时，必须以工程利益为重。如果专业技术人员和机构不能遵守职业道德，自私自利、敷衍了事、回避问题，甚至为谋求私利而损害工程利益，毫无疑问，必然会因此而面对相应的风险。

3. 工程职业责任保险

工程职业责任保险是指为工程建设过程中各种专业技术服务的职业责任风险提供保障的责任保险。其特点是针对工程建设专业技术服务的职业风险，专业技术服务内容包括勘察、设计、监理、咨询、评估等。

目前，我国工程建设专业技术服务的职业责任保险主要是针对工程设计的职业责任保险，以下重点介绍。

（1）保险的类型

工程设计职业责任保险的类型有两种，即年度保单和项目保单。

年度保单是针对从事设计工作的单位（个人）的，为其在一定期间（年度）范围内经营业务过程中的职业责任风险提供保险保障。绝大多数设计单位（个人）均要为自身的职业责任风险安排年度保单，而且这种年度保单在其职业活动过程中是持续存在的。

项目保单是针对单一项目的，为项目的设计风险提供保险保障。项目保单可以视为对年度保单的一种补救措施，通常有两种情况需要采用项目保单：一是项目业主一旦发现承接其工程设计任务的单位没有购买年度保单时，则应当要求其为本项目安排一个单独的保险；二是如果承接设计任务的单位虽然购买了年度保单，但年度保单的赔偿限额与承担的风险不匹配时，则可以通过安排一个项目保单作为补充。

（2）投保人/被保险人

我国工程设计职业责任保险的投保人和被保险人均是单位（法人），而国外的设计职业责任保险的投保人和被保险人也可以是设计师个人。根据我国设计职业责任保险条款的措辞，被保险人为"凡经国家建设行政主管部门批准，取得相应资质证书并经工商行政管理部门注册登记依法成立的建设工程设计单位"，而设计师个人的职业责任风险是通过设计单位体现并分散的。

（3）责任范围

我国设计职业责任保险的责任范围为：被保险人在本保险单明细表中列明的追溯期或保险期限内，在中华人民共和国境内（我国香港、澳门、台湾地区除外）完成设计的建设工程，由于设计的疏忽或过失而引发的工程质量事故造成下列损失或费用，依法应由被保险人承担经济赔偿责任的，在本保险期限内，由该委托人首次向被保险人提出赔偿要求并经被保险人向保险人提出索赔申请时，保险人负责赔偿：①建设工程本身的物质损失；②第三者人身伤亡或财产损失。

事先经保险人书面同意的诉讼费用，保险人负责赔偿。但此项费用与上述第①、②项的每次索赔赔偿总金额不得超过本保险单明细表中列明的每次索赔赔偿限额。

发生保险责任事故后，被保险人为缩小或减少对委托人的经济赔偿责任所支付的必要的、合理的费用，保险人负责赔偿。

【案例8-6】以色列特拉维夫地铁（绿线）项目

特拉维夫地铁又称特拉维夫轻轨，是以色列首都特拉维夫的轨道交通系统。规划有红线、绿线和紫线。其中2019年9月26日，中国建筑旗下中建国际在以色列与特拉维夫大都会轨道交通有限公司（NTA）共同签署特拉维夫绿线G3-2段地铁项目EPC合同，合同额约5.17亿美元，由以色列财政部提供资金。该项目的《工程承包合同》中明确要求EPC总承包商投保"单个工程项目职业责任保险（SPPI）"，而且对该保险有比较高的投保条件要求。

保单限额：累计5000万美元

保险期限：10年

保险责任：设计责任

这样的要求必然会使承包商支付高额的保险费，如上述项目该险种最终保费接近200万美元。因此，承包商在项目投标时应提前请专业保险经纪人做较为精确的成本预估，尤其是遇到"单个工程项目职业责任保险（SPPI）"时，更要结合具体的保险条件和国际保险市场的环境进行详细评估，以保证投保时保费预算的充足。

8.2.5 工程项目信用保险

信用保险（Credit Insurance）是指债权人向保险人投保债务人信用风险的一种保险，是一项企业用于风险管理的保险产品，主要功能是保障企业应收账款的安全。其原理是把债务人的保证责任转移给保险人，当债务人不能履行其义务时，由保险人承担赔偿责任。

在众多信用保险中，作为各国政府普遍采用的政策性金融工具之一，出口信用保险在企业参与国际公平竞争、维护国际贸易、促进全球经济一体化中起到了积极的推动作用。1919 年，英国建立了出口信用制度，成立了第一家官方支持的出口信贷担保机构——英国出口信用担保局（Export Credit Guarantee Department，ECGD）。

随着世界各国政府自二战后普遍将扩大出口和资本输出作为本国经济发展的重要战略，出口信用保险被视为支持出口和海外投资的利器之一。出口信用保险是以一国财政作为后盾，以提供收汇保障、风险管理和融资支持为方式，支持本国企业开展贸易、海外投资和对外承包工程等经济活动的一项特殊的政策性措施。由于它把国家的支持政策融入保险这一市场化操作过程之中，因而为世界贸易组织协议所允许，成为各国政府支持出口的重要政策性金融工具。2001 年，在我国加入 WTO 的大背景下，国务院批准成立了专门的国家信用保险机构——中国出口信用保险公司（以下简称"中国信保"）。

1. 出口信用保险的种类

信用保险经过一百余年的发展，已成为品种齐全、覆盖面广、运作灵活的保险险种。根据国际常用分类方法，信用保险一般可按贸易区域、信用期限和银行融资方式进行分类。

（1）根据贸易区域分类

根据贸易区域不同，可以将信用保险分为国内贸易信用保险（Domestic Credit Insurance）和出口信用保险（Export Credit Insurance）。国内贸易信用保险的交易双方均在国内，而出口信用保险的交易一方或双方在国外。

（2）根据信用期限分类

根据信用期限的长短，可以将信用保险分为短期出口信用保险（Short-term Export Credit Insurance）和中长期出口信用保险（Medium & Long-term Export Credit Insurance），短期出口信用保险承保的信用期一般不超过 180 天，通常适用于原材料和消费品的贸易；中期出口信用保险承保的信用期一般在 180 天至 2 年之间，长期出口信用保险承保的信用期在 2 年以上，中长期出口信用保险适用于半资本品或资本品，如大型机电、成套设备、船舶等的贸易。

（3）根据银行融资方式分类

根据贸易活动中使用银行融资方式的差异分类，可以将出口信用保险分为出口买方信贷保险（Export Buyer's Credit Insurance）和出口卖方信贷保险（Export Seller's Credit Insurance）。出口买方信贷保险适用于买方使用银行贷款项下的出口合同，出口卖方信贷保险适用于卖方使用银行贷款项下的出口合同。

2. 中长期出口信用保险

中长期出口信用保险与海外工程相关度较高，是政府开办的一类保险，具有极高的政策属性。其承保业务的信用期一般为 2～15 年，主要为金融机构、出口企业或租赁公司收回融资协议、商务合同或租赁协议项下的应收款项提供风险保障。

（1）中长期出口信用保险的特点

1）不以盈利为目的

中长期出口信用保险主要是推动本国大型机电、成套设备及对外承包工程等出口，并由此带动本国一系列的资本拉动效应、就业放大效应和出口关联效应，因此受到政府关注。正因如此，在政府的支持下，出口信用保险机构均坚持不以盈利为目的的经营原则。

2）政策性金融工具

政治风险在中长期出口信用保险所承保风险中占有很大比重，尤其对于买方为政府部门或公立机构——在一定程度上等同于国家政府。私人保险市场由于其承担风险能力有限，尤其是对于政治风险。当发生风险时，私人机构不具备同东道国政府进行谈判的实力及地位，其进行理赔后取得的代位求偿权无法完全发挥效用，自然使其追偿能力大打折扣，这使得在中长期出口信用保险市场中，官方机构占有很大的比较优势，也占有更大的市场份额，私人市场一般会通过分保或再保险来参与中长期出口信用保险。正是由于官方出口信用保险机构的特殊地位，政府可以通过改变其经营政策及策略，直接影响本国资本性货物的出口产品结构和支持力度，进而影响本国资本性货物的市场分布走向，最终达到为其外交、金融、财政等政策服务的目的，成为政治经贸互动结合战略的有力措施。

3）国家财政支持

在各国出口信用机构中，中长期出口信用保险支持的都是一些金额大、期限长、风险高的出口项目，且项目所在国政治风险较高，从国家战略层面需要有支持。在此情况下，只有国家财政的积极支持才能使其顺利执行。国家财政的支持不仅体现在法定注资层面，还可以设立专项出口信用保险基金以规避风险，以及给予出口信用保险公司税收优惠，也可以直接以财政"兜底"。

（2）中长期出口信用保险的主要分类

中长期出口信用保险是指为鼓励中国资本性货物出口和对外承包工程，向金融机构或出口企业提供的，承担因政治风险和商业风险导致的贷款协议或商务合同下应收款损失的、信用期限在 2 年以上的产品。中长期出口信用保险主要包括出口买方信贷保险、出口卖方信贷保险、出口延付合同再融资保险和海外融资租赁保险，下文主要以中国信保相关产品为例，做进一步介绍。

1）出口买方信贷保险

出口买方信贷保险（以下简称"买贷保险"）是指在买方信贷融资方式（如图 8-2 所示）下，出口信用保险公司向金融机构提供的、用于保障金融资金安全的保险产品。在买贷保险中，提供融资的金融机构（包括中外资银行）即为被保险人。

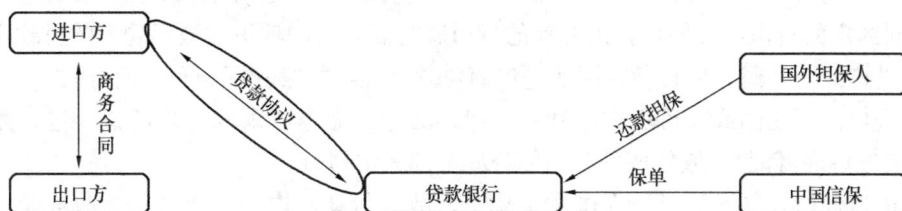

图 8-2　出口买方信贷保险结构图

买贷保险承保的风险主要包括商业风险和政治风险。商业风险事件包括借款人被宣告破产、倒闭或解散；借款人拖欠贷款协议项下应付的本金或利息。政治风险事件包括借款人所在国家（或地区）政府或其贷款协议项下还款必须经过的第三国（或地区）政府颁布法律、法令、命令、条例或采取行政措施，禁止或限制借款人以贷款协议约定的货币或其他可自由兑换的货币向被保险人偿还贷款；借款人所在国家（或地区）政府或其贷款协议项下还款必须经过的第三国（或地区）政府颁布延期付款令；借款人所在国家（或地区）发生战争、革命、暴乱；借款人所在国家（或地区）发生恐怖主义行动和与之相关的破坏活动；保险人认定的其他政治事件。

【案例 8-7】巴基斯坦煤电一体化项目

该项目总投资金额 19.9 亿美元，是中巴经济走廊优先实施项目。中国信保 2015 年为该项目提供了出口买方信贷保险，有效覆盖融资银行的回款风险，促成了项目的融资，使该项目成为中巴经济走廊框架协议下第一批全面落实的买贷项目。

2）出口卖方信贷保险

出口卖方信贷保险（以下简称"卖贷保险"）是指在出口方提供融资的方式（如图 8-3 所示）下，信用保险机构要求出口方提供的、用于保障出口方收汇安全的保险产品。

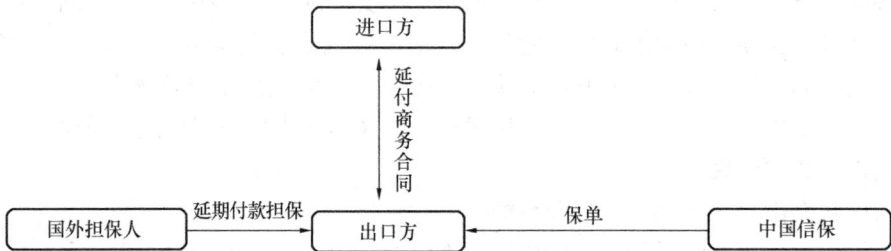

图 8-3　出口卖方信贷保险结构图

卖贷保险对因政治风险或商业风险引起的出口商在商务合同项下应收的延付款损失承担赔偿责任。具体包括：

① 进口商及其担保人破产、倒闭、解散；

② 进口商违反商务合同项下对被保险人的付款义务，且进口商的担保人（如有）也未履行担保合同项下的担保义务；

③ 进口商违反商务合同的规定，致使商务合同提前终止或无法履行；

④ 进口商所在国政府颁布法律、法令、命令或采取行政措施，禁止或限制进口商以商务合同约定的货币或其他可自由兑换的货币履行商务合同项下对被保险人的付款义务；

⑤ 进口商所在国、项目所在国或进口商付款需经过的第三国颁布延期付款令；

⑥ 进口商所在国或项目所在国颁布法律、法令、命令或采取行政措施（包括撤销或不予延展进口许可证），致使商务合同部分或全部无法履行；

⑦ 进口商所在国或项目所在国发生战争、敌对行动、内战、叛乱、革命或暴动，致使商务合同部分或全部无法履行。

【案例 8-8】埃塞俄比亚复兴大坝 500kV 输变电项目

该项目为埃塞俄比亚复兴大坝水电输送工程。项目业主为埃塞俄比亚国家电力公司，埃塞俄比亚财政和经济发展部提供主权担保。该项目为目前非洲电压等级最高、规模最大的输变电项目，是埃塞俄比亚国家重点工程。项目金额 11.8 亿美元，信用期限 14.5 年，中国信保为项目提供了出口卖方信贷保险，保障出口商在商务合同项下的延付本金和建设期结束后延付期内的利息，同时覆盖了完工前风险和完工后风险。

3）出口延付合同再融资保险

出口延付合同再融资保险，是指在金融机构无追索权买断出口商务合同项下的中长期应收款后，出口信用保险机构（Export Credit Agency，ECA）向金融机构提供的、用于保障金融机构资金安全的保险产品。从实际操作来说，无论出口商是否已投保过卖方信贷保险，原则上只要出口商在商务合同项下的履约义务已经履行完毕，并且其债权体现于一套可转让的中长期应收款凭证，就可以投保再融资保险。被保险人与出口买方信贷保险一样，同为提供融资的中外资金融机构。其承保的风险范围基本同上述两种产品一致。

4）海外融资租赁保险

海外融资租赁保险是为出租人提供租赁项目所在国政治风险及承租人信用风险的风险保障，出租人和银行均可作为被保险人。承保风险同样为两类：一是政治风险，主要为承租方或项目所在国发生战争、征收、汇兑限制导致被保险人应收租金或租赁合同终止发生损失；二是承租人违约风险（商业风险），承租人因不可抗力以外的原因，未能按期向出租人支付《租赁协议》中所约定租金的行为。

上述几种主要中长期出口信用保险对于投保主体的要求大致如下：

① 对申请人/被保险人的资质要求：申请人/被保险人应是与项目有相关利益的法人。其中，出口买方信贷和出口延付合同再融资保险的申请人应是与项目有相关利益的，在中国（不含我国香港、澳门及台湾地区）注册的法人、金融机构或符合条件的外资银行。出口卖方信贷保险则为相应的法人。

② 对债务人的要求：债务人包括商务合同/融资协议的付款方和担保人。申请时，债务人对中国信保无拖欠款项（已达成重组计划并正常执行的拖欠款项除外）。

上述中长期出口信用保险的保险范围如下：买贷保险限于贷款协议项下的本金和利息，不包括赔款等待期利息和罚息；卖贷保险限于出口方在商务合同项下支出的成本和应收的延付款项（可含利息），不包括逾期利息和罚息；出口延付合同再融资保险限于出口商务合同项下应收款本金和利息，不包括赔款等待期利息和罚息。

上述中长期出口信用保险对项目的要求包括：

① 出口项目应符合相关国家法律法规，符合我国外交、外经外贸、产业、财政及金融政策，重点支持高科技、高附加值、优势产业、拥有自主品牌或自主知识产权的资本性、半资本性货物和与之相关的服务出口。

② 出口商品或服务符合中国成分比例要求。其中，机电产品、成套设备的中国成分比例一般不低于 60%；船舶产品的中国成分比例一般不低于 40%；海外工程承包项目不低于 35%。

③ 商务合同规定的现金支付比例一般不低于合同金额的 15%。

④ 项目的出口方应为在中国境内（不含我国香港、澳门及台湾地区）注册的、具有外经外贸经营权和相应资质的法人。

⑤ 保险期限原则上最长不超过 15 年。

⑥ 申请承保的风险为政治风险和商业风险。不能单独申请商业风险；主权信用项目不能单独承保政治风险。

5）海外投资保险

海外投资保险业务是中国信保为鼓励投资者进行海外投资，对投资者及金融机构因投资所在国发生的征收、汇兑限制、战争及政治暴乱、违约等政治风险造成的经济损失提供的风险保障，承保业务的保险期限不超过 20 年。

① 分类

海外投资保险现有两类产品：海外投资股权保险和海外投资债权保险。如图 8-4 所示，海外投资股权保险是针对中国企业对外投资而提供的、承担投资项下股东权益损失的保险产品。海外投资债权保险则是针对中国企业为其海外投资项目提供股东贷款、金融机构为中国企业海外投资项目提供贷款，以及中国信保认可的其他投融资形式，向企业或金融机构提供的承担其债权损失的保险产品。

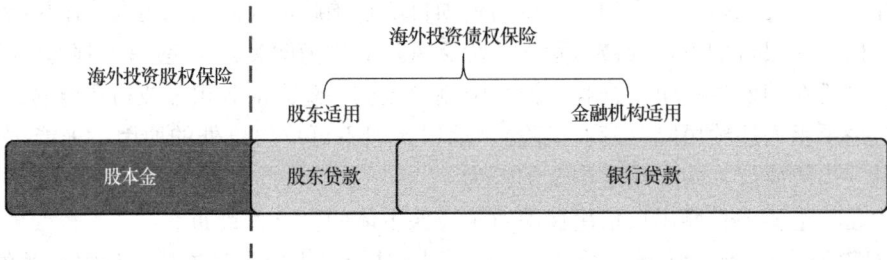

图 8-4　海外投资保险结构图

② 承保风险

承保风险的种类和具体内容如表 8-1 所示。

承保风险种类与具体内容　　　　　　　　　　　　　　　　表 8-1

风险种类	具体内容
征收	项目所在国直接或间接征收
汇兑限制	项目所在国阻碍、限制投资者换汇自由，或抬高换汇成本，以及阻止货币汇出该国
战争及政治暴乱	包括革命、骚乱、政变、内战、叛乱、恐怖活动以及其他类似战争的行为
违约	东道国政府或国有企业对所签订的具有法律约束力的协议的违反

③ 对保险范围的要求

海外投资股权保险的保险范围包括股本投入和收益，不得单独申请承保收益；海外投资债权保险的保险范围包括本金和利息。

④ 对项目的要求

a. 海外投资保险所承保的投资项目应符合我国外交、外经外贸、产业、财政及金融政策，符合投资项目各方所在国的法律法规和政策规定，并获得与投资项目相关的批准许可；

b. 海外投资股权保险适用于海外股权类投资项目，股权类投资包括货币、实物、技术或知识产权等出资方式的股本投资；

c. 海外投资债权保险适用于海外债权类投资项目，债权类投资指中国企业或境内外金融机构为中国企业的海外投资项目提供的各种形式的投资和融资，包括股东债权、金融机构债权，以及中国信保认可的其他形式。

d. 申请时的保险期限原则上最短为 1 年，最长不超过 20 年。

【案例 8-9】巴基斯坦 900MW 太阳能光伏电站项目

该项目是中巴经济走廊框架下最大的光伏电站项目，一期共分为三个区域。项目金额约 5 亿美元，信用期限为 15 年。其中一区项目在中国信保提供海外投资保险及投资人提供连带责任保证担保的基础上完成融资，但二区、三区项目在落实融资过程中，融资银行认为投资人担保能力已在一区项目上用尽而无法接受。在此情况下，中国信保通过提供海外投资债权保险，融资银行首次没有要求投资者提供连带责任担保，而接受了只有担保公司的反担保安排（由多家担保公司组成的担保团提供），降低了企业海外投资的担保门槛及融资成本。

3. 短期出口信用保险

除上述中长期出口信用保险之外，短期出口信用保险中的出口特险也广泛应用于海外工程实践中，主要包括买方违约保险及特定合同保险。

（1）买方违约保险

该产品是向中国出口企业提供的、承担因政治风险和商业风险导致的商务合同项下成本投入损失的短期出口信用保险产品。适用于机电产品、成套设备、工程承包、船舶及电信等行业。

1）投保条件

① 货物或服务从中国出口；

② 合同金额在 100 万美元以上，其中有一定比例预付款；

③ 支付方式为按合同约定或项目进度分期付款；

④ 有明确的出口商务合同。

2）承保风险类别

短期出口信用保险承保风险包括商业风险和政治风险。

商业风险来自于买方，包括：买方破产或无力偿还债务；买方违反商务合同约定或法律规定，或者提出被保险人无法接受的合同变更条件等致使商务合同提前终止。

政治风险包括：买方所在国家或地区颁布法令或行政措施，禁止或限制汇兑货款、禁止货物进口或撤销进口许可证；颁布延期付款令，影响货款支付；买方所在国家或地区被禁运或制裁；发生战争等不可抗力因素，导致买方无法履行合同。

（2）特定合同保险

特定合同保险与买方违约保险的适用范围及投保条件均一致，区别在于特定合同保险保障的是企业在商务合同下应收账款的损失风险。

商业风险来自于买方，包括：买方破产或无力偿还债务；买方违反商务合同项下的付款义务且超过应付款日 60 天仍未付款；买方违反商务合同约定致使合同提前终止或无法履行。政治风险与买方违约保险相一致。

如图 8-5 所示，在信用期限较短的现汇海外工程承包项目中，承包商同样在项目执行过程中面临一定的应收款拖欠或债权形成之前的成本投入损失风险。特定合同保险及买方违约保险提供了相应的风险保障，同时承包商还可以基于保单在银行获得即期融资，即应收账款卖断。

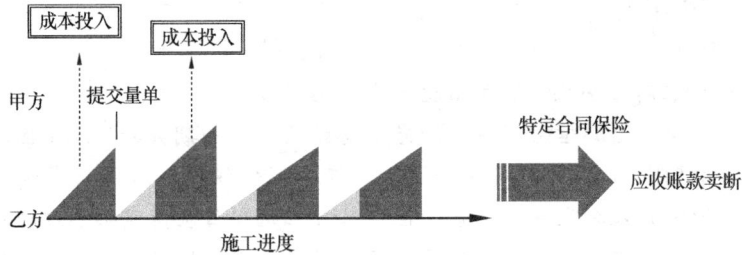

图 8-5　特定合同保险结构图

【案例 8-10】北非某国住宅及配套设施项目

2013 年 11 月，中国某承包商中标北非某国住宅及配套设施项目，工程包括 12 栋公寓楼以及 5 栋宿舍，总建筑面积 8.7 万 m²。合同金额 7732 万美元，建设期 30 个月。项目预付款比例为 10%，进度付款比例为 85%，质保金比例为 5%。项目付款期限 90 天。根据习惯性拖欠，一般付款期限达到 150 天。在此情况下，中国信保提供了特定合同保险，将付款宽限期延长。国内某银行基于中国信保保险单，为承包商提供了应收账款卖断融资，解决了承包商的垫资压力。

8.2.6　工程项目保险保函

工程保险保函的主要承保风险为担保人（保险公司）应工程合同一方（被担保人、委托人、承包方、施工方）的要求向另一方（权利人、受益人、业主）做出书面承诺，保证如果被担保人无法完成其与权利人签订的合同中规定应由被担保人履行的义务，则由担保人代为履约或做出其他形式的补偿。该类业务统称为保函（Surety Bond）。

保函在工程领域有着非常重要的作用，是工程项目顺利进行的有力保障。工程领域的保函分为两个部分，即银行保函和保险保函。国际上银行保函相对比较常用，占全球市场 80% 以上。保险保函占比相对较低，主要集中在北美和中南美市场。

用于保险保函担保的授信额度独立于银行授信，不仅避免了占用银行授信造成的财务影响，也为企业获得融资起到了增信作用。此外，银行甚至会要求资产抵押，进而影响企业的现金流。

保险保函也是项目索赔纠纷中的保护伞。保险保函通常是有条件的条款格式，这不仅赋予了保险公司对于索赔的控制力度，也为企业在遇到纠纷时提供了主动权，避免遭遇不正当索赔；而银行保函限定为见索即付格式，即发生索赔时要求银行在限定时间进行赔付，使企业处于被动。

保险保函条款的灵活度满足了承包商及其业主的个性化需求，同时保险机构也为企业提供细致专业的整体风险规划服务；而银行保函多数时候会捆绑融资服务。

有条件保函与《中华人民共和国担保法》内容一致，即保函从属于基础合同，根据基础合同条件以及有效性决定保函是否支付（国内保函属于有条件保函）。有条件保险保函，通过保险公司的理赔部门对受益人的理赔申请加以验证核实，及时有效地避免了恶意索函事件的发生。

工程保函的种类包括投标保函、履约保函、付款保函、预付款保函、业主支付保函、留滞金保函及保修保函等。根据其相关性质和内容，各保函发挥不同作用，详见图 8-6。

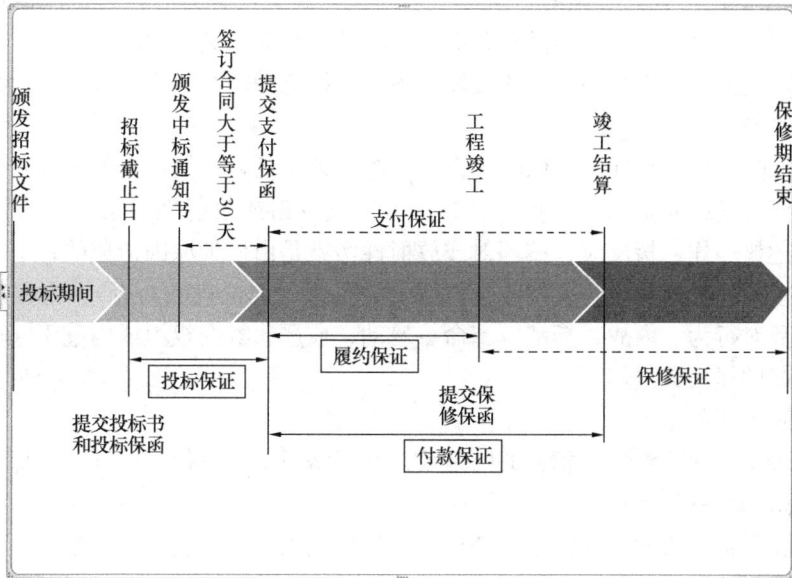

图 8-6 各阶段内保函作用

总之，保险保函是银行保函的一个重要补充，在国际工程中发挥着越来越多的作用，特别是在美洲市场，是承包商执行项目的有利保证。

【案例 8-11】 哥伦比亚 USME 医院项目保险保函

2020 年 2 月，中国电建哥伦比亚分公司正式签署波哥大 USME 医院 EPC 合同。该项目位于波哥大市内，合同额 11.4 亿美金，合同工期 36 个月，项目建筑面积 29965m²，设计床位 221 张。该多功能、综合性、现代化新医院的建成将大大缓解当地医疗资源缺乏的问题。保险公司为其快速出具了投标保函，使其顺利投标，并在中标后，为其提供了履约保函、预付款保函和劳工保函。

8.2.7 工程项目恐怖主义保险

恐怖主义保险诞生的历史并不长，在"911"事件之前，大多数全球保险公司并没有将恐怖主义保险划分为一个单独险种，在传统的财产、工程、责任险中也没有除外相关风险。在"911"事件之后，许多国家才渐渐意识到恐怖主义的危害，并颁布相关法律（如美国在 2002 年颁布 Terrorism Risk Insurance Act），逐渐把恐怖主义保险作为一个强制险种来执行。目前美国、澳洲和欧洲一些国家都有类似的强制要求。

在我国，恐怖主义保险目前还是一个纯商业化的险种，政府没有任何强制要求。购买恐怖主义保险的主体主要是有外资背景的商业机构、地标或标志性建筑物的管理机构等，这些主体的共同特点是具有一定潜在风险暴露。

恐怖主义保险通常是一切险保单，承保的保险责任是保单中列明的财产由于在保险合同期限内发生的恐怖主义行为及破坏行为而导致的物质损失或损害，以及由此导致的毛利润损失。目前，国内常用的恐怖主义条款是伦敦协会条款 T3/T3A。

关于恐怖主义行为的界定是能否触发恐怖主义保险的关键要素，往往需要由公共当局给出明确的认定结果。当然，保单中也会对其承包范围设置相对严格的定义，例如，将恐怖行为定义为"任何个人或团伙，出于政治、宗教或意识形态的目的，以个体行为或代表/涉及某一组织的形式，实施的一次或一系列包括武力或暴力的行为，包括意图动摇政府或是出于动摇政府的目的煽动民众恐慌。"；将破坏行为定义为"出于政治、宗教或意识形态的目的，实施的一次或一系列的破坏行为，包括意图动摇政府或是出于动摇政府的目的煽动民众恐慌。"

像其他保险一样，恐怖主义保险也含有一些除外责任，比较典型的除外责任包括：

（1）任何直接或间接由于核爆炸、核反应、核辐射或放射性污染所造成的损失或损坏，无论上述核爆炸、核反应、核辐射或放射性污染是由何种原因造成的；

（2）直接或间接因战争、入侵或类似战争的行为（无论宣战与否）、主权国家或地方政府实体的敌对行为、内战、叛乱、革命、暴动、戒严、篡夺权力或内乱引起或部分引起的起义而造成的损失或损坏。

需要特别说明的是：

（1）恐怖主义保险除外了相关的网络攻击和网络恐怖的责任，此部分的保险责任属于网络安全保险的承保范围；

（2）防止恐怖主义发生而产生的费用属于被保险人应负的责任，保单不负责赔偿；

（3）恐怖主义保单只赔偿直接损失（如购买了 T3A 则可以赔偿相关的利润损失），间接损失属于标准除外责任；

（4）征收、罚没、国有化及战争等信用险承保范围也属于除外责任；

（5）罢工暴乱、盗窃、不明情况的丢失等属于财产险或商业犯罪保险等相关领域的保证也在恐怖主义保险中明确除外。

恐怖主义保险的承保方式主要是按照赔偿限额投保，参考保险标的保额进行费率的综合计算。决定费率条件的主要因素有：

（1）标的所在地区；

（2）标的的大小和限额的需求；

（3）标的在当地是否属于标志性建筑；

（4）标的是否有重置性；

（5）标的的日常安保措施和应急响应能力。

根据上述因素，恐怖主义保险的费率区间通常差异较大，如国内项目通常在万分位的区间，但承保巴基斯坦、阿富汗及部分非洲国家的费率往往是国内的几倍，甚至几十倍。而且由于保险公司都有较强的风险规避性，一些风险较高的国家的项目很难购买到足额的恐怖主义保险，被保险人往往通过自保或者大幅度提高免赔额的方式予以妥协。

同时，在上文提到的欧美等发达国家，恐怖主义保险属于强制险种，由当地政府牵头统一购买，因此如果参与这些国家的海外项目，需要考虑相关恐怖主义保险的费用，并计入项目成本。

【案例 8-12】卢旺达那巴龙格河二号水电站项目

该项目土建部分保额 2.1 亿美元，工期 56 个月。虽然目前卢旺达社会环境大大提高，素有"非洲新加坡"的美誉，但应业主要求，仍然需要购买保额 1000 万美金的恐怖主义保险。在此情况下，国内保险公司按照业主要求附加恐怖主义保险并单独收取保费，促进"一带一路"海外项目在卢旺达的落地。

8.3 菲迪克（FIDIC）与工程保险

国际咨询工程师联合会菲迪克（FIDIC）成立于1913年，总部在瑞士洛桑，是世界银行和其他国际金融组织认可的国际咨询服务机构，其编制的合同条件被很多国家和世界银行、亚洲开发银行等国际和区域发展援助金融机构作为实施项目的合同和协议范本，被称为国际通用合同条件。其特点是：条款内容严密，对履约各方和实施人员的职责义务有明确规定；对实施项目过程中可能存在的问题有比较合理的规定。

菲迪克（FIDIC）合同作为国际上广泛认可与采用的工程承包合同标准范本，其合同条件是集国际建筑业上百年经验，把工程技术、法律、经济、管理等有机结合起来的一个合同条件。在菲迪克（FIDIC）合同当中，对于风险分担及保险安排都有非常明确的规定。

8.3.1 菲迪克（FIDIC）合同的风险划分

菲迪克（FIDIC）合同的风险分担原则称为近因易控原则，即谁能最有效地防止风险谁来承担，谁能最方便地处理风险谁来承担。

根据近因易控的风险分担原则，菲迪克（FIDIC）合同中对业主与承包商之间的主要风险分担作了明确划分。属于业主的风险包括自然、经济、社会及政策控制、业主自身的行为以及业主控制的行为产生的风险，具体包括自然灾害、物价上涨、法律变动、设备采购等；属于承包商的风险主要是其自身行为的风险，包括报价、施工方法及工艺、劳务及材料采购等风险。对于一些特定风险的分担，菲迪克（FIDIC）合同根据其不同的合同条件也作了划分，比如地质勘查和工程设计产生的不明地质条件风险及设计错误，在"施工合同条件"下，属业主风险；采用"交钥匙"合同，属承包商风险。

下面以"施工合同条件"为例，介绍一下具体的风险划分。

1. 承包商的风险及职责

（1）由于承包商自己的设计、施工和竣工以及修补任何缺陷引起的业主人员的人身伤亡。

（2）由于承包商自己的设计、施工和竣工以及修补任何缺陷或由于承包商人员的疏忽、故意行为或违反合同造成的业主财产的损失。

（3）应从开工之日起承担照管工程及货物的全部责任，直到颁发接受证书之日止（负责所有业主风险以外的原因造成的损失）。

2. 业主的风险及职责

（1）由自己的任何疏忽、故意行为或违反合同造成承包商人员的人身伤亡。

（2）由于其本身的设计、材料或工艺缺陷造成的处于有缺陷状况的工程部分（由上述缺陷状况直接造成损失或损害的任何其他部分—由承包商承担）；为复原由于存在设计、材料或工艺缺陷而处于有缺陷状况的其他工程部分而遭受损失和损害的某一工程部分；业主已接收的工程部分。

（3）其他风险（由下列风险造成的工程、货物或承包商文件的损失或损害以及工程的延期）：

1）战争、敌对行动（不论宣战与否）、入侵、外敌行动；

2）工程所在国内部的叛乱、恐怖主义、革命、暴动、军事政变或篡夺政权或内战；

3）承包商人员及承包商和分包商的其他雇员以外的人员，在工程所在国发动和参与的暴乱、骚动或混乱；

4）工程所在国国内的战争军火、爆炸物资、电离辐射或放射性引起的污染，但可能由承包商使用此类军火、炸药、辐射或放射性引起的除外；

5）由音速或超音速飞行的飞机或飞行装置所产生的压力波；

6）除合同规定外，业主使用或占有的永久工程的任何部分；

7）由业主人员或业主对其负责的其他人员所做的工程任何部分的设计；

8）不可预见的或不能合理期望一个有经验的承包商通过采取足够预防措施应对的任何自然力作用。

8.3.2　菲迪克（FIDIC）合同中关于保险安排的规定

菲迪克（FIDIC）合同对于保险安排的规定是基于对保险市场的深度分析和了解，并以国际上长期以来工程保险的实践为依据。本节以"施工合同条件"为例具体介绍菲迪克（FIDIC）合同中关于保险安排的规定。

1. 工程和承包商设备的保险

（1）应投保方应为工程、设备、材料和承包商文件投保，保险金额应不低于全部复原的费用，包括拆除、运走废弃物的费用以及专业费用和利润。

（2）应投保方应维持该保险在直到颁发履约证书日期为止的期间持续有效，以便对承包商应负责的、由颁发接收证书前发生的某项原因引起的损失或损害，以及由承包商在任何其他作业过程中造成的损失或损害提供保险。

（3）应投保方应对承包商设备投保，保险金额不低于全部重置价值，包括运至现场的费用。对每项承包商设备，该保险都应从该设备运往现场的过程起，直到其不再需要作为承包商设备为止的期间保持有效。

（4）除非在专用条件中另有规定，上述各项保险：

1）应由承包商作为应投保方办理和维持；

2）应由共同有权从保险人处得到赔偿的各方联名投保，保险赔偿金在各方间保有或分配，唯一用于修正损失和损害；

3）应对未列入"业主的风险"中的任何原因造成的所有损失和损害提供保险；

4）还应对由于业主使用或占用工程的另一部分而造成工程某一部分的损失或损害，以及部分业主的风险造成的损失或损害提供保险，每种情况下都不包括按商务合理条件不能投保的风险，其每次事件的免赔额不应超过投标书附录中规定的数额（如果没有规定此数额，本项不适用）；

5）但可以不包括下列部分的损失、损害及复原：

① 由于其本身的设计、材料或工艺缺陷造成的处于有缺陷状况的工程部分（但保险保障不属于下述 2 项所述情况的，由上述有缺陷状况直接导致其损失或损害的任何其他部分）；

② 为复原由于存在设计、材料或工艺缺陷而处于有缺陷状况的其他工程部分，而遭受损失或损害的某一工程部分；

③ 业主已接收的部分，但承包商对其损失或损害应负某种程度的责任时除外；

④ 根据第十四条第五款"拟用于工程的生产设备和材料"的规定，不在工程所在国的货物；

⑤ 如果在基准日期（比提交投标书早28天的那一日期）后一年以上，上述4项所述保险不能在合理的商务条件下继续投保，承包商（作为应投保方）应通知业主，并附详细说明。这时业主应有权根据合同中有关业主索赔的规定，获得等同于承包商在该合理商务条件下为该类保险预期要支付的款项，及被认为已根据本合同中相关规定批准了该项省略，除非业主在商务合理条件下获得该保险。

2. 人身伤害和财产损害保险（第三者责任保险）

应投保方应为可能由承包商履行合同引起并在履约证书办好前发生的任何物质财产（上述工程和承包商设备的保险规定的被保险物品除外）的损失或损害，或任何人员（下述"承包商人员的保险"中的被保险人员除外）的死亡或伤害，办理每方责任保险。

除非专用条件中另有规定，本款规定的各项保险：

（1）应由承包商作为应投保方办理和维持；

（2）应以各方联合名义投保；

（3）保险范围应扩展到由承包商履行合同引起的业主财产（"工程和承包商设备的保险"所承保的财产除外）的损失；

（4）但可以不包括以下事项引起的责任：

1）业主具有的在任何土地上面、上方、下面、范围内或穿过它实施永久工程，以及为了永久工程占用该土地的权利；

2）由承包商履行施工及修补任何缺陷的义务造成的不可避免的损害；

3）"业主的风险"列举的某项原因，但可以按合理商务条件得到保险保障的除外。

3. 承包商人员的保险

（1）承包商应对由其雇佣的任何人员或其他任何承包商人员的伤害、患病、疾病或死亡引起的索赔、损害、损失和费用（包括法律费用和开支）的责任办理并维持保险。

（2）此类保险应在这些人员参加工程实施的整个期间保持全面实施和有效。对于分包商的雇员，此保险可以由分包商投保，但承包商应对其符合本条款的规定负责。

8.4 工程保险的投保选择

就一个工程项目的保险安排来说，如何进行正确的投保选择对于这个工程项目是否能够获得最大程度的保险保障至关重要。

8.4.1 合格保险人的选择

选择一家有实力有信誉的合格保险公司，是工程保险投保选择中最主要的一环。

1. 合格保险人的主要选择标准

（1）安全可靠性

安全可靠性是指保险人在需要履行承诺时的赔付能力。对于工程保险来说，由于保险期相对其他保险要长，这种安全性就尤为重要。

安全可靠性取决于若干因素，包括保单持有人的盈余滚存（资本加上盈余，包括自愿的意外准备金）与保险人负债的比率、承保业务的大小、资产的性质和价值、负债的性质和价值、过去营运的盈利能力、承保险别的稳定性、定价方法、管理能力、承保政策、再保险机制以及其他因素。

当然对于一些国内外大型保险公司来说，它们一般都会取得世界顶级信用评级机构的评级，因此，考察其评级也是确保安全可靠性的必要手段。

信用评级（又称为资信评级、资信评估、信用评估）是由独立中立的专业评级机构接受评级对象的委托，根据"独立、公正、客观、科学"的原则，以评级事项的法律、法规、制度和有关标准化、规范化的规定为依据，运用科学严谨的分析技术和方法，对评级对象履行相应经济承诺的能力及其可信任程度进行调查、审核、比较、测定和综合评价，以简单、直观的符号（如 AAA、AA、BBB、CC 等）表示评价结果，公布给社会大众的一种评价行为。

世界三大评级机构是指国际上最具影响力的三家信用评级机构，它们分别是标准普尔、穆迪投资者服务公司和惠誉国际信用评级公司。

（2）服务质量

在商业交易中有所谓"顾客是上帝"一说，在保险业中同样存在对服务质量的要求。但评估服务质量比评估安全可靠性要复杂艰难得多，因为这是一项定性工作，不像定量分析，其结果显而易见。服务质量的好坏不能单凭服务的态度是否热情确定，应该强调客观公正、实事求是和尽力而为。通常情况下，服务质量标准包括以下方面：

1）能主动帮助被保险人正确识别和客观评估风险，既不为达到某种目的而夸大其词，也不能掩盖事实真相，避重就轻；

2）能提供满足被保险人特别需要的保险合同，尤其不能有官商作风或实用主义；

3）对被保险人的撤保行为持客观公正态度，不可见利忘义；

4）能积极主动地帮助被保险人进行损失控制，提出防范风险的积极建议，不能平时不闻不问，出事时百般指责挑剔，甚至赖账拒赔；

5）能迅速公正地理赔，不能千方百计找借口或无故拖延赔付；

6）真心实意地给被保险人以法律上的帮助，如填写保险证明或向政府保险部门提交索赔报告。

在评定保险人的服务质量时应重点考虑其能力和意愿，应充分考虑保险人的行业、服务的地点、风险的性质、经营的复杂性以及特殊险别的需要或限制，不能机械地横向比较。

（3）保险成本

保险成本是投保人选择保险人时应考虑的重要因素，一般指投保人向保险人支付的保险费。当然，在评估保险成本时还要考虑资金的时间价值，用于对比的保费应有可比性，理想的办法是将各项费用成本都折算成现值然后再进行比较。

2. 保险经纪人的作用

保险经纪人在保险业务中起着相当重要的作用，我国《保险法》第一百一十八条规定：保险经纪人是基于投保人的利益，为投保人与保险人订立保险合同提供中介服务，并依法收取佣金的机构。保险经纪人向投保人或被保险人提供服务的能力取决于其对保险业务是否娴熟、对保险人是否了解以及对保险市场的掌控力，还取决于其对工程项目风险的理解以及其帮助被保险人处理风险的效率和服务能力。

保险经纪人并不是单纯的信息传递人。第一，保险经纪人可以通过专业知识及对保险市场的了解，并针对具体项目的情况，为投保人或被保险人量身制订科学的保险方案，优化各项保险条件。第二，保险经纪人熟知市场各家保险公司的费率、承保能力、风险偏好等信息，可以为投保人或被保险人筛选出市场上资质强、信誉好、服务优的保险人进行承保。第三，保险经纪公司本身拥有大量客户资源，是保险公司的"大客户"，委托保险经纪人采购保险可以放大单一投保人的规模采购效应，使每一个客户都能享受到更加优惠的价格。

总之，在进行投保决策时，聘请专业的保险经纪人对保险人进行审慎评估、比较是一个既省心又省力的不错选择。

8.4.2 投保选择方式

一般来说投保选择通常可采用公开招标、邀请招标和竞争性谈判三种方式。

1. 公开招标

投保人通常事先制订一套硬性招标条件，将其保险计划的全部或部分内容公布于招标细则中，要求有兴趣承保该项保险业务的保险人进行投标，就保费成本提出报价。然后，投保人与中标的保险人或其居间人签订保险合同。

采用公开竞争方式物色保险人或居间人具有降低保费、提高保险人的服务质量等优点，但这种做法也有许多弊病。例如，可能会因过分强调价格因素而忽视其他因素；再如，招标条件常常欠完善，一些变化中的因素难以考虑进去。

2. 邀请招标

邀请招标在操作上与公开竞争招标区别不大，但在投标人选数目及对投标书的要求方面却有较大差别。首先，投标人选通常是由招标人主动邀请的，且数量一般不超过5家；其次招标条件比较宽松，灵活性较大，投标人被要求按自己的意见提出自己的建议方案，并根据其建议的保险方案提出相应的报价。这种程序赋予投标人较大的选择自由，但给招标人自己却带来很多麻烦。因为招标人必须对投标人提出的各种建议方案和报价逐一进行比较，这就使决策过程复杂化，尤其是在招标人对保险业务不十分精通的情况下，其决策难免带有较大的主观性。当然，这种程序具有广开思路、增加挑选余地等优点。因此，较之公开竞争招标，这种程序更为灵活。

3. 竞争性谈判

选择保险人最常采用的程序是与保险人和保险经纪人进行竞争性谈判。竞争性谈判并不是没有比较地只同某一家保险人和保险经纪人洽谈。投保人可以同时举行多轮谈判，通过采取有效的竞争谈判策略，从而获得优惠的保险费率和保险条件。

由于采用竞争性谈判无须事先制定整套招标条件，谈判的双方均不受任何约束，承保人可以按投保人的意图提出各种建议方案，投保人亦可以对各种方案进行详细比较，避免决策主观。这种程序对于中小型项目尤其实用。

8.5 工程保险的索赔

工程保险的特点决定了工程保险合同具有一定的特殊性，往往在合同中有许多附加条款和约定，因此，与其他财产保险理赔工作不同的是，应当充分注意到合同的特殊性。以下将重点介绍工程保险索赔的基本程序。

8.5.1　报案与受理

报案与受理是保险索赔的重要环节，保险合同双方均应对这一环节的工作予以必要的重视。

从被保险人和投保人的角度看，发生保险事故之后，投保人及时向保险人进行报案是其履行保险合同义务的一个重要内容，也是其要求保险人进行赔偿的必要前提条件。在大多数保险合同中对报案问题均有明确规定，如"建筑工程一切险"条款就规定：投保人、被保险人知道保险事故发生后，被保险人应该立即通知保险人，并书面说明事故发生的原因、经过和损失情况；故意或者因重大过失未及时通知，致使保险事故的性质、原因、损失程度等难以确定的，保险人对无法确定的部分，不承担赔偿责任，但保险人通过其他途径已经及时知道或者应当及时知道保险事故发生的除外。同时，我国《保险法》第二十一条也有相应规定。

报案通常要求在第一时间进行，目的是使保险人能够及时地了解和掌握保险事故的发生和进展情况，并采取相应的措施跟踪和处理案件。报案形式可以采用电话、传真、电子邮件、特快专递、挂号信等方式，无论选择何种方式都要注意可追溯、可举证问题。不少有争议的案件就属于"无头案"，投保人和被保险人说已经报案了，而保险人坚持说没有接到报案。所以，如果采用电话报案的，除了进行必要的电话记录外，还应当在规定的期限内尽快以书面方式报案。

在工程保险合同的执行过程中，投保人和被保险人往往容易忽视报案工作，原因是多方面的，最为常见的是由于工程建设涉及的关系方较多，发生保险事故之后，往往在信息和沟通方面存在问题，导致信息不能够迅速传递，延误报案。解决这个问题的方法是在保险人的指导下，在被保险人内部建立一个事故报告制度，其核心内容是建立统一和唯一的报案渠道，明确项目保险事故的管理机构和负责人，明确报告事故类型、报告程序、报告内容、报告时限、报告责任人等。一旦发生保险事故，各责任人应当按照有关规定，在第一时间向管理机构和负责人报告案情，由管理机构和负责人向保险公司报案并跟踪案件的发展和处理情况。

从保险人的角度看，及时了解和掌握损失事故的发生是非常重要的。其原因如下：一是使保险人得以迅速展开对事故的调查，掌握事故发生的原因以及损害的真实情况，不至于因调查的延迟而丧失证据，影响保险责任和损失程度的确定；二是使保险人能够及时指导和协助被保险人开展施救行动，防止损失进一步扩大；三是如果存在潜在第三者责任的索赔，保险双方可以尽早协商及采取对策，将损失控制在最小范围内；四是使保险人有充分的时间准备保险赔偿金。如果因被保险人延误通知而使保险人无法查明原始损失情况，或造成进一步损失，保险人有权拒绝赔偿或仅与被保险人按比例分担责任。鉴于以上分析，合格的保险人不会被动地等待和接受报案，而是会采取更加积极和主动的态度，协助被保险人建立一个良好和有效的报案管理制度，确保所有事故均能够及时、规范地报告。同时，合格的保险人在一些风险多发时期，如台风、洪水季节，也会主动询问和了解保险项目的情况，及时发现可能存在的问题。

8.5.2　现场查勘

现场查勘是在保险事故发生之后，由专业人员利用各种技术和手段，对事故现场进行调查、分析、鉴定和记录，为确定事故的性质和损失程度提供必要的依据。

保险人在接到报案之后，会在最短的时间内安排对事故现场进行查勘。及时进行现场查勘一方面是为了能够及时地了解、掌握事故情况，及时采取必要的措施，对事故可能造成的损失进行控制，以减少损失；另一方面也是为了能够在第一时间进行取证，为客观地进行理赔、减少不必要的纠纷奠定基础。

现场查勘工作可以由保险人的理赔人员完成，也可以委托专业的公估机构完成。在我国，过去现场查勘工作大都由保险公司的理赔人员完成，但近几年，随着保险市场的不断完善，保险中介机构的技术和管理水平有较大提高，在我国保险市场中发挥着越来越重要的作用，因此，在理赔中运用公估机构的现象也越来越普遍，也将成为一个发展方向。

运用公估机构进行现场查勘和理算工作，通常采用事先约定的方式，即由保险合同双方在订立保险合同时约定：在发生保险事故并在损失金额超过一定数额时，由事先指定的公估机构进行现场查勘和理算。有时也可以采用事后指定的方式，即在保险事故发生后，保险合同双方或者一方认为有必要，可以通过协商方式确定公估机构进行现场查勘和理算。

现场查勘特别是事故后首次查勘，是理赔工作的重要基础，这种工作的一个重要特征是对现场事实进行确认和记录。尽管可以利用一些现代技术，如拍照、录像等手段进行事故记录，但是这些技术和手段仍有一定的局限性，它们均难以取代人对现场的观察和判断。因此，无论是由谁进行现场查勘，保险合同双方均不应该放弃对现场查勘工作的参与。由保险人的理赔人员进行现场查勘时，被保险人的有关人员应当积极参与，保险人也应当主动邀请被保险人参与。委托专业公估机构进行现场查勘时，保险人和被保险人则都应当积极参与。这种做法的优点在于有关各方对事故的事实情况有一个共同和基本的了解和认同，以免日后对于基础事实产生异议和争议。

8.5.3 赔款准备金

根据保险经营的原理，保险公司在接受投保时，收取纯保费中的绝大部分作为保险金赔偿或给付给被保险人或受益人。所以，在保险经营核算过程中，保险人为了确保兑现保险合同约定的承诺，必须在保费中提存各种准备金。

责任准备金通常可以分为未到期责任准备金、赔款准备金、长期责任准备金、总准备金和保险保障基金。

赔款准备金是保险人为了履行对已经发生保险事故的责任，进行的必要的资金准备。保险事故的发生与完成赔付之间往往存在一个时间的延迟，这种延迟的原因包括以下两点：一是赔案的处理需要一定的时间；二是赔案的发现和报告可能出现延迟。保险人为了及时反映保险业务的经营成果，并对未决保险赔案在赔款资金上做好充分的准备，在最终赔款尚未确定之前，先提取一笔相应的准备资金。

赔款准备金的提取是保险公司理赔工作的一项重要内容，理赔人员会在赔案处理的不同时期根据掌握的资料对可能的损失金额进行客观和充分的估计，并进行必要的财务处理。赔款准备金的测算是一项技术性很强的工作，因为赔款准备金如果估计和提取得过低，将影响赔偿能力，不能客观地反映经营结果；而如果估计和提取得过高，将产生不合理的资金占用，不利于提高经营水平。因此，理赔人员要根据实际情况科学地估计和测算赔款，合理地确定赔款准备金数额。

测算赔款准备金的另外一个重要用途是进行再保险的现金摊回。大多数工程保险的业务均有再保险的安排，即由直接承保业务的保险人向一个或者一个以上的再保险人进行分保。通常在工程保险的再保险合同中均有现金赔付的条款，即一旦发生重大赔案，保险人可以在估计赔款金额的范围内，按照一定比例要求再保险人事先分摊赔款。

8.5.4　预付赔款

预付赔款是在整个赔案定损理算之前，被保险人要求保险人预先向其支付一部分赔款，以缓解被保险人在修复过程中资金压力的做法。在重大工程保险损失事故的修复过程中，被保险人往往需要垫付大量资金，如果其没有足够的自有资金，就需要向金融机构进行融通。这样一方面可能耽误工期，另一方面也将增大成本。为了解决这个问题，保险人通常可以通过预付赔款的形式向被保险人进行资金融通。

预付赔款可以事先在保险合同中明确规定，也可以在保险事故发生后，由被保险人提出申请，经过双方协商确定。

保险人原则上会接受被保险人预付赔款的申请。但在接受并进行预付赔款的过程中通常会有两个前提条件：一是必须确认导致损失的原因属于保险责任范围，即在明确了事故的"定性"之后才会考虑预付赔款问题，但即使是这样，保险人在进行预付赔款时也会申明预付赔款与赔案处理没有必然联系，即预付赔款行为并未构成保险人对事故责任的认定；二是预付赔款的金额一般控制在最终可能赔款的一定比例之内，通常是 30%～50%，原因是一旦预付赔款比例过大，保险公司担心可能给整个定损理算工作造成被动。

8.5.5　定损理算

定损理算是指专业人员根据现场查勘情况，确定事故损失情况，并根据保险合同的有关规定确定保险赔付金额的过程。

定损就是根据保险合同的有关规定，对于被保险人的损失或者其提出的索赔进行定性和定量分析。定性是对导致损失的原因进行确定，并认定其是否属于保险责任范围；定量是对损失的工程量或者货币量进行确定的过程。

理算也就是核赔，是指根据保险合同的有关规定对保险人应当支付的赔款进行核算和确定，通常应当考虑的因素有是否足额投保、赔偿限额、免赔额等。

8.5.6　签订赔偿协议书

赔偿协议书是指保险合同双方就保险事故的赔偿问题，经过协商达成一致的一种书面意思表示形式。

保险人或其委托的公估公司在完成定损和理算工作之后，保险合同双方要进行沟通和磋商，就最终赔偿问题达成一致意见，在取得共识的基础上应签订赔偿协议书。

8.5.7　赔付与追偿

赔付是指保险人根据定损和理算的结果向被保险人支付赔款的行为。赔付是保险人履行保险合同责任的重要内容，鉴于工程保险合同的专业性与复杂性，在支付保险赔款之前，保险合同双方应当在理算的基础上签订赔偿协议。协议应当对责任、损失、赔款以及追偿权转移等问题进行明确，以免日后产生异议。

由于大型建设项目需要大量的资金融通，所以在这些项目中往往有银行和其他金融机构的参与。这些金融机构为了维护自身的利益，均要求在工程保险合同项下附加"第一受益人"条款，即一旦发生保险责任范围内的损失，这些金融机构具有对赔款的优先请求权。工程保险合同附有"第一受益人"条款或"赔款接受人条款"的，在赔款支付前需要征求金融机构的意见，在得到他们的书面同意之后，被保险人才能获得赔款，否则赔款将优先支付给这些金融机构。通常支付的金额以其对被保险人的贷款余额为限。

复 习 思 考 题

8-复习思考题
参考答案

1. 什么是保险，保险遵循哪些基本原则？

2. 工程项目涉及的保险险种主要有哪些，分别应用于哪些方面？

3. 作为国际上广泛认可与采用的工程承包合同标准范本，菲迪克（FIDIC）合同是怎样对业主和承包商进行风险划分的？

4. 如何进行工程保险的投保选择，需要从哪些方面加以注意？

5. 工程保险的索赔主要包括哪些程序？

参 考 文 献

［1］ Taroun A. Towards a better modelling and assessment of construction risk: Insights from a literature review[J]. International Journal of Project Management, 2014, 32(1): 101-115.

［2］ Chau K. W. The ranking of construction management journals[J]. Construction Management and Economics, 1997, 15(4): 387-398.

［3］ Farnsworth C. B, Warr R. O, Weidman J. E & Hutchings D. M. Effects of CM/GC project delivery on managing process risk in transportation construction[J]. Journal of Construction Engineering and Management, 2015, 142(3): 04015091.

［4］ Tran D. Q & Molenaar K. R. Risk-based project delivery selection model for highway design and construction[J]. Journal of Construction Engineering and Management, 2015, 141(12): 04015041.

［5］ 叶晓甦, 徐春梅. 我国公共项目公私合作(PPP)模式研究述评[J]. 软科学, 2013(06): 10-13.

［6］ Ke Y, Wang S, Chan A. P & Lam P. T. Preferred risk allocation in China's public-private partnership (PPP) projects[J]. International Journal of Project Management, 2010, 28(5): 482-492.

［7］ Hwang B. G, Zhao X & Gay M. J. S. Public private partnership projects in Singapore: Factors, critical risks and preferred risk allocation from the perspective of contractors[J]. International Journal of Project Management, 2013, 31(3): 424-433.

［8］ Wang T, Tang W, Du L, Duffield C. F & Wei Y. Relationships among risk management, partnering, and contractor capability in international EPC project delivery[J]. Journal of Management in Engineering, 2016, 32(6): 04016017.

［9］ Liu J, Xie Q, Xia B & Bridge A. J. Impact of design risk on the performance of design-build projects [J]. Journal of Construction Engineering and Management, 2017, 143(6): 04017010.

［10］ 张连营, 栾燕. IPD 交易模式下工程项目的成本控制[J]. 国际经济合作, 2010(11): 69-74.

［11］ Elghaish F, Abrishami S, Hosseini M. R, Abu-Samra S & Gaterell M. Integrated project delivery with BIM: an automated EVM-based approach[J]. Automation in Construction, 2019, 106C.

［12］ Majocchi A & Strange R. International diversification: The impact of ownership structure, the market for corporate control and board independence[J]. Management International Review, 2012, 52(6): 879-900.

［13］ Müllner J. From uncertainty to risk—A risk management framework for market entry[J]. Journal of World Business, 2016, 51(5): 800-814.

［14］ Bekaert G, Harvey C. R, Lundblad C. T & Siegel S. Political risk spreads[J]. Journal of International Business Studies, 2014, 45(4): 471-493.

［15］ Brown C. L, Cavusgil S. T & Lord A. W. Country-risk measurement and analysis: A new conceptualization and managerial tool[J]. International Business Review, 2015, 24(2): 246-265.

［16］ Brouthers K. D. The influence of international risk on entry mode selection in the computer software industry[J]. Management International Review, 1995, 35(1): 7-28.

［17］ Jiménez A, Durán J. J & de la Fuente J. M. Political risk as a determinant of investment by Spanish multinational firms in Europe[J]. Applied Economics Letters, 2011, 18(8): 789-793.

［18］ Miller K. D. A framework for integrated risk management in international business［J］. Journal of International Business Studies，1992，Second Quarter：311- 331.

［19］ Brouthers K. D & Brouthers L. E & Werner S. Industrial sector perceived environmental uncertainty and entry mode strategy［J］. Journal of Business Research，2002，（55）：498-499.

［20］ Clarke J. E & Liesch P. W. Wait-and-see strategy：Risk management in the internationalization process model［J］. Journal of International Business Studies，2017，（48）：923-940.

［21］ Chang T，Deng X，Zuo, J & Yuan J. Political risks in Central Asian countries：Factors and strategies ［J］. Journal of Management in Engineering，2018，34（2）：04017059.

［22］ Choudhry R. M & Iqbal K. Identification of risk management system in construction industry in Pakistan［J］. Journal of Management in Engineering，2013，29（1）：42-49.

［23］ Awwad R，Barakat B & Menassa C. Understanding dispute resolution in the Middle East region from perspectives of different stakeholders ［J］. Journal of Management in Engineering，2016，32（6）：05016019.

［24］ Nguyen D. A，Garvin M. J & Gonzalez E. E. Risk allocation in U. S. public-private partnership highway project contracts［J］. Journal of Construction Engineering and Management，2018，144（5）：04018017.

［25］ Yang R. J，Zou P. X & Wang, J. Modelling stakeholder-associated risk networks in green building projects［J］. International Journal of Project Management，2016，34（1）：66-81.

［26］ Flyvbjerg B，Bruzelius N & Rothengatter W. Megaprojects and Risk：Ananatomy of Ambition［D］. Cambridge：Cambridge University Press，2003.

［27］ Li Y，Lu Y，Taylor J. E & Han，Y. Bibliographic and comparative analyses to explore emerging classic texts in megaproject management［J］. International Journal of Project Management，2018，36（2）：342-361.

［28］ Li H，Lv L，Zuo J，Su L，Wang L & Yuan C. Dynamic reputation incentive mechanism for urban water environment treatment PPP Projects［J］. Journal of Construction Engineering and Management，2020，146（8）：04020088.

［29］ Williams T. M. Assessing and moving on from the dominant project management discourse in the light of project overruns［J］. IEEE Transactions on Engineering Management，2005，52（4）：497-508.

［30］ Liu Z，Zhu Z，Wang H & Huang J. Handling social risks in government-driven mega project：An empirical case study from West China［J］. International Journal of Project Management，2016，34（2）：202-218.

［31］ 向鹏成，武雪子. 基于 SNA 的重大工程项目社会稳定风险网络构建［J］. 建筑经济，2018，39（6）：41-47.

［32］ Qazi A，Quigley J，Dickson A & Kirytopoulos K. Project complexity and risk management (ProCRiM)：towards modelling project complexity driven risk paths in construction projects［J］. International Journal of Project Management，2016，34（7）：1183-1198.

［33］ 何清华，杨德磊，罗岚，等. 基于贝叶斯网络的大型复杂工程项目群进度风险分析［J］. 软科学，2016，30（4）：120-126.

［34］ Naderpajouh N & Hastak M. Quantitative analysis of policies for governance of emergent dynamics in complex construction projects［J］. Construction Management and Economics，2014，32（12）：1222-1237.

［35］ De Marco A，Rafele C & Thaheem M. J. Dynamic management of risk contingency in complex design-build projects [J]. Journal of Construction Engineering and Management, 2015, 142 (2): 04015080.

[36] Siraj N. B & Fayek A. R. Risk identification and common risks in construction: Literature review and content analysis [J]. Journal of Construction Engineering and Management, 2019, 145 (9): 03119004.

[37] Ebrahimnejad S, Mousavi S. M & Seyrafianpour H. Risk identification and assessment for build-operate-transfer projects: A fuzzy multi attribute decision making model[J]. Expert Systems with Applications, 2010, 37(1): 575-586.

[38] Zou P. X, Zhang G & Wang J. Understanding the key risks in construction projects in China[J]. International Journal of Project Management, 2007, 25(6): 601-614.

[39] Shrestha A, Chan T. K, Aibinu A. A, Chen C & Martek I. Risks in PPP water projects in China: Perspective of local governments[J]. Journal of Construction Engineering and Management, 2017, 143(7): 05017006.

[40] Zhao X, Hwang B. G & Gao Y. A fuzzy synthetic evaluation approach for risk assessment: a case of Singapore's green projects[J]. Journal of Cleaner Production, 2016, 115(1): 203-213.

[41] El-Sayegh S. M & Mansour M. H. Risk assessment and allocation in highway construction projects in the UAE[J]. Journal of Management in Engineering, 2015, 31(6): 04015004.

[42] Iyer K. C & Sagheer M. Hierarchical structuring of PPP risks using interpretative structural modeling[J]. Journal of construction engineering and management, 2010, 136(2): 151-159.

[43] Namian M, Albert A & Feng J. Effect of distraction on hazard recognition and safety risk perception [J].Journal of Construction Engineering and Management, 2018, 144 (4): 04018008. 1-04018008. 11.

[44] Zhang S, Shang C, Wang C, Song R & Wang X. Real-time safetyrisk identification model during metro construction adjacent to buildings[J]. Journal of Construction Engineering and Management, 2019, 145(6): 04019034.

[45] Wang X, Huang X, Luo Y, Pei J & Xu M. Improving workplace hazard identification performance using data mining [J].Journal of Construction Engineering and Management, 2018, 144 (8): 04018068.

[46] Pereira E, Ahn S, Han S & Abourizk S. Identification and association of high-priority safety management system factors and accident precursors for proactive safety assessment and control[J]. Journal of Management in Engineering, 2018, 34(1): 04017041.

[47] Hallowell M. R. Risk-based framework for safety investment in construction organizations[J]. Journal of Construction Engineering and Management, 2010, 137(8): 592-599.

[48] Rajendran S, Gambatese J. A & Behm M. G. Impact of green building design and construction on worker safety and health[J]. Journal of Construction Engineering & Management, 2009, 135(10): 1058-1066.

[49] Zhang X & Mohandes S. R. Occupational Health and Safety in green building construction projects: A holistic Z-numbers-based risk management framework[J]. Journal of Cleaner Production, 2020, 275: 122788.

[50] Li Y, Hu Y, Xia B, Skitmore M & Li H. Proactive behavior-based system for controlling safety risks in urban highway construction megaprojects[J]. Automation in Construction, 2018, 95: 118-128.

[51] Edwards P. J & Bowen P. A. Practices, barriers and benefits of risk management process in building

services costs estimation: comment[J]. Construction Management & Economics, 1998, 16(1): 105-108.

[52] Khodakarami V & Abdi A. Project cost risk analysis: A Bayesian networks approach for modeling dependencies between cost items[J]. International Journal of Project Management, 2014, 32(7): 1233-1245.

[53] Islam M. S, Nepal M. P, Skitmore M & Attarzadeh M. Current research trends and application areas of fuzzy and hybrid methods to the risk assessment of construction projects[J]. Advanced Engineering Informatics, 2017, 33(8): 112-131.

[54] Choudhry R. M, Aslam M. A, Hinze J. W & Arain F. M. Cost and schedule risk analysis of bridge construction in Pakistan: Establishing risk guidelines[J]. Journal of Construction Engineering and Management, 2014, 140(7): 04014020.

[55] Nguyen L. D, Tran D. Q & Chandrawinata M. P. Predicting safety risk of working at heights using Bayesian networks[J]. Journal of Construction Engineering & Management, 2016, 04016041.

[56] Luo X, Li H, Huang T & Skitmore M. Quantifying hazard exposure using real-time location data of construction workforce and equipment[J]. Journal of Construction Engineering and Management, 2016, 142(8): 04016031.

[57] Fang C, Marle F, Xie, M. Applying importance measures to risk analysis in engineering project using a risk network model[J]. IEEE Systems Journal, 2017, 11(3): 1548-1556.

[58] 陈勇强, 顾伟. 工程项目风险管理研究综述[J]. 科技进步与对策, 2012, 29(18): 157-160.

[59] Liu J. Y, Wang Z. X, Skitmore M, Yan, L. How contractor behavior affects engineering project value-added performance[J]. Journal of Management in Engineering, 2018, 35(4): 04019012.

[60] Acar E & Göç Y. Prediction of risk perception by owners' psychological traits in small building contractors[J]. Construction Management and Economics, 2011, 29(8): 841-852.

[61] Wang C, Xu B, Zhang S & Chen Y. Influence of personality and risk propensity on risk perception of Chinese construction project managers[J]. International Journal of Project Management, 2016, 34(7): 1294-1304.

[62] Wang J & Yuan H. Factors affecting contractors' risk attitudes in construction projects: Case study from China[J]. International Journal of Project Management, 2011, 29(2): 209-219.

[63] Yan P, Liu J & Skitmore M. Individual, group, and organizational factors affecting group bidding decisions for construction projects [J]. Advances in civil engineering, 2018 (PT. 4): 3690302. 1-3690302. 10.

[64] Chen Y. Q, Zhang S. J, Liu L. S & Hu J. Risk perception and propensity in bid/no-bid decision-making of construction projects[J]. Engineering, Construction and Architectural Management, 2015, 22(1): 2-20.

[65] Liu J. Y, Cui Z. P, Yang X. J & Skitmore M. Experimental investigation of the impact of risk preference on construction bid markups[J]. Journal of Management in Engineering-ASCE, 2018, 34(3): 04018003 1-9.

[66] Shi Q, Liu Y, Zuo J, Pan N & Ma G. On the management of social risks of hydraulic infrastructure projects in china: a case study[J]. International Journal of Project Management, 2015, 33(3): 483-496.

[67] Cuppen E, Bosch-Rekveldt M. G. C, Pikaar E & Mehos D. C. Stakeholder engagement in large-scale energy infrastructure projects: Revealing perspectives using Q methodology[J]. International Journal of Project Management, 2016, 34(7): 1347-1359.

［68］ Hartono B，Sulistyo S. R，Praftiwi P. P & Hasmoro D. Project risk: Theoretical concepts and stakeholders' perspectives[J]. International Journal of Project Management，2014，32(3): 400-411.

［69］ De Bakker K，Boonstra A & Wortmann H. Risk managements' communicative effects influencing IT project success[J]. International Journal of Project Management，2012，30(4): 444-457.

［70］ Xia N，Zhong R，Wu C，Wang X & Wang S. Assessment of stakeholder-related risks in construction projects: Integrated analyses of risk attributes and stakeholder influences[J]. Journal of Construction Engineering and Management，2017，143(8): 04017030.

［71］ Valentin V，Naderpajouh N & Abraham D. M. Integrating the input of stakeholders in infrastructure risk assessment[J]. Journal of Management in Engineering，2018，34(6): 04018042.

［72］ Shahata K & Zayed T. Integrated risk-assessment framework for municipal infrastructure[J]. Journal of Construction Engineering and Management，2016，142 (1): 04015052.

［73］ Du L，Tang W，Liu C，Wang S，Wang T，Shen，W，Huang M & Zhou Y. Enhancing engineer-procure-construct project performance by partnering in international markets: Perspective from Chinese construction companies[J]. International Journal of Project Management，2016，34 (1): 30-43.

［74］ Xia N. N，Zou P. X，Griffin M. A，Wang X. Q & Zhong R. Towards integrating construction risk management and stakeholder management: A systematic literature review and future research agendas[J]. International Journal of Project Management，2018，36(5): 701-715.

［75］ Wang J & Yuan H. System dynamics approach for investigating the risk effects on schedule delay in infrastructure projects[J]. Journal of Management in Engineering，2016，33(1): 04016029.

［76］ Eybpoosh M，Dikmen I & Talat Birgonul M. Identification of risk paths in international construction projects using structural equation modeling[J]. Journal of Construction Engineering & Management，2011，137(12),: 1164-1175.

［77］ Liu J. Y，Zhao X & Yan P. Risk paths in international construction projects: Case study from Chinese contractors［J］.Journal of Construction Engineering and Management，2016，142 (6): 05016002.

［78］ Zhao X，Wu P & Wang X. Risk paths in BIM adoption: empirical study of China[J]. Engineering，Construction and Architectural Management，2018，25(9): 1170-1187.

［79］ Chen，C. M. Science Mapping: A Systematic Review of the Literature[J]. Journal of Data and Information Science，2017，2: 1-40.

［80］ Zeynalian M，Trigunarsyah B & Ronagh H. R. Modification of advanced programmatic risk analysis and management model for the whole project life cycle's risks[J]. Journal of Construction Engineering and Management，2013，139(1): 51-59.

［81］ Tserng H. P，Yin S. Y，Dzeng R. J，Wou B，Tsai M. D & Chen W. Y. A study of ontology-based risk management framework of construction projects through project life cycle[J]. Automation in Construction，2009，18(7): 994-1008.

［82］ PMI. The Standard for Portfolio Management[M]. USA: Project Management Institute. Newtown Square，PA，2008.

［83］ Lee K. C，Lee，N & Li，H. A particle swarm optimization - driven cognitive map approach to analyzing information systems project risk[J]. Journal of the American Society for Information Science and Technology，2009，60(6): 1208-1221.

［84］ Teller J & Kock A. An empirical investigation on how portfolio risk management influences project portfolio success[J]. International Journal of Project Management，2013，31(6): 817-829.

[85] 毕立南，薛晓芳. 建筑供应链信息协同机制构建——基于供应链脆弱性的分析. 财会月刊，2018 (3)：172-176.

[86] Zheng X，Le Y，Chan A. P，Hu Y & Li Y. Review of the application of social network analysis (SNA) in construction project management research[J]. International journal of project management，2016，34(7)：1214-1225.

[87] 孙国强，邱玉霞. 网络组织的风险及其治理：风险悖论的视角[J]. 经济问题，2016(1)：90-95.

[88] Hwang B. G & Ng H. B. Project network management：risks and contributors from the viewpoint of contractors and sub-contractors[J]. Technological and Economic Development of Economy，2016，22(4)：631-648.

[89] 陶凯，郭汉丁，王毅林，王星. 建筑节能改造项目风险传导耦合机理与测度研究[J]. 工程管理学报，2017，31(3)：75-80.

[90] 张延禄，杨乃定. R&D 网络风险相继传播模型构建及仿真[J]. 系统工程理论与实践，2014，34 (3)：723-731.

[91] Brandenburger A. M & Nalebuff B. J. Co-opetition：a revolution mindset that combines competition and cooperation[J]. 1996.

[92] Flage R，Aven T，Zio E & Baraldi P. Concerns，challenges，and directions of development for the issue of representing uncertainty in risk assessment[J]. Risk Analysis，2014，34(7).

[93] Brouthers K. D，Brouthers L. E & Werner S. Dunning's eclectic theory and the smaller firm：the impact of ownership and locational advantages on the choice of entry-modes in the computer software industry[J]. International Business Review，1996，5 (4)：377- 394.

[94] 杨申燕. 跨国企业人力资本的人为风险及其管理[J]. 国际贸易问题，2001(10)：54- 56.

[95] 王继红. 关于企业投资风险的理性思考[J]. 合肥工业大学学报（社会科学版），2001(3)：59- 61.

[96] 许晖，姚力瑞. 企业国际化进程中国际风险变化特征识别研究[J]. 经济经纬，2006(06)：70-73.

[97] 杨震宁，刘雯雯，王以华. 中国企业国际化进程中的边缘化风险与规避[J]. 中国软科学，2008 (10)：86-97＋117.

[98] Deng X，Low S & Zhao X. Project system vulnerability to political risks in international construction projects：the case of Chinese contractors[J]. Project Management Journal，2014，45(2)：20-33.

[99] Brouthers K. D，Brouthers L. E & Werner S. Industrial sector perceived environmental uncertainty and entry mode strategy[J]. Journal of Business Research，2002(55)：498-499.

[100] 刘红霞. 中国境外投资风险及其防范研究[J]. 中央财经大学学报，2006(3)：63-67.

[101] 王志乐. 企业合规管理操作指南[M]. 北京：中国法制出版社，2017.

[102] 王志乐. 中国跨国公司需要强化合规经营[J]. 亚太经济，2012(04)：103-109.

[103] 李斐，杨枝煌. 海外合规经营——企业国际化的最高境界[J]. 国际工程与劳务，2018(7)：22-25.

[104] Rotolo D，Hicks D & Martin B. R. What is an emerging technology？[J]. Research policy，2015，44(10)：1827-1843.

[105] Hossain M. A，Abbott E. L. S，Chua D. K. H，Qui N. T & Goh Y. M. Design-for-safety knowledge library for bim-integrated safety risk reviews？[J]. Automation in Construction，2018，94(OCT.)：290-302.

[106] Newman J. Modernising Governance. London：SAGA，2001.

[107] Moor J. H. Why we need better ethics for emerging technologies[J]. Ethics and Information Technology，2005，7(3)：111-119.

[108] Rip A & Te Kulve H. Constructive technology assessment and socio-technical scenarios[J]. In

Presenting futures (pp. 49-70). Springer, Dordrecht, 2008.

[109] 艾志强, 沈元军. 风险与技术风险概念界定的关系研究[J]. 科技管理研究, 2013, 33(12): 199-202.

[110] 丁大尉, 李正风, 胡明艳. 新兴技术发展的潜在风险及技术治理问题研究[J]. 中国软科学, 2013(06): 62-70.

[111] 欧庭高, 巩红新. 论现代技术风险冲突及其综合治理[J]. 科技管理研究, 2015, 35(15): 254-258.

[112] 杨素雪, 孙启贵. 新兴技术的预期治理: 内涵、意义与过程[J]. 科技管理研究, 2019, 9(23): 47-53.

[113] 赵敏燕, 董锁成等. "一带一路" 沿线国家安全形势评估及对策[J]. 中国科学院院刊, 2016, 31(6): 689-696.

[114] Ezell B. C, Bennett S. P, Von Winterfeldt D, Sokolowski J & Collins A. J. Probabilistic risk analysis and terrorism risk[J]. Risk Analysis: An International Journal, 2010, 30(4): 575-589.

[115] Willis H. H & LaTourrette T. Using probabilistic terrorism risk modeling for regulatory benefit-cost analysis: Application to the western hemisphere travel initiative in the land environment[J]. Risk Analysis: An International Journal, 2008, 28(2): 325-339.

[116] Brown G. G & Cox Jr L. A. How probabilistic risk assessment can mislead terrorism risk analysts [J]. Risk Analysis: An International Journal, 2011, 31(2): 196-204.

[117] Mumpower J. L, Shi L, Stoutenborough J. W & Vedlitz A. Psychometric and demographic predictors of the perceived risk of terrorist threats and the willingness to pay for terrorism risk management programs[J]. Risk Analysis, 2013, 33(10): 1802-1811.

[118] Caponecchia C. Relative risk perception for terrorism: implications for preparedness and risk communication[J]. Risk Analysis: An International Journal, 2012, 32(9): 1524-1534.

[119] Liu X, Portney K. E, Mumpower J. L & Vedlitz A. Terrorism risk assessment, recollection bias, and public support for counterterrorism policy and spending[J]. Risk Analysis, 2019, 39(3): 553-570.

[120] Stewart M. G & Mueller J. Terrorism risks and cost - benefit analysis of aviation security[J]. Risk Analysis, 2013, 33(5): 893-908.

[121] Czinkota M. R, Knight G, Liesch P. W & Steen J. Terrorism and international business: A research agenda[J]. Journal of International Business Studies, 2010, 41(5): 826-843.

[122] McDonald M, Mahadevan S, Ambrosiano J & Powell D. Risk-based policy optimization for critical infrastructure resilience against a pandemic influenza outbreak[J]. ASCE-ASME Journal of Risk and Uncertainty in Engineering Systems, Part A: Civil Engineering, 2018, 4(2): 04018007.

[123] Filion Y. R & Hall K. R. Knowledge strategy to incorporate public health principles in engineering education and practice[J]. Journal of Professional Issues in Engineering Education and Practice, 2009, 135(2): 81-89.

[124] Liu J. Y Geng L. N, Xia B & Bridge A. Never let a good crisis go to waste: Exploring the effects of psychological distance of project failure on learning intention[J]. Journal of Management in Engineering, 2017, 33(4): 04017006.

[125] Yang F, Li X, Song Z, Li Y & Zhu, Y. Job burnout of construction project managers: considering the role of organizational justice[J]. Journal of Construction Engineering and Management, 2018, 144(11): 04018103.

[126] Liu J. Y, Gao R, Cheah C. Y. J & Luo J. Evolutionary game of investors' opportunistic behav-

iour during the operational period in PPP projects[J]. Construction Management and Economics，2017，35(3)：137-153.

[127] Mak T. M，Iris K. M，Wang L，Hsu S. C，Tsang D. C，Li，C. N & Poon C. S. Extended theory of planned behaviour for promoting construction waste recycling in Hong Kong[J]. Waste Management，2019，83：161-170.

[128] Yao H，Chen Y，Chen Y & Zhu X. Mediating role of risk perception of trust and contract enforcement in the construction industry[J]. Journal of construction engineering and management，2019，145(2)：04018130.

[129] Liu J. Y，Zou P. X & Gong W. Managing project risk at the enterprise level：Exploratory case studies in China[J]. Journal of Construction Engineering and Management，2013，139（9）：1268-1274.

[130] 周玮，苏妍. 企业风险管理：从资本运营到获取利润[M]. 北京：机械工业出版社，2020.

[131] Zhao X，Hwang B. G & Low S. P. An enterprise risk management knowledge-based decision support system for construction firms[J]. Engineering，Construction and Architectural Management，2016，23(3)：369-384.

[132] Zhao X，Hwang B. G & Low S. P. Enterprise risk management in international construction firms：drivers and hindrances[J]. Engineering，Construction and Architectural Management，2015，22(3)：347-366.

[133] 孙成双，韩喜双. 建设项目风险管理[M]. 北京：中国建筑工业出版社，2013.

[134] 郭波，龚时雨，谭云涛，等. 项目风险管理(第二版)[M]. 北京：电子工业出版社，2018.

[135] 沈建明. 项目风险管理(第三版)[M]. 北京：机械工业出版社，2018.

[136] 项目管理协会. 项目管理知识体系指南(PMBOK)(第六版)[M]. 北京：电子工业出版社，2018.

[137] 邱菀华等. 现代项目风险管理方法与实践(第二版)[M]. 北京：中国电力出版社，2016.

[138] 王新洲. 模糊空间信息处理[M]. 武汉：武汉大学出版社，2003.

[139] 刘俊颖等. 国际工程 EPC 项目风险管理(第二版)[M]. 北京：中国建筑工业出版社，2019.

[140] Hulett D，Caddell C，Clarke T. et al. AACE International Recommended Practice No. 57R-09：integrated cost and schedule risk analysis using Monte Carlo simulation of a CPM model[M]. AACE International，2011.

[141] Brady D，Arrow J，Hanks D & Hollmann J. AACE International Recommended Practice No. 63R-11：risk treatment[M]. AACE International，2012.

[142] Jung W & Han S. Which risk management is most crucial for controlling project cost? [J]. Journal of Management in Engineering，2017，33(5)：04017029.

[143] 黄文成，帅斌，张光亚. 基于改进的 WBS-RBS 识别铁路危险品运输风险[J]. 中国安全科学学报，2018，28(8)：93-99.

[144] 孟博，刘茂，李清水，等. 风险感知理论模型及影响因子分析[J]. 中国安全科学学报，2010，20(10)：59.

[145] 方维. 基于蒙特卡罗模拟的项目风险管理方法研究[J]. 计算机与现代化，2012(4)：33-36.

[146] 王学强，庄宇. 基于蒙特卡罗模拟模型的投资项目风险分析[J]. 工业工程，2007，10(5)：93-96.

[147] 吉格迪，长青，赵玉. 项目挣值管理风险控制的激励方法研究[J]. 工程管理学报，2013(3)：76-80.

[148] Holzmann V & Spiegler I. Developing risk breakdown structure for information technology organizations[J]. International Journal of Project Management，2011，29(5)：537-546.

[149] 陈金海等. 建设项目全过程工程咨询指南[M]. 北京：中国建筑工业出版社，2018.

[150] 国际咨询工程师联合会. 风险管理手册[M]. 北京：中国计划出版社，2001.

[151] IEC62198-2013, Managing Risk in Projects-Application Guidelines[M]. Switzerland：International Electrotechnical Commission，2013.

[152] PMI. Practice Standard for Project Risk Management[M]. USA：Project Management Institute (PMI)，2009.

[153] ISO 21500—2012. Guidance on Project Management[M]. Switzerland：International Organization for Standardization (ISO)，2012.

[154] PMI. A Guide to the Project Management Body of Knowledge (Sixth Edition)[M]. USA：Project Management Institute (PMI)，2017.

[155] NASA/SP-2011-3422. Risk Management Handbook. USA：National Aeronautics and Space Administration (NASA)，2011.

[156] NASA PR _ 8000 _ 004B-2018. Agency Risk Management Procedural Requirements[M]. USA：National Aeronautics and Space Administration (NASA)，2018.

[157] AACE RP No. 72R-12. Developing a Project Risk Management Plan[M]. USA：The Association for the Advancement of Cost Engineering，International (AACEi)，2013.

[158] AACE RP No. 62R-11. Risk Assessment：Identification and Qualitative Analysis[M]. USA：The Association for the Advancement of Cost Engineering，International (AACEi)，2012.

[159] AACE RP No. 85R-14. Use of Decision Trees In Decision Making[M]. USA：The Association for the Advancement of Cost Engineering，International (AACEi)，2014.

[160] AACE RP No. 63R-11. Risk Treatment[M]. USA：The Association for the Advancement of Cost Engineering，International (AACEi)，2014.

[161] ISO DIS 31010. Risk management-Risk Assessment Techniques[M]. Switzerland：International Organization for Standardization (ISO)，2017.

[162] 国务院国有资产监督管理委员会. 中央企业全面风险管理指引[EB/OL]. 2006-06-06.

[163] 中央办公厅、国务院办公厅. 关于建立健全重大决策社会稳定风险评估机制的指导意见(试行)[EB/OL]. 2012.

[164] 国家发展改革委办公厅. 重大固定资产投资项目社会稳定风险分析篇章和评估报告编制大纲(试行)的通知[EB/OL]. 2013-02-17.

[165] 茆训诚. 信用风险度量与管理[M]. 上海：上海财经大学出版社，2013.

[166] 戴大双. 项目融资(第2版)[M]. 北京：机械工业出版社，2017.

[167] 张极井. 项目融资(第2版)[M]. 北京：中信出版社，2013.

[168] 周月刚. 信用风险管理—从理论到实务[M]. 北京：北京大学出版社，2017.

[169] 刘元庆. 信贷的逻辑与常识[M]. 北京：中信出版社，2019.

[170] 巴伦一. 信贷全流程风险管理[M]. 北京：北京联合出版公司，2018.

[171] 任股龙. 国际融资法律实务指南[M]. 北京：中信出版社，2018.

[172] 周啸东. "一带一路"大实践：中国工程企业"走出去"经验与教训[M]. 北京：机械工业出版社，2016.

[173] 王守清，柯永建. 特许经营项目融资(BOT、PFI和PPP)[M]. 北京：清华大学出版社，2008.